개발이 재미있는
플러터 앱 프로그래밍

개발이 재미있는

플러터 앱 프로그래밍

플러터와 다트, 개념은 확실히! 클론 코딩과 실전 예제로 활용은 다양하게!

초판 1쇄   2023년 8월 7일

지은이 서경숙, 염채은, 김주아, 윤지상
발행인 최홍석

발행처 (주)프리렉
출판신고 2000년 3월 7일 제 13-634호
주소 경기도 부천시 길주로 77번길 19 세진프라자 201호
전화 032-326-7282(代) **팩스** 032-326-5866
URL www.freelec.co.kr

편 집 고대광
표지디자인 황인옥
본문디자인 김미선

ISBN 978-89-6540-358-6

이 책에 대한 의견이나 오탈자, 잘못된 내용의 수정 정보 등은 프리렉 홈페이지(freelec.co.kr)
또는 이메일(webmaster@freelec.co.kr)로 연락 바랍니다.

플러터와 다트, 개념은 확실히! 클론 코딩과 실전 예제로 활용은 다양하게!

개발이 재미있는 플러터 앱 프로그래밍

서경숙, 염채은
김주아, 윤지상
지음

Flutter + Dart

프리렉

이 책은 아이디어가 넘치지만 개발에 어려움을 겪는 서비스 기획자, 프론트엔드 개발을 함께 하고 싶은 백엔드 개발자, 개발 경험은 있지만 앱을 개발해본 적 없는 분들 그리고 처음 앱을 개발해보는 모든 분들에게 도움에 되기를 바라며 누구나 쉽게 앱을 만들수 있도록 실전에 적용할 수 있는 예제를 다양하게 넣으려고 노력했습니다. 이 책이 여러분의 아름답고 멋진 앱을 만드는 통로가 되길 바랍니다.

♦ 서경숙

프론트엔드 개발에 관심이 많은 개발자로서 우연히 플러터라는 프레임워크를 접하게 되었습니다. 구글에서 만든 플러터는 다트 언어로 개발하며, 하나의 소스로 iOS와 안드로이드 모바일 애플리케이션을 만들 수 있는 점에서 큰 흥미를 느꼈습니다. 또한, 핫 리로드 기능으로 빠른 개발이 가능하고, 다양한 커스텀 마이징 위젯과 Material UI 디자인은 개발에 큰 도움이 되었습니다. 이 책을 집필하면서 프로그램 개발 경험을 바탕으로 개발할 때 필요하고 유용한 기능만 담으려고 노력했습니다. 앱 개발이 처음이신 분들도 이 책 하나로 원하는 앱을 개발할 수 있기를 바랍니다.

♦ 염채은

IT 분야에서 하나의 주제에 대해 제대로 이해하고 활용하기 위해서는 예상보다 광범위한 지식을 필요로 합니다. 개발 언어, 개발 플랫폼, DB 등이 그 예입니다. 학습 과정에 있어서 지름길은 없는 것 같습니다. 차근차근 단계별로 학습하며 지식을 내 것으로 만들어 나가는 것이 중요합니다. 이 책은 여러분들이 플러터를 이용해 앱 개발을 하는데 도움이 되도록 길라잡이 역할을 해 줄 것입니다. 이 책이 마중물이 되어 더 많은 지식과 경험을 쌓아나가길 바랍니다.

♦ 김주아

10년 이상의 현직 금융시스템 개발자로서 '나도 앱 개발을 한번 해볼까?'하는 마음이 꾸준히 있었습니다. 많은 개발자가 비슷한 생각을 하며 지낼거라 생각합니다. 그러나 새로운 언어 학습에 대한 부담감과 여유 시간 부족 등의 고민으로 쉽게 시작하기 어려웠습니다. 하지만, 플러터는 이런 상황에서 너무나 매력적인 도구였습니다.

iOS와 안드로이드 개발을 각각 공부하지 않아도 한 번의 개발로 양쪽 플랫폼에서 돌아가는 앱을 만들 수 있고, 구글의 아름다운 디자인도 쉽게 활용할 수 있습니다. 이러한 이점들은 개발자들에게 큰 도움이 되어 생산성을 높이는 데 기여할 것입니다.

이 책과 함께 여러분들도 지금 바로 시작해보기 바랍니다.

♦ 윤지상

박양재 | 가천대학교 컴퓨터공학과 교수 ─────── 플러터는 강력한 크로스플랫폼 프레임워크로, 한 번의 코드 작성으로 iOS 앱과 Android 앱을 제작할 수 있으며, React Native보다 성장세가 빠르게 진행되고 있습니다.

이 도서는 개발 입문자들을 위해 프로젝트와 이론을 적절히 섞어 흥미와 지식의 깊이를 모두 잡을 수 있도록 설계되었습니다. 프로젝트를 진행하며 실무적인 상황을 경험할 수 있도록 구성되었고 각 단계별로 간단한 예제를 제공하여 쉽게 이해하고 바로 프로젝트에 적용할 수 있도록 도와줍니다. 이러한 구성은 개발 입문자부터 전문가까지 모두 활용할 수 있을 것으로 기대됩니다.

김나영 | 중등학교 정보 교사 ─────── 앱 개발을 처음 시작하는 개발자들을 위해 구성되어 있으며, 플러터의 기본적인 개념부터 실전까지 단계별로 설명하여 학습할 수 있습니다. 또한, OS에 따른 플러터 환경 설정을 친절하게 안내하여 어려움 없이 원활한 실습이 가능하도록 도와줍니다.

이 도서는 중고등학교 정보 교과를 기반으로 학생들에게 적합한 실습 자료를 제공합니다. 스마트폰 앱 개발을 통해 학생들의 창의성을 발휘하고 원하는 앱을 만들 수 있는 기회를 제공하여 학습 동기를 높일 수 있습니다. 플러터를 통해 앱 개발의 기초 지식과 실습을 통해 학생들의 능력을 발전시킬 수 있습니다.

김성민 | 네오위즈 정보분석실 ─────── 이 책은 플러터의 기본 개념부터 심화 내용까지 폭넓게 다루며, 플러터 개발에 대한 체계적인 설명과 실습 가능한 다양한 예제를 제공합니다. 이 책을 차근차근 읽으며 기본 개념을 익히고 각각의 예제를 따라해 보면 어느새 앱 개발자로 성장한 자신을 발견하게 될 것입니다. 처음 앱을 개발해 보고자 도전하는 분들에게, 여러분의 다짐을 응원하며 이 책을 추천합니다.

김성민 | 전 아바라 CTO ——————— 플러터에 입문하고자 하는 분들을 위한 이 책은 단계적인 학습과 함께 실전에서 바로 활용할 수 있는 예제를 제공합니다. 저자들은 입문자들의 어려움을 고려하여 친절하고 명확한 설명을 통해 플러터의 기본 개념을 이해시켜줍니다. 또한, 앱 개발에 필요한 팁과 노하우도 함께 제시하여 입문자들이 스스로 독립적으로 앱을 개발할 수 있게 도와줍니다. 플러터에 입문하려는 분들께 적극 추천합니다.

김도영 | 정보관리기술사, 중앙일보 차장 ——————— 입문자들을 위해 상세하고 친절한 설명을 제공합니다. 코드 한 줄 한 줄마다 어떤 부분을 어떻게 입력하고 수정해야 하는지 명확하게 표시되어, 쉽게 따라할 수 있도록 도와줍니다. 그림을 활용한 설명은 복잡한 내용도 쉽게 이해할 수 있습니다.
안드로이드 앱 개발 경험이 있는 저도 이 책을 읽으면서 안드로이드 스튜디오의 새로운 기능을 알게 되었습니다. 이렇듯 초보자뿐만 아니라 숙련자들에게도 유익한 정보를 제공합니다. 플러터 초보 개발자들에게는 플러터와 친해질 수 있는 기회를 제공하며, 숙련자들에게는 한 단계 업그레이드할 수 있는 좋은 기회를 제공할 것입니다.

서주형 | 한화 시스템 ——————— 이 책은 독자에게 "기본에 충실하면서 쉬운 접근과 실습을 통한 활용"을 제공하여 플러터와 다트에 대해 빠른 시간에 이해하고 경험할 수 있도록 합니다. 앱을 개발하고 싶은데 무엇을, 어떻게 시작해야 할지 모르는 경험을 겪어 본 독자라면, 앱을 만드는 과정에 맞춰 구성된 장과 클론 예제를 따라하다보면 앱 개발에 대한 자신감을 갖게 될 것입니다. 이 책은 앱과 웹 프로그래밍 세계에 입문하고 개발자로서의 역량을 향상시키기 위한 좋은 출발점을 제공할 것입니다.

김정림 | 신한 데이터 시스템 수석 ——————— 플러터 모바일 앱 개발을 보다 쉽게 가이드하는 이 책은 처음 앱 개발을 시도하는 기존 개발자들에게 많은 도움이 될 것입니다. C 언어와 유사하다는 구글 다트 언어가 잘 설명되어 있어 이해가 쉬웠습니다. 또한, 저자의 풍부한 IT 경험으로 필요한 예제와 설명이 친절히 안내되어 있어 앱 개발을 시작하려는 분들에게 적극 추천합니다.

이도형 | 레이랩 PM ——————— 누구나 쉽게 배울 수 있고 가볍게 접근할 수 있는 이 책은 많은 분들이 어려워하는 설치부터 다양한 오류들의 원인과 해결 방법까지 꼼꼼하게 다룹니다. 독자들을 배려한 저자의 섬세한 마음이 느껴집니다. 천천히 가볍게 시작하여 끝까지 재미있게 함께 하다보면 어느 순간 스스로 앱을 만들 수 있는 수준으로 올라갈 수 있습니다. 재미있고 즐겁게 배울 수 있으면서도 가벼운 내용만 다루지 않아서 더욱 만족스럽습니다. 프로그램을 처음 공부하거나 앱에 대한 관심이 있다면 개발자가 아니더라도 학습해볼 것을 추천합니다.

엄태명 | 정보관리기술사 ——————— 이 책은 개발 실무에서 필요로 하는 플러터와 다트의 기능과 동작 원리, 사용법 등을 체계적으로 배울 수 있어 플러터를 통한 앱 개발 입문자나 경험자 모두에게 유용한 안내서입니다. 예제 코드를 중심으로 직접 실행해보며 쉽게 이해할 수 있도록 구성되어 있어 플러터 앱 개발에 대한 실무적인 지식을 습득할 수 있습니다. 플러터 기반의 앱 개발을 고려하고 있는 분들에게 강력히 추천합니다..

'모바일 앱을 만들어 출시해보면 어떨까'하는 생각은 많은 분들이 한 번쯤은 해봤을 것입니다. 이 책은 모바일 앱 개발에 관심 있는 모든 분들이 쉽게 개발할 수 있도록 플러터의 기본 개념부터 차근차근 익힐 수 있도록 구성되어 있습니다. 다트 언어 기초부터 고급 문법, 실습을 통한 플러터의 기본 위젯 학습, 기본 위젯을 복합적으로 활용한 예제 실습, 실전에 적용할 수 있는 샘플 학습 등 학습 단계를 단계적으로 높이면서 누구나 플러터 앱 프로그래머가 될 수 있는 길을 만들어 드립니다. 이제 플러터로 안드로이드, iOS 앱을 멋지고 아름답게 만들어 보세요. 재미있는 앱 개발의 세계가 여러분을 기다리고 있습니다!

이 책의 대상 독자

이 책은 처음 플러터를 시작하는 입문자부터 기존에 다른 개발 경험이 있는 개발자, 서비스 기획자, 학생, 일반인 등 플러터로 앱을 개발하고 싶은 모든 분들을 대상으로 합니다.

앱을 개발해보고 싶은 입문자

앱을 개발해보고 싶지만 앱 개발 경험이 전혀 없어도, 2장부터 차근차근 따라가며 실습하고 플러터의 기본 위젯과 다양한 기능들을 숙지할 수 있습니다. 이후에는 단계적으로 화면을 구성하고 기능을 추가해가며 앱을 빌드업할 수 있도록 구성되어 있습니다. 또한, 실전에서 적용 가능한 다양한 예제들을 활용하면서 기본 위젯들을 다양한 방법으로 적용하는 법을 배울 수 있습니다. 장별로 차근차근 실습을 진행하다보면 어느덧 자신감있는 플러터 앱 개발자가 되어 있는 경험을 할 수 있습니다.

다른 개발 경험이 있는 중급자

기존에 앱 개발 경험이 있거나 다른 프로그래밍 언어를 사용해봤다면 최적의 도서입니다. 다트 언어에 대한 상세한 설명을 포함하여 빠르게 이해할 수 있도록 도와줍니다. 완성도 높은 예제와 실전에서의 경험을 통해 자신만의 앱을 쉽게 개발할 수 있도록 하였습니다. CGV 클론, 주차장 위치 정보 조회하기, 카카오와 AWS Amplify 로그인 연동 등의 멋진 예제들을 활용하여 멋지고 아름다운 앱을 만들어볼 수 있습니다.

플러터로 포트폴리오를 준비 중인 학생

프론트엔드 개발자로 취업을 준비하는 분들에게는 책에 있는 다양한 샘플과 CGV 클론 앱, 주차장 위치정보 소스를 활용해서 포트폴리오를 만들수 있도록 합니다.

이 책의 구성

이 책은 플러터에 대한 기초부터 고급 기능까지를 다루며, 다양한 예제들을 통해 쉽게 학습할 수 있도록 구성되어 있습니다. 단계적으로 구성되어 있어 초보자들도 점진적으로 학습할 수 있습니다. 따라서 플러터의 내부 구조나 동작 원리를 모두 이해하지 않더라도 예제를 따라 하나씩 실습하다 보면 어느새 아름다운 플러터 UI가 완성되고 실전 예제를 통해 나만의 앱을 개발할 수 있게 됩니다. 이 책은 플러터를 배우고자 하는 누구에게나 유용한 자료가 될 것입니다.

실습 위주의 구성

간단한 예제부터 실전 적용이 가능한 예제까지 실습하면서 배우는 플러터 책입니다. 플러터 프로젝트를 생성하면 실행되는 카운터 앱부터 플러터의 기본 위젯들, 기본 위젯들을 활용하는 방법, 화면 레이아웃 그리는 방법들을 하나씩 실습하면서 알아가도록 합니다. 그리고 앱 개발에서 바로 적용할 수 있도록 실전 예제를 제공합니다.

기본에 충실한 책

플러터 개발을 위해서는 다트 언어에 대한 이해가 필수적입니다. 이 책은 다트 언어의 기초 문법부터 고급 문법까지를 쉽게 이해할 수 있도록 설명되어 있습니다. 다트 언어를 전혀 모르는 입문자는 기초부터 차근차근 익히며 시작할 수 있고, 이미 다른 개발 언어를 사용할 수 있는 개발자들은 다트 언어와 다른 언어의 차이점을 학습하고 이해할 수 있도록 구성되어 있습니다.

개념을 확실히! 활용은 다양하게!

플러터의 기본 위젯들을 소개하고, 활용하는 더 다양한 방법을 예제로 제공합니다. 또한, 화면을 그리기 위해 어떤 위젯을 사용하여 레이아웃 설계 하는지 설명하며, 화면을 구현하는 방법을 Step-by-Step으로 실행 결과와 코드를 함께 보여줍니다.

특히 앱 개발 시에 자주 사용되는 기능들을 다루는데, 카카오 로그인 연동, 구글 맵 연동, 공공 API 연동 방법과 파이어베이스에 리뷰 저장하기, SQLite에 주차장 위치 정보 저장 등 다양한 기능을 실전에 적용할 수 있도록 예제를 제공하고 상세히 설명합니다. 다양한 실전 예제를 통해 독자들이 플러터 앱 개발에 필요한 다양한 기능들을 익힐 수 있도록 도와줍니다.

앱 개발에 바로 적용할 수 있는 실전예제 제공

7장에서는 CGV 메인 화면과 동일하게 화면을 구성하여 영화를 보고난 후 리뷰를 파이어베이스로 저장하는 CGV 클론 예제를 제공합니다. 8장에서는 공공 API를 연동해서 공영 주차장 위치를 핸드폰 내의 SQLite에 저장하고 핸드폰의 위치 정보를 읽어서 현재 위치 주변의 공영 주차장 위치를 구글 앱에 표시해 주는 예제를 제공합니다. 9장에서는 카카오 로그인 연동과 AWS Amplify에서 제공하는 로그인 화면을 연동하기 위한 앱 설정 방법과 소스를 제공하여 앱 개발 시 사용할 수 있도록 합니다.

한번의 개발로 다양한 플랫폼에 적용할 앱을 개발하자!

플러터의 최대 강점은 안드로이드, iOS, 리눅스, 윈도우, Mac 등 다양한 플랫폼에 앱을 적용할 수 있다는 점입니다. 플러터 3.0부터는 리눅스, Mac 등 더 많은 플랫폼을 지원하게 되어 더욱 편리해졌습니다. 이는 개발자들이 안드로이드용 앱과 iOS용 앱을 각각 개발할 필요 없이 플러터에서 한 번의 개발로 다양한 플랫폼에 앱을 출시할 수 있게 해줍니다.

앱을 아름답게! 머티리얼 디자인과 쿠퍼치노 디자인!

플러터는 구글에서 디자인한 머터리얼 디자인과 머터리얼3 디자인 그리고 iOS 앱을 위한 쿠퍼치노 디자인을 제공하여 아름다운 UI를 가진 앱을 만들수 있게 합니다. 디자이너가 없어도 플러터로 개발을 하면 멋지고 아름다운 UI를 만들 수 있습니다.

①장

플러터로 앱을 개발하기 위해 필요한 안드로이드 스튜디오, 플러터 SDK 등의 개발 환경을 설치하는 과정을 다룹니다.

②장

새로운 플러터 프로젝트를 생성하고 해당 프로젝트에 생성되는 카운터 앱을 실행해 봅니다. 그 후에 카운터 앱에 버튼을 추가하고 머터리얼3 디자인과 쿠퍼티노 디자인을 적용해 보면서 앱의 구조를 간단히 알아봅니다.

③장

플러터 개발에 필요한 플러터 앱의 기본 구조와 UI가 어떻게 그려지는지에 대해 설명합니다. 또한, 플러터 앱 개발에 있어서 중요한 상태있는 위젯과 상태없는 위젯을 살펴보고 상태있는 위젯의 생명주기를 이해하고 실습을 통해 학습합니다.

이 장은 개발경험이 없는 초심자분께는 어려운 내용일 수 있습니다. 위젯의 생명주기, UI가 어떻게 그려지는 등의 내부 동작원리는 처음에는 잘 이해되지 않을 수 있습니다. 예제를 수행해보면서 상태있는 위젯과 상태없는 위젯이 무엇인지 확인하고 넘어가도 됩니다.

4장

플러터 앱에서 많이 사용하는 기본 위젯을 학습하고 화면 간 이동, 화면 레이아웃 그리기, 그리고 다양한 위젯을 활용한 샘플을 실습합니다. 플러터에서는 위젯이 전부라고 해도 과언이 아닙니다. 다양한 예제로 주요 위젯을 학습한 후, 이러한 주요 위젯을 활용하여 다양한 샘플 앱을 순서대로 실습해보면 이해가 빠를 것입니다.

5장

4장에서 학습한 위젯을 응용하여 플러터 앱의 화면을 그리는 방법을 실습합니다. 앱을 만들기 위해 전체 화면 구조를 어떻게 잡고, 화면 레이아웃을 구성하기 위해 어떤 위젯을 사용하는지 알아봅니다. 또한, 레시피 앱과 커피 앱을 클론 코딩한 화면을 순차적으로 만들면서 UI를 그리는 과정을 학습합니다.

6장

플러터는 다트 언어로 개발하며, 여러 가지 기초 문법부터 고급 문법까지 예제를 통해 학습할 수 있도록 목차를 구성하였습니다. 다트 언어의 변수, 상수, 연산자, 제어문, 컬렉션 등의 기초 문법부터 Future, async, await 등의 비동기 프로그래밍, isolate, 싱글/멀티 메시지 전송 등의 고급 문법을 예제를 통해 자세히 설명합니다. 앱을 개발하면서 문법 사항이 궁금할 때는 언제든지 목차를 참고하여 필요한 내용을 찾아볼 수 있도록 하였습니다. 예제를 통해 문법을 이해하고 앱 개발에 잘 활용하길 바랍니다.

CGV 클론 예제를 작성합니다. 위젯을 이용해 복잡한 레이아웃을 그려보고 파이어베이스를 연동하여 리뷰 댓글을 작성하는 예제를 실습합니다. CGV 클론 예제 실행은 먼저 예제파일을 내려받은 다음 파이어베이스 프로젝트를 만들고 파이어베이스와 플러터 앱을 연결한 다음 수행하면 됩니다.

앱 개발에서 많이 사용하는 공공 API와 구글 맵 연동, 현재 위치정보 찾기, SQLite 활용을 예제를 통해 학습합니다. 공공 API와 연동하여 주차장 정보를 SQLite에 저장하고 현재 위치의 주차장 정보를 구글 맵에 표시하는 샘플입니다. 공공 API는 주차장 정보뿐 아니라 부동산 정보, 관광 정보 등 다양한 정보가 제공되고 있으니 앱 개발에 활용해보기 바랍니다.

카카오 로그인과 AWS Amplify에서 제공하는 로그인 페이지를 연동하는 방법을 배우려면, 카카오 개발자 웹사이트에서 앱을 등록하고 설정 작업을 수행해야 합니다. 또한, AWS 계정을 만든 후에 AWS Amplify와 플러터 앱을 연결하여 설정을 완료해야 합니다. 이렇게 설정을 마친 후에는 카카오 로그인과 AWS Amplify의 로그인 페이지를 플러터 앱에 연동할 수 있게 됩니다. 이러한 방법들을 차근차근 읽어보고 실행해 보길 바랍니다.

개발환경

이 책의 예제는 기본적으로 다음과 같은 환경에서 실행됩니다.

- 안드로이스 스튜디오 **Electric Eel 2022.1.1**
- **Flutter 3.3.4 (stable)**
- 다트 **2.18.1 (stable)**
- **Firebase 10.8.0**
- **SQflite 2.2.8**
- 카카오**SDK 1.4.2**
- **npm v6.14.4 or later**
- **git v2.14.1 or later**

예제 코드 내려받기

이 책에서 진행하는 모든 코드는
아래 깃허브에서 확인할 수 있습니다.
https://github.com/cherrybook2022/flutter_book

차례

- 지은이의 글   4
- 추천사   6
- 들어가며   9

1 플러터 시작하기   23

1.1 플러터 소개   24

1.2 플러터 개발환경 구성과 설치   30
1.2.1 윈도우에서 개발환경 구축   30
1.2.2 macOS에서 개발환경 구축   44
1.2.3 설치 문제 해결하기   58

2 첫 번째 플러터 앱 만들기   63

2.1 카운터 앱 생성   64
2.1.1 안드로이드 스튜디오에서 프로젝트 생성하기   64
2.1.2 카운터 앱 실행하기   67
2.1.3 프로젝트 구조 이해하기   78
2.1.4 핫 리로드   86

2.2 실습하기   89

2.3 소스 구조화하기   119

3 플러터 앱 내부 구조 이해하기   127

3.1 카운터 앱 분석하기   128
- 3.1.1 카운터 앱 소스 파헤치기   128
- 3.1.2 카운터 앱의 UI 이해하기   138

3.2 위젯 타입, 생명주기와 상태 전달   151
- 3.2.1 위젯 타입   151
- 3.2.2 상태없는 위젯(StatelessWidget)   152
- 3.2.3 상태있는 위젯(StatefulWidget)   156

3.3 실습해보기   166

4 주요 위젯 배우기   179

4.1 위젯 실습을 위한 준비   180
- 4.1.1 프로젝트 생성하기   181
- 4.1.2 기본 코드 작성하기   181

4.2 기본 위젯   183
- 4.2.1 Container   183
- 4.2.2 Text   195
- 4.2.3 Image   202
- 4.2.4 Icon   207
- 4.2.5 SafeArea   208

4.3 레이아웃 위젯   210
- 4.3.1 Row & Column   210

4.4 입력 위젯   230
- 4.4.1 TextField   230
- 4.4.2 Button   234

4.5 내비게이션 위젯   239

　4.5.1 Navigator   239
　4.5.2 Routes   244
　4.5.3 BottomNavigationBar   249

5 복잡한 화면 레이아웃 그리기   261

5.1 레시피 앱 만들기   262

　5.1.1 레시피 앱 화면 분석하기   263
　5.1.2 사전 준비 사항   265
　5.1.3 기본 코드 작성하기   266
　5.1.4 레시피 앱 화면 만들기   268

5.2 카페 앱 만들기   295

　5.2.1 카페 앱 화면 분석하기   296
　5.2.2 사전 준비 사항   301
　5.2.3 기본 코드 작성하기   305
　5.2.4 홈 화면 영역 만들기   308
　5.2.5 커피&음료 메뉴 화면 만들기   336
　5.2.6 메뉴 상세 화면 만들기   351

6 다트(Dart)   375

6.1 다트 문법 공부 환경   376

6.2 기초 문법   379

　6.2.1 주석   379
　6.2.2 변수   380
　6.2.3 타입   381
　6.2.4 타입의 계층   386

6.2.5 널 허용 타입   386

6.2.6 늦은 초기화: late   388

6.2.7 상수   388

6.3 연산자   390

6.3.1 기본 연산자   390

6.3.2 타입 관련 연산자   393

6.3.3 Null 관련 연산자   394

6.4 제어문   397

6.5 함수   403

6.5.1 무명함수   404

6.5.2 매개변수   404

6.5.3 함수의 객체화   407

6.6 객체와 클래스   409

6.6.1 객체의 생성과 접근   410

6.6.2 생성자   413

6.6.3 상속   418

6.6.4 추상 클래스   423

6.6.5 믹스인(mixin)   425

6.6.6 enum   428

6.6.7 static   429

6.7 컬렉션   431

6.7.1 List   431

6.7.2 Set   435

6.7.3 Map   438

6.8 비동기 프로그래밍   441

6.8.1 Future   441

6.8.2 async, await   443

6.8.3 Stream   445

6.9 동시성 프로그래밍   **449**

    6.9.1 isolate   449

    6.9.2 싱글 메시지 전송   450

    6.9.3 멀티 메시지 전송   452

7 CGV 클론 앱 만들기   459

7.1 앱 소개하기   460

    7.1.1 CGV 클론 앱 분석하기   461

    7.1.2 사전 준비   467

    7.1.3 폴더 구조 만들기   469

    7.1.4 carousel_slider 패키지 추가   470

    7.1.5 파이어베이스 프로젝트 만들기   471

    7.1.6 기본 코드 작성하기   473

7.2 CGV 클론 앱 화면 만들기   476

    7.2.1 홈 화면 영역 만들기   476

    7.2.2 영화 상세 화면 만들기   510

    7.2.3 관람평 작성 화면 만들기   521

7.3 파이어베이스로 리뷰작성 하기   539

    7.3.1 파이어베이스 연동하기   539

    7.3.2 데이터베이스 관리 파일 만들기   553

    7.3.3 리뷰 데이터 저장하기   554

    7.3.4 영화 리뷰 목록에 관람평 나타내기   557

8 공영 주차장 위치 조회 앱 만들기   563

8.1 앱 소개하기   564
8.1.1 사전 준비   566
8.1.2 폴더 구조 만들기   566
8.1.3 프로젝트 생성   567
8.1.4 공공데이터 오픈 API 활용   567

8.2 기본 코드 작성하기   574

8.3 http 통신으로 오픈 API 사용하기   576

8.4 SQLite로 주차장 정보 저장하기   589

8.5 구글 지도에 주차장 위치   602

9 로그인 구현하기   633

9.1 카카오 로그인 하기   634
9.1.1 앱 소개하기   634
9.1.2 사전 준비   636
9.1.3 프로젝트 폴더 구조   636
9.1.4 카카오 로그인 연동을 위한 설정   637
9.1.5 로그인/로그아웃 화면 만들기   651
9.1.6 Provider 패턴 적용하기   656
9.1.7 카카오 SDK로 로그인/로그아웃 기능 구현하기   667

9.2 AWS Amplify 로그인하기   683
9.2.1 AWS Amplify란?   683
9.2.2 AWS Amplify 설정   685
9.2.3 앱 소개하기   696
9.2.4 플러터 앱 만들기(Amplify Authenticator UI 사용)   697

· 찾아보기   716

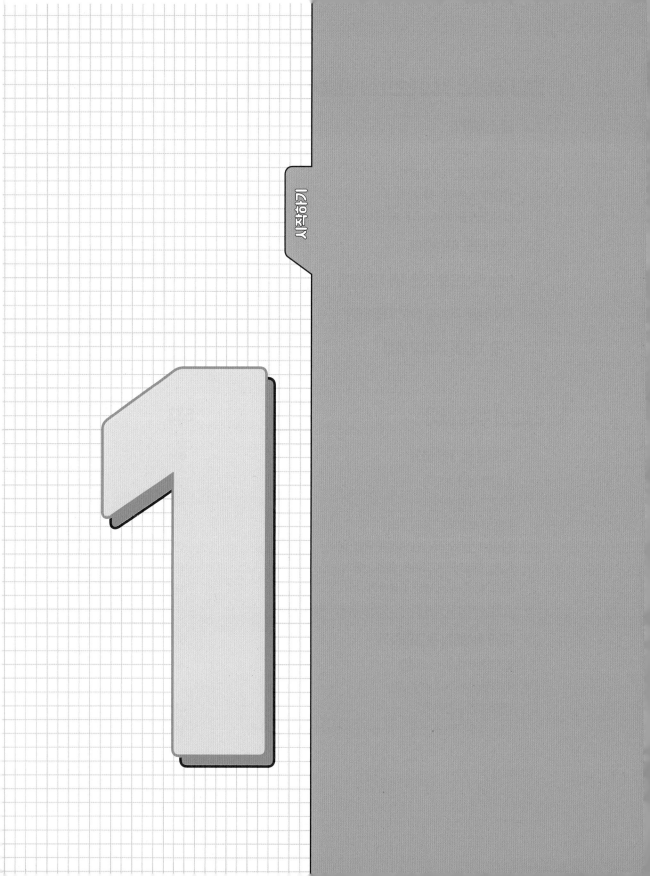

1

플러터 시작하기

플러터의 세계에 오신 것을 환영합니다! 이 장에서는 플러터에 대한 소개와 플러터 개발 환경을 구축하는 방법에 대해 설명합니다. 이 장의 목표는 현재 독자 여러분이 사용 중인 운영체제(OS) 환경에서 플러터 개발을 시작할 수 있는 기본 설정을 마치는 것입니다. 이 책에서는 Windows와 macOS 환경에서의 설치 방법에 대해서만 다룹니다. 다른 운영 체제에서의 설치 방법은 플러터 공식 설치 홈페이지(https://docs.flutter.dev/get-started/install)의 설명을 참고하시기 바랍니다.

플러터 소개

플러터는 iOS, 안드로이드, 웹앱 등 다양한 플랫폼에서 동작 가능한 응용 프로그램을 한 번의 코딩으로 개발할 수 있는 크로스 플랫폼 SDK 입니다. 2017년에 구글에 의해 발표되었으며, 2022년 플러터 3.0으로 업데이트되었고 현재까지도 구글의 주도하에 활발하게 개발되고 있습니다. 실제로 BMW, eBay, 텐센트, 알리바바 그룹 등 많은 기업들이 플러터를 사용하여 개발한 프로그램을 서비스 중에 있습니다.

이미지출처 (https://flutter.dev/showcase/bmw)

이미지출처 (https://flutter.dev/showcase/tencent)

그림 1-1 플러터로 개발된 프로젝트

플러터 앱은 Dart라는 언어로 작성되는데 자바나 자바스크립트와 같은 언어를 사용해 본 경험이 있다면 플러터가 생소하지는 않을 겁니다. Dart는 2018년 코딩 교육 및 마켓플레이스 플랫폼인 코드멘토(Code Mentor)에서 조사한 설문에서 배울 필요가 없는 최악의 개발언어 1위로 선정되는 등 최근 몇 년전 까지만 해도 개발자들로부터 외면받는 언어였으나 플러터의 발전에 힘입어 현재는 많은 개발자가 사용하고 있습니다. 구글 트렌드 통계를 통해 지난 5년간의 플러터와 리액트 네이티브(React Native)의 관심도 변화를 살펴보니, 초기에는 플러터가 리액트 네이티브에 비해 상대적으로 관심도가 낮았지만, 2020년 하반기부터는 그 경향이 역전되어 플러터의 관심도가 더 높아졌다는 것을 알 수 있습니다.

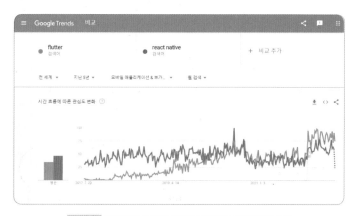

2018년 학습하기 최악의 개발언어 순위(출처: https://www.codementor.io/blog/worst-languages-to-learn-3phycr98zk)

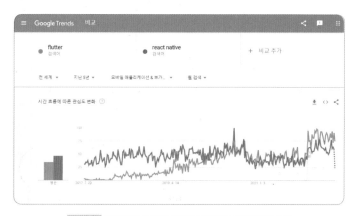

그림 1-3 플러터와 리액트 네이티브의 구글 트렌드 비교 차트

이렇듯 사용하는 개발자가 증가하고 구글에서도 지속적인 업데이트를 통해 성능향상이 이루어지는 추이를 보면 플러터는 현재보다 미래가 더 유망할 것을 기대해 볼 수 있습니다.

Skia 엔진

Skia는 다양한 플랫폼에서 동작할 수 있도록 하는 공통 API를 가진 오픈소스 2D 그래픽 라이브러리입니다. 플러터는 이 Skia 엔진을 내장하고 있습니다. 플러터는 안드로이드, iOS와 같이 각기 다른 디바이스에서 Skia를 통해 렌더링하므로 네이티브에 준하는 퍼포먼스를 낼 수 있습니다.

앱에 버튼을 생성할 때 리액트 네이티브에서는 자바스크립트로 iOS나 안드로이드에서 버튼에 해당하는 UI 컴포넌트를 찾아 렌더링(이를 자바스크립트 브릿지라고 합니다)하지만, 플러터에서는 Skia 엔진을 통해 직접 렌더링을 합니다.

그림 1-4 플러터(**SKIA**엔진)의 렌더링 방식

그림 1-5 리액트 네이티브의 렌더링 방식

플러터의 장점

빠른 속도

플러터 코드는 자바스크립트뿐만 아니라 ARM, Intel 등의 기계어로 컴파일될 수 있기 때문에 빠르고 성능이 우수합니다. 이로 인해 멀티 플랫폼 개발에도 불구하고 네이티브 앱에 가까운 속도와 프로그램 성능을 달성할 수 있습니다.

높은 생산성

플러터는 핫 리로드(hot reload) 기능을 지원하고 있어 컴파일 과정 없이 쉽고 빠르게 UI를 구축하고 기능을 추가하면서 버그를 수정할 수 있습니다. 그래서 빠르게 빌드하면서 업데이트된 코드의 변경 사항을 거의 즉시 확인할 수 있기 때문에 생산적인 개발을 진행할 수 있습니다.

유연성

플러터는 위젯(Widget)을 통해 디자인이나 애니메이션 기능을 개발할 수 있습니다. 이 위젯으로 수준 높은 UI를 제공할 수 있어 iOS나 구글 스타일의 앱을 쉽게 만들 수 있습니다.

플러터 3.0

2022년에 Google I/O에 맞춰 플러터3.0이 출시되었습니다. 2021년 3월 3일 2.0이 출시된지 14개월 만에 진행된 메이저 업데이트로 다양한 기능들이 추가되었는데, 이 책에서는 주요 업데이트 내용 중 TOP5를 선정해 소개하도록 하겠습니다.

   1) macOS와 Linux 정식 지원

2) 모바일 개발 지원 강화

3) 애니메이션 성능 개선 및 렌더링 시 소비되던 메모리 사용량 개선

4) Material Desing3 지원

5) Flutter Casual Games Toolkit 지원

플러터3.0의 변경사항을 조금 더 자세히 살펴보면 다음과 같습니다.

첫 번째, macOS과 Linux에서 프로그램 개발이 stable 버전으로 지원되며 애플 실리콘 M1 맥을 정식으로 지원합니다. 이전 버전에서는 로제타(Rosetta) 변환을 통해 간접적으로 지원하였으나 플러터3.0에서는 앱이 ARM iOS 시뮬레이터에서 실행되기 때문에 훨씬 더 빠른 컴파일을 가능하게 하고 macOS 앱을 위한 유니버셜 바이너리를 지원합니다. 이에 따라 모든 데스크탑 플랫폼에서 개발이 가능합니다.

두 번째, 모바일 개발 기능이 업데이트 되었습니다. 폴더블 모바일기기에서 활용할 수 있는 위젯이 추가되어 폴더블용 앱 개발이 용이해졌습니다. 또한 iOS ipa 빌드를 지원해 iOS 빌드과정이 간소화 되었으며 아이폰13 등의 디스플레이에서 적용된 120hz 주사율로 렌더링이 가능합니다.

세 번째, 메모리 사용량이 개선되어 앱 시작 시간이 줄었습니다. 최신 버전의 Dart에는 가상 메모리 사용량을 측정하는 기능도 포함되어 있어 개발자가 앱의 코드 오브젝트가 얼마만큼의 메모리를 사용하는지 확인 할 수 있습니다. 이를 통해 향상된 성능의 앱을 개발 할 수 있습니다.

네 번째, 머티리얼 디자인(Material Design)3 로 인해 크로스 플랫폼으로 개발할 때 적용할 수 있는 디자인 요소들의 시각적 품질이 향상되었습니다. 머티리얼 디자인은 Google에서 만든 디자인 시스템으로 안드로이드 응용프로그램에 고품질의 디자인을 제공하도록 도와줍니다. Material3 플래그를 사용하면 사용자가 원하는 다양한 디자인 컴포넌트들을 직접 만들 수 있습니다. Material3에 대한 상세한 내용은 https://m3.material.io/에서 확인 할 수 있습니다.

다섯 번째, 캐쥬얼 게임 툴킷을 통해 광고, 인앱 구매, 안드로이드의 구글 플레이 서비스나 iOS의 게임센터 적용이 쉬워졌으며 캐쥬얼 게임 개발이 쉬워졌습니다.

플러터 캐쥬얼 게임 툴킷에 대한 상세한 내용은 https://flutter.dev/games에서 확인할 수 있습니다.

이번 플러터3.0을 통해 구글에서 플러터에 얼마나 힘을 쏟고 있는지를 느낄 수 있습니다. 앞에서 소개해드린 다섯 가지 업데이트 외에도 국제 텍스트 입력기(IME)를 지원해 한국어 텍스트 입력에 대한 부분도 완벽하게 지원되고 공식적으로 파이어베이스도 지원되는 등 플러터의 기능이 굉장히 강력해졌습니다. 이에 따라 크로스플랫폼 응용프로그램 개발 시 많은 부분을 커버할 수 있어 스타트업이나 개인 등의 소규모 개발팀 프로젝트를 위한 최선의 프레임워크로 고려될 것으로 보입니다.

1.2 플러터 개발환경 구성과 설치

이제, 플러터 개발을 위한 통합 개발환경(IDE)인 '안드로이드 스튜디오'와 '플러터 SDK'를 설치하고 환경 변수를 설정해보겠습니다. 플러터 개발환경은 Window 또는 MacOS에 구축 가능한데 설치 방법과 환경설정 방법이 운영체제에 따라 달라 이 절에서는 Window와 MacOS에서 플러터 개발환경 구축 하는 방법을 차례로 소개하겠습니다. 플러터 개발환경 구축은 다음과 같은 순서에 따라서 진행합니다.

1.2.1 윈도우에서 개발환경 구축

플러터 SDK 설치하기

플러터 홈페이지에 접속합니다. 다음 그림과 같이 [Windows]를 선택해서 플러터 설치 파일(flutter_windows_(버전).zip)을 내려받습니다.

▶ https://docs.flutter.dev/get-started/install

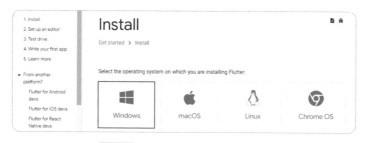

그림 1-6 플러터 사용을 위한 **OS** 선택 페이지

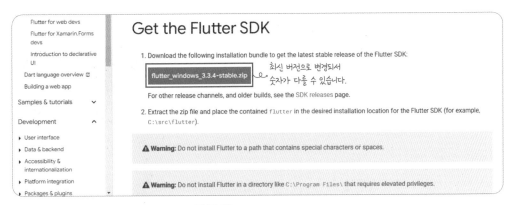

그림 1-7 플러터 다운로드 페이지

내려받은 플러터 압축 파일을 원하는 경로에 압축을 풉니다. 이때 압축 파일을 푼 경로에는 특수문자나 공백이 들어가면 안 되며 'C:\Program Files\'와 같이 권한이 필요한 위치에 설치하면 안 됩니다.

이 책에서는 다음 그림과 같이 c드라이브에 'src\flutter'이라는 새로운 폴더를 만들어 플러터 SDK를 저장하도록 하겠습니다.

이름	수정한 날짜	유형	크기
.git	2022-06-04 오후 8:12	파일 폴더	
.github	2022-06-02 오전 11:01	파일 폴더	
.idea	2022-05-05 오후 5:39	파일 폴더	
.pub-cache	2022-05-11 오후 11:39	파일 폴더	
bin	2022-06-02 오전 11:01	파일 폴더	
dev	2022-05-05 오후 5:43	파일 폴더	
examples	2022-05-05 오후 5:43	파일 폴더	
packages	2022-05-06 오전 10:17	파일 폴더	
.ci	2022-06-02 오전 11:01	YAML 파일	118KB
.cirrus.yml	2022-06-02 오전 11:01	YML 파일	8KB
.gitattributes	2022-05-05 오후 5:39	텍스트 문서	1KB
.gitignore	2022-06-02 오전 11:01	텍스트 문서	3KB
analysis_options	2022-06-02 오전 11:01	YAML 파일	12KB
AUTHORS	2022-06-02 오전 11:01	파일	4KB
CODE_OF_CONDUCT	2022-05-05 오후 5:39	MD 파일	3KB
CODEOWNERS	2022-06-02 오전 11:01	파일	1KB
CONTRIBUTING	2022-06-02 오전 11:01	MD 파일	6KB
dartdoc_options	2022-05-05 오후 5:39	YAML 파일	2KB
flutter_console	2022-05-05 오후 5:39	Windows 배치 파일	2KB
flutter_root.iml	2022-05-05 오후 5:39	IML 파일	1KB
LICENSE	2022-05-05 오후 5:39	파일	2KB
PATENT_GRANT	2022-05-05 오후 5:39	파일	2KB
README	2022-06-02 오전 11:01	MD 파일	6KB
TESTOWNERS	2022-06-02 오전 11:01	파일	19KB
version	2022-06-07 오전 10:40	파일	1KB

그림 1-8 플러터 파일 압축해제

환경 변수(Path) 설정하기

플러터 SDK를 사용하려면 윈도우에 플러터 SDK가 저장된 경로를 환경 변수 'Path'에 등록해줘야 합니다. 시작 메뉴 검색창에서 "env"로 검색한 후 '환경 변수 편집' 메뉴로 진입합니다.

상단의 사용자 변수 목록에서 'Path'를 선택해서 [편집] 버튼을 클릭합니다

그림 1-9 환경 변수 편집

그림 1-10 환경 변수 사용자변수

[찾아보기] 버튼을 눌러 플러터 SDK 설치 단계에서 압축 파일을 해제한 경로에 [bin] 폴더를 선택해 추가합니다.

그림 1-11 환경 변수 추가

플러터 닥터 실행하기

플러터 닥터(Flutter doctor)는 플러터가 설치된 환경을 체크하고 설치 상태에 대한 보고서를 보여줍니다. 플러터를 설치하고 사용하는 과정에서 제대로 실행되지 않는 것이 있다면 플러터 닥터를 통해 확인하고 조치하면 됩니다. 또한 플러터 닥터에서는 플러터 버전이 업그레이드되었을 경우 최신 버전을 사용할 수 있도록 안내합니다.

환경 변수 설정이 끝났으면 윈도우 시작 메뉴 검색창에 "cmd"를 입력하여 명령어 프롬프트 앱을 실행시킵니다.

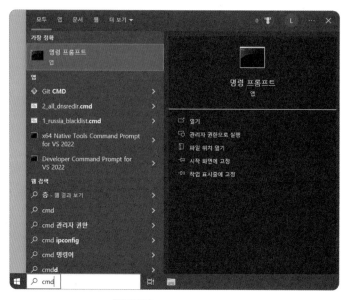

명령프롬프트 앱 실행

　명령 프롬프트 앱에서는 명령어를 통해 현재 PC에 설치된 플러터의 상태를 확인할 수 있습니다. 명령 프롬프트 앱에서 명령어 'cd'를 통해 앞서 플러터를 설치한 경로로 이동합니다. 폴더 이동 명령어는 "cd 경로명"이며 이 책에서는 c:\src\flutter에 플러터를 설치했으므로 다음과 같은 명령어를 입력해 경로 이동을 하겠습니다.

```
C:\Users\사용자> cd /src/flutter
```

　명령 프롬프트 앱에서 flutter doctor 을 입력하여 현재 설치된 플러터의 상태를 확인합니다.

```
C:\src\flutter> flutter doctor
```

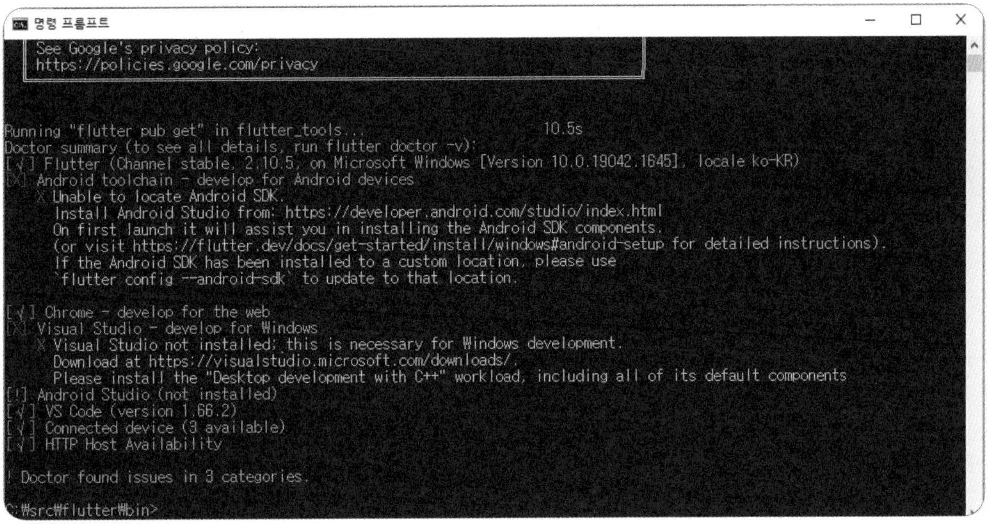

```
See Google's privacy policy:
https://policies.google.com/privacy

Running "flutter pub get" in flutter_tools...                    10.5s
Doctor summary (to see all details, run flutter doctor -v):
[√] Flutter (Channel stable, 2.10.5, on Microsoft Windows [Version 10.0.19042.1645], locale ko-KR)
[X] Android toolchain - develop for Android devices
    X Unable to locate Android SDK.
      Install Android Studio from: https://developer.android.com/studio/index.html
      On first launch it will assist you in installing the Android SDK components.
      (or visit https://flutter.dev/docs/get-started/install/windows#android-setup for detailed instructions).
      If the Android SDK has been installed to a custom location, please use
      `flutter config --android-sdk` to update to that location.

[√] Chrome - develop for the web
[X] Visual Studio - develop for Windows
    X Visual Studio not installed; this is necessary for Windows development.
      Download at https://visualstudio.microsoft.com/downloads/.
      Please install the "Desktop development with C++" workload, including all of its default components
[!] Android Studio (not installed)
[√] VS Code (version 1.66.2)
[√] Connected device (3 available)
[√] HTTP Host Availability

! Doctor found issues in 3 categories.

C:\src\flutter\bin>
```

그림 1-13 **flutter doctor** 실행

설치해야 할 다른 소프트웨어가 있다면 빨간 [X]로 보여줍니다.

안드로이드 스튜디오 설치하기

안드로이드 스튜디오는 안드로이드 앱 개발을 위한 공식 통합 개발 환경(IDE) 입니다. 플러터는 비주얼 스튜디오 코드(vscode)나 인텔리제이(Intellij) 등 다양한 에디터에서 개발이 가능하나 구글에서 제공하는 플러터 공식 홈에서 안드로이드 스튜디오 설치를 가이드하는 만큼 이 책에서는 안드로이드 스튜디오로 개발환경 구축을 진행하겠습니다.

안드로이드 스튜디오를 설치하기 위해 다운로드 페이지에 접속해서 다음 그림과 같이 [Download Android Studio]를 클릭합니다.

▶ https://developer.android.com/studio

안드로이드 스튜디오 다운로드 페이지

안드로이드 스튜디오 사용 정책에 동의한 후 설치파일을 내려받을 수 있습니다.

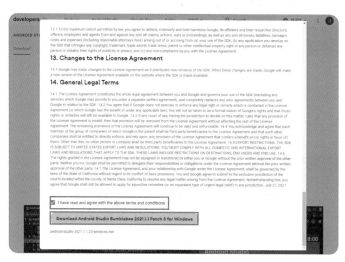

안드로이드 스튜디오 정책 동의 후 다운로드

내려받은 설치파일을 실행하면 다음과 같이 진행됩니다. 변경할 내용이나 선택할 것 없이 기본값으로 설치를 진행합니다.

그림 1-16 안드로이드 스튜디오 **Setup**

안드로이드 Virtual Device(AVD)는 에뮬레이터 구동을 위해 필요하니 체크박스가 선택되어진 채로 [Next] 버튼을 클릭합니다.

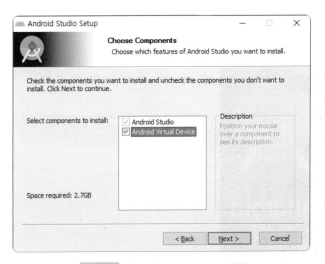

그림 1-17 안드로이드 **Virtual Device** 설치

설치 경로는 특별한 경우가 아니라면 기본값으로 두고 설치를 진행합니다.

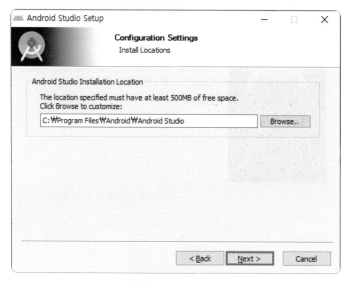

그림 1-18 설치 경로 지정

안드로이드 스튜디오의 설치가 완료되었다면 실행해 주세요.

그림 1-19 안드로이드 스튜디오 설치 완료

'스탠다드(Standard) 타입'으로 설치할지 '사용자(Custom) 타입'으로 설치할지 선택합니다. 스탠다드 타입을 선택하면 안드로이드 스튜디오에서 필요한 컴포넌트들을 일반적인 설정 상태로 설치되고, '사용자(Custom)' 타입은 사용자가 설치할 컴포넌트를 직접 선택해서 설치합니다.

여기서는 '스탠다드(Standard)' 타입으로 설치하겠습니다.

그림 1-20 안드로이드 스튜디오 **Install Type** 선택

스튜디오 테마를 취향껏 선택합니다. Darcula(어두운 느낌의 테마)와 Light(밝은 느낌의 테마) 중 선호하는 UI 테마를 선택 후 [Next] 버튼을 클릭합니다.

그림 1-21 안드로이드 스튜디오 **UI** 테마 선택

안드로이드 스튜디오 사용 라이센스에 대한 동의를 선택해서 계속 진행합니다. 각 라이선스 항목들을 선택하고 동의(Accept)를 선택해서 [Next] 버튼을 눌러 진행합니다.

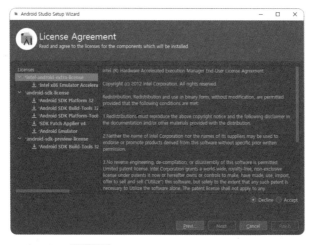

그림 1-22 안드로이드 스튜디오 라이선스 동의

앱 개발에 필요한 컴포넌트 등을 자동으로 내려받습니다.

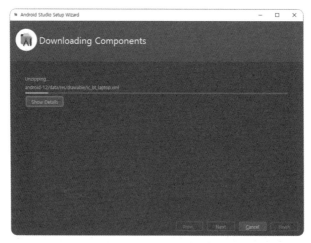

그림 1-23 안드로이드 스튜디오 컴포넌트 다운로드

설치 과정이 완료되면 [Finish] 버튼을 누릅니다.

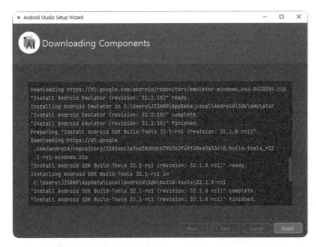

그림 1-24 안드로이드 스튜디오 컴포넌트 다운로드 완료

왼쪽 카테고리에 [Plugins]을 선택하고 Marketplace 탭에서 Dart와 Flutter로 검색합니다. 검색된 Dart와 Flutter 플러그인을 설치합니다.

그림 1-25 안드로이드 스튜디오에서 **Dart Plugin**과 **Flutter Plugin** 설치

Flutter 플러그인을 설치하면 Flutter 플러그인 옆의 [Install] 버튼이 [RestartIDE]로 변경됩니다. 해당 버튼을 눌러 안드로이드 스튜디오를 재실행합니다.

플러터는 안드로이드 플랫폼에 종속적인 부분이 있기 때문에 안드로이드 관련 SDK를 전부 설치해야 합니다. 안드로이드 스튜디오 시작화면 하단에 'More Actions'을 클릭해서 [SDK Manager]를 선택합니다.

그림 1-26 안드로이드 스튜디오 **SDK Manager** 선택

SDK Tools 탭에서 [Android SDK Command-line Tools(latest)] 체크박스를 선택하고 [Apply]를 눌러 설치를 진행합니다. 커맨드라인 툴은 개발에 필요한 여러 가지 유틸리티들을 사용할 수 있게 해주는 툴입니다. 컴퓨터 성능에 따라 설치할 때 시간이 오래 걸릴 수 있습니다.

그림 1-27 안드로이드 스튜디오 설치 마법사

그림 1-28 안드로이드 SDK 패키지 설치

설치가 완료되었습니다. 이제 플러터를 시작할 준비가 되었습니다.

1.2.2 macOS에서 개발환경 구축

이 절은 macOS에서 플러터 개발환경 구축과 환경설정하는 방법을 설명합니다.

플러터 SDK 설치하기

플러터 홈페이지에 접속합니다. 다음 그림과 같이 [macOS] 선택 후 플러터 설치파일
(flutter_masOS_(버전).zip)을 눌러 내려받습니다.

▶ https://docs.flutter.dev/get-started/install

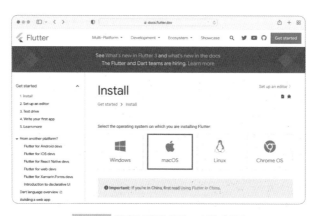

그림 1-29 플러터 사용을 위한 OS 선택 페이지

윈도우와 마찬가지로 플러터 설치 공식 웹사이트(https://docs.flutter.dev/get-started/install)에서 macOS를 선택하면 두가지 버전의 SDK를 제공하고 있습니다. M1칩이라 불리는 애플 실리콘 맥 사용자는 Apple Silicon 버전을 받고 그 외 사용자는 Intel 버전으로 내려받기를 진행합니다.

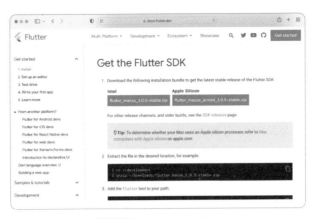

그림 1-30 플러터 다운로드 페이지

환경 변수(Path) 설정하기

내려받은 SDK를 독자의 홈 디렉토리로 옮겨줍니다. 그리고 터미널에서 환경 변수 설정을 위해 명령어를 입력합니다.

그림 1-31 홈 디렉토리로 **flutter** 폴더 이동

맥에서 터미널 앱을 실행하여 환경 변수를 설정하는 파일을 만들겠습니다
vi 에디터를 통해 .zshrc 파일을 만드는 명령어로 해당 파일에 플러터의 PATH를 지정합니다.

```
> vi ~/.zshrc
```

앞의 명령어를 입력하면 터미널 창에 vi 에디터를 통해 ~/.zshrc 파일이 열리게 됩니다. 그 상태에서 다음과 같이 진행합니다. Vi 에디터에서 <i> 키를 누르면 입력모드로 변경됩니다. 입력모드에 다음과 같이 입력합니다.

```
export PATH="$PATH:[PATH_OF_FLUTTER_GIT_DIRECTORY]/bin"
```

이때 [PATH_OF_FLUTTER_GIT_DIRECTORY]에는 내려받은 플러터 SDK가 위치한 홈 디렉토리의 경로를 넣어줍니다. 이 책에서는 Users/jisang/flutter/bin 경로에 플러터 SDK가 위치하므로 다음과 같이 플러터 path를 지정하겠습니다.

그림 1-32 플러터 **path** 지정

경로를 입력했으면 Esc 키를 눌러 명령어 모드로 진입 후 [:wq]를 입력하고 Enter 를 눌러 저장하고 나옵니다.

Command ⌘ + ⇧Shift + . 키를 누르면 숨겨진 파일을 볼 수 있는데 조금 전 생성한 파일이 숨겨진 파일로 존재하는 걸 확인할 수 있습니다.

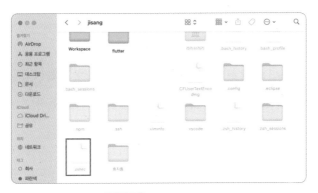

그림 1-33 숨겨진 파일 확인

다음 명령어를 통해 경로가 지정되었는지 확인할 수 있습니다.

> echo $PATH

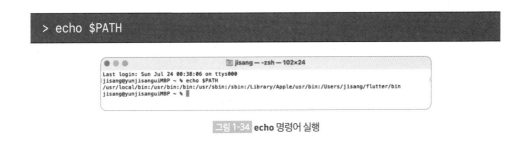

그림 1-34 echo 명령어 실행

다음 명령어를 통해 플러터 명령어를 사용할 수 있는지 확인할 수 있습니다.

> which flutter

그림 1-35 which flutter 실행

플러터 닥터 실행하기

Flutter doctor 명령어를 통해 플러터 개발환경 설정 상태를 확인 할 수 있습니다.

플러터 설치가 처음이고 지금까지의 과정을 거쳤으면 안드로이드 SDK와 코코아팟을
추가로 설치해야 될 것을 플러터 닥터를 통해 확인할 수 있습니다.

> flutter doctor

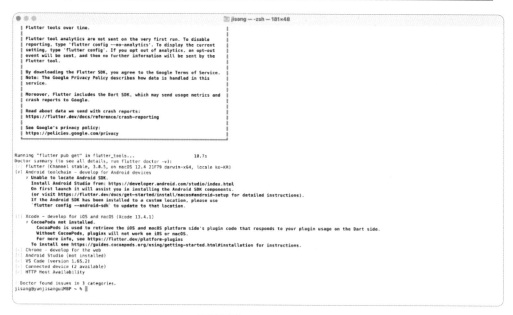

그림 1-36 **flutter doctor** 실행

안드로이드 스튜디오 설치하기

앞서 윈도우 버전의 안드로이드 스튜디오 설치하기에서 안내한 것과 같이 macOS에서
도 비주얼 스튜디오 코드(vscode), 인텔리제이(intellij) 등의 에디터에서 개발이 가능합니

다. 이 책에서는 윈도우 버전과 동일하게 플러터 공식 웹페이지에서 안내하고 있는 안드로이드 스튜디오로 개발환경 구축을 진행하겠습니다.

안드로이드 스튜디어를 설치하기 위해 다운로드 페이지에 접속해서 다음 그림과 같이 [Download Android Studio]를 클릭합니다.

그림 1-37 안드로이드 다운로드 페이지

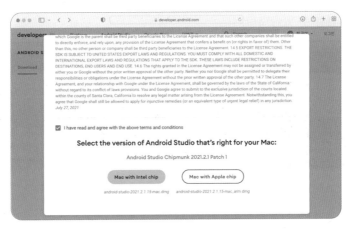

그림 1-38 인텔/애플칩 선택

안드로이드 스튜디오 공식 웹사이트(https://developer.android.com/studio)에서 내려받

기를 진행합니다. 플러터 SDK와 마찬가지로 인텔칩과 애플 실리콘칩 중 사용자가 보유한 맥 버전에 맞춰 설치파일을 내려받습니다. 내려받기가 완료되었다면 이제 파일을 더블 클릭합니다.

그림 1-39 애플리케이션 설치

안드로이드 스튜디오 설치를 위해 안드로이드 스튜디오 아이콘을 드래그하여 애플리케이션 폴더로 복사합니다. 복사가 완료되고 런치패드로 들어가면 안드로이드 스튜디오 설치 아이콘을 확인할 수 있습니다.

그림 1-40 안드로이드 스튜디오 복사 후 런치패드 화면

런치패드에서 안드로이드 스튜디오 아이콘을 더블클릭 하면, 이제 안드로이드 스튜디오의 설치가 진행됩니다. 안드로이드 스튜디오 설치 팝업이 나타나면 [열기] 버튼을 클릭합니다.

그림 1-41 안드로이드 스튜디오 설치 팝업

[Do not import settings]를 선택하고 [OK] 버튼을 클릭합니다.

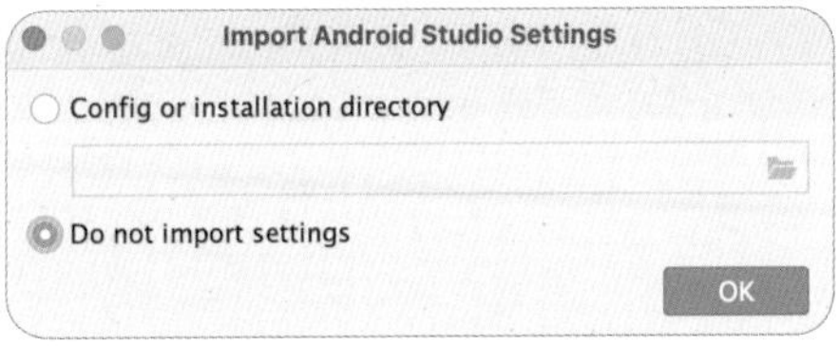

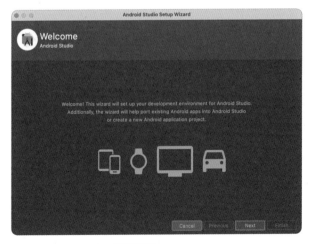

그림 1-42 Import Android Studio Settings

안드로이드 스튜디오 설치 시작을 위한 [Next] 버튼을 클릭합니다.

그림 1-43 설치 마법사

[스탠다드(Standard) 타입]을 선택하여 안드로이드 스튜디오가 필요한 파일을 자동으로 설치하도록 선택합니다.

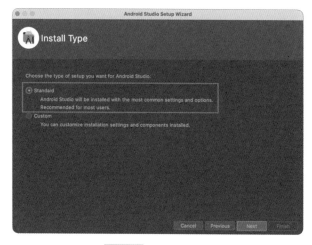

그림 1-44 Install Type 선택

안드로이드 스튜디오의 설치과정은 그리 어렵지 않으므로 설명은 생략하겠습니다. 진행 중에 간단한 안내에 따라 내용을 확인하고 기본 설정대로 설치를 진행하면 됩니다.

설치가 완료되고 난 이후 스튜디오를 시작합니다. 첫 실행 화면에서 몇가지 설정해야 할 것들이 있습니다. 시작 화면 중앙의 [More Actions]를 클릭하고 [SDK Manager]를 선택 해서 SDK 설치를 진행합니다.

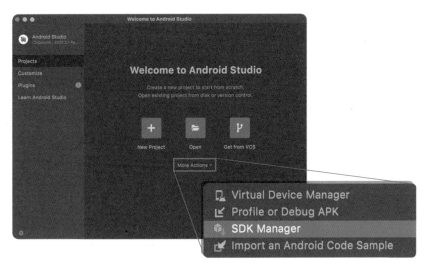

그림 1-45 **Welcome to** 안드로이드 스튜디오와 **SDK Manager**

SDK Tools 탭에서 [Android SDK Command-line Tools(latest)] 체크박스를 선택하고 [OK]를 눌러 설치를 진행합니다. 내용에 따라 설치할 때 시간이 오래 걸릴 수 있습니다.

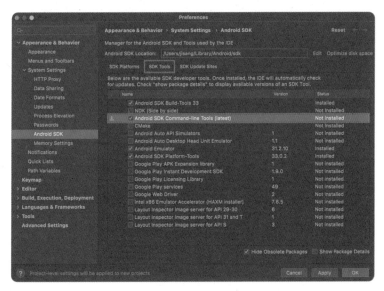

그림 1-46 **SDK Tools**

안드로이드 SDK 커맨드라인 툴의 설치완료 안내 팝업입니다. 커맨드라인 툴은 안드로이드 SDK의 설치나 업데이트를 관리하거나 AVD(Android Virtual Device)를 생성, 관리하는 유틸리티 등을 사용할 수 있게 도와주는 명령줄 도구입니다.

그림 1-47 Confirm Change

SDK 컴포넌트 설치가 완료되면 [Finish] 버튼을 클릭합니다.

그림 1-48 SDK 컴포넌트 설치

터미널에서 flutter doctor를 실행하면 안드로이드 라이선스와 코코아팟에 [!] 표시가 뜨는걸 확인할 수 있습니다. 터미널에서 다음 명령어를 입력하면 각각의 설치를 진행할 수 있습니다.

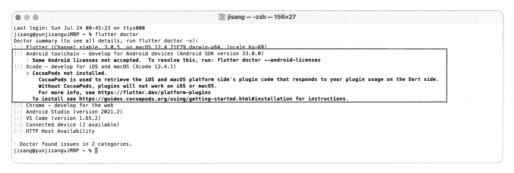

안드로이드 스튜디오를 사용하려면 라이선스 동의를 진행해야 합니다. 터미널에 다음과 같이 입력하고 실행하면 라이선스에 대한 설명이 나오는데 모두 [Y]를 입력해 안드로이드 스튜디오 라이선스에 동의합니다.

```
> flutter doctor --android-licenses
```

코코아팟 설치하기

코코아팟은 macOS 및 iOS 앱 개발을 위한 의존성 관리 도구입니다. 코코아팟을 사용하면 외부 라이브러리 및 프레임워크를 쉽게 추가하고 관리할 수 있습니다. 코코아팟이 설치되지 않으면 macOS에서 다트를 사용하는 플러그인이 정상 동작하지 않으므로 필수로 설치되야 합니다.

```
> sudo gem install cocoapods
```

```
● ● ●                    🖥 jisang — sudo — 80×24

Last login: Sun Jul 24 01:11:48 on ttys002
jisang@yunjisanguiMBP ~ % sudo gem install cocoapods
Password:▯
```

사용자 비밀번호 입력

코코아팟 설치 커맨드를 입력한 후 맥의 사용자 비밀번호를 입력합니다.

```
● ● ●                    🖥 jisang — -zsh — 80×24

Parsing documentation for nanaimo-0.3.0
Installing ri documentation for nanaimo-0.3.0
Parsing documentation for rexml-3.2.5
Installing ri documentation for rexml-3.2.5
Parsing documentation for xcodeproj-1.22.0
Installing ri documentation for xcodeproj-1.22.0
Parsing documentation for escape-0.0.4
Installing ri documentation for escape-0.0.4
Parsing documentation for fourflusher-2.3.1
Installing ri documentation for fourflusher-2.3.1
Parsing documentation for gh_inspector-1.1.3
Installing ri documentation for gh_inspector-1.1.3
Parsing documentation for ruby-macho-2.5.1
Installing ri documentation for ruby-macho-2.5.1
Parsing documentation for cocoapods-1.11.3
Installing ri documentation for cocoapods-1.11.3
Done installing documentation for concurrent-ruby, i18n, tzinfo, zeitwerk, activ
esupport, nap, fuzzy_match, httpclient, algoliasearch, ffi, ethon, typhoeus, net
rc, public_suffix, addressable, cocoapods-core, claide, cocoapods-deintegrate, c
ocoapods-downloader, cocoapods-plugins, cocoapods-search, cocoapods-trunk, cocoa
pods-try, molinillo, atomos, colored2, nanaimo, rexml, xcodeproj, escape, fourfl
usher, gh_inspector, ruby-macho, cocoapods after 51 seconds
34 gems installed
jisang@yunjisanguiMBP ~ % ▮
```

코코아팟 설치 완료

이제 터미널에서 flutter doctor를 실행하면 'No issues found!'라는 문구와 함께 모든
프로그램의 설치가 완료된 것을 확인할 수 있습니다.

```
● ● ●                    🖥 jisang — -zsh — 99×30

Last login: Sun Jul 24 01:15:45 on ttys002
jisang@yunjisanguiMBP ~ % flutter doctor
Doctor summary (to see all details, run flutter doctor -v):
[✓] Flutter (Channel stable, 3.0.5, on macOS 12.4 21F79 darwin-x64, locale ko-KR)
[✓] Android toolchain - develop for Android devices (Android SDK version 33.0.0)
[✓] Xcode - develop for iOS and macOS (Xcode 13.4.1)
[✓] Chrome - develop for the web
[✓] Android Studio (version 2021.2)
[✓] VS Code (version 1.65.2)
[✓] Connected device (2 available)
[✓] HTTP Host Availability

· No issues found!
jisang@yunjisanguiMBP ~ % ▮
```

설치 완료

다시 안드로이드 스튜디오를 실행해서 왼쪽 카테고리에 [Plugins]을 선택하고 Market-place 탭에서 Dart와 Flutter로 검색합니다. 검색된 Dart와 Flutter 플러그인을 설치합니다. 플러터 플러그인을 설치하고 [Restart IDE]를 클릭하면 안드로이드 스튜디오가 재실행되며 플러터 개발을 위한 모든 설치 과정이 완료됩니다.

그림 1-53 플러그인 설치

플러터 개발을 위한 설치가 모두 끝났습니다. 프로젝트를 만들 수 있는 기본 환경 구성이 완료된 것입니다. 이제 플러터 앱을 만들 차례입니다. 다음 장으로 넘어가 플로터 앱을 만들어보세요.

그림 1-54 설치완료

1.2.3 설치 문제 해결하기

앞선 과정에 문제가 없었다면 다행이지만, 예상치 못한 문제가 발생할 수 있습니다. 그럴 때 필요한 플러터 닥터는 오류를 기본적으로 어떻게 조치하면 되는지 친절하게 안내합니다. 플러터 닥터에서 안내하는 대로 진행하면 해결되며 주로 발생하는 오류 현상과 해결 방법은 다음과 같습니다.

```
[X] Android toolchain - device for Android devices (Android SDK version
    33.0.2)
```

```
X No Java Development Kit (JDK) found;
```

JDK가 없어 발생한 문제입니다. 자바 JDK 다운로드 페이지(https://www.oracle.com/technetwork/java/javase/downloads/)에서 최신 JDK 버전을 내려받아 설치한 후 환경 변수에 JAVA_HOME을 등록하면 해결됩니다.

```
X Unable to locate Android SDK
```

안드로이드 SDK가 설치되지 않아 발생한 문제입니다. 뒤에 나오는 안드로이드 SDK 설치를 진행하면 해결되며 안드로이드 SDK 설치를 진행한 후에도 오류가 발생한다면 수동으로 안드로이드 SDK의 설치경로를 설정하면 해결됩니다. 명령 프롬프트 앱에서 아래 명령어를 통해 설정할 수 있습니다.

```
C:\src\flutter> flutter config --android-sdk <sdk경로명>
```

그림 1-55 안드로이드 **SDK** 설치경로 설정

✕ cmdline-tools component is missing

안드로이드 SDK 커맨드라인 도구가 설치되지 않아 발생한 문제입니다. 뒤에 나오는 안드로이드 SDK 설치를 진행하면 해결됩니다.

✕ Android license status unknown

안드로이드 SDK의 라이선스를 플러터에서 인식하지 못해서 발생한 문제입니다. 명령 프롬프트 앱에서 아래 명령어를 통해 인식시킬 수 있습니다.

```
C:\src\flutter> flutter doctor --android-licenses
```

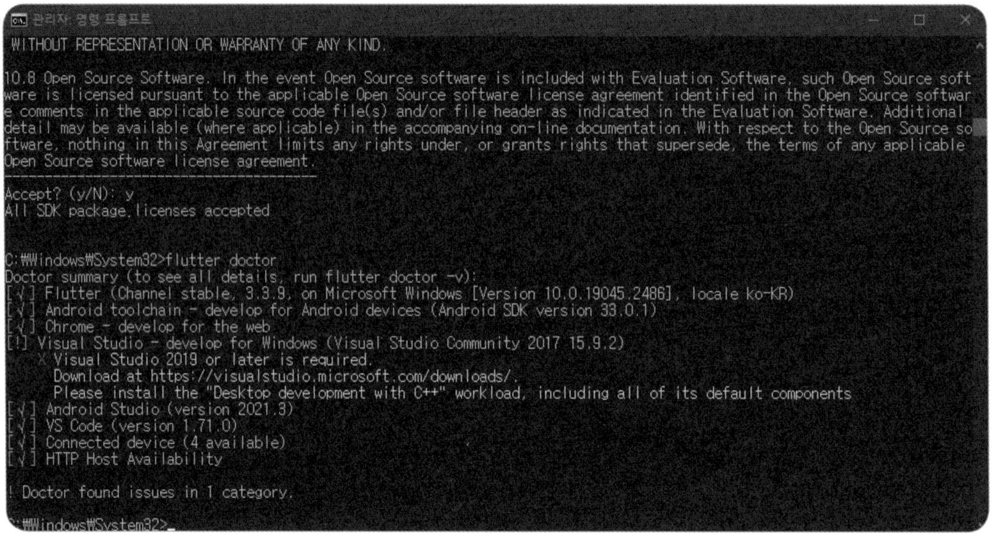

그림 1-56 안드로이드 **SDK** 라이선스 등록

```
[X]  Chrome — develop for the web (Cannot find Chrome excutable at .\
Google\Chrome\Application\chrome.exe)
```

크롬 브라우저가 설치되지 않아 발생한 문제입니다. 크롬 브라우저를 설치하면 해결됩니다.

```
[X]  Visual Studio — develop for Windows
```

비쥬얼 스튜디오가 설치되지 않아 발생한 문제입니다(비쥬얼 스튜디오는 비쥬얼 스튜디오 코드 IDE와는 다릅니다!). https://visualstudio.microsoft.com/ko/downloads/에서 비쥬얼 스튜디오 2022를 내려받아 설치하면 해결됩니다.

2

01 카운터 앱 생성하기

02 에뮬레이터로 실행하기

03 프로젝트 구조 이해하기

04 핫 리로드

05 헬로 플러터 프로젝트 만들기

06 기본 폰트 및 앱바, 테마 변경하기

07 머티리얼 디자인3 적용하기

08 쿠퍼티노 디자인 적용하기

09 소스 구조화하기

첫 번째 플러터 앱 만들기

이제, 첫 번째 플러터 앱을 만들어볼 차례입니다. 플러터 앱을 만들려면 먼저 프로젝트를 생성해야 합니다. 플러터 프로젝트는 터미널에서 명령줄을 입력(CLI 방식)하여 생성하거나 안드로이드 스튜디오에서 만드는 데, 이 책에서는 안드로이드 스튜디오를 이용해서 플러터 프로젝트를 생성합니다. 이 장에서는 안드로이드 스튜디오에서 플로터 프로젝트를 어떻게 생성하고 수행하는 지를 학습한 후, 자동으로 만들어진 카운터 앱의 프로젝트 구조와 구성요소 등을 살펴봅니다. 또한 헬로 플러터 앱을 만들고 앱바, 폰트 등의 테마 변경과 머티리얼 디자인, 쿠퍼티노 디자인을 순차적으로 실습해봅니다. 그리고 마지막 절에서는 소스가 길어지게 되는 경우 어떻게 소스를 구조화하는지 간단히 알아보겠습니다.

2.1 Flutter + Dart 카운터 앱 생성

플러터에서 제일 처음 만들어보는 카운터 앱은 다른 프로그래밍 언어를 처음 배울 때 하는 Hello World 같은 앱입니다. 안드로이드 스튜디오에서 플러터 프로젝트를 새로 만들면 카운터 앱이 자동으로 생성됩니다. 카운터 앱은 하단 오른쪽에 [+]로 표시된 버튼을 클릭하면 숫자가 하나씩 더해지는 것을 텍스트로 보여주는 앱입니다. 특별한 코드 수정없이 프로젝트를 실행하면, 프로젝트 생성 시 자동으로 생성된 카운터 앱 소스가 다음과 같이 수행됩니다.

그림 2-1 카운터 앱 실행 모습

2.1.1 안드로이드 스튜디오에서 프로젝트 생성하기

이제, 안드로이드 스튜디오에서 카운터 앱을 생성해보겠습니다. 안드로이드 스튜디오를 실행하면 다음과 같이 플러터 프로젝트를 생성할 수 있는 창이 뜨는데, 왼쪽 메뉴에서 [Project]를 선택하고 [New Flutter Project]를 클릭합니다.

그림 2-2 **Welcome to Android Studio**창에서 새 플러터 프로젝트 생성

처음 안드로이드 스튜디오를 실행해서 플러터 프로젝트를 신규 생성하려고 하면 Flut-ter SDK가 설치된 경로가 지정되지 않아 공백으로 나타납니다. Flutter SDK Path를 지정해야 플러터 개발이 정상적으로 진행됩니다. 왼쪽 카테고리에서 프로젝트 타입을 [Flutter]로 선택하고 Flutter SDK path 끝에 [...] 버튼을 눌러 플로터를 설치한 경로(c:\src\flutter)를 설정합니다. 만약, 다른 경로에 플러터를 설치했다면 [설치한 플러터 경로]로 지정하면 됩니다. 이렇게 플러터 설치 경로를 설정한 후 [Next] 버튼을 누릅니다.

그림 2-3 **New Project** 생성 시, 플러터 **SDK** 경로 설정

프로젝트명과 프로젝트가 저장될 위치를 간단하게 작성합니다. 여기서는 카운터 앱을 생성하여 학습할 것이므로 프로젝트명을 'counter_app'으로 입력하고 프로젝트 경로는 'C:\book\Chapter02\counter_app'으로 지정하여 프로젝트를 생성합니다. 나머지 설정은 그대로 두고 [Finish]를 클릭합니다.

그림 2-4 프로젝트 명과 경로 설정

프로젝트 생성이 완료되었습니다. 다음과 같은 화면이 나타나면 정상적으로 프로젝트가 생성된 것입니다. <프로젝트 명>/lib 폴더를 클릭하면 main.dart가 생성되어 있음을 확인할 수 있습니다. 첫 번째 플러터 프로젝트 만들기 성공입니다.

카운터 앱에는 플러터 프로젝트 개발을 하기 위해 알아야하는 기본적인 코드들이 담겨 있습니다. main.dart를 열어 보겠습니다. 여기서는 소스가 생성된 것만 확인하고 어떻게 실행하는지를 먼저 실습하고 카운터 앱 분석은 3장에서 상세히 설명하겠습니다.

그림 2-5 프로젝트 생성 완료

2.1.2 카운터 앱 실행하기

이번에는 카운터 앱을 실행해볼 차례입니다. 플러터 앱 실행은 '에뮬레이터'로 실행하거나 '실제 기기에 연결'해서 실행하는 2가지 방법이 있습니다. 에뮬레이터는 가상기기라고 생각하면 됩니다. 실제기기에서 실행하는 것이 가장 좋겠지만 다양한 기기에서 테스트를 하려면 테스트하고 싶은 실제 기기를 모두 가지고 있어야 하는 어려움이 있고 실제기기와 연결하기 위해 설정하는 것도 조금 번거로운 부분이 있습니다. 그래서 테스트하고 싶은 기기를 가상기기에 설정한 후 에뮬레이터에서 플러터 앱을 실행하는 방법을 더 많이 사용합니다.

에뮬레이터로 실행하기

에뮬레이터로 실행하려면 먼저 AVD를 생성해야 합니다. AVD는 안드로이드 휴대폰 또는 태블릿, Wear OS, 안드로이드 TV 등 시뮬레이션하려는 기기의 특성을 정의한 가상기기를 의미합니다. 에뮬레이터 생성을 위해서는 디스크에 최소 2GB 이상의 여유 공간이 필요합니다. 만약, 에뮬레이터가 시작되지 않는다면 디스크 공간이 충분한지 확인하기 바랍니다.

안드로이드 스튜디오에서 에뮬레이터를 만들려면, 안드로이드 스튜디오 메뉴에서 [Tools] → [DeviceManager]를 선택해서 DeviceManager 창을 연 후 [Create Device]를 클릭합니다.

그림 2-6 디바이스 매니저

에뮬레이터를 수행할 하드웨어 기기 선택은 'Select Hardware' 창에서 이미 정의된 기기목록을 선택하거나 왼쪽 하단에 있는 [New Hardward Profile]를 클릭하여 정의할 수 있습니다.

그림 2-7 **Virtual Device Configuration** 에뮬레이터 생성 단계

Play Store(▶) 칼럼에 Google Play 로고가 표시되는 기기는 Google Play 서비스 작동 방식을 의미하여 구글 플레이 스토어 앱이 포함된 시스템 이미지를 사용할 수 있습니다.

왼쪽 사이드 메뉴에서 'Phone'을 선택하고 Pixel 2를 선택합니다. Pixel 2는 구글 플레이 스토어가 있는 버전으로 선택합니다. 오른쪽에 하드웨어 기기 정보를 체크하면서 기기를 선택합니다. Pixel 2는 1080×1920px로 5인치 기기입니다. 오른쪽에 Pixel 2에 대한 기기 사양이 표시되므로 가상기기 선택 시 참조하면 됩니다. 기기 선택이 완료되었으면 [Next] 버튼을 누릅니다.

System Image는 Release Name이 R인걸 선택 후, [Next] 버튼을 누릅니다. 처음 선택하게 되면 설치를 먼저 진행하고 다음 단계로 넘어갑니다.

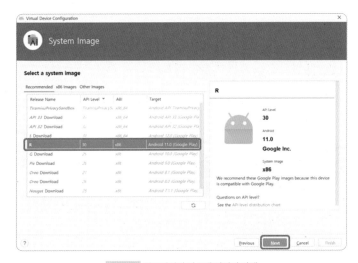

그림 2-8 에뮬레이터 시스템 이미지 선택

Release Name에 있는 명칭은 이미 정의된 것으로 에뮬레이터를 생성할 때는 Target 정보를 확인하고 선택합니다. System Image를 어떤 것으로 선택하느냐에 따라서 보이는 시스템 이미지가 다릅니다. 예를 들어 Release Name이 'R'인 시스템은 'Target이 Android 11.0 Google Play'을 의미합니다. Phone은 'Pixel 2', System Image는 'R'을 선택한 경우와 Phone을 'Pixel 3', System Image를 'Sv2'를 선택하면 에뮬레이터에서는 다음 그림과 같이 다른 기기로 보여줍니다.

Pixel 2 / R 선택　　　　　　　　　　**Pixel 3 / Sv2 선택**

그림 2-9 하드웨어 프로필과 시스템 이미지 선택에 따른 에뮬레이터

나머지 설정은 그대로 두고 [Finish] 버튼을 누릅니다.

그림 2-10 에뮬레이터 생성 마무리 단계

　에뮬레이터가 정상으로 생성되었다면 Device Manager 창에서 'Pixel 2 API 30'이란 이름으로 디바이스가 생성된 걸 확인할 수 있습니다. Device Manager 창에서 Actions에 표시된 실행버튼(▶)을 누르면 애뮬레이터가 실행됩니다.

그림 2-11 에뮬레이터 선택 - **Device Manager**

에뮬레이터가 실행 중인데도 안 보인다면 안드로이드 스튜디오 창의 오른쪽 pin 메뉴 중 [Emulator]를 클릭 또는, 메뉴에서 [View] → [Tool Windows] → [Emulator]를 클릭하면 에뮬레이터 창이 안드로이드에 나타납니다. 에뮬레이터가 연결된 모습을 확인합니다.

앱바의 테마 변하고 싶을 때는 theme.dart 파일만 수정하면 되어 앱 테마를 관리하기 더욱 간편합니다.

그림 2-12 메뉴에서 에뮬레이터 보기

더 알아보기 에뮬레이터 연결 시 AVD is already running 오류 해결 방법

새로운 프로젝트를 만들고 에뮬레이터에 기기를 연결하려고 할 때 아래와 같이 AVD가 이미 실행 중이라는

오류를 만날 수 있습니다.

> **Device Manager**
>
> AVD Pixel_2_API_30 is already running.
> If that is not the case, delete the files at
> C:\Users\Jasmin\.android\avd/Pixel_2_API_30.avd/*.lock
> and try again.
>
> OK

이미 에뮬레이터에 해당 기기가 연결되어 있다는 의미입니다.

[Emulator] 창이 나타나도록 메뉴의 [View] → [Tool Windows] → [Emulator]를 클릭하거나 안드로이드 오

른쪽 핀 메뉴에서 [Emulator]를 클릭하여 활성화합니다.

에뮬레이터에 카운터 앱을 실행하기 전에 먼저, 안드로이드 스튜디오의 상단바 실행 메뉴에 대하여 간단히 설명하겠습니다. 실행 메뉴는 안드로이드 오른쪽 상단에 위치해있습니다.

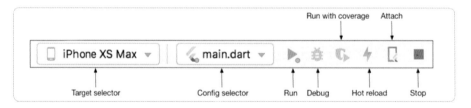

- Target selector : 선택된 기기
- Config selector : main.dart로 프로젝트가 실행됩니다. 만약 프로젝트가 다른 화면으로 실행된다면 이 곳에 main.dart가 선택되어있는지 확인합니다.
- Run : 프로젝트를 실행합니다.

- Debug : 프로젝트를 디버그 모드로 실행합니다.

- Hot reload : 실행된 프로젝트가 수정되었을 때 즉시 반영하는 기능입니다.

- Stop : 실행된 프로젝트를 중지합니다.

그림 2-13 안드로이드 스튜디오 상단바(https://docs.flutter.dev/development/tools/android-studio)

이제 에뮬레이터에 카운터 앱을 실행할 차례입니다. 카운터 앱을 실행하려면, 카운터 앱을 실행할 에뮬레이터를 선택해야 합니다. 안드로이드 스튜디오 실행 상단바의 Target se-lector에 '<no device selected>' 부분을 클릭합니다.
드롭박스에서 기기를 선택할 수 있습니다. 드롭박스에서 보이는 기기목록은 Device Manger에서 에뮬레이터와 연결한 기기목록이 나타나게 됩니다. 기기를
①Pixel 2 API 30을 선택합니다. 에뮬레이터 창에 해당 기기가 나타납니다. ②실행 아이콘을 클릭합니다.

그림 2-14 실행 기기선택 메뉴

그림 2-15 에뮬레이터가 연결된 상태

메뉴에서 실행버튼(▶)을 누르고 잠시 기다리면 빌드가 끝난 후 에뮬레이터에 카운터 앱이 실행되는 것을 확인 할 수 있습니다.

그림 2-16 빌드 중인 상태

다음은 이번 절에서 만든 카운터 앱이 실행된 모습입니다.

그림 2-17 카운터 앱이 실행된 상태

오른쪽 하단의 [+] 버튼을 누르면 숫자가 1씩 올라갑니다. 그림과 같이 문제없이 작동한 다면 카운터 앱이 성공적으로 만들어 진 것 입니다.

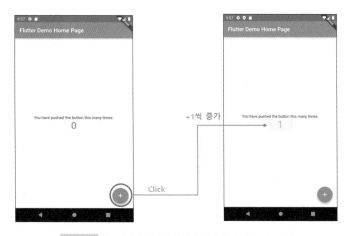

그림 2-18 에뮬레이터 카운터 앱 실행과 [+] 버튼 클릭 수행 결과

에뮬레이터는 컴퓨터 사양에 따라 성능 문제로 지연이나 끊기는 경우가 있습니다. 디스

크 여유 공간이 부족하거나 성능상의 문제로 에뮬레이터로 실행이 실행이 어려울 경우 실제 사용하는 기기 또는 여분의 안드로이드 폰에서 진행하기 바랍니다.

 에뮬레이터가 실행되지 않을 때 해결 방법

1. 하드디스크 여유공간을 체크합니다.

2. 사용자명이 한글로 정의되어 있는지 확인합니다.

에뮬레이터가 수행되지 않을 때 에뮬레이터에서 [Show on Disk]를 클릭하여 현재 에뮬레이터가 저장되어 있는 경로를 확인합니다.

컴퓨터에서 사용하는 사용자명이 한글인지를 확인합니다. 에뮬레이터를 생성하면 '[사용자명]\.and roid\avd\Pixel_2_API30_1.avd'와 같이 사용자의 지정 경로에 저장됩니다. 독자가 사용하는 컴퓨터의 사용자명이 한글이라면 영문으로 변경해야 합니다.

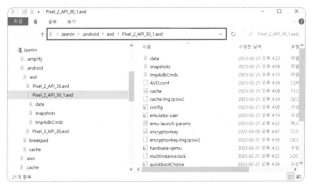

3. 이 밖에도 다양한 이유로 에뮬레이터가 실행되지 않는 경우가 있습니다. 아래 URL을 방문하여 참고하기를 바랍니다.

▶ https://developer.android.com/studio/run/emulator-troubleshoot-ing?hl=ko#win-commit-limit

실제기기로 실행하기

안드로이드 실제기기를 실행하기 위해서는 [개발자 모드]를 활성화해야 합니다. 이 책에선 Galaxy S22를 실제기기로 선택하여 실행해보겠습니다. 안드로이드 버전이나 제조사마다 개발자 옵션을 켜는 방법이 다르기 때문에 안드로이드 스튜디오 홈페이지의 설정 방법을 참고합니다.

▶ https://developer.android.com/studio/debug/dev-options?hl=ko

실제기기의 개발자 모드 활성화를 위해 안드로이드 폰에서 [설정] → [휴대전화 정보] → [소프트웨어 정보]에 들어가 [빌드번호]를 7번 정도 클릭합니다.

그림 2-19 **Galaxy22** 설정-휴대전화 정보-소프트웨어 정보 화면

[빌드번호]를 7번 정도 클릭하면 개발자 모드가 켜집니다. [설정] 화면으로 다시 돌아가면 [휴대전화 정보] 아래에 [개발자 옵션]이 켜진걸 확인할 수 있습니다. [개발자 옵션]에 들어가서 사용 중으로 설정한 뒤 아래에 있는 USB 디버깅을 허용합니다.

PC와 스마트폰을 [USB 테더링]으로 연결합니다. 안드로이드 스튜디오를 실행한 뒤 상단에 실행기기 선택에서 연결된 휴대전화의 모델을 선택하고 실행을 누릅니다.

그림 2-21 안드로이드 스튜디오 실제기기 선택 후 실행

[실행] 버튼을 누르면 연결된 휴대기기에 해당 프로젝트의 apk 파일이 휴대폰에 설치된 걸 확인할 수 있습니다.

그림 2-22 실제기기에 설치된 플러터 앱 실행

이제 실제기기로 실행하고 싶을 때, 휴대폰에 프로젝트를 설치하여 실제 테스트를 할 수 있습니다.

2.1.3 프로젝트 구조 이해하기

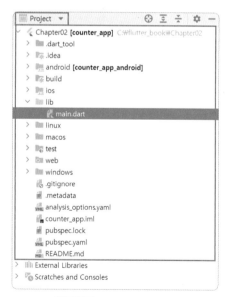

그림 2-23 플러터 프로젝트 구조

카운터 앱 실행에 성공했으면 이번에는 플러터 프로젝트를 구성하는 폴더와 파일을 살펴보겠습니다. 플러터 플로젝트를 구성하는 폴더와 파일은 안드로이드 스튜디오에서 플러터 프로젝트를 만들면 자동으로 생성됩니다. 프로젝트 탐색창이 다음 그림과 같이 보이지 않는다면 'Project'로 선택되어 있는지 확인합니다. 프로젝트가 생성된 후 안드로이드 스튜디오에 프로젝트 폴더를 보여주는 탐색창이

[Android] 드롭박스로 설정되어 보여지는 경우가 있습니다. 이 경우 lib 폴더가 나타나지 않습니다. 드롭박스를 클릭하여 [Android]를 [Project]로 변경합니다.

이제, 프로젝트를 구성하는 폴더를 알아보겠습니다. 플러터는 다양한 플랫폼을 지원하는데 안드로이드, ios, Linux, macOS, Windows, Web 폴더에 플랫폼별로 프로젝트를 시작할때 필요한 파일들이 위치합니다. 플러터는 새로운 버전이 출시될 때마다 지원하는 플랫폼이 증가하고 있으며 Linux, MacOS는 플러터 3.0부터 지원하고 있습니다. build 폴더는 빌드 시에 생성되는 폴더로 앱 설정값을 바꾸고 수행하면 자동으로 변경되므로 직접 작성하거나 하지 않아도 됩니다. 이 폴더는 처음 프로젝트 생성 시에는 만들어지지 않습니다.

플로터 프로젝트는 많은 폴더로 구성되어 있지만 개발할 때 가장 집중해야 할 폴더는 다트 소스 파일이 위치한 lib 폴더와 main.dart 프로그램입니다. 만약, 소스를 추가하거나 sub 폴더를 만들어서 소스를 생성하고 싶다면, lib 폴더 아래에서 작업하면 됩니다. main.dart는 프로젝트를 생성하면 자동으로 생성됩니다.

프로젝트를 구성하는 폴더와 파일

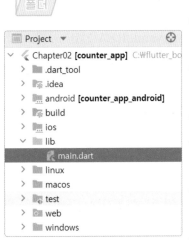

- **.idea** : 개발 도구 관련 설정 파일이 위치한 폴더

- **Android** : 플러터를 컴파일하여 생성된 안드로이드 네이티브 코드들이 생성됨

- **build** : 빌드 시 생성됩니다. 플러터 프로젝트 생성시에는 생성되어 있지 않음

- **ios** : 플러터를 컴파일하여 생성된 iOS 네이티브 코드들이 생성됨

- **lib** : 플러터 앱 개발을 위하여 다트 소스 코드가 위치한 폴더, 최초 생성시 main.dart 파일 생성

- **linux** : 플러터를 컴파일하여 생성된 리눅스 프로젝트 관련 파일과 코드들이 생성됨(플러터 3.0부터 지원)

- **macos** : 플러터를 컴파일하여 생성된 맥OS 프로젝트 관련 파일과 코드들이 생성됨(플러터 3.0부터 지원)

- ▪ **.gitignore** : git 설정 파일, 로컬에서만 필요한 파일이 Git에 올라가지 않도록 제외되는 부분을 사용자가 설정

- ▪ **.metadata** : 프로젝트가 관리하는 파일로 플러터 프로젝트 속성 및 플러터 버전을 관리, 임의로 수정하지 않음

- ▪ **analysis_options.yaml** : 플러터 앱, 다트 코드에 대한 lint 규칙을 작성해서 사용하는 파일

- ▪ **hello_flutter.iml** : 개발 도구에 필요한 설정 파일, 임의로 수정하지 않음

- ▪ **pubsec.lock** : 패키지에 대한 버전과 의존성 경로가 관리되는 파일, 패키지 매니저가 이용. 임의로 수정하지 않음

- ▪ **pubspec.yaml** : 플러터 프로젝트에서 중요한 파일, 사람에게 읽기 쉽게 만들어진 마크업 언어 파일로 플러터 프로젝트에 필요한 앱 이름, 버전, 빌드, 의존성, 리소스, 패키지, 라이브러리 등을 지정하는 파일.

- ▪ **README.md** : 프로젝트 설명을 작성하는 파일로 사용자가 작성

- ▪ **.package** : pubspec.yaml과 관련된 내부 파일을 자동 생성, pubspec.yaml에 추가한 패키지들을 여기에 생성

그림 2-24 프로젝트를 구성하는 폴더와 파일

사용자가 수정할 수 있는 파일은 주로 .gitignore, pubspec.yaml, README.md입니다. 이 파일을 제외한 나머지 파일은 임의로 수정하면 안 됩니다.

pubspec.yaml 파일

pubspec.yaml 파일은 프로젝트에서 매우 중요한 파일입니다. 파일을 열어 살펴보면 앱 이름(name), 설명(description), 버전(version), 환경(enviroment), 의존성(dependencies) 등 플러터에서 필요한 다양한 패키지 의존성과 이미지, 폰트 asset을 관리합니다. pubspec.yaml은 프로젝트 생성 시 프로젝트마다 만들어지며 해당 프로젝트 실행에 필요한 정보를

저장하고 있습니다. 그러므로, 기존에 만든 프로젝트를 수행하려면 안드로이드 스튜디오에서 프로젝트를 열고 pubspec.yaml을 적용해야 합니다. pubspec.yaml는 pub get, pub upgrade, pub outdated 등의 명령어 실행에 의해 적용됩니다.

```yaml
name: counter_app          // 프로젝트 이름을 명시합니다. ''는 필수입니다.
description: A new Flutter project.
...
version: 1.0.0+1
environment:
  sdk: ">=2.18.1 <3.0.0"   // 프로젝트가 수행되는 SDK 버전과 Dart 버전을 나타냅니다.

dependencies:   // 프로젝트에서 사용하는 패키지를 정의합니다.
  flutter:
    sdk: flutter
  flutter_localizations:
    sdk: flutter

dev_dependencies:
  flutter_test:
    sdk: flutter

  flutter_lints: ^2.0.0   // DateFormat, NumberFormat등 다양한 기능을 제공합니다.

flutter:
  uses-material-design: true   // 머티리얼 디자인을 적용합니다.

generate: true

  assets:          // 이미지 또는 폰트를 사용하려면 여기에 참조하는 폴더나 파일을 작성합니다.
    - assets/images/
```

pub 명령어 사용하기

플러터는 여러 가지 기능을 직접 작성하지 않아도 패키지를 활용해서 쉽게 이용할 수 있습니다. 플러터 패키지와 이를 활용하기 위한 pub 명령어는 pub.dev(https://pub.dev/) 페이지에 접속하여 쉽게 검색할 수 있습니다.

pub 명령어는 안드로이드 스튜디오의 Terminal 탭에서 직접 입력하거나 pubspec.yaml 파일을 열어서 pub get, pub upgrade, pub outdated를 수행할 수 있습니다. pubspec. yaml 파일을 더블 클릭해서 열어보면 오른쪽 상단에 파란색 글씨로 명령어가 활성화되어 있는 것을 보실 수 있습니다. 해당 명령어를 클릭하면 pub 명령어가 수행이 됩니다. pub 명령어는 dependencies 부분에 작성된 패키지를 해당 프로젝트에 적용시키기 위한 작업입니다.

- **pub get** : 플러터 프로젝트로 패키지를 가져옵니다.

- **pub upgrade** : 현재 파일에 작성된 외부 패키지들을 최신 버전으로 업그레이드합니다.

- **pub outdated** : 업그레이드 가능한 패키지를 찾습니다.

- **flutter doctor** : 플러터 환경이 잘 구성되었는지 확인합니다.

안드로이드 스튜디오에서 하단의 [Termial] 탭을 클릭하거나 [Alt] + [F12]를 누르면 터미널 창이 활성화되며 pub 명령어를 수행하려면 다음과 같이 flutter 명령어를 앞에 입력합니다.

flutter pub 명령어

 플러터에서 channel 선택

플러터의 채널은 stable, beta, dev, master 4가지입니다. 플러터의 채널은 개발환경이라고 생각하면 됩니다.

Stable은 정식 릴리즈 버전으로 플러터 버전을 설정하는 버전으로 가장 안정적이고 플러터에서 권장하는 버전입니다. beta는 현재 버전에서 수정사항 또는 기능 추가가 필요한 경우 수정 후 공개 테스트가 진행되고 있는 버전입니다. 일반적으로 beta 테스트 후 문제가 없는 경우 stable로 런칭됩니다.

플러터를 직접 수정하고 개발하고자한다면 master를 선택해도 됩니다. 우리는 stable로 설정합니다.

1. 플러터에서 사용 가능한 채널 조회하기

```
console> flutter channel
Flutter channels:
    master
    beta
* stable
```

3. 플러터 버전 확인

```
console> flutter -version
Flutter 3.3.4 · channel stable · https://github.com/flutter/flutter.git
Framework · revision eb6d86ee27 (5 months ago) · 2022-10-04 22:31:45 -0700
Engine · revision c08d7d5efc
Tools · Dart 2.18.2 · DevTools 2.15.0
```

플러터에서 권장하는 채널은 stable입니다. 정식 릴리즈 버전을 사용해야 플러터 개발을 안정적으로 할 수 있습니다. 채널 변경을 하고 나서는 반드시 업그레이드 명령을 수행해야 합니다.

3. 플러터 업그레이드 실행

```
console> flutter upgrade
```

4. 플러터의 특정 버전으로 업그레이드 하는 방법

```
console> flutter help upgrade
console>flutter upgrade 3.0.0    → 3.0.0으로 버전 변경
```

pub get

플러터 프로젝트를 가져오기 위해 터미널에서 pub get 명령어를 입력힙니다. 터미널에서 flutter 명령어가 사용되지 않는다면 1장의 플러터 환경 변수 설정을 다시 확인하기 바랍니다.

> flutter pub get

그림 2-25 pub get 실행모습

pub upgrade

플러터 프로젝트 패키지의 최신 버전을 가져오기 위해 터미널에서 다음과 같은 명령어를 입력합니다. 이 명령어를 실행하면 pubspec.yaml에서 사용하는 패키지가 최신 버전으로 수정되어 기록됩니다.

> flutter pub upgrade

그림 2-26 **pub upgrade** 실행모습

pub outdated

프로젝트의 업그레이드 가능 패키지를 찾기 위해 명령어를 입력합니다. 업그레이드할 수 있는 패키지 목록이 나타나면 pub upgrade 명령을 수행하여 최신 패키지로 업그레이드하면 됩니다. 업그레이드할 수 있는 패키지를 확인한 후 필요에 따라 선택적으로 업그레이드를 수행할 수 있습니다.

> flutter pub outdated

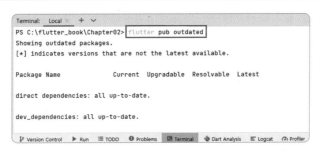

그림 2-27 **pub outdated** 실행모습

Pub get, pub upgrade, pub outdated는 pubspec.yaml이 변경되면 프로젝트에 패키지를 가져오거나 최신 버전으로 업그레이드를 하기 위해 가장 많이 사용하는 명령어이고 이 밖에도 다음과 같은 pub 명령어가 있습니다.

- **pub downgrade** : pub upgrade와 반대로 특정 버전으로 패키지를 낮춥니다.
- **pub global** : 패키지를 전역으로 사용할 수 있도록 변경합니다.
- **pub run** : 스크립트를 실행합니다.
- **pub publicsh** : 패키지를 배포합니다(pubspec.yaml의 'publish_to: none' 인 경우는 배포되지 않습니다).

2.1.4 핫 리로드

보통 모바일 앱 소스를 수정하여 정상적으로 동작하는지 확인하려면, 먼저 소스코드를 변경하고 빌드한 후에 대상기기에 빌드된 실행파일을 설치하여 동작을 확인하는 것이 일반적입니다. 수정이 발생할 때마다 번번이 대상기기에 실행파일을 설치하는 작업은 꽤 귀찮은 작업이 아닐 수 없습니다.

플러터에서는 이 과정을 매우 편리하고 빠르게 할 수 있도록 핫 리로드(Hot Reload) 기능을 제공합니다.

핫 리로드 기능을 확인하기 위해서 lib/main.dart의 타이틀인 'Flutter Demo Home Page' 부분을 '첫 번째 플러터 앱 페이지'로 변경해보겠습니다.

변경 전 카운터 앱 실행 모습   lib/main.dart

```
class MyApp extends StatelessWidget {
  const MyApp({super.key});
```

```
    // This widget is the root of your application.
    @override
    Widget build(BuildContext context) {
      return MaterialApp(
        title: 'Flutter Demo',
        theme: ThemeData(
          // …
          primarySwatch: Colors.blue,
        ), // ThemeData
        home: const MyHomePage(title: 'Flutter Demo Home Page'),
      ); // MaterialApp
    }
}
```

먼저, 소스를 다음과 같이 변경합니다.

📋 변경 후 카운터 앱 실행 모습   lib/main.dart

```
class MyApp extends StatelessWidget {
  const MyApp({super.key});

  // This widget is the root of your application.
  @override
  Widget build(BuildContext context) {
    return MaterialApp(
      title: 'Flutter Demo',
      theme: ThemeData(
        // …
        primarySwatch: Colors.blue,
      ), // ThemeData
      home: const MyHomePage(title: 'Flutter Demo Home Page'),
      // 타이틀을 'Flutter Demo Home Page'에서 '첫번째 플러터 앱 페이지'로 변경
      home: const MyHomePage(title: '첫번째 플러터 앱 페이지'),
    ); // MaterialApp
  }
}
```

수정한 코드를 실행하려면 안드로이드 메뉴바에서 [Ctrl]+[S]를 눌러 저장하거나 핫 리로드 버튼(⚡)을 클릭합니다. 핫 리로드를 실행하면 수정한 코드가 에뮬레이터에 즉시 반영되는 것을 볼 수 있습니다. 실행 후 하단 콘솔 부분에서도 프로젝트 중지, 재실행 등을 할 수 있고 Dart Dev Tools를 이용해 해당 프로젝트의 위젯 트리, 위젯 디테일 트리 등을 확인할 수 있습니다.

그림 2-28 안드로이드 프로젝트 실행 시 하단 콘솔 아이콘

핫 리로드를 실행하기 위해서는 앱이 이미 실행 상태에 있어야 합니다. 프로젝트를 멈추고 다시 시작하는 방식이 아니라 소스코드를 수정하고 저장할 때 즉시 에뮬레이터에 반영되어 수정한 코드의 결과를 바로 확인할 수 있으므로 개발할 때 편리하기도 하고 빠르게 실행되므로 개발속도가 크게 향상됩니다.

2.2 실습하기

Flutter + Dart

카운터 앱 생성과 프로젝트를 구성하는 폴더와 파일, 실행 방법이 이해가 되었다면 이 절에서는 헬로 플러터 앱을 만들고 폰트와 앱바 테마를 변경하는 방법을 실습해보겠습니다.

헬로 플러터 앱은 화면에 단순히 텍스트만 보여주는 간단한 앱으로 플러터 앱을 가볍게 경험해보기에 좋은 예제입니다. 이 실습을 통해 플러터 프로젝트를 만들고 앱바와 텍스트를 변경하면서 앱을 실행하고 수정하는 과정에 익숙해지기 바랍니다.

실습 01 헬로 플러터 앱 만들기

헬로 플러터 앱에서 실습할 내용은 'Hello World'를 화면 가운데 보여주고, 텍스트와 앱바의 폰트 테마를 변경하는 것입니다.

그림 2-29 헬로 플러터 앱에 폰트와 앱바의 테마 적용 결과

Step 1. 프로젝트 생성하기

안드로이드 스튜디오에서 [File] → [New] → [New Flutter Project]를 클릭한 후 프로젝트명을 'hello_flutter'로 입력하고 프로젝트를 생성합니다.

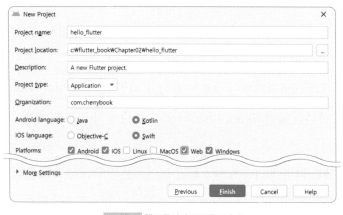

그림 2-30 헬로 플러터 프로젝트 생성

헬로 플러터는 처음 실행할 때 기본 테마 색상과 타이틀, 본문을 화면에 보여준 상태에서 상태 변화가 없는 정적인 앱이므로 StatelessWidget(상태없는위젯)을 이용하여 구현합니다. 아직은 StatelessWidget을 설명하지 않아 생소하겠지만 이후 3장에서 상세히 알아볼 예정이니 여기서는 StatelessWidget으로 구현한다는 정도만 알아둡니다. Stateless-Widget이 무엇인지 궁금하다면 3장을 참고하기 바랍니다.

Step 2. 헬로 플러터 코딩하기

플러터에서 프로젝트를 생성하면 기본적으로 lib/main.dart에 카운터 앱 소스가 자동으로 생성되어있을 것입니다. 헬로 플러터 앱은 아무것도 없는 빈 소스에서 새롭게 코드를 작성할 예정이므로 먼저 프로젝트 생성 시 자동으로 생성된 lib/main.dart의 모든 코드를 전부 삭제한 후 다음과 같이 코드를 입력합니다.

```
import 'package:flutter/material.dart';

void main() {
  runApp(const MyApp());
}

class MyApp extends ❶StatelessWidget {
  const MyApp({super.key});
  // 앱에 폰트, 크기, 색상 등의 테마를 적용
  @override
  Widget build(BuildContext context) {
    return ❷MaterialApp(
      theme: ThemeData(
        primarySwatch: Colors.green,
      ),
      home: ❸Scaffold(
        appBar: AppBar(
          title: Text('Welcome to Flutter'),
        ),
        body: Center(
          child: Text('Hello World'),
        ),
      ),
    );
  }
}
```

화면에 보여줄 위젯을 지정, main 함수를 시작으로 runApp() 함수를 실행해 플러터 프로젝트를 시작합니다.

❶ 상태 변화가 없는 앱을 만듭니다. StatelessWidget 클래스를 상속받아 위젯으로 앱을 생성합니다.

❷ build 함수에서 화면이 그려집니다. MaterialApp은 최상위 위젯으로 앱의 폰트, 크기, 색상 등의 테마를 설정할 수 있습니다.

❸ Scaffold 위젯은 AppBar, title, body 속성을 지정합니다.

이제, 헬로 플러터 앱의 코드를 살펴보겠습니다. 헬로 플러터 앱은 앱의 시작점인 main() 함수와 상태없는 위젯(StatelessWidget)인 MyApp 위젯으로 심플하게 구성되어 있습니다. main() 함수에서는 플러터 앱이 실행되면 MyApp 위젯을 호출하고 MyApp 위젯에서는 화면에 'Hello World'를 그립니다.

MyApp 위젯은 MaterialApp을 리턴하는데, MaterialApp은 최상위 위젯으로 앱의 폰트, 크기, 색상 등의 테마를 설정할 수 있는 위젯입니다. 화면에 보이는 AppBar, title, body 속성을 지닌 scaffold 위젯에서 수행됩니다. 헬로 플러터 앱에서도 Scaffold 위젯에서 앱바의 색상을 변경하고 'Hello World' 텍스트를 body에서 보여줍니다.

📄 예제 프로젝트 기본 결과

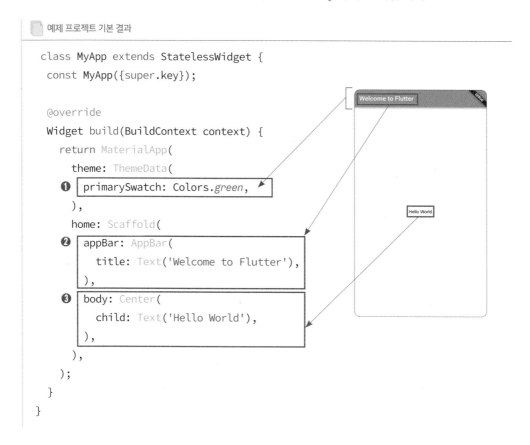

```
class MyApp extends StatelessWidget {
  const MyApp({super.key});

  @override
  Widget build(BuildContext context) {
    return MaterialApp(
      theme: ThemeData(
❶       primarySwatch: Colors.green,
      ),
      home: Scaffold(
❷       appBar: AppBar(
          title: Text('Welcome to Flutter'),
        ),
❸       body: Center(
          child: Text('Hello World'),
        ),
      ),
    );
  }
}
```

❶ 앱에서 사용하는 기본 색상을 green으로 변경

```
theme: ThemeData(
  primarySwatch: Colors.green, // 앱에서 사용하는 기본 색상을 green으로 설정.
),
```

MaterialApp에서 ThemeData 중 primarySwatch 속성의 색상을 변경하면 변경된 색

상으로 앱의 기본 테마가 변경됩니다. 여기서는 green으로 색상을 변경했습니다. 다른 색상으로 변경하고 싶다면, green을 pink, orange, yellow 등으로 변경해보기 바랍니다. 색상표는 "Colors."을 입력하면 색상 목록을 선택할 수 있습니다.

❷ 앱바의 타이틀을 변경하고 앱 중앙에 글자 보여주기

Scaffold 위젯의 속성 중 appBar에서 화면 상단 앱바의 타이틀을 변경해 봅니다. Scaffold의 body 중앙에 'Hello World'가 보여지도록 Center 위젯과 Text 위젯을 사용합니다. Scaffold 위젯은 3.1.2절에서, 주요 위젯들에 대한 설명은 4장에서 예제와 함께 상세하게 설명하고 있으니 해당 위젯을 좀 더 알고 싶으시다면 3장과 4장을 참조하기 바랍니다.

```
home: Scaffold(
  appBar: AppBar(
    title: Text('Welcome to Flutter'),  // 앱바의 타이틀을 'Welcome to Flutter'로 변경
  ),
  body: Center(
    child: Text('Hello World'),  // 'Hello World'를 body 중앙에 display
  ),
),
```

실습 02 폰트 변경하기

이번에는 헬로 플러터 앱의 폰트와 앱바의 테마를 변경해보겠습니다. 먼저 폰트 변경은 헬로 플러터 프로젝트의 전체 폰트를 구글 폰트 패키지를 이용하여 변경하는 방법을 실습하겠습니다.

Step 1. Google Fonts 패키지 추가하기

구글 폰트 패키지에 있는 폰트를 사용하려면 먼저 pubspec.yaml 파일을 열어 google_fonts 패키지를 추가합니다. google_fonts의 최신 버전은 pub.dev(https://pub.dev/) 사이

트에서 검색하여 확인해 볼 수 있습니다. 안드로이드 스튜디오 하단의 [Termial]에서 다음 명령어를 수행하면 google_fonts 패키지가 pubspec.yaml에 자동으로 추가됩니다.

> flutter pub add google_fonts

그림 2-31 터미널 **pub add** 명령어 수행

명령어를 수행한 뒤 pubspec.yaml 파일을 열어 보면 google_fonts의 외부 패키지가 추가된 걸 확인할 수 있습니다. ^4.0.3은 google_font 패키지의 버전정보를 나타냅니다. 패키지 버전정보는 실행하는 시점에 따라 변경될 수 있습니다. 이 책을 집필하는 시점의 버전은 ^4.0.3입니다

pubspec.yaml

```
name: hello_flutter
description: Hello Flutter

publish_to: 'none' # Remove this line if you wish to publish to pub.dev

version: 1.0.0+1

environment:
  sdk: '>=2.18.2 <3.0.0'
dependencies:
  flutter:
```

```
    sdk: flutter
  google_fonts: ^4.0.3

dev_dependencies:
  flutter_test:
    sdk: flutter

  flutter_lints: ^2.0.0

flutter:
  uses-material-design: true
```

Step 2. Google Fonts 패키지 import 하기

추가한 패키지를 이용하기 위해 main.dart에 구글 폰트 패키지를 import 합니다. 다양한 폰트를 사용하는 예제는 pub.dev를 참고합니다. 글꼴 종류는 구글 폰트 사이트를 참고합니다.

▶ pub.dev: (https://pub.dev/packages/google_fonts)

▶ fonts.google: (https://fonts.google.com/)

그림 2-32 구글 폰트 예시(https://fonts.google.com/)

body 영역의 Text 위젯에 구글 폰트의 글꼴과 스타일을 적용해 보겠습니다.

fontSize: 48 적용 시   FontWeight.w700 적용 시   fontStyle.italic 적용 시

그림 2-33 폰트 스타일 적용

다음 예제 소스를 참고해서 body의 Text 위젯을 수정합니다. 본문의 'Hello World'의 폰트와 크기, 스타일이 변경되어 있음을 확인할 수 있습니다. Text의 폰트는 style 속성에서 설정합니다.

```
body: Center(
      child: Text(
        'Hello World',
        style: GoogleFonts.aladin(        // aladin 폰트로 설정
          fontSize: 48,                    // 폰트크기를 48px로 적용
          fontWeight: FontWeight.w700,     // 폰트 두께를 w700으로 적용
          fontStyle: FontStyle.italic,     // 폰트 스타일을 이탤릭체로 적용
        ),
      ),
    ),
```

```dart
import 'package:flutter/material.dart';
import 'package:google_fonts/google_fonts.dart';
void main() {
  runApp(const MyApp());
}


class MyApp extends StatelessWidget {
  const MyApp({super.key});

  @override
  Widget build(BuildContext context) {
    return MaterialApp(
      theme: ThemeData(
        primarySwatch: Colors.green,
      ),
      home: Scaffold(
        appBar: AppBar(
          title: Text('Welcome to Flutter'),
        ),
        body: Center(
          child: Text(
            'Hello World',
            style: GoogleFonts.aladin(
              fontSize: 48,                        // 폰트 크기를 48px로 적용
              fontWeight: FontWeight.w700,         // 폰트 두께를 w700으로 적용
              fontStyle: FontStyle.italic,         // 폰트 스타일을 이탤릭체로 적용
            ),
          ),
        ),
      ),
    );
  }
}
```

적용한 패키지의 상세 dart 파일을 확인할 수 있습니다.

예를 들어, 'GoogleFonts' 패키지에 대한 상세 dart 파일을 확인하고 싶으면 GoogleFonts 텍스트 위에
[Ctrl] +마우스]를 올려두면 다음 그림과 같이 파란색으로 패키지의 dart 파일 정보가 뜹니다. 이때 마우스
를 클릭하면 해당 클래스의 dart 파일을 볼 수 있습니다.

```
home: Scaffold(
  appBar: AppBar(
    title: Text('Welcome to Flutter'),
  ), // AppBar
  body        package:google_fonts/google_fonts.dart
    c         class GoogleFonts
          netto world ,
          style: GoogleFonts.abel(
            fontSize: 48,
            fontWeight: FontWeight.w700,
            fontStyle: FontStyle.italic,
          ),
        ), // Text
      ), // Center
    ), // Scaffold
); // MaterialApp
```

이처럼 패키지의 상세 정보를 알아보기 위해 해당 패키지의 dart 파일을 볼 수 있습니다. 다음 그림과 같이
google_fonts.dart 파일을 열어 패키지에 어느 속성이 존재하는지 확인할 수 있습니다.

```
README.md    main.dart    google_fonts.dart    pubspec.yaml
The file size (5.51 MB) exceeds the configured limit (2.56 MB). Code insight features are not available.
1    // GENERATED CODE - DO NOT EDIT
2
3    // Copyright 2019 The Flutter team. All rights reserved.
4    // Use of this source code is governed by a BSD-style license that can be
5    // found in the LICENSE file.
6
7    import 'dart:ui' as ui;
8    import 'package:flutter/material.dart';
9    import 'src/google_fonts_base.dart';
10   import 'src/google_fonts_descriptor.dart';
11   import 'src/google_fonts_variant.dart';
12
13   /// A collection of properties used to specify custom behavior of the
14   /// GoogleFonts library.
15   class _Config {
16     /// Whether or not the GoogleFonts library can make requests to
17     /// [fonts.google.com](https://fonts.google.com/) to retrieve font files.
18     var allowRuntimeFetching = true;
```

Step 3. 글자 테마 전체 적용하기

모든 Text 영역의 폰트를 각각 따로 지정하는 방식으로 수정할 수도 있지만, 화면이 더 다양해지고 소스가 길어지면 일일이 적용하기란 쉽지 않습니다. MaterialApp의 theme 속성에 폰트를 설정하여 전체 프로젝트에 구글 폰트를 적용해 보겠습니다. theme 속성에 폰트를 설정하면 앱 전체에 설정된 폰트가 적용됩니다.

Step2에서 body 영역의 'Hello World'에 적용한 aladin 폰트를 이번에는 앱 전체에 aladinTextTheme 폰트로 적용해 보겠습니다. 전체적으로 폰트 테마가 적용되는 부분을 확인하기 위하여 main.dart의 Myapp.build() 내의 theme 영역을 다음과 같이 수정하고 body에 적용했던 폰트 테마 영역을 삭제합니다.

전체에 폰트 테마 적용 예제   hello_flutter

```
@override
  Widget build(BuildContext context) {
    return MaterialApp(
      theme: ThemeData(
        textTheme: GoogleFonts.aladinTextTheme(
          Theme.of(context).textTheme,
        ),
        primarySwatch: Colors.green,
      ),
      home: Scaffold(
        appBar: AppBar(
          title: Text('Welcome to Flutter'),
        ),
        body: Center(
         child: Text(
            'Hello World',
            style: GoogleFonts.aladin(
              fontSize: 48,
            fontWeight: FontWeight.w700,
            fontStyle: FontStyle.italic,
```

```
            );
          ),
        ),
      ),
    );
  }
```

Text에 설정한 adadin 폰트 스타일을 삭제해도 본문의 'Hello World'가 aladin 폰트로 적용되는 것을 확인할 수 있습니다. 또한 앱바 타이틀의 'Welcome to Flutter'도 aladin 폰트가 적용되어 있습니다.

이제 다시 body 영역의 'Hello World'에 폰트 크기와 스타일을 적용하기 위해 다음과 같이 수정합니다.

이미 폰트는 전체적으로 aladinTextTheme이 적용되어 있으므로 여기서는 TextStyle을 적용하여 폰트 크기, 색상과 스타일만 설정합니다.

그림 2-34 전체 폰트 테마 적용 결과

```
body: Center(
  child: Text(
    'Hello World!',
    style: TextStyle(              // 텍스트 스타일 적용
      fontSize: 48,                // 폰트크기를 48px로 적용
      fontWeight: FontWeight.w700, // 폰트 두께는 w700으로 적용
```

```
        fontStyle: FontStyle.italic,     // 이탤릭체로 변경
        color: Colors.purple,            // 폰트 색상을 보라색으로 적용
      ),                                 // TextStyle
    ),                                   // Text
),                                       // Center
```

앞선 예제를 모두 적용한 전체 예제 소스는 다음과 같습니다.

lib/main.dart

```dart
import 'package:flutter/material.dart';
import 'package:google_fonts/google_fonts.dart';

void main() {
  runApp(const MyApp());
}

class MyApp extends StatelessWidget {
  const MyApp({super.key});

  @override
  Widget build(BuildContext context) {
    return MaterialApp(
      theme: ThemeData(
        textTheme: GoogleFonts.acmeTextTheme(
          Theme.of(context).textTheme,
        ),
        primarySwatch: Colors.green,
      ),
      home: Scaffold(
        appBar: AppBar(
          title: Text('Welcome to Flutter'),
        ),
        body: Center(
          child: Text(
            'Hello World!',
```

그림 2-35 TextStyle 적용 결과

```
          style: TextStyle(
            fontSize: 48,
            fontWeight: FontWeight.w700,
            fontStyle: FontStyle.italic,
            color: Colors.purple,
          ),
        ),
      ),
    ),
  );
}
}
```

더 알아보기 **사용 가능 속성 확인하기**

폰트를 사용할 때 기본 스타일 적용 외에 다양한 속성을 사용할 수 있습니다. 'TextStyle()' 괄호 안에 커서를 놓두고 [Ctrl + Space Bar]를 누르면 사용할 수 있는 속성을 확인할 수 있습니다. 글꼴 스타일(textStyle), 글꼴 크기(fontSize), 글자 굵기(fontWeight) 등 다양한 스타일을 적용할 수 있습니다. 이 외에도 다양한 기능마다 [Ctrl + Space Bar] 키를 수시로 눌러 다양한 속성을 적용해 보기 바랍니다.

 **앱바(AppBar) 테마 변경**

이번에는 앱바(AppBar)의 테마와 action 속성을 변경해 보겠습니다. 앱바(AppBar)는 화면의 title, leading, action 영역을 포함하고 있는 가로막대 모양의 위젯으로 기본 구조는 다음과 같습니다.

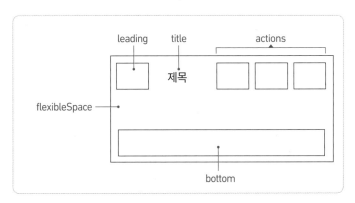

그림 2-36 앱바(**AppBar**)의 구조

leading, tilte, actions 등은 AppBar 위젯의 속성입니다. 먼저 앱바의 배경색과 타이틀의 글자 크기, 스타일 등을 변경해보고 앱바에 Icon을 추가해보겠습니다.

그림 2-37 앱바(**AppBar**)를 변경한 결과

Step 1. 앱바(AppBar)의 글씨 테마 변경하기

먼저, [실습2]에서 적용한 textTheme를 앱바(AppBar)의 타이틀에도 적용해 보겠습니다. 이전에 작성한 소스의 appBar 속성에 다음과 같은 코드를 추가합니다. 폰트 테마를 변경한 것과 동일하게 AppBar 타이틀의 글씨 크기, 색상, 스타일을 변경합니다.

```
                                                        lib/main.dart 중 일부...
...생략...
home: Scaffold(
  appBar: AppBar(
    title: Text('Welcome to Flutter',
      style: TextStyle (          // 앱바 타이틀의 텍스트 스타일 설정
        fontSize: 22,             // 폰트 크기를 22로 적용
        fontWeight: FontWeight.bold,  // 폰트 두께를 진하게 적용
        color: Colors.white       // 폰트 색상을 흰색으로 적용
      ), // TextStyle
    ), // Text
  ), // AppBar
); // Scaffold
...
```

실행한 결과를 보면, textTheme 속성에서 정의한 aladin 폰트가 앱바에도 적용되는 것을 확인할 수 있습니다. body 영역의 'Hello World' 폰트와 앱바의 폰트가 동일하게 적용되어있습니다. 앱바의 배경색이 초록으로 표시되는 것은 primartSwatch의 색상이 green으로 적용되어 있기 때문인 것을 기억합시다.

그림 2-38 앱바의 타이틀의 폰트 적용 결과

Step 2. 앱바(AppBar)에 아이콘 추가하기

이번에는 앱바(AppBar)에 아이콘을 추가해 보겠습니다. 타이틀 오른쪽에 장바구니, 검색, 설정 아이콘이 표시되도록 수정합니다. 아이콘의 기본 색상은 흰색입니다.

그림 2-39 앱바에 아이콘 추가한 결과

타이틀의 왼쪽에 메뉴를 추가하려면 actions 속성에 아이콘을 추가해야 합니다.

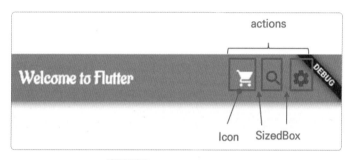

그림 2-40 앱바(AppBar) 아이콘 추가

📋 앱바에 아이콘 추가한 소스

```
appBar: AppBar(
…생략…
  actions: [
    Icon(Icons.shopping_cart),        // 쇼핑카트 아이콘, 아이콘 색상은 기본 색상인 흰색으로 표시
    SizedBox(width:10),               // 위젯 간 여백 조정, 폭이 10px크기인 사각형 박스
    Icon(Icons.search_rounded,        // 검색 아이콘, 아이콘 색상은 redAccent로 세팅
        color: Colors.redAccent),
    SizedBox(width:10),               // 위젯 간 여백 조정
    Icon(Icons.settings,              // 설정 아이콘, 아이콘 색상은 purpleAccent으로 세팅
        color: Colors.purpleAccent),
    SizedBox(width:40),               // 위 젯간 여백 조정
  ],
),
```

머티리얼 디자인 3 적용

이번에 실습할 내용은 플러터에서 지원하는 디자인 스타일입니다. 플러터는 크게 머티리얼 디자인과 쿠퍼티노 디자인을 지원합니다. 머티리얼 디자인은 주로 안드로이드에서 사용하는 디자인으로 머티리얼 디자인 2와 머티리얼 디자인 3가 있습니다. 플러터 3.0부터 머티리얼 디자인 3가 추가되었습니다.

먼저, 머티리얼 디자인을 적용하는 방법을 실습해보겠습니다. 플러터 프로젝트를 생성하면 기본적으로 머티리얼 디자인 2가 적용되어 생성됩니다. 그러므로 머티리얼 디자인 2를 위해서 특별한 코드를 넣어줄 필요는 없습니다. 그러면 머티리얼 디자인 2와 머티리얼 디자인 3의 차이는 무엇일까요? 이번 실습에서는 기존 카운터 앱을 머티리얼 디자인 3로 변경하여 머티리얼 디자인 2와 머티리얼 디자인 3의 차이점을 확인해 보겠습니다.

다음 그림은 머티리얼 디자인 2로 카운터 앱을 구현한 것과 머티리얼 디자인 3로 변경하여 카운터 앱을 적용한 결과입니다. 앱바의 색상이 다르고 하단의 플로팅 액션바 모양의 차이를 볼 수 있습니다.

머티리얼 디자인 2   머티리얼 디자인 3

그림 2-41 머티리얼 디자인 2 와 머티리얼 디자인 3 적용

머티리얼 디자인 적용 방법

머티리얼 디자인 2와 3 모두 머티리얼 디자인으로 이를 적용하려면 pubspec.yaml 파일에서 머티리얼 디자인을 사용할 수 있는 패키지를 가져올 수 있도록 정의해주어야 합니다. pubspec.yaml 파일에 다음과 같이 작성하면 됩니다.

pubspec.yaml

```yaml
flutter:
  uses-material-design: true
```

머티리얼 디자인을 앱에서 사용하려면 main.dart에 material.dart 파일을 import합니다.

lib/main.dart

```dart
import 'package:flutter/material.dart'; // 머티리얼 디자인 적용을 위해 패키지 import
```

머티리얼 디자인 3 적용 방법

기본적으로는 머티리얼 디자인 2가 적용되기 때문에 머티리얼 디자인 3를 적용한다면 다음과 같이 추가해야 합니다. MaterialApp 위젯의 theme 속성에서 머티리얼 디자인 3를 사용하도록 useMaterial3를 true로 변경합니다. 기본값는 false입니다.

lib/main.dart 머티리얼 디자인 3 적용

```dart
import 'package:flutter/material.dart'; // 머티리얼 디자인 적용을 위해 패키지 import
…생략…
class MyApp extends StatelessWidget {
  const MyApp({super.key});
```

```
    @override
    Widget build(BuildContext context) {
      return MaterialApp(
        title: 'Flutter Demo',
        theme: ThemeData(
          useMaterial3: true,
        ),
        home: const MyHomePage(title: 'Flutter Demo Home Page'),
      );
    }
  }
```

이렇게 한 줄만 추가하면 머티리얼 디자인 2에서 머티리얼 디자인 3로 적용되어 앱이 실행됩니다.

머티리얼 디자인 2 vs 머티리얼 디자인 3

머티리얼 디자인 2와 머티리얼 디자인 3의 차이는 버튼, APP 메뉴, 다양한 폰트 지원과 적응형 컬러 지원입니다. 다음 그림을 보면 머티리얼 디자인 2와 머티리얼 디사인 3의 차이를 알 수 있습니다.

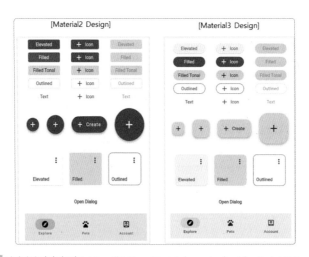

그림 2-42 머티리얼 디자인2와 3 https://flutter.github.io/samples/web/material_3_demo/#/ 참조)

머티리얼 디자인 2는 플러티 액션 버튼이 동그란 형태이고 버튼이 직사각형인 반면에 머티리얼 디자인 3는 플로팅 액션 버튼이 둥근모서리 사각형이고 버튼도 둥근모서리 직사각형으로 보여집니다. 다음 머티리얼 3 데모 사이트를 열어보면 머티리얼 디자인2와 머티리얼 디자인3의 차이점을 상세하게 알수 있으니 참조하기 바랍니다.

▶ 머티리얼 3: https://flutter.github.io/samples/web/material_3_demo/#/

실습 05 쿠퍼티노 디자인 적용

이번에는 쿠퍼티노 디자인 적용 방법을 실습해 보겠습니다. 쿠퍼티노 디자인은 iOS에 플러터 앱을 적용할 때 사용하는 디자인으로 위젯이 'Cupertino~'로 시작하면 대부분 쿠퍼티노 디자인을 지원하는 위젯이라고 생각하면 됩니다. 쿠퍼티노 디자인은 iOS에서 제공을 하고 있으며 iOS 플러터 앱을 만들 때는 쿠퍼티노 디자인을 적용하는 것이 좋습니다. 다음 URL은 플러터 공식 사이트에서 제공하는 쿠퍼티노 위젯 카탈로그입니다.

▶ https://docs.flutter.dev/development/ui/widgets/cupertino

카운터 앱에 쿠퍼티노 디자인 적용 방법

머티리얼 디자인과 쿠퍼티노 디자인은 무엇이 다른지 이해하기 쉽도록 카운터 앱에 쿠퍼티노 디자인을 적용해 보겠습니다. 이 두 디자인은 기본적인 구조부터 차이가 있습니다. 머티리얼 디자인은 앱바, 바디, 플로팅 액션 버튼으로 구조화할 수 있는 반면 쿠퍼티노 디자인의 앱바는 구조화하여 사용할 수 있으나 바디와 플로팅 액션 버튼 속성이 없으므로 텍스트와 버튼으로 구현해야 합니다. 디자인을 어떻게 선택하느냐에 따라서 사용되는 위젯이 다르고 위젯마다 속성이 다르므로 그에 맞게 적용해야 합니다.

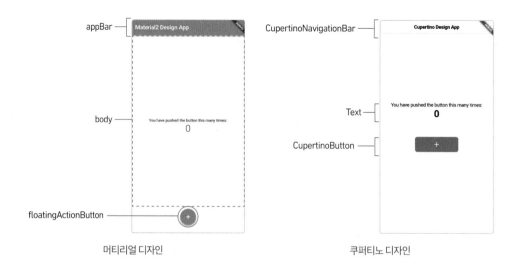

머티리얼 디자인   쿠퍼티노 디자인

그림 2-43 머티리얼 vs 쿠퍼티노 디자인을 적용한 카운터 앱

머티리얼 디자인을 쿠퍼티노 디자인으로 변경하는 과정은 다음과 같습니다. 차례대로 코드를 변경하면서 쿠퍼티노 디자인으로 카운터 앱을 변경해봅니다.

1. pubspect.yaml에 cupertino_icons 추가

2. main.dart에 쿠퍼티노 디자인 패키지를 가지고 있는 cupertino.dart를 import

3. MaterialApp 위젯을 CupertinoApp 위젯으로 변경

4. Scaffold 위젯을 CupertinoPageScaffold 위젯으로 변경

5. AppBar를 CupertinoNavigationBar 로 변경

Step 1. 프로젝트 생성하기

먼저, 쿠퍼티노 디자인 실습을 위한 프로젝트를 새롭게 생성하겠습니다. 프로젝트명은 'cupertino_app'으로 입력합니다.

cupertino_app 프로젝트 생성

Step 2. pubspect.yaml에 cupertino_icons 추가하기

쿠퍼티노 디자인을 적용하려면 pubspec.yaml 파일에 cupertino_icons 패키지가 설정되어 있어야 합니다. 새로운 플러터 프로젝트를 생성하면 pubspec.yaml 생성 시에 해당 패키지가 이미 포함되어 있기 때문에 별도로 패키지를 추가하지 않아도 됩니다.

pubspec.yaml

```
name: cupertino_app
...생략...

environment:
  sdk: '>=2.18.2 <3.0.0'
dependencies:
  flutter:
    sdk: flutter
```

```
  # The following adds the Cupertino Icons font to your application.
  # Use with the CupertinoIcons class for iOS style icons.
  cupertino_icons: ^1.0.2

dev_dependencies:
  flutter_test:
    sdk: flutter

  flutter_lints: ^2.0.0
```

Step 3. main.dart에 cupertino.dart를 import

쿠퍼티노 디자인을 프로젝트에서 사용하려면 main.dart에 cupertino.dart 파일을 im-port해야 합니다. 자동으로 생성된 카운터 앱의 main.dart에서 material.dart를 cuperti-no.dart로 수정해 보겠습니다.

```
import 'package:flutter/material.dart';
→ import 'package:flutter/cupertino.dart';
```

이렇게 cupertino.dart로 import 문을 수정하게 되면 material.dart에서 제공했던 Ma-terialApp, ThemeData, Scaffold 위젯을 cupertino.dart에서는 지원하지 않기 때문에 다음과 같은 오류가 발생합니다.

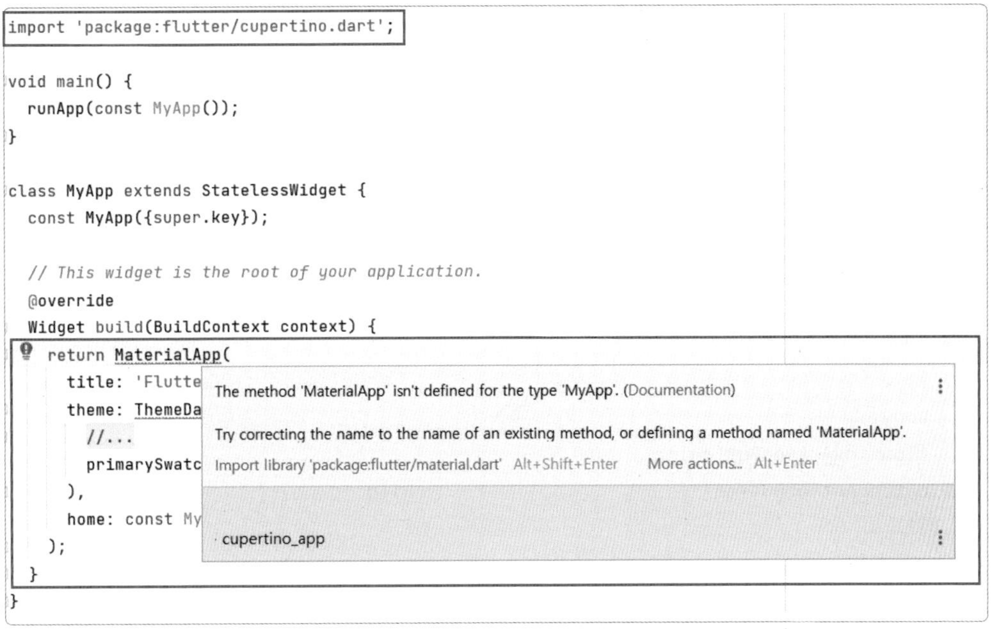

```
import 'package:flutter/cupertino.dart';

void main() {
  runApp(const MyApp());
}

class MyApp extends StatelessWidget {
  const MyApp({super.key});

  // This widget is the root of your application.
  @override
  Widget build(BuildContext context) {
    return MaterialApp(
      title: 'Flutte
      theme: ThemeDa      The method 'MaterialApp' isn't defined for the type 'MyApp'. (Documentation)
        //...                Try correcting the name to the name of an existing method, or defining a method named 'MaterialApp'.
        primarySwatc      Import library 'package:flutter/material.dart'  Alt+Shift+Enter     More actions... Alt+Enter
      ),
      home: const My     · cupertino_app
    );
    }
}
```

그림 2-45 **cupertino.dart**로 변경 시 발생하는 오류

오류가 발생하지 않도록 하려면 cupertino.dart에서 제공하는 위젯으로 변경해야 합
니다.

Step 4. MaterialApp 위젯을 CupertinoApp 위젯으로 변경하기

MyApp.build()에서 리턴하는 MaterialApp을 CupertinoApp으로 변경합니다.

```
return MaterialApp(
  theme: ThemeData(
    primarySwatch: Colors.blue,
  ),
  home: const MyHomePage(),
);
```

$\gg$

```
return const CupertinoApp(
  home: const MyHomePage(),
);
```

Step 5. Scaffold 위젯을 CupertinoPageScaffold 위젯으로 변경하기

이번에는 _MyHomePageState 클래스의 Scaffold 위젯을 삭제하고 CupertinoPageScaffold로 변경합니다.

```
return Scaffold(
  appBar: AppBar(
    title: Text("Material Design
                        App"),
  ),
  body: ,
  floatingActionButton:
FloatingActionButton(
…생략…
    ),
  );
```

≫

```
return CupertinoPageScaffold(
// AppBar→CupertinoNavigationBar로 변경
  navigationBar: const
                CupertinoNavigationBar(
    middle: Text("Cupertino Design
                        App"),
  ),
  child: Center(
…생략…
    ),
  );
```

Scaffold 위젯을 CupertinoPageScaffold로 변경하면 Scaffold 위젯에서 제공하던 appBar, body, floatingActionButton 속성을 CupertinoPageScaffold 위젯에서 제공하는 속성으로 변경해야 합니다. appBar를 CupertinoNavigationBar로 변경하고 body, floatingActionButton 속성 대신 child 속성에 Text와 CupertinoButton 위젯으로 구현합니다.

Step 6. AppBar를 CupertinoNavigationBar로 변경

쿠퍼티노 디자인에서 앱바는 CupertinoNavigationBar 위젯을 사용합니다. CupertinoNavigationBar에서 leading, middle, trailing 속성을 사용하여 앱바(AppBar)의 제목을 왼쪽, 가운데, 오른쪽 영역에 정렬하여 표시합니다. 예제에서는 middle 속성을 사용하였으므로 앱바 가운데에 제목을 보여줍니다.

```
return Scaffold(
  appBar: AppBar(
    title: Text("Material Design
App"),
  ),
```

```
return CupertinoPageScaffold(
  navigationBar: const
CupertinoNavigationBar(
  middle: Text("Cupertino Design
App"),
  ),
```

Step 7. body 영역 변경

이번에는 body 영역의 텍스트 크기, 색상, 스타일 등을 변경합니다. CupertinoTheme
을 사용하고 위젯 간의 간격은 SizedBox 위젯을 이용하여 여백을 조정하도록 합니다.
SizedBox는 가로 또는 세로로 지정된 크기만큼의 박스 형태의 위젯으로 위젯 간에 여백을
주고자 할 때 많이 사용됩니다.

```
body: Center(
 child: Column(
   mainAxisAlignment:MainAxisAlignme
nt.center,
   children: <Widget>[
     const Text('Count:', ),
     Text('$_counter',
         // Theme 삭제
         style:Theme.of(context).
         textTheme.headline4,
     ), // Text
   ], // <Widget>
 ), // Column
), // Center
```

```
child: Center(
  child: Column(
    mainAxisAlignment:
MainAxisAlignment.center,
    children: <Widget>[
      const Text('Count : :'),
      Text('$_counter',
          // CupertinoTheme으로 변경
          style: CupertinoTheme.
              of(context)
              .textTheme
          .navLargeTitleTextStyle
      ), // Text
    ], //Widget
  ), // Column
), //Center
```

Step 8. floatActionButton을 CupertinoButton으로 변경

floatActionButton을 수정할 차례입니다. cupertino.dart 패키지에는 floatActionButton 속성이 없으므로 CupertinoButton 위젯으로 구현합니다. CupertinoButton.filled는 쿠퍼티노 버튼의 내부를 색상으로 채워서 보여줍니다. CupertinoIcons.add를 사용하여 쿠퍼티노 스타일의 아이콘 '+'를 쿠퍼티노 버튼 내부에 표시합니다.

```
body: Center (
...생략...
floatingActionButton:
FloatingActionButton(
    onPressed: _incrementCounter,
    child: const Icon(Icons.add),
),
), //Center
```

≫

```
child: Center (
...생략...
child: CupertinoButton.filled(
  onPressed: _incrementCounter,
// CupertinoIcons로 변경
  child: const
        Icon(CupertinoIcons.add),
  ),
),
```

카운터앱을 쿠퍼티노 디자인으로 적용한 전체 메인 소스는 다음과 같습니다.

쿠퍼티노 디자인을 적용한 카운터 앱 소스   lib/main.dart

```dart
import 'package:flutter/cupertino.dart';

void main() => runApp(const MyApp());

class MyApp extends StatelessWidget {
  const MyApp({super.key});

  @override
  Widget build(BuildContext context) {
    return const CupertinoApp(
      home: const MyHomePage(),
    );
  }
}
```

```dart
class MyHomePage extends StatefulWidget {
  const MyHomePage({super.key});

  @override
  State<MyHomePage> createState() => _MyHomePageState();
}

class _MyHomePageState extends State<MyHomePage> {
  int _counter = 0;

  void _incrementCounter() {
    setState(() {
      _counter++;
    });
  }

  @override
  Widget build(BuildContext context) {
    return CupertinoPageScaffold(
      navigationBar: const CupertinoNavigationBar(
        middle: Text("Cupertino Design App"),
      ),
      child: Center(
        child: Column(
          mainAxisAlignment: MainAxisAlignment.center,
          children: <Widget>[
            const Text(
              'You have pushed the button this many times:',
            ),
            Text(
              '$_counter',
              style: CupertinoTheme.of(context)
                  .textTheme
                  .navLargeTitleTextStyle
            ),
```

```
            const SizedBox(height: 60.0),
            Center(
              child: CupertinoButton.filled(
                onPressed: _incrementCounter,
                child: const Icon(CupertinoIcons.add),
              ),
            ),
          ],
        ),
      ),
    );
  }
}
```

　간단하게 머티리얼 디자인과 쿠퍼티노 디자인 위젯을 몇 가지 연습해 보았습니다. 다음 4장에선 다양한 위젯을 실습해 볼 예정입니다. 머티리얼 디자인 위젯이지만 쓰임은 비슷하기 때문에 이 장을 참고하여 Cupertino 클래스들로 변경하여 사용하기 바랍니다.

Flutter + Dart

소스 구조화하기

앱을 작성하다 보면 main.dart 소스가 길어지고 소스가 복잡해지게 되는 것을 종종 경험할 수 있습니다. 길어진 소스는 분석도 어렵고 유지보수도 어려워지므로 코드를 이해하기 쉽고 수정하기 쉽게 소스 구조화 작업이 필요합니다. 이렇게 이미 만들어진 소스를 재구조화하는 것을 리팩토링이라고 하고 리팩토링은 프로그램의 기능은 변경하지 않고 소스를 재구조화하여 코드의 재사용성과 코드 품질을 높여줍니다. 일반적으로 리팩토링은 기능을 추가할 때, 버그를 수정할 때, 코드 검토 시에 진행하곤 합니다. 이 절에서는 안드로이드 스튜디오에서 소스 재구조화하는 방법을 설명하겠습니다.

Step 1. 테마소스를 별도의 theme.dart 만들기

먼저, main.dart의 폰트, 색상, 앱바 테마를 추가하여 길어진 theme 영역의 소스를 분리해 보겠습니다. theme 영역은 프로젝트의 테마 설정을 위한 기능을 하고 있으므로 main.

그림 2-46 **theme.dart** 파일 생성

dart에서 테마 설정 부분을 별도의 theme.dart로 생성합니다. theme.dart 생성은 안드로이드 스튜디오의 프로젝트 탐색기의 lib 폴더 위에서 마우스 오른쪽 버튼을 눌러 [New] → [File]을 선택한 후 새 파일로 theme.dart를 만듭니다.

새로 생성한 theme.dart는 코드가 없는 빈 파일입니다. 이 빈 파일에 main.dart의 ThemeData 메소드를 분리하여 넣어보겠습니다. 여기서는 안드로이드 스튜디오의 [Refactor] 기능을 사용합니다.

먼저, main.dart에서 ThemData 메소드를 별도의 메소드로 분리합니다. 분리하는 방법은 main.dart 에서 theme 속성에 있는 ThemeData 메소드 전체를 선택한 후 마우스 오른쪽 버튼을 눌러 [Refactor] → [Extract Method]를 선택하거나 [Ctrl + Alt + M] 키를 누르면 됩니다.

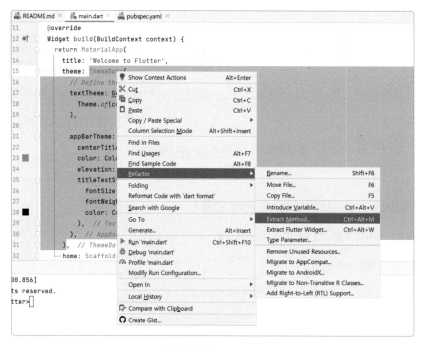

그림 2-47 메소드 분리

다음 그림과 같은 팝업창이 뜨면, Method name에 "theme"로 이름을 적고 [Refactor] 버튼을 누릅니다.

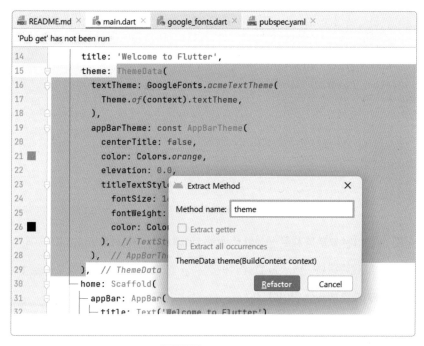

메소드 이름 작성

Refactor를 하고 나면 theme 영역은 theme: theme(context)로 간략화되고 main.dart 소스 아래에 다음과 같이 분리된 theme 영역 소스가 복사되어 나타남을 확인할 수 있습니다.

lib/main.dart

```
…
ThemeData theme(BuildContext context) {
  return ThemeData(
    textTheme: GoogleFonts.acmeTextTheme(
      Theme.of(context).textTheme,
    ),
    appBarTheme: const AppBarTheme(
      centerTitle: false,
      color: Colors.orange,
      elevation: 0.0,
```

```
    titleTextStyle: TextStyle(
      fontSize: 16,
      fontWeight: FontWeight.bold,
      color: Colors.black,
    ),
  ),
 );
}
...
```

이제, 이렇게 분리된 부분을 새로 생성한 theme.dart에 옮겨 작성하고 main.dart에 있던 소스 내용도 수정해 보겠습니다. ThemeData에서 구글 폰트를 사용하고 있으므로 theme.dart 에 google_font 패키지를 import 합니다. theme.dart를 다음과 같이 작성합니다.

lib/theme.dart

```dart
import 'package:flutter/material.dart';
import 'package:google_fonts/google_fonts.dart';

ThemeData theme(BuildContext context) {
  return ThemeData(
    textTheme: GoogleFonts.acmeTextTheme(
      Theme.of(context).textTheme,
    ),
    appBarTheme: const AppBarTheme(
      centerTitle: false,
      color: Colors.orange,
      elevation: 0.0,
      titleTextStyle: TextStyle(
        fontSize: 16,
        fontWeight: FontWeight.bold,
        color: Colors.black,
      ),
    ),
  );
}
```

Step 2. main.dart에 thmem.dart를 import 하기

이제, 분리한 theme.dart를 main.dart에 import합니다. import를 해야 main.dart에서 theme.dart에 구현한 theme 메소드 호출이 가능합니다.

```
Widget build(BuildContext context) {
    return MaterialApp(
      theme: theme(context),
      home: Scaffold(
        appBar: AppBar(
          title: Text('Welcome to Flutter'),
        ),
```

추가로 main.dart에서 import 했던 google_fonts.dart를 삭제합니다. 프로그램 수행 면에서 보면 tmain.dart에 google_fonts.dart를 그대로 놔둬도 괜찮지만, main.dart에서는 더 이상 google_fonts를 사용하지 않으므로 여기서는 main.dart에서 삭제하겠습니다.

lib/main.dart

```
import 'package:flutter/material.dart';
import 'package:google_fonts/google_fonts.dart';
import 'package:hello_flutter/theme.dart';

void main() {
  runApp(const MyApp());
}

class MyApp extends StatelessWidget {
  const MyApp({super.key});
  @override
  Widget build(BuildContext context) {
    return MaterialApp(
      theme: theme(context),
      home: Scaffold(
        appBar: AppBar(
```

```
            title: Text('Welcome to Flutter'),
          ),
          body: Center(
            child: Text(
              'Hello World!',
              style: TextStyle(
                fontSize: 48,
                fontWeight: FontWeight.w700,
                fontStyle: FontStyle.italic,
              ),
            ),
          ),
        );
      }
    }
```

앱바의 테마를 변경하고 싶을 때는 theme.dart 파일만 수정하면 되어 앱 테마를 관리하기 더욱 간편합니다.

소스 재구조화할 때 고려해야 할 사항은 대상 프로그램을 변경하기 전, 영향받는 다른 프로그램들의 영향도를 분석하고, 소스 재구조화 후 변경된 프로그램과 관련된 기존 기능이 모두 정상적으로 동작하는지에 대한 테스트를 수행하는 것입니다.

기존 기능은 그대로 두고 소스 재구조화만 진행했으므로, 모든 기능이 정상적으로 동작하는지 확인해야 합니다. 이번 장에서 배운 내용을 바탕으로 앞으로 앱을 개발하면서 재구조화가 필요하다고 생각될 때 활용하기 바랍니다.

더 알아보기 — ThemeData의 다양한 속성 알아보기

프로젝트의 전반적인 테마를 변경하기 위해서는 MaterialApp 테마 속성을 사용하여 전체 앱의 모양을 구성할 수 있습니다. ThemeData에서 사용할 수 있는 모든 속성을 더 알아보려면 플러터 가이드를 확인합니다.

▶ https://api.flutter.dev/flutter/material/ThemeData-class.html

별도로 플러터 사이트에서 사용 예를 확인하거나 소스 내 ThemeData 위에 [Ctrl]+마우스 오른쪽 버튼]을 클릭하여 theme_data.dart 파일에서 속성을 확인할 수 있습니다.

3

01 카운터 앱 분석하기

02 카운터 앱의 UI이해하기

03 위젯의 개념과 위젯트리

04 상태없는 위젯과 상태있는 위젯

05 위젯의 생명주기와 상태전달

플러터 앱
내부 구조
이해하기

이 장에서는 플러터로 프로젝트를 만들 때 처음 만나는 앱이면서 플러터 앱 구현을 위해 기본적인 구조를 담고 있는 카운터 앱의 내부 구조와 동작흐름을 살펴보고 UI가 어떻게 그려지는지를 알아봅니다. 그리고 위젯의 개념과 위젯 트리, 상태있는 위젯과 상태없는 위젯에 대하여 이해하고 위젯의 생명주기와 상태전달방법을 학습합니다. 카운터 앱에 카운터 다운 버튼 기능을 추가하는 과정을 순차적으로 실습하면서 카운터 앱을 충분히 이해할 수 있도록 합니다.

카운터 앱 분석하기

카운터 앱을 만들어 보고 실행까지 해보았다면 이제 플러터의 내부를 들여다볼 차례입니다. 모든 앱은 UI와 동작 로직으로 나눠서 생각할 수 있습니다. 보통 디자이너가 화면을 디자인하고 개발자가 로직을 개발해서 동작하도록 합니다. 플러터는 UI도 코드로 되어있습니다. 다트 언어로 UI와 동작을 구현합니다. 이 절에서는 플러터 프로젝트의 구조와 소스코드를 살펴보도록 하겠습니다.

3.1.1 카운터 앱 소스 파헤치기

카운터 앱 소스를 분석하려면 카운터 앱의 main.dart 소스 파일을 살펴봐야 합니다. main.dart는 앱 실행의 시작점이 되는 파일로, 앱 구동 시 가장 중요한 소스 파일입니다. main.dart 파일은 lib 폴더 아래에 위치하고 카운터 앱의 대부분의 로직은 main.dart 파일에 들어 있습니다.

main.dart 소스 보기

main.dart 소스를 보려면, 안드로이드 스튜디오의 프로젝트창에서 lib 폴더 아래있는 main.dart를 클릭합니다. 다음의 main.dart 코드는 자동으로 생성된 주석을 제거한 것입니다. 플러터 프로젝트를 새로 생성하면 다음 소스 코드가 자동으로 생성되게 됩니다.

```dart
import 'package:flutter/material.dart';

// 앱의 시작부분
void main() {
  runApp(const MyApp());
}

// 시작 클래스, 머티리얼 디자인 앱
class MyApp extends StatelessWidget {        // 상태 변경이 없는 위젯
  const MyApp({Key? key}) : super(key: key);

  @override
  Widget build(BuildContext context) {       // UI 화면 제작
    return MaterialApp(
      title: 'Flutter Demo',                 // AppBar타이틀 설정
      theme: ThemeData(
        primarySwatch: Colors.blue,          // AppBar 배경색 지정
      ),
      home: const MyHomePage(title: 'Flutter Demo Home Page'),
    );
  }
}

//   상태변경이 존재하는 위젯. 이벤트에 따라서 변경이 되어야하므로 동적인 앱 화면으로 구성
class MyHomePage extends StatefulWidget {
  const MyHomePage({Key? key, required this.title}) : super(key: key);

  final String title;
  @override
 State<MyHomePage> createState() => _MyHomePageState();
}

//   MyHomePage위젯의 상태를 담당하는 클래스.
class _MyHomePageState extends State<MyHomePage> {
  int _counter = 0;   // 카운터를 저장할 변수
```

```dart
// 플로팅 액션 버튼의 동적 함수
void _incrementCounter() {
  setState(() {
    _counter++;
  });
}

// 화면에서 UI를 그리는 함수
@override
Widget build(BuildContext context) {
  return Scaffold(
    appBar: AppBar(.
      title: Text(widget.title), // 전달받은 파라미터를 화면에 표시
    ),
    body: Center(
      child: Column(
        mainAxisAlignment: MainAxisAlignment.center,
        children: <Widget>[
          const Text(
            'You have pushed the button this many times:',
          ),
          Text(
            '$_counter',
            style: Theme.of(context).textTheme.headline4,
          ), // 문자열을 변수로 변경
        ],
      ),
    ),

    floatingActionButton: FloatingActionButton(
      onPressed: _incrementCounter,  // 플로팅 액션버튼 클릭시 수행
      tooltip: 'Increment',
      child: const Icon(Icons.add),
    ),
  );
}
}
```

main.dart 소스의 핵심 구조

main.dart의 소스 분석을 위해 main.dart의 핵심구조를 먼저 이해해보도록 합니다. main.dart 전체 소스가 다소 긴 것처럼 보이는데 주석을 제거하고 핵심이 되는 함수와 클래스만 나열해보면, 카운터 앱은 하나의 main() 함수와 MyApp, MyHomePage, _My-HomePageState 세 개의 위젯으로 구성되어 있습니다.

```
❶ import 'package:flutter/material.dart';
❷ void main() {
      runApp(const MyApp());
   }
❸ class MyApp extends StatelessWidget { … }
❹ class MyHomePage extends StatefulWidget { … }
❺ class _MyHomePageState extends State<MyHomePage> { .. }
```

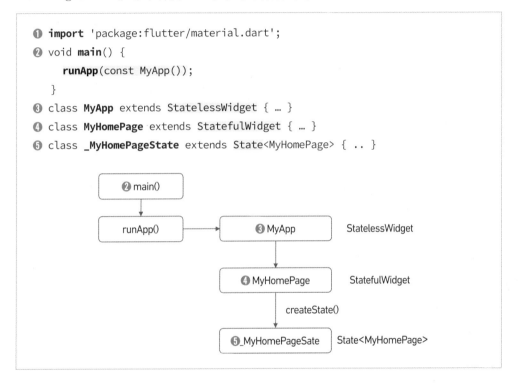

그림 3-1 카운터 앱 실행 흐름

앱을 실행하면 main() 함수를 시작으로 MyApp → MyHomePage → _MyHomeP-ageState 위젯이 차례로 호출되어 화면에 표시됩니다. 이제 main.dart에 있는 코드들을 하나씩 알아보겠습니다.

import 문

플러터에서 import 문은 사용하려고 하는 패키지를 선언합니다. 우리가 플러터 앱을 개발하면서 상호작용하는 많은 기능은 다트 라이브러리인데, 내부 라이브러리가 다른 다트 클래스나 pubspec.yaml에서 내려받은 패키지를 불러올때 사용합니다.

```
❶ import 'package:flutter/material.dart';
```

카운터 앱에서는 material.dart 패키지를 import하고 있습니다, 이것은 화면을 그리는 모든 UI 요소가 구글의 머티리얼 스타일 기본 위젯을 사용한다는 의미입니다. 만약, iOS 스타일의 위젯을 사용하고자 한다면, package:flutter/cupertino.dart를 import 합니다.

물론 두 가지 디자인을 혼용해서 사용하는 경우도 있지만 일반적으로 머티리얼 디자인은 안드로이드에서 사용하고 쿠퍼티노 디자인은 iOS 앱 개발시 주로 사용합니다. 머티리얼과 쿠퍼티노는 기본으로 제공되는 시스템 디자인 종류가 다를 뿐 기능은 같습니다. 이 책에서는 머티리얼 디자인을 기본으로 사용합니다.

main() 함수

main() 함수는 플러터 앱의 시작점입니다. main() 함수는 C 언어의 메인함수와 동일한 기능을 합니다. C 언어의 메인함수와의 차이점은 C 언어에서는 하나의 프로그램은 하나의 main() 함수만 존재할 수 있는데 플러터는 같은 프로젝트에서 다수의 main() 함수를 가진 파일을 생성할 수 있습니다.

```
❷ void main() {
  runApp(const MyApp());
}
```

카운터 앱에서 main() 함수는 runApp() 함수를 호출하고 파라미터로 MyApp() 인스턴스를 전달합니다. 이를 통해, **MyApp()가 최상위 위젯이 된다**는 것을 알 수 있습니다. 우리는 MyApp()가 최상위 위젯이라는 것을 기억합니다.

> **참고** main() 함수의 내용이 runApp(const MyApp());과 같이 한 줄인 경우, 중괄호({})를 => 기호로 대체하여 다음과 같이 코딩할 수 있습니다.
>
> ```
> void main() => runApp(const MyApp());
> ```

MyApp 위젯

MyApp 위젯은 상태를 가지지 않는 위젯으로 StatelessWidget을 상속받은 정적인 클래스입니다. 즉, 플러터에서 한 번만 빌드하여 화면에 그리고 다시 그리지 않습니다. 상태를 가지지 않는 위젯에 대한 자세한 설명은 3.2에서 다루고 있으므로, 여기서는 Stateless-Widget인 MyApp은 상태변경이 안 되는 위젯이고 이전 상태를 가지고 있지 않아 이벤트가 발생해도 아무런 영향을 받지 않는다 정도로 이해합니다.

여기서, 플러터는 다른 객체지향 언어와 다르게 객체가 아닌 위젯을 상속한다는 점을 기억합니다.

일반적으로 객체지향 언어에서는 class로 정의된 객체를 다른 클래스가 상속할 수 있는데 플러터에서는 Widget을 상속합니다.

```
class MyChild extends MyApp (X)
class MyChild extends StatelessWidget ()
```

MyApp 위젯은 StatelessWidget에 정의된 build 함수에 MaterialApp 위젯을 사용하

고 이를 main() 함수에 반환합니다. MaterialApp 위젯은 머티리얼 스타일 가이드를 따르고 머티리얼 위젯 라이브러리의 모든 위젯은 구글에서 제공하는 표준 룩앤필을 제공합니다.

```
❸ class MyApp extends StatelessWidget {        // MyApp위젯은 StatelessWidget를 상속
    const MyApp({Key? key}) : super(key: key);

    @override        // 슈퍼클래스인 StatelessWidget에 정의된 build 메소드를 재정의

    Widget build(BuildContext context) { // 화면을 실제로 그리는 위젯 리턴
        return MaterialApp(                 // 머티리얼 디자인을 기본으로 하는 MaterialApp 위젯 리턴
         title: 'Flutter Demo',
         theme: ThemeData(
           primarySwatch: Colors.blue,
         ),
         home: const MyHomePage(title: 'Flutter Demo Home Page'), // MyHomePage위젯을 첫
                                                                   //        화면으로 실행
        );
    }
}
```

MaterialApp()에는 title, theme, home 등이 정의되어 있습니다. title은 앱의 이름을 설정하고 theme은 앱의 테마를 정의합니다. primarySwitch 속성은 앱바(AppBar)의 색상을 정의하는데 카운터 앱에서는 Colors.blue로 기본 색상이 정의되어 있습니다. home은 앱을 실행할 때 첫 화면에 무엇을 표시할지 정합니다. 카운터 앱에서 앱의 제목은 'Flutter Demo'이고 앱바(AppBar)의 타이틀바 색상은 파란색입니다. 그리고 MyHomePage 위젯을 첫 화면으로 실행하도록 정의되어 있습니다.

MyHomePage 위젯

MyHomePage는 **상태를 갖는 위젯**으로 StatefulWidget을 상속하는 클래스입니다.

StatefulWidget은 상태 클래스인 **State 객체**를 생성하고 대부분의 이벤트 처리는 State 객체에서 수행합니다. 버튼 클릭 이벤트나 텍스트 입력 등과 같은 이벤트가 발생하면 State 객체에서 상태변경을 감지하고 콜백함수를 수행합니다. MyHomePage 위젯을 보면 포함하고 있는 코드가 단순한데 createState() 함수를 통해서 **State 객체인 _MyHome-PageState 객체를 생성합니다.**

_MyHomePageState 객체는 MyHomePage에서만 접근하고 사용합니다.

```
❹ class MyHomePage extends StatefulWidget {
    const MyHomePage({Key? key, required this.title}) : super(key: key);
    final String title;

   @override
   State<MyHomePage> createState() => _MyHomePageState(); // State객체를 생성합니다.
}
```

_MyHomePageState

_MyHomePageState는 State<MyHomePage>를 상속한 클래스로 StatefulWidget의 상태를 관리합니다. _MyHomePageState 클래스의 역할은 MyHomePage 위젯의 상태를 관리하고 이벤트 처리에 필요한 콜백함수와 화면에 위젯을 그리기 위한 build 함수를 정의하는 것입니다.

_MyHomePageState에서는 카운터 앱에서 버튼이 클릭할 때마다 카운트를 증가하기 위해 **상태관리 변수로 _counter 변수를 정의**하고 클릭 이벤트를 처리하기 위한 **콜백함수로는 _incrementCounter 함수를 정의**하고 있습니다. _counter 변수는 카운터를 저장하는 변수이고 상태변경이 가능합니다.

사용자가 버튼을 **클릭**하면 _incrementCounter 함수가 **호출**되고 setState 함수에서 _counter 상태변수를 증가시킵니다. 이와 같이 상태변수의 변경이 발생하면 변경을 감지하여 _MyHomePageState.build 함수를 실행해서 위젯을 다시 그립니다. _MyHomePageState 위젯에 build 함수가 정의되어 있는 것을 눈여겨 봅니다. build 함수에서 화면을 그린다는 것을 잊지 맙시다.

```dart
❺ class _MyHomePageState extends State<MyHomePage> {
  int _counter = 0;    // 카운터를 저장할 변수, 변경가능한 상태

void _incrementCounter() {    // FloatingActoin버튼 클릭시 수행
    setState(() {             // State객체가 내부 상태관리에 사용하는 함수
    _counter++;              // 상태변수 변경
  });
  }

@override
 Widget build(BuildContext context) {  // 화면에서 UI를 그리는 함수
   return Scaffold(
   ...생략...
   floatingActionButton: FloatingActionButton(
      onPressed: _incrementCounter,  // 플로팅 액션버튼 클릭 시 _incrementCounter() 수행
      tooltip: 'Increment',
      child: const Icon(Icons.add),
   ),
   );
 }
}
```

알아보기 언더바로 시작하는 클래스와 변수

언더바로 시작하는 클래스

MyHomePageState 클래스는 언더바()로 시작하는데 다트에서 언더바(_)로 시작하는 클래스는 비공개 (Private) 클래스를 의미합니다. 이 클래스를 생성한 부모 위젯은 사용할 수 있지만 다른 위젯은 접근할 수 없습니다. 플러터의 클래스 대부분은 모든 위젯이 접근할 수 있는 공개(public) 클래스입니다.

카운터 앱의 동작 흐름

이제, 카운터에서 사용자가 플로팅 액션 버튼 클릭이 발생했을 때의 동작 흐름을 알아보겠습니다. 다음 그림은 플로팅 액션 버튼이 클릭되고 카운터가 증가하여 화면에 보여주기까지 _MyHomePageState 상태 클래스 내의 실행 흐름을 보여주고 있습니다. 메인소스를 다시 보면서 카운터 앱을 이해해봅니다.

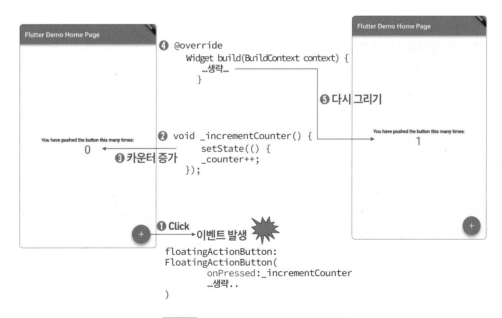

그림 3-2 카운터 앱에서 버튼이 클릭 시 실행 흐름

카운터 앱의 구조

안드로이드 스튜디오에서 카운터 앱을 실행하고 [Structure]를 보면 카운터 앱의 구조를 볼 수 있습니다. main.dart 소스의 전체 흐름과 호출 구조가 한눈에 보입니다. 이 [Structure]를 통해 앱의 시작점과 호출 구조 그리고 부모-자식 관계를 알 수 있습니다.

[Structure]에서 프로그램의 보고자 하는 위치를 클릭하면 main.dart의 해당 소스 위치로 이동합니다. 프로그램을 따라가면 앱의 구조를 충분히 이해할 수 있겠지만, [Structure] 기능을 이용하면 전체 앱 구조를 볼 수 있어서 유용합니다.

그림 3-3 카운터 앱의 구조

3.1.2 카운터 앱의 UI 이해하기

카운터 앱의 동작 흐름을 이해했다면 이제는 UI(사용자 인터페이스)를 어떻게 작성했는지를 학습할 차례입니다. 플러터에서 아름다운 앱을 개발하기 위해서는 UI를 코드로 어떻게 작성하는지 이해하는 것이 필요합니다. 이를 위해서 카운터 앱의 UI 구조를 분석하고, 플러터에서 UI가 어떻게 그려지는지를 살펴본 후, 플러터에서 가장 중요한 위젯의 개념과 위젯 트리에 대하여 알아보겠습니다.

카운터 앱의 UI 구조

카운터 앱의 UI 구조를 이해해 보는 것을 시작으로 플러터 앱의 UI 구현을 시작해보겠습니다. 카운터 앱에서는 MaterialApp, Scaffold, AppBar, FloatActionButton 등과 같은 기본 위젯들을 많이 사용합니다.

우리에게 익숙한 대부분의 앱들이 제공하는 화면 구조를 살펴보면, 상단에는 메뉴 또는 제목이 있고, 가운데에는 화면 페이지가 있으며, 하단에는 다른 화면으로 이동할 수 있는 아이콘, 탭 등을 제공하고 있습니다. 사용자들은 이러한 구조에 익숙해져 있고 새로운 앱을 사용할 때도 사용자는 자신이 경험한 UI 구조를 기대하게 됩니다. 플러터에서도 이와 같은 구조를 제공하기 위해 Scaffold 위젯을 사용하며 Scaffold 위젯은 material.dart 패키지에서 제공됩니다.

따라서, 앱을 개발할 때는 MaterialApp과 Scaffold 위젯을 활용하여 사용자에게 익숙한 UI 구조를 제공하는 것이 좋습니다. 이를 통해 사용자들은 새로운 앱을 사용할 때도 편안하고 직관적인 경험을 할 수 있습니다.

이제, 앱의 UI 구조의 기본 틀인 MaterialApp과 Scaffold 위젯을 알아보겠습니다.

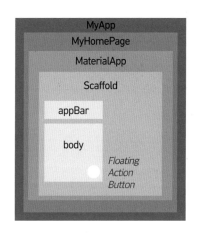

```
class MyApp extends StatelessWidget {
  const MyApp({Key? key}) : super(key: key);

  @override
  Widget build(BuildContext context) {
    return MaterialApp(...); // MaterialApp
  }
}
```

```
class _MyHomePageState extends State<MyHomePage> {
  int _counter = 0;

  void _incrementCounter() {...}

  @override
  Widget build(BuildContext context) {
    return Scaffold(
      appBar: AppBar(...), // AppBar
      body: Center(...), // Center
      floatingActionButton: FloatingActionButton(...),
    ); // Scaffold
  }
}
```

그림 3-4 카운터 앱의 구조

MaterialApp 위젯

MaterialApp 위젯은 앱의 가장 바깥 틀을 이루고 있는 위젯입니다. 앱 화면 전체를 감싸는 가장 상위 위젯으로 시각화에는 관여하지 않고 **사용자의 눈에도 보이지 않습니다**. MaterialApp은 앱에 폰트, 크기, 색상 등의 테마를 적용할 수 있고 앱을 대표하는 이름을 설정하는 등 **앱의 설정과 기능을 제공**합니다. MaterialApp 중 home 속성은 **시작 위젯을 설정**하여 앱을 시작할 때 어떤 위젯으로 시작할 지를 지정할 수 있습니다. MaterialApp이 시각화에 관여하지 않기 때문에 home 속성에서 설정한 시작 위젯이 앱을 수행했을 때 사용자가 처음 보게 되는 위젯이 됩니다. 대부분은 Scaffold 위젯으로 시작합니다. 카운터 앱은 머티리얼 디자인 스타일 가이드라인을 따릅니다(머티리얼 디자인 스펙은 https://material.io/design을 참고합니다).

카운터 앱에서 처음 앱을 시작했을 때 보이는 화면도 Scaffold 위젯에서 제공한 레이아웃입니다. 다음 MaterialApp 소스에서는 Scaffold라는 위젯이 보이지 않는데, Scaffold 위젯이 무엇인지 알아보겠습니다.

```
Widget build(BuildContext context) {
  return MaterialApp(
    title: 'Flutter Demo',  // 앱의 이름
    theme: ThemeData(
      primarySwatch: Colors.blue,
    ),
    home: const MyHomePage(title: 'Flutter Demo Home Page'),
  );
}
```

Scaffold 위젯

MaterialApp은 시각화에 관여하지 않고 눈에 보이지 않는 바깥 틀인 반면에, Scaffold 위젯은 **눈에 보이고 시각화에 관여하는 안쪽 틀**에 해당합니다. 보이는 않는 바깥 틀인 MaterialApp 안쪽에 앱의 눈에 보이는 요소들을 배치하여 사용자에게 아름답고 편리한 레이아웃을 제공합니다.

카운터 앱에서 Scaffold 위젯은 _MyHomePageState 클래스의 build 함수 내에 있습니다.

Scaffold 위젯은 앱의 구조를 만드는 일을 도우며 이를 위해 AppBar, Body, 내비게이션 바, 플로팅 액션 버튼, 드로어 등을 제공합니다.

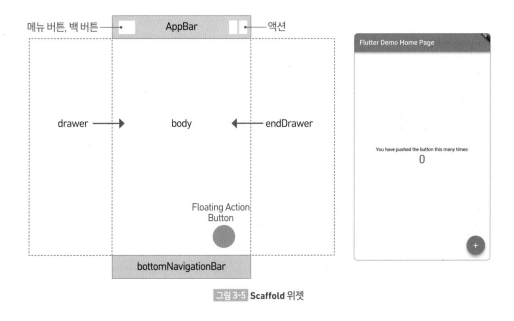

그림 3-5 **Scaffold** 위젯

카운터 앱도 다음과 같이 Scaffold 위젯을 사용하고 있으며 AppBar, body, 플로팅 액션 버튼으로 구성됩니다. Scaffold 위젯에서 필수요소로 정해진 것은 없기 때문에, 플러터 앱의 화면을 설계하면서 필요한 부분을 정해서 선택적으로 사용하면 됩니다.

```
Widget build(BuildContext context) {
  return Scaffold(
    appBar: AppBar(
      title: Text(widget.title),
    ),
    body: Center(
      child: Column(
        mainAxisAlignment: MainAxisAlignment.center,
        children: <Widget>[
          const Text(
            'You have pushed the button this many times:',
          ),
          Text(
            '$_counter',
            style: Theme.of(context).textTheme.headline4,
          ),
        ],
      ),
    ),
    floatingActionButton: FloatingActionButton(
    …생략…
    ),  .
  );
```

AppBar 위젯의 대표 기능은 내비게이션입니다. Scaffold를 부모 위젯으로 하고 앱의 화면 위쪽에 특정 높이의 공간을 차지하여 타이틀을 설정하고 메뉴 버튼, 백 버튼, 햄버거 버튼 등을 추가할 수 있습니다. 처음부터 대표 아이콘을 추가하고 싶다면 leading 속성에 아이콘을 추가하면 됩니다.

카운터 앱을 시작할 때 AppBar 왼쪽 상단에 햄버거 버튼을 추가하고 싶다면 다음과 같이 leading 속성을 사용합니다.

```
return Scaffold(
  appBar: AppBar(
    title: Text(widget.title),
    leading: Icon(Icons.traffic),
  ),
),
```

Flutter Demo Home Page

이때 대표 아이콘과 햄버거 버튼은 왼쪽 상단의 같은 위치에 표시되기 때문에 햄버거 버튼을 사용하려면 내비게이션 드로어(drawer)를 이용해서 대표 아이콘을 빼야 합니다. 또한, 백 버튼과 메뉴 버튼으로 드로어(drawer)를 사용하면, 메뉴가 'null'이 아닐 때는 메뉴 버튼을 자동으로 생성하고, 이전 페이지로 이동할 수 있다고 판단되면 백 버튼이 자동으로 생깁니다. 여기서는 앱바(AppBar)에서 앱 상단의 타이틀을 설정하고 메뉴 버튼, 햄버거 버튼 등을 이용해서 화면을 이동할 수 있다는 것을 기억합니다.

UI는 어떻게 그려질까?

플러터는 위젯으로 조합된 UI를 그리기 위해 **빌드**, **레이아웃**, **페인트** 이렇게 3단계를 거칩니다.

① **빌드 단계**에서는 **위젯 트리**(widget tree)와 **엘리먼트 트리**(element tree)를, ② **레이아웃 단계**에서는 **렌더 트리**(render tree)를 만들고 ③ **페인트 단계**에서 렌더 트리를 이용해서 실제 화면에 그립니다.

모든 위젯을 빌드하면 위젯 트리가 완성되고, 엘리먼트 트리는 화면에 나타날 요소의 데이터와 설정을 플러터가 이해할 수 있는 트리 구조로 만듭니다.

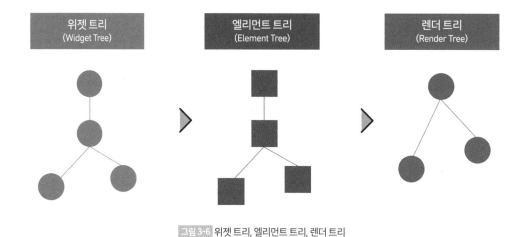

그림 3-6 위젯 트리, 엘리먼트 트리, 렌더 트리

위젯 트리는 빌드 단계에서 한번 생성되면 **변하지 않습니다.** 위젯 트리는 위젯의 구성 정보를 가지고 있으며 정적입니다. **엘리먼트 트리는** UI의 논리적 구조를 가지고 있으며 **위젯 트리에 의해 생성되고** 각 위젯의 크기, 부모와 자식 노드의 **위치** 등을 가지고 있습니다. 위젯 트리는 앱의 청사진과 같은 것이고 실제 위젯을 그리기 위한 인스턴스는 엘리먼트로 생성하여 엘리먼트 트리에서 가지고 있습니다. 레이아웃 단계에서 생성되는 **렌더 트리는** 엘리먼트 트리에서 관리되는 데이터 구조라고 볼수 있고 **위젯의 크기 조정, 위치지정, 페인팅과** 같은 과중한 작업은 렌터 트리의 렌더 오브젝트에 의해 처리됩니다.

초기 위젯 트리 생성 후 상태 변경이 발생하는 경우 변경된 엘리먼트만 다시 빌드하고 변경이 발생하지 않은 엘리먼트는 재사용합니다.

사용자가 버튼을 클릭해서 카운터를 올리는 이벤트를 발생하였다면 플러터는 상태가 변경된 위젯들만 다시 레이아웃 처리를 합니다. 레이아웃 처리 시, 플러터는 위에서 아래로 트리를 탐색하면서 위젯의 위치정보를 수집하고 단말노드에서 위로 올라가면서 모든 위젯의 크기, 레이아웃 정보를 완성합니다. 마지막 페인트 단계에서는 이렇게 완성된 렌더 트리를 이용해 실제 화면에 그리게 됩니다.

위젯의 개념

플러터의 모든 것은 위젯입니다. 플러터는 화면에 보이는 모든 것을 **위젯**이라는 컴포넌트로 **조합**하여 UI를 만듭니다. UI를 그리는 데 필요한 구조, 스타일, 애니메이션 그리고 그밖에 UI 구성에 필요한 모든 것이 위젯이라고 생각하면 됩니다.

리액트와 같은 다른 프레임워크에서의 컴포넌트와 비슷하지만, 위젯에는 컨트롤러나 뷰가 따로 있지 않고 앱 뷰의 모든 사항을 모두 다트 클래스로 정의합니다. Row, Column, ListView, GridView와 같은 위젯으로 레이아웃을 정의하고 Color, Padding, Center와 같은 위젯으로 스타일과 위치를 설정합니다.

그림 3-7에서는 카운터 앱 화면에서 어떤 위젯을 사용해서 화면을 구성했는지를 보여주고 있습니다. 앱의 상단 제목줄(AppBar), 페이지(Scaffold), 버튼(FloatingActionButton), 화면에 보이는 문자열(Text), 문자열 정렬(Center) 등이 모두 위젯입니다. 이러한 위젯을 조합하여 카운터앱 화면이 그려집니다.

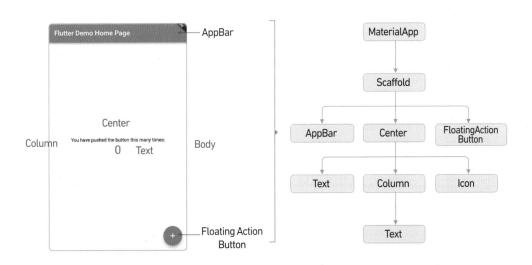

그림 3-7 카운터 앱에서 화면 구성에 사용한 위젯 예시

위젯 트리

플러터에서 가장 중요한 트리는 위젯 트리입니다. 레이아웃을 처리할 때 **모든 위젯을 빌드하고 위젯 트리를 만듭니다.** 위젯 트리는 화면에 보여줄 각 위젯을 노드로 구성하고, 트리 구조를 가지면서 위젯 간에 부모와 자식 간의 관계를 정리하여 화면에 보여줄 최종 레이아웃을 결정합니다. 플러터는 이렇게 만들어진 위젯 트리를 탐색하면서 모든 요소의 위치를 결정하고 위젯을 그립니다.

플러터는 위젯의 build 함수에서 리턴한 위젯을 자식 노드로 연결하면서 위젯 트리를 생성하는데 이때 build 함수에 BuildContext를 파라미터로 전달합니다.

> **더 알아보기 · BuildContext란**
>
> BuildContext는 플러터 앱을 만들 때 알아야 할 중요한 개념입니다. 위젯 트리상에서 현재 위젯의 위치정보를 찾는 데 사용됩니다. build 함수에서 리턴하는 위젯의 현재 위치정보를 BuildContext에 담아서 리턴합니다.

카운터 앱이 위젯 트리를 생성하는 과정을 보면 다음과 같습니다.

카운터 앱은 MyApp과 _MyHomePageState에 build 함수가 작성되어 있는데 플러터는 build 함수가 수행되는 순서에 따라 계층 구조를 만듭니다. 카운터 앱의 최상위 위젯인 MyApp.build 함수는 MaterialApp을 리턴하므로 위젯 트리에는 MyApp 노드의 하위 노드에 MaterialApp을 자식 노드로 생성합니다. 여기서 BuildContext는 MaterialApp **위젯이 위젯 트리의 어디에 위치하는지를** context에 넣어서 리턴해줍니다.

```
class MyApp extends StatelessWidget {
  @override
  Widget build(BuildContext context) {
      return MaterialApp(
      …생략…
      ),
      home: const MyHomePage(title: 'Flutter Demo Home Page'),
  );
  }
}
```

_MyHomePageState.build 함수는 Scaffold를 리턴하고 있는 걸 볼 수 있습니다. Scaffold는 AppBar, Center, FloatingActionButton으로 구성되어 있는 클래스입니다. 여기에서 BuildContext는 Scaffold 위젯의 위치를 담고있습니다.

```
class _MyHomePageState extends State<MyHomePage> {
@override
Widget build(BuildContext context) {
  return Scaffold(
    appBar: AppBar(
      title: Text(widget.title),
    ),
    body: Center(
      child: Column(
        …
        children: <Widget>[
          const Text(…),
          Text(…)
        ],
      ),
    ),
    floatingActionButton: FloatingActionButton(
    …생략…
```

```
      child: const Icon(Icons.add),
    ),
  );
```

MyApp.build 함수를 실행하면 MyApp 노드 아래에 MaterialApp 노드가 자식 노드로 생성되고, MaterialApp.build 함수를 실행하면 MyHomePage 노드가 MaterialApp 아래에 추가됩니다.

여기서, 각 위젯이 리턴하고 있는 위젯을 조금 살펴보면, MyApp 위젯에서 리턴한 것은 MaterialApp 위젯 하나이지만 MaterialApp은 AppBar, Center, FloatingActionButton 등의 여러 위젯을 포함하는 Scaffold를 하위 위젯으로 지니고 있어 MyApp 위젯에서 MaterialApp 위젯을 하나만 리턴하는 것처럼 보이지만 MaterialApp 위젯이 하위 위젯으로 가지고 있는 위젯들이 함께 리턴되는 것을 알 수 있습니다.

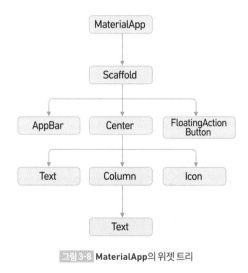

그림3-8 **MaterialApp**의 위젯 트리

이와 같이 하나의 위젯이 여러 위젯을 포함한 위젯을 가지고 있고 이렇게 여러 위젯을 합쳐서 하나의 큰 위젯을 만들 수 있다는 것을 기억합시다.

카운터 앱을 빌드하면 생성되는 위젯 트리를 보면 다음과 같습니다.

그림 3-9 카운터 앱의 위젯 트리

    소스 코드를 보고 위젯 트리를 그리는 것은 플러터 개발에 매우 유용하지만, 한 번에 복잡한 앱을 그리는 것은 쉽지 않을 수 있습니다. 안드로이드 스튜디오나 VSCode 등의 IDE 도구는 위젯 트리를 볼 수 있는 기능을 제공하므로 이 기능을 활용하면 플러터를 개발할 때 매우 유용하게 사용할 수 있습니다. 여기서는 안드로이드 스튜디오에서 위젯 트리 보는 방법을 소개하겠습니다.

    안드로이드 스튜디오에서 위젯 트리를 보려면, 다음 그림과 같이 오른쪽 탭 모음에서 [Flutter Inspector]를 클릭하여 열어보세요.

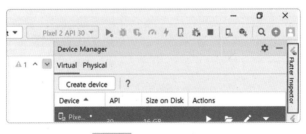

그림 3-10 Flutter Inspector 탭

위젯 트리는 빌드 후에 생성되기 때문에 카운터 앱의 위젯 트리를 보려면 앱을 실행하고 [Flutter Inspector]를 열어야 합니다. [Device Manger] 상단에 [Fluter Inspector]가 실행되면 위젯 트리를 볼 수 있습니다. [Flutter Inspector]의 왼쪽에 보이는 Widget Tree에서 위젯 중 아무거나 클릭하면 오른쪽 Layout Explorer에 렌더 뷰를 보여줍니다. 렌더 뷰는 해당 위젯의 크기를 보여줍니다. 다음 그림은 카운터 앱의 MyApp 위젯을 선택한 결과입니다.

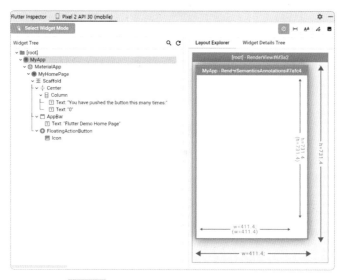

그림 3-11 카운터 앱의 **UI** 구조 보기 - **Flutter Inspector**

지금까지 학습한 카운터 앱의 기본 실행순서를 정리하면 다음과 같습니다.

```
main() → runApp(MyApp) → MyApp() → build() → MaterialApp() → Scaffold()
```

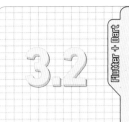

3.2 위젯 타입, 생명주기와 상태전달

위젯에 대한 개념이 어느정도 정의가 되었다면, 이번에는 카운터 앱의 소스 코드에서 사용자가 정의한 위젯들이 상속하고 있는 위젯 타입과 타입별 생명주기, 그리고 플러터에서 상태 전달을 어떻게 하는지 알아볼 차례입니다.

3.2.1 위젯 타입

플러터에는 수많은 위젯이 존재하지만 대부분의 위젯은 StatelessWidget과 Stateful-Widget 두 가지 유형으로 분류할 수 있습니다. 이는 위젯이 상태를 가지는지 여부에 따라 결정됩니다.

여기서 **상태(state)**란 위젯이 생성되고 생명주기 동안 **변경될 수 있는, 위젯이 가지는 데이터**를 말합니다. StatelessWidget은 상태없는 위젯으로, 정적인 위젯이며 어떠한 상태도 유지하지 않습니다. 데이터는 가질 수 있지만 위젯이 살아있는 동안은 이 데이터가 변경되지 않거나 변경되더라도 화면을 다시 그리는 이벤트가 발생하지 않습니다.

이와 반대로 StatefulWidget은 상태를 가지는 위젯입니다. 사용자와의 상호작용을 통해 데이터가 변경되면 변경된 데이터를 시각적으로 보여주기 위해 빌드를 수행하여 다시 화면에 그려줍니다.

그림 3-12 StatelessWidget vs StatefulWidget

만약, 사용자 입력 정보가 데이터를 변경하고 변경된 정보를 다시 화면에 보여줘야 한다면 해당 위젯은 상태를 가지는 StatefulWidget으로 생성해야 합니다.

3.2.2 상태없는 위젯(StatelessWidget)

StatelessWidget은 위젯의 생명주기 동안 어떠한 상태도 가지지 않으며 내부적인 상태 추적도 없습니다. 이는 상태가 변경될 수 없는 위젯으로 불변(immutable)한 상태를 가진다는 것을 의미합니다. 불변한 상태를 가진 StatelessWidget은 한 번 그려지고 나면 다시는 그려지지 않는다는 의미입니다. 어떤 이벤트가 발생해도 아무런 동작을 하지 않습니다. StatelessWidget을 변경하려면 앱을 종료하고 원하는 부분을 수정한 후 다시 빌드해야 합니다.

생명주기

StatelessWidget은 처음 실행될 때만 화면을 그리고 build() 함수가 한 번 호출되며, 그 이후에는 호출되지 않는 간단한 생명주기를 가지고 있습니다. 따라서 화면의 버튼을 클릭해서 텍스트를 변경하는 기능을 구현해야 한다면 StatelessWidget은 적합하지 않습니다. 왜냐하면 StatelessWidget은 처음 실행될 때의 텍스트가 변경되어도 상태 변경을 감지할 수 없기 때문입니다.

그림 3-13 StatelessWidget의 단순한 생명주기

카운터 앱을 StatelessWidget으로 변경하기

카운터 앱의 MyHomePage를 StatelessWidget으로 작성한다면, StatelessWidget을 상속한 후 build 함수를 재정의하여 코드를 작성합니다. 여기서 StatelessWidget은 변하지 않는 변수를 포함할 수 있습니다. StatelessWidget도 부모 위젯으로부터 전달된 설정 값을 받을 수 있습니다.

카운터 앱의 MyHomePage는 플로팅 액션 버튼을 클릭할 때 증가한 카운터를 텍스트로 보여주는 기능을 수행합니다. 카운터 앱의 MyHomePage를 StatelessWidget으로 변경한다면 플로팅 액션 버튼이 클릭해도 텍스트는 변경되지 않을 것입니다. StatelessWidget은 버튼이 클릭되는 이벤트와 카운터의 증가와 같은 상태 감지를 할 수 없기 때문입니다.

예제에서는 플로팅 액션 버튼이 클릭되었을 때의 로직을 제거하고 카운터 앱의 AppBar의 제목과 body에 보여지는 Text를 MyApp 위젯으로부터 전달받아서 보이도록 수정해 보겠습니다.

❶ 먼저, MyApp에서 MyHomePage로 전달하는 텍스트를 '상태없는 위젯 테스트'로 변경하고,

```dart
class MyApp extends StatelessWidget {
  const MyApp({Key? key}) : super(key: key);

  @override
  Widget build(BuildContext context) {
    return MaterialApp(
      title: 'Flutter Demo',
      theme: ThemeData(
        primarySwatch: Colors.blue,
      ),
      home: const MyHomePage(title: '상태없는 위젯 테스트'), ❶
    );
  }
}
```

❷ MyHomePage를 StatelessWidget으로 변경한 후,

❸ MyApp에서 파라미터로 전달한 title 문구를 AppBar의 타이틀과 body의 Text를 표시할 수 있도록 **수정**하려면, 첫째, MyHomePage 생성자에 "this.title"을 입력 파라미터로 나열하고 둘째, 파라미터 앞에 "this."를 빠트리지 말아야 합니다. "this."는 생성자 함수로 전달하는 파라미터가 로컬 변수가 아닌 클래스의 속성임을 나타냅니다. 셋째로는 "final String title"과 같이 클래스 속성을 final로 작성해야 합니다.

```dart
class MyHomePage extends StatelessWidget { ❷
  const MyHomePage({Key? key, required this.title}) : super(key: key);
  final String title;

  @override
  Widget build(BuildContext context) {
    return Scaffold(
      appBar: AppBar(
        title: Text(title), ❸
      ),
      body: Center(
        child: Column(
          mainAxisAlignment: MainAxisAlignment.center,
          children: <Widget>[
            Text('$title'), ❹
          ],
        ),
      ),
    );
  }
}
```

❹ AppBar의 타이틀과 body의 Text를 '상태없는 위젯 테스트'로 보여주기 위해 전달받는 파라미터 title로 소스를 변경합니다.

StatelessWidget의 장점은 작성이 쉽고 실행이 빠르다는 점입니다. 상태가 꼭 필요한 경우에 한해서만 상태있는 위젯인 StatefulWidget으로 만드는 것이 좋습니다.

그림 3-14 StatelessWidget으로 변경한 실행 결과

더 알아보기 **안드로이드 스튜디오에서 코드 자동 완성**

1) StatelessWidget 클래스 코드 자동완성 (stl + Enter or Tab)

안드로이드에서 stl을 치고 Enter 키나 Tab 키를 누르면 아래와 같이 StatelessWidget 코드가 자동으로 생성됩니다.

```
class | extends StatelessWidget {
  const ({Key? key}) : super(key: key);

  @override
  Widget build(BuildContext context) {
    return Container();
  }
}
```

2) StatefulWidget 클래스 코드 자동완성 기능(stful + Enter or Tab)

```
class | extends StatefulWidget {
  const ({Key? key}) : super(key: key);

  @override
  State<> createState() => _State();
}

class _State extends State<> {
  @override
  Widget build(BuildContext context) {
    return Container();
  }
}
```

3.2.3 상태있는 위젯(StatefulWidget)

상태있는 StatefulWidget은 **위젯 생명주기 동안 상태**를 가지고 이를 **관리합니다**. Stateful-Widget은 상태 데이터를 정의하고 유지해야 하기 때문에 항상 State **객체**를 만듭니다.

대부분의 위젯은 build 함수를 가지고 있어야 하는데 StatefulWidget은 build 함수를 가지고 있지 않습니다.

1) **StatefulWidget은 State 객체를 생성**하여 화면을 그리고 이벤트를 처리하는 책임을 State 클래스에 위임합니다.

StatefulWidget에서 상태객체 생성

```
class MyHomePage extends StatefulWidget {
  const MyHomePage({Key? key, required this.title}) : super(key: key);

  final String title;

  @override
  State<MyHomePage> createState() => _MyHomePageState();
}
```

2) State **클래스에서 내부 상태를 관리**하며 화면을 그리는 build() **함수를 정의**하고 이벤트 처리에 필요한 **콜백함수를 정의합니다**.

State 클래스 소스 코드

```
class _MyHomePageState extends State<MyHomePage> {
  int _counter = 0;

  void _incrementCounter() {
    setState(() {
      _counter++;
    });
  }
```

```
  @override
Widget build(BuildContext context) {
  return Scaffold(
    appBar: AppBar(…),
    body: Center(…),
    floatingActionButton: FloatingActionButton(
      onPressed: _incrementCounter,
      tooltip: 'Increment',
      child: const Icon(Icons.add),
    ),
  );
}
```

StatefulWidget은 이벤트 시 동작해야 하는 모든 로직은 대부분 State 객체에서 구현합니다.

생명주기

StatefulWidget은 상태가 변경되면 리빌드하고 화면을 다시 그리는 위젯입니다. StatefulWidget의 생명주기는 StatefulWidget이 생성한 상태객체에서 가지고 있으며 생명주기 관련 함수는 State 클래스에 정의되어 있습니다.

플러터에서 StatefulWidget을 위젯 클래스와 상태 클래스 2개로 나누어서 구현하도록 한 것은 성능과 객체지향 설계 원칙인 단일 책임의 원칙(SRP, Single Responsibility Principle)에 따른 것입니다. StatefulWidget을 상속한 위젯 클래스는 화면을 그리는 역할을 책임지고 상태 클래스에서는 데이터를 처리하는 역할을 책임지도록 하면 화면을 그리는 객체과 데이터 처리하는 객체가 분리되기 때문에 프로세서는 두 가지 작업을 효율적으로 처리할 수 있게 됩니다.

카운터 앱에서 MyHomeWidget이 StatefulWidget을 상속하고 상태 클래스인 _My-

HomeWidget을 호출하여 상태객체를 생성합니다. MyHomeWidget의 상태는 _My-HomeWidget에서 관리를 하게 됩니다

다음 그림은 StatefulWidget의 상태객체의 생명주기를 보여주고 있습니다.

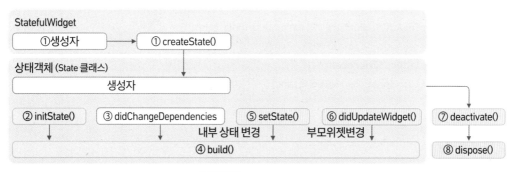

그림 3-15 상태객체 생명주기

StatefulWidget의 생명주기를 이해하기 위해 StatefulWidget과 상태객체의 주요 함수를 살펴봅시다.

createState()	- createState()를 호출하여 상태객체를 생성 - 위젯은 아직 위젯 트리에 추가되지 않은 상태
initState()	- 상태객체가 생성되면 BuildContext가 트리의 특정 위치에 연결(마운트)되고 상태객체의 initState()가 호출 - 이 함수는 위젯을 처음 초기화할 때 딱 한번만 호출
didChange-Dependencies()	- initState()가 호출된 후 didChangeDependencies() 함수가 호출 - 위젯이 의존하고 있는 InheritedWidget이 변경될 때 호출되기도 함
build()	- 위젯을 그리는 함수이며 변경이 있을 때마다 호출
setState()	- 상태객체의 내부 상태가 변경되었을 때 호출하는 함수 - setState() 함수는 내부적으로 build() 함수를 호출하여 변경된 결과를 화면에 다시 그림
didUpdateWidget()	- 부모 위젯이 다시 빌드되면서 하위 위젯을 갱신 할 때 호출 예를 들면, 소스 변경 후 리빌드하여 화면을 다시 그려야 하는 경우
deactivate()	- 위젯 트리에서 상태객체가 제거될 때마다 호출
dispose()	- 위젯 트리에서 상태객체가 완전히 제거될 때 호출 - 완전히 제거되면 build() 함수가 호출되지 않기 때문에 dispose() 함수에서 setState()를 호출하면 오류 발생

로그로 생명주기 확인하기

   이제 카운터 앱에서 함수들이 실제로 호출되는 것을 로그로 확인할 수 있도록 print 문을 추가하겠습니다. 위젯의 생명주기를 설명했지만 어렵게 느껴질 수 있습니다. 카운터 앱이 실행되는 순서를 로그로 확인하면서 앱이 처음 실행되었을 때의 호출되는 순서, 핫 리로드가 되었을 때 그리고 카운터 상태가 변경되었을 때 실제로는 어떤 순서로 동작하는지를 이해하는 데 도움이 되기를 바랍니다.

1) 카운터 앱이 호출되는 순서를 알 수 있도록 print 문을 추가합니다.

로그를 위해 print 문을 추가한 예제

```dart
import 'package:flutter/material.dart';

void main() {
  runApp(MyApp());
}

class MyApp extends StatelessWidget {
  MyApp({Key? key}) : super(key: key) {
    print ("MyApp() constructor");
  }
  @override
  Widget build(BuildContext context) {
    print ("MyApp().build");

    return MaterialApp(
      title: 'Flutter Demo',
      theme: ThemeData(
        primarySwatch: Colors.blue,
      ),
      home: MyHomePage(title: 'LifeCycle Test'),
    );
  }
}
```

```dart
class MyHomePage extends StatefulWidget {
  MyHomePage({Key? key, required this.title}) : super(key: key) {
    print("MyHomePage() constructor");
  }
  final String title;
  @override
  State<MyHomePage> createState() => _MyHomePageState();
}

class _MyHomePageState extends State<MyHomePage> {
  _MyHomePageState() {
    print("_MyHomePageState() constructor : mounted=${this.mounted} ");
  }

@override
  void initState() {
    print("_MyHomePageState.initState : mounted=${this.mounted} :
          _counter(${this._counter})");
    super.initState();
  }
  @override
  void reassemble() {
    print("_MyHomePageState.reassemble :: mounted=${this.mounted} :
          _counter(${this._counter})");
    super.reassemble();
  }
  @override
  void didChangeDependencies() {
    print("_MyHomePageState.didChangeDependencies : mounted=${this.mounted} :
          _counter(${this._counter})");
    super.didChangeDependencies();
  }
  @override
  void dispose() {
    print("_MyHomePageState.dispose() : mounted=${this.mounted} :
          _counter(${this._counter})");
    super.dispose();
  }
```

```dart
  @override
  void deactivate() {
    print("_MyHomePageState.deactivate:mounted=${this.mounted}:
            _counter(${this._counter})");
    super.deactivate();
  }


@override
  void didUpdateWidget(MyHomePage oldWidget) {
    print("_MyHomePageState.didUpdateWidget:mounted=${this.mounted}:
            _counter(${this._counter})");
    super. didUpdateWidget (oldWidget);
  }
  int _counter = 0;

  void _incrementCounter() {
    print("Clicked:_incrementCounter:mounted=${this.mounted} :
                                          _counter(${this._counter})");
    setState(() {
      _counter++;
      print("_MyHomePageState.setState():mounted=${this.mounted}:
            _counter(${this._counter})");
    });
  }


  @override
  Widget build(BuildContext context) {
    print("_MyHomePageState.build():mounted=${this.mounted}: _counter(${this._
                                                        counter})");

    return Scaffold(
    …생략…
  }
}
```

2) 카운터 앱을 처음 실행해서 로그를 확인합니다.

MyApp() → MyApp.build() → MyHomePage() → _MyHomePage() → _MyHomePageState() →
initState() → **didChangeDependencies**() → **build**()

여기서 _MyHomePageState.initState() 에서 "mounted=true"인 점을 주의 깊게 봅니다.
mounted=true가 되는 initState()에서 위젯 트리에 **상태객체가 연결**됩니다.

StatefulWidget의 상태객체인 _MyHomePageState에서 build되어야 화면이 그려진다
는 것을 알 수 있습니다.

📋 카운터 앱을 처음 실행했을 때의 로그

```
Launching lib\main.dart on sdk gphone x86 in debug mode...
Running Gradle task 'assembleDebug'...
√  Built build\app\outputs\flutter-apk\app-debug.apk.
Installing build\app\outputs\flutter-apk\app.apk...
Debug service listening on ws://127.0.0.1:63713/dbNX1xTx7Hc=/ws
Syncing files to device sdk gphone x86...
I/flutter (22338): MyApp() constructor
I/flutter (22338): MyApp().build
I/flutter (22338): MyHomePage() constructor
I/flutter (22908): _MyHomePageState() constructor : mounted=false
I/flutter (22908): _MyHomePageState.initState : mounted=true : _counter(0)
I/flutter (22908): _MyHomePageState.didChangeDependencies : mounted=true : _
                   counter(0)
I/flutter (22908): _MyHomePageState.build() : mounted=true : _counter(0)
```

3) 이제 플로팅 액션 버튼을 클릭하여 카운터를 증가시켜 봅니다.

_MyHomePageState.**setState**() → _MyHomePageState.**build**()

플로팅 액션 버튼이 클릭되면 상태객체인 _MyHomePageState._incrementCounter가

호출되고 setState()에서 상태변수인 _counter를 증가시킨 후 다시 빌드하는 것을 볼 수 있습니다.

```
I/flutter (22338): Clicked : _incrementCounter : mounted(true) : _counter(0)
I/flutter (22338): _MyHomePageState.setState() : mounted(true) : _counter(1)
I/flutter (22338): _MyHomePageState.build() : mounted(true) : _counter(1)
```

4) 핫 리로드를 실행했을 때 로그에 출력되는 print 문을 통해 실행되는 순서를 확인합니다.

```
_MyHomePageState.reassemble() → MyApp.build() → MyHomePage()
→ _MyHomePageState.didUpdateWidget _MyHomePageState.build()
```

핫 리로드를 실행하는 경우, _MyHomePageState.reassemble()이 호출되고 Stateless-Widget인 MyApp이 빌드되어 MyHomePage 생성자가 호출됩니다. 실행되는 순서를 살펴보면 _MyHomePageState를 다시 생성하지 않고 didUpdateWidget을 수행한 후 빌드하는 것을 볼 수 있습니다. mounted와 카운터 변수의 값이 핫 리로드하기 전과 동일한 부분을 눈여겨 봅니다.

```
Performing hot reload...
Syncing files to device sdk gphone x86...
I/flutter ( 7810): _MyHomePageState.reassemble :: mounted=true : _counter(1)
I/flutter ( 7810): MyApp().build
I/flutter ( 7810): MyHomePage() constructor
I/flutter ( 7810): _MyHomePageState.didUpdateWidget : mounted=true : _
                   counter(1)
I/flutter ( 7810): _MyHomePageState.build() : mounted=true  : _counter(1)
```

상태 전달

플러터에서 상태를 전달하는 방법 중 하나는 상태있는 위젯(Stateful Widget)의 생성자를 통해 State 객체에 데이터를 전달하는 것입니다. 이를 설명하기 위해 상태없는 위젯(Stateless Widget)에서 MyApp으로부터 AppBar의 제목을 파라미터로 전달하여 AppBar 제목으로 보여주는 코드를 StatefulWidget으로 변경하여 적용해 보겠습니다.

먼저, MyHomePage 위젯을 Stateful Widget으로 변경하고 State 객체를 생성합니다. Stateful Widget과 연결된 State 객체에서 상태 데이터를 저장하고 관리하므로 Stateful Widget으로 위젯을 변경할 때는 반드시 State 객체를 생성해야 합니다.

두 번째, Stateful Widget 생성자 함수에서 State 위젯으로 전달할 변수를 선언합니다. StatefulWidget 생성자 함수에서 final 변수로 title을 선언하고 이를 required 파라미터로 'his.변수'를 정의하여 MyApp 위젯에서 MyHomePage를 호출할 때, 파라미터로 전달하는 'title: Flutter Demo Home Page'를 this.title에 담습니다. 만약, required this.title만 작성하고 title을 final로 선언하지 않았다면 this.title에 빨간 선으로 오류 표시가 나타나는 것을 확인할 수 있습니다.

> 📄 StatefulWidget에서 파라미터를 MyApp으로 부터 전달받는 경우

```
class MyHomePage extends StatefulWidget {
  const MyHomePage({Key? key, required this.title}) : super(key: key);   final
String title;

  @override
  State<MyHomePage> createState() => _MyHomePageState();
}
```

이제, State 객체에서 MyHomePage 위젯에서 선언한 title 변수를 전달받아 보겠습니다. AppBar 제목을 보여주는 부분에 "widget.변수"라고 작성합니다.

```
// State클래스
class _MyHomePageState extends State<MyHomePage> {
  int _counter = 0;
  …생략…
  @override
  Widget build(BuildContext context) {
    return Scaffold(
      appBar: AppBar(
        title: Text(widget.title), //StatefulWidget내의 title변수를 참조
      ),
      …생략…
    );
  }
}
```

수정한 코드를 실행해보면 카운터 앱의 AppBar 제목이 정상적으로 나타나는 것을 확인
할 수 있습니다.

실습해보기

상태있는 위젯(StatefulWidget)의 생명주기와 상태 데이터 전달을 이해했다면 이번 절에서는 상태있는 위젯을 잘 다룰 수 있도록 카운터 앱에 카운터 다운 버튼을 추가하고 버튼을 클릭할 때마다 카운터가 하나씩 줄어들도록 코드를 추가해 보겠습니다. 카운터 다운 버튼을 쉽게 추가할 수 있다면 어느 정도 상태있는 위젯을 이해하고 있다고 생각하시면 됩니다.

실습 01 카운터 앱에서 카운터 다운 기능 추가하기

카운터 앱에는 카운터를 증가하는 버튼만 있으니 이제 카운터를 내리는 다운 버튼을 추가해 보겠습니다. 플로팅 액션 버튼을 하나 더 추가하고 카운터 업/다운 버튼을 배열한 후 다운 버튼을 클릭 했을 때 −1씩 카운터가 감소되는 함수를 추가하는 순서로 실습해 보겠습니다.

그림 3-16 카운터 증가/감소 버튼 실행 결과

Step 1. 카운터 업(+) 버튼을 다운(−) 버튼으로 바꿔보기

먼저, 카운터 앱의 카운터 증가(+) 버튼을 다운(−) 버튼으로 변경하는 연습을 한 후. 기존의 카운터 앱에 카운터 다운 버튼을 추가해 보겠습니다. 프로젝트명을 'counter_down'으로 생성합니다.

📄 카운터 감소 아이콘으로 변경   counter_down\lib\main.dart

```
FloatingActionButton(
    onPressed: _incrementCounter,      // 아직 _incrementCounter를 수정하지 않았으므로 카운터
                                            아이콘만 변경되고 카운터 클릭 시 증가됩니다.

    tooltip: '카운터 감소',              // tooltip을 '카운터 감소'로 변경
    child: const Icon(Icons.remove),    // icon 변경
),                                      //FloatingActionButton
```

아직 카운터 다운(-) 버튼만 변경하고 다운(-) 버튼 눌렀을 때 카운터가 1씩 감소하는 기능은 추가하지 않은 상태이기 때문에 카운터 다운(-) 버튼을 누르면 카운터가 1씩 증가합니다.

카운터 다운 버튼으로 변경한 화면   카운터 다운 버튼 클릭 시 결과

그림 3-17 카운터 다운 버튼으로 변경한 결과

더 알아보기 **안드로이드 스튜디오에서 아이콘 목록 자동 기능 사용하기**

안드로이드 스튜디오에서 아이콘 목록 자동 기능을 이용하여 Icons을 선택합니다.

"Icons."을 입력하면 다음과 같이 아이콘 목록이 나타납니다. 아이콘 모양으로 보고 원하는 아이콘을 선택합니다.

Step 2. 카운터 다운(−) 버튼에 기능 넣기

이제, 카운터 다운(−) 버튼을 눌렸을 때 카운터가 정상적으로 감소할 수 있도록 해보겠습니다.

> ❶ _incrementCounter()를 _decrementCounter로 변경합니다.
>
> ❷ _counter++를 _counter--로 변경하여 카운터가 감소되도록 합니다.
>
> ❸ 카운터 다운 버튼 클릭 시 _decrementCounter를 호출하여 _counter가 하나씩 감소하도록 onPressed 이벤트에서 호출되는 메소드를 수정합니다.

📋 카운터 다운 기능 추가   counter_down\lib\main.dart

```dart
class _MyHomePageState extends State<MyHomePage> {
  int _counter = 7;

  // ❶ _incrementCounter()를 _decrementCounter로 변경합니다.
  void _decrementCounter() {
    setState(() {
      // ❷ _counter++를 _counter--로 변경하여 카운터가 감소되도록 합니다.
      _counter--;
    });
  }
```

```
  @override
  Widget build(BuildContext context) {.
    return Scaffold(
    …생략…
      floatingActionButton: FloatingActionButton(
        onPressed: _decrementCounter, // ❸ _incrementCounter를 _decrementCounter로
                                수정, 카운터 다운 버튼 클릭 시 _decrementCouter를 실행
        tooltip: '카운터 감소',
        child: const Icon(Icons.remove),
      ),
    );
  }
}
```

다음 그림과 같이 카운터 다운(−) 버튼을 누르면 카운터가 1씩 감소하여 −1, −2와 같이 나타납니다.

그림 3-18 카운터 다운 버튼 클릭 시 실행 결과

카운터 업/다운 버튼 기능 합치기

이번에는 카운터 앱에 카운터 다운(-) 버튼을 추가하여 업(+) 버튼을 클릭할 때는 카운터가 증가하고 다운 버튼을 클릭할 때는 카운터가 감소하도록 하겠습니다. 앞에서 학습한 내용을 응용하여 카운터 업/다운 버튼 기능을 구현해봅니다.

Step 1. 카운터 다운 버튼 추가하기

프로젝트명은 'counter_updown'으로 카운터 앱을 생성한 후, floatingActionButton을 하나 더 추가하여 카운터 다운 버튼을 만듭니다. 소스에서 floatingActionButton을 복사하여 다음과 같이 하나를 더 추가했을 때 오류가 발생하는 것을 주의 깊게 봅니다.

1) FloatingActionButton을 추가합니다. 추가 시, 두 번째 floatingActionButton에서 오류 발생합니다.

```
floatingActionButton: FloatingActionButton(
  onPressed: _incrementCounter,
  tooltip: 'Add',
  child: const Icon(Icons.add),
),
  floatingActionButton: FloatingActionButton(
  onPressed: _ incrementCounter,
  tooltip: 'Minus',
  child: const Icon(Icons.remove),
),
```

💡 ├─ **floatingActionButton:** FloatingActionButton(

첫 번째 FloatingActionButton 앞에 커서를 두면 💡 가 나타나는데 아이콘을 클릭하면 Wrapping 가능한 위젯이 나타납니다. 카운터 업(+)/다운(-) 버튼은 수평으로 나란히 배열할 것이므로 Row 위젯을 선택합니다.

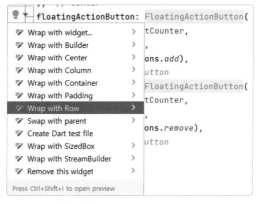

2) 첫 번째 FloatingActionButton을 Row 위젯으로 감싸줍니다.

```
floatingActionButton: Row(
  children: [
    FloatingActionButton(
      onPressed: _incrementCounter,
      tooltip: 'Add',
      child: const Icon(Icons.add),
    ),
  ],
),
floatingActionButton: FloatingActionButton(
  onPressed: _incrementCounter,
  tooltip: 'Minus',
  child: const Icon(Icons.remove),
),
```

3) 추가한 FloatActionButton을 첫 번째 FloatingActionButton 아래로 위치시킵니다.

이때, Row 위젯은 children 내에 FloatingActonButton 2개를 수평으로 나란히 배열합

니다. 첫 번째 FloatingActionButton은 카운터 업 버튼으로, 두 번째 FloatingActonButton은 카운터 다운 버튼으로 만듭니다.

```
floatingActionButton: Row(
  children: [
    FloatingActionButton(
      onPressed: _incrementCounter,
      tooltip: 'Add',
      child: const Icon(Icons.add),
    ),
    FloatingActionButton(
      onPressed: _incrementCounter,
      tooltip: 'Minus',
      child: const Icon(Icons.remove),
    ),
  ],
),
```

그림 3-20 카운터 업/다운 버튼을 **Row** 위젯으로 **Wrapping**한 결과

코드를 실행하면 카운터 업/다운 버튼이 나란히 배열되어 나타나는 것을 확인할 수 있습니다. 그런데 카운터 업(+) 버튼의 왼쪽이 화면에 잘려서 보입니다. 버튼 간의 여백을 조절해 잘 보이도록 코드를 수정합니다.

Step 2. 카운터 업/다운 버튼 간의 공간 조절하기

카운터 업/다운 버튼 간의 공간은 Spacer 위젯과 SizedBox 위젯을 활용하여 조절해 봅니다. 먼저 Spacer() 위젯을 사용하여 버튼 위젯 사이의 공간을 조절하고, SizedBox(width:20)로 두 버튼 사이에 공백을 추가합니다. Spacer()는 여러 위젯 간의 공간 분배를 하는 위젯으로 Spacer()를 어디에 위치시키느냐에 따라 공간 배분이 달라집니다.

1) Spacer()가 두 버튼의 왼쪽에 적용된 경우

```
floatingActionButton: Row(
  children: [
    const Spacer(),
    FloatingActionButton(
      onPressed: _incrementCounter,
       tooltip: 'Add',
      child: const Icon(Icons.add),
    ),
    FloatingActionButton(
      onPressed: _incrementCounter,
      tooltip: 'Minus',
      child: const Icon(Icons.remove),
    ),
  ],
),
```

그림 3-21 **Spacer()**를 버튼 왼쪽에 위치한 결과

2) Spacer()가 버튼 사이에 적용된 경우

```
floatingActionButton: Row(
  children: [
    FloatingActionButton(
      onPressed: _incrementCounter,
      tooltip: 'Add',
      child: const Icon(Icons.add),
    ),
    const Spacer(),
    FloatingActionButton(
      onPressed: _incrementCounter,
      tooltip: 'Minus',
      child: const Icon(Icons.remove),
    ),
  ],
),
```

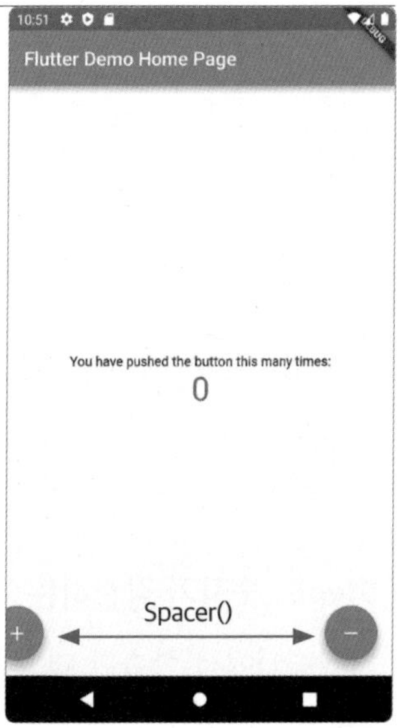

그림 3-22 **Spacer()**가 버튼 사이에 위치한 결과

왼쪽의 카운터 업(+) 버튼이 잘려서 보이는 현상을 SizedBox를 이용해서 수정해보겠습니다. SizedBox는 위젯사이에 공백을 추가하는 위젯입니다. 카운터 업(+) 버튼 왼쪽에 SizedBox를 추가해보겠습니다.

3) SizedBox를 적용한 경우

```
floatingActionButton: Row(

  children: [
    SizedBox(width:40),
    FloatingActionButton(
      onPressed: _incrementCounter,
      tooltip: 'Add',
      child: const Icon(Icons.add),
    ),
    const Spacer(),
    FloatingActionButton(
      onPressed: _incrementCounter,
      tooltip: 'Minus',
      child: const Icon(Icons.remove),
    ),
  ],
),
```

그림 3-23 **SizedBox**를 적용한 결과

카운터 업/다운 버튼 배치가 완료되었으니 이제 카운터 다운 버튼의 기능을 완성해봅니다.

Step3. 숫자가 감소하는 기능 추가하기

[실습1]에서 학습한 대로 _MyHomePageState 클래스에 _decrementCounter() 함수를 추가하여 카운터 다운 버튼을 눌렀을 때 숫자를 하나씩 감소시킵니다.

```
class _MyHomePageState extends State<MyHomePage> {
  ..
void _decrementCounter() {
    setState(() {
      _counter > 0 ? _counter-- : 0; // _counter가 0보다 큰 경우에만 -1씩 감소, _counter가
0보다 작거나 같으면 _counter를 0으로 세팅
    });
  }
  ..
}
```

이제, 카운터 다운(-) 버튼을 클릭할 때, _decrementCounter()를 호출하도록 수정합니다.

```
FloatingActionButton(
  onPressed: _decrementCounter, // - 버튼 클릭 시 호출
  tooltip: 'Minus',
  child: const Icon(Icons.remove),
),
```

카운터 앱에 카운터 다운 버튼 기능 추가가 완료되었습니다. 완성된 코드는 다음과 같습니다.

lib/main.dart

```
class _MyHomePageState extends State<MyHomePage> {
  int _counter = 0;

// '+'버튼 클릭 시
  void _incrementCounter() {
    setState(() {
      _counter++;
    });
  }
```

```dart
// '-' 버튼 클릭시
void _decrementCounter() {
  setState(() {
    _counter > 0 ?  _counter-- : 0;
  });
}

@override
Widget build(BuildContext context) {
  return Scaffold(
    appBar: AppBar(
      title: Text(widget.title),
    ),
    body: Center(
      child: Column(
        mainAxisAlignment: MainAxisAlignment.center,
        children: <Widget>[
          const Text(
            'You have pushed the button this many times:',
          ),
          Text(
            '$_counter',
            style: Theme.of(context).textTheme.headline4,
          ),
        ],
      ),
    ),
    floatingActionButton:
      Row(
        children: [
          SizedBox(width:40),
          FloatingActionButton(
            onPressed: _incrementCounter,
            tooltip: 'Add',
            child: const Icon(Icons.add),
          ),
```

```
          const Spacer(),
          FloatingActionButton(
            onPressed: _decrementCounter,
            tooltip: 'Minus',
            child: const Icon(Icons.remove),
          ),
        ],
      ),

    );
  }
}
```

더 **알아보기** 앱 실행 시 debug 배너 보이지 않도록 하기

안드로이드 스튜디오에서 앱 실행 시, debug 배너를 보이지 않도록 하려면 main.dart의 MyApp에 아래 코드를 추가합니다.

```
class MyApp extends StatelessWidget {
  const MyApp({super.key});

  @override
  Widget build(BuildContext context) {
    return MaterialApp(
      debugShowCheckedModeBanner: false,
      title: 'Flutter Demo',
      …생략…
  }
}
```

화면 구성 기법

01 기본 코드 준비

02 기본 위젯

03 레이아웃 위젯

04 입력 위젯

05 내비게이션 위젯

주요 위젯
배우기

플러터에서 화면을 구성하는 모든 요소는 위젯(widget)입니다. 앱을 만들기 위해서는 먼저 화면을 구성하는 방법을 설계하고, 이를 코드로 구현하는 것이 첫 번째 단계입니다. 플러터는 화면 구성에 필요한 위젯들을 분석하여 코드로 구현하고, 코드를 실행하여 화면이 어떻게 그려지는지 확인합니다. 플러터는 많은 수의 위젯을 제공하고 있습니다. 앱을 구현할 때 자주 사용되는 위젯들을 살펴보도록 하겠습니다.

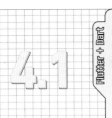

위젯 실습을 위한 준비

Flutter + Dart

4.1

위젯의 학습 순서는 화면 구성 시 자주 사용되는 텍스트(text), 이미지(image), 그리고 아이콘(icon) 위젯부터 시작합니다. 그 후 위젯들을 배치하고 정렬하여 화면 레이아웃을 정의하는 레이아웃(layout) 위젯, 그리고 사용자로부터 텍스트 입력 및 클릭 이벤트를 받을 수 있는 입력(input) 위젯, 그리고 화면 간에 쉽게 이동할 수 있는 내비게이션(navigation) 위젯 순으로 단계적으로 학습하면서 차근차근 실습하도록 하겠습니다.

수많은 위젯들 모두를 알아볼 수는 없습니다. 앞서 이번 장의 목표를 자주 사용하는 위젯 위주로 화면에 보여지는 구성을 우선 구현해보기로 했으므로 다음과 같이 분류해 알아보도록 하겠습니다.

- **기본 위젯** : Container, Text, Image, Icon, SafeArea

- **레이아웃 위젯** : MaterialApp, Scaffold, Row, Column, Stack, Expanded, Center, Align, SizedBox, Padding

- **입력 위젯** : TextField, TextButton, ElevatedButton, OutlinedButton, FloatingActionButton

- **내비게이션 위젯** : Navigator, Routes, BottomNavigationBar

 이 책에서의 분류는 플러터의 공식 분류는 아닙니다. 플러터에서 공식적으로는 14개의 범주로 나뉘어져 있으니 공식 사이트(https://docs.flutter.dev/development/ui/widgets/)를 참고하기 바랍니다.

플러터에서 제공하는 전체 위젯을 보려면 아래 URL을 방문하세요.

▶ https://docs.flutter.dev/reference/widgets

위젯을 배우면서 실습을 하려면 먼저 안드로이드 스튜디오에서 프로젝트를 생성해야 합니다. 위젯 예제마다 프로젝트를 새로 만들어서 실습해도 되지만 이 장에서는 하나의 프로젝트에 ❶ 기본 코드를 작성해두고 ❷ 앞으로 학습할 위젯 실습을 body 영역에 코드를 입력하고 실행하면서 연습해 보겠습니다.

4.1.1 프로젝트 생성하기

안드로이드 스튜디오에서 프로젝트명을 'widget_sample'로 플러터 프로젝트를 생성합니다.

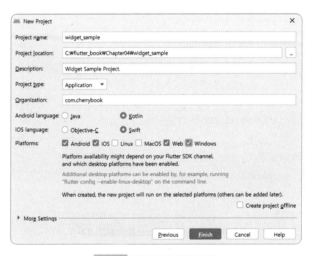

그림 4-1 위젯 예제 프로젝트 생성

4.1.2 기본 코드 작성하기

이제 위젯 실습을 위한 기본 코드를 작성해보겠습니다. 기본 코드는 머티리얼 디자인 기반에 앱바(AppBar), body, BottomNavigationBar를 기본 구조로 제공하는 Scaffold 위젯을 사용하여 구현합니다.

프로젝트가 만들어지면서 자동으로 생성된 main.dart의 소스는 모두 삭제하고 다음과 같이 입력하여 기본 코드를 만듭니다.

그림 4-2 기본 코드 실행 결과

lib/main.dart

```dart
import 'package:flutter/material.dart';

void main() {
  runApp(const MyApp());
}

class MyApp extends StatelessWidget {
  const MyApp({super.key});

  @override
  Widget build(BuildContext context) {
    return MaterialApp(
      home: Scaffold(
        appBar: AppBar(
          title: Text('위젯 실습'),
        ), // AppBar
        body: Text('body 영역인 이곳에 예제 소스를 작성합니다'),

      ), // Scaffold
    ); // MaterialApp
  }
}
```

이제, 앞으로 학습할 위젯의 예제 소스는 body 영역에 입력할 것입니다. 기본 코드가 준비되었다면 기본 위젯에 대하여 알아보겠습니다.

기본 위젯

기본 위젯은 플러터에서 앱 구현 시 자주 사용하는 Container, Text, Image, Icon 위젯 입니다. 화면에 텍스트, 사진, 아이콘을 보여주려고 한다면 Text 위젯과 Image 위젯, Icon 위젯으로 구현합니다. Container 위젯은 다른 위젯을 담을 수 있는 위젯으로, 위젯을 스타일링할 때 많이 사용됩니다.

4.2.1 Container

Container 위젯은 플러터에서 제공하는 기본 위젯 중 하나로, **하나의 위젯만 담을 수 있는 박스** 형태의 위젯입니다. 우리가 흔히 알고 있는 컨테이너와 비슷한 개념으로 이해하시면 됩니다. 컨테이너에 다양한 물건을 담을 수 있듯이, Container 위젯도 다른 위젯을 담을 수 있습니다. 즉, 위젯 안에 위젯을 넣는 개념입니다. Container 위젯을 사용하면 사각형 모양의 박스 안에 위젯을 배치하고, 하위 위젯의 배경색, 모양, 크기를 변경하거나 간격을 조정하며, 박스의 테두리 선과 같은 스타일을 조정할 수 있습니다.

Container 위젯의 크기

Container 위젯은 사각형 박스 형태이며, width와 height로 크기를 지정할 수 있습니다. 여기서 기억해야할 점은 Container 위젯은 하위 위젯의 유무에 따라 다른 동작을 할 수 있다는 것입니다. 만약 Container에 하위 위젯을 가지고 있다면, 하위 위젯의 크기에 맞게 컨테이너의 크기를 조정하고, 하위 위젯이 없다면 최대한 큰 박스를 만들려는 특징이 있습니다.

1) 먼저, 컨테이너의 크기를 설정하지 않고 색상만 지정하여 컨테이너 위젯을 생성해보겠습니다. 앞서 만든 기본 코드에서 body 영역을 다음과 같이 수정합니다.

```
body: Container(
  color: Colors.yellow,
)
```

Container 위젯만 존재하므로 코드를 실행하면 Container가 지정한 색상으로 화면 전체에 확장되어 보여지는 것을 확인할 수 있습니다.

그림 4-3 하위 위젯이 없는 **Container** 실행 결과

더 알아보기 색상 자동 완성 기능

안드로이드 스튜디오에서 아래 그림과 같이 "Colors."를 입력하면 도움을 줄 수 있는 색상 리스트가 나타납니다. 원하는 색상을 선택하면 화면에 적용됩니다.

```
  body: Container(
    color: Colors.
    width: 2   f  deepOrange
    height: 1  f  red
  child: T   f  purpleAccent
             f  purple
) // Cont   f  white
), // Scaffol  f  blueGrey
; // MaterialA  f  blue
             f  green
             f  lightGreen
```

2) 이번에는 Container에 width와 height에 값을 설정하여 크기를 지정해보겠습니다.

```
body: Container(
  color: Colors.yellow,
  width: 100,
  height: 200,
)
```

Container 위젯이 지정한 width와 height의 크기가 줄어듭니다.

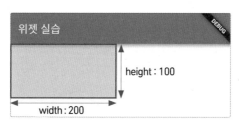

그림 4-4 **Container**에 크기를 지정한 예제 실행 결과

3) 이제, Container에 하위 위젯으로 Text 위젯을 추가해 보겠습니다.

하위 위젯이 있는 경우 Container 위젯의 크기가 어떻게 변하는지 확인하기 위하여 앞에서 실습했던 Container 위젯에 크기를 지정한 경우와 지정하지 않은 예제에 Text 위젯을 각각 추가해 보겠습니다. Container 위젯은 단 하나의 하위 위젯만 가질 수 있으므로 child 속성을 사용해야함을 기억합니다.

먼저, Container 위젯에 크기를 지정하지 않고 하위 위젯으로 Text 위젯을 담은 케이스입니다.

```
body: Container(
  color: Colors.yellow,
  child: Text ("Container 위젯에 텍스트(Text) 위젯을 추가한 경우"),
)
```

이 코드를 실행해보면 Container의 크기가 Text 길이에 맞추어 줄어든 것을 볼 수 있습니다.

그림 4-5 하위 위젯이 있는 **Container** 위젯 실행 결과

두 번째로, 크기가 지정된 Container 위젯에 Text 위젯을 추가한 경우입니다.

```
body: Container(
  color: Colors.yellow,
  width: 200,
  height: 100,
  child: Text ("Container 위젯에 텍스트(Text)위젯을 추가한 경우"),
)
```

Container 위젯의 크기가 지정되어 있으면, Text를 감싸고 있는 Container의 크기에 따라 Text가 줄바꿈하는 것을 확인할 수 있습니다. 예제도 Text의 길이가 Container의 width 크기보다 길기 때문에 Text가 두 줄로 보여집니다.

Container 크기가 지정되지 않은 경우는 하위 위젯인 Text의 길이로 조정되어 한 줄로 보이지만, Container 위젯의 크기가 지정되어 있다면 하위 위젯의 크기가 부모 위젯인 Container의 크기에 제한을 받는다는 것을 기억합시다.

그림 4-6 **Container** 위젯의 크기를 지정한 결과

margin과 padding 속성

margin은 Container 위젯을 기준으로 **바깥쪽에 여백**을 설정하여 다른 위젯과 간격을 조정할 수 있고, padding은 Container 위젯의 **안쪽에 여백**을 주어 Container 위젯이 담고 있는 하위 위젯의 간격을 조정할 수 있습니다.

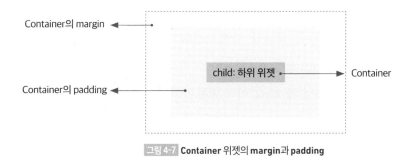

그림 4-7 Container 위젯의 **margin**과 **padding**

1) EdgeInsets 클래스

margin과 padding의 여백값 설정은 주로 EdgeInsets 클래스를 사용합니다. Container 위젯의 margin, padding 속성뿐 아니라 Padding 위젯에서도 여백값을 설정할 때는 EdgeInsets 클래스를 사용합니다. EdgeInsets 클래스는 여백값을 설정하는 클래스라고 이해하시면 됩니다.

EdgeInsets 클래스는 위젯의 왼쪽, 위쪽, 오른쪽, 아래쪽 순으로 각각 여백값을 설정할 수 있습니다.

EdgeInsets.all()은 왼쪽, 위, 오른쪽, 아래에 동일한 여백값을 설정하는 옵션입니다. 여백값을 다음과 같이 50으로 지정하면 위젯의 테두리 사방이 모두 50px만큼 간격이 생깁니다.

```
padding: const EdgeInsets.all(50.0),
```

EdgeInsets.only()는 left, top, right, bottom으로 방향을 지정하여 각각의 여백값을 따로 지정해 줄 수 있습니다. 여백값을 'botton:50.0'으로 지정하면 위젯의 아래 방향만 50px만큼 간격이 생깁니다.

```
padding: const EdgeInsets.only(bottom: 50.0),
```

EdgeInsets.fromLTRB()은 왼쪽, 위, 오른쪽, 아래 순서로 여백값을 각각 지정해 줄 수 있습니다. LTRB는 left, top, right, bottom의 의미입니다. 여백값을 "50, 30, 20, 10"과 같이 지정하면 왼쪽으로 50px, 위쪽 30px, 오른쪽 20px, 아래 방향으로 10px만큼 간격이 생깁니다. Edge-Insets.only (left:50, top:30,right:20,bottom:10)을 적용한 것과 동일합니다.

```
padding: const EdgeInsets.fromLTRB(50.0, 30.0, 20.0, 10.0),
```

2) margin 속성 적용 예제

Margin 속성에 EdgeInsets의 옵션을 적용했을 때 바깥쪽 여백이 어떻게 생기는지를 확인하기 위해 하위 위젯이 없는 컨테이너를 만듭니다.

```
body: Container(
  color: Colors.yellow,        // 색상
  margin: EdgeInsets.all (50), // 여기에 EdgeInsets 옵션을 적용하면서 실습
)
```

EdgeInsets.all(50)을 설정하였으므로 컨테이너의 테두리 바깥쪽으로 50px만큼의 여백이 생기는 것을 확인할 수 있습니다. EdgeInsets 클래스의 옵션을 적용해서 실행 결과입니다. EdgeInsets의 옵션을 변경하면서 실습해 봅니다.

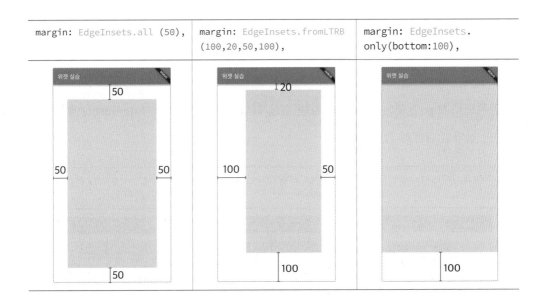

margin: EdgeInsets.all (50),	margin: EdgeInsets.fromLTRB (100,20,50,100),	margin: EdgeInsets. only(bottom:100),

표 4-1 **margin**속성에 **EdgeInsets** 옵션 적용 결과

3) padding 속성 적용 예제

Container 위젯에 padding 속성을 적용해볼 차례입니다. padding 속성을 적용하면 컨테이너의 안쪽으로 여백이 생깁니다. 여백 설정은 EdgeInsets 클래스를 사용합니다.

margin과 padding의 차이를 알아보기 위해 margin은 EdgeInsets.all(30)을 설정하여 바깥쪽 여백에 30px만큼의 간격이 생기도록 하고 padding 속성에는 EdgeInsets 옵션 설정을 했을 때의 안쪽 여백의 간격 변화를 알기 쉽도록 하위 위젯으로 오렌지 색상의 컨테이너를 만듭니다.

```
body: Container(
  color: Colors.yellow,            // 컨테이너 색상
  margin: EdgeInsets.all(30),      // 바깥쪽 여백
  padding: EdgeInsets.all(50),     // 안쪽 여백, EdgeInsets의 옵션을 변경하면서 테스트합니다.
  child: Container (                // 하위 위젯으로 컨테이너를 생성
    color: Colors.orangeAccent,
  ),
)
```

다음 그림을 보면, margin과 padding에 대해서 쉽게 이해할 수 있습니다. 노란 색 컨테이너의 바깥 여백은 margin이고 노란색 컨테이너와 오렌지 색 컨테이너사이의 공백이 padding입니다. padding 속성에 padding:EdgeInsets.all(50)을 적용하면 Container위젯 안쪽으로 50px만큼의 간격이 생기는 것을 확인할 수 있습니다. EdgeInsets에 옵션을 적용한 결과는 다음과 같습니다.

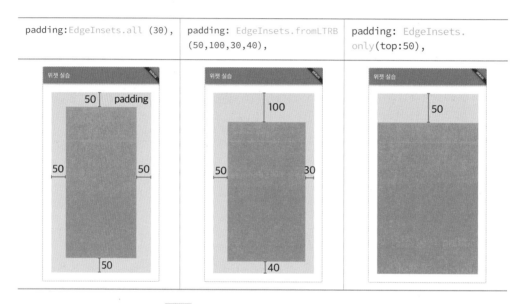

padding:EdgeInsets.all (30),	padding: EdgeInsets.fromLTRB (50,100,30,40),	padding: EdgeInsets. only(top:50),

표 4-2 **padding** 속성에 **EdgeInsets** 옵션 적용 결과

BoxDecoration 클래스

Container 위젯의 테두리, 박스 모양, 색상 등의 스타일을 적용하려면 decoration 속성의 BoxDecoration 클래스를 사용합니다. 다음은 주로 사용하는 BoxDecoration의 속성입니다.

- **border** : 컨테이너의 테두리 스타일을 변경합니다
- **borderRadius** : 테두리의 모서리를 둥글게 변경합니다
- **boxShadow** : 그림자 효과를 줄 수 있고, 그림자 색상 위치 등 변경합니다.
- **gradient** : 컨테이너 내부 색상에 그라데이션 효과를 줄수 있습니다.

1) 테두리: border

먼저, Container 위젯의 테두리를 수정해봅시다

```
body: Container(
  margin: EdgeInsets.all(30),
  decoration: BoxDecoration (
    // 테두리 꾸미기
    border: Border.all (
      color:Colors.green,
      width: 10,
      style : BorderStyle.solid,
      strokeAlign: StrokeAlign.inside
    ),
// 여기에 코드 추가
  ),
)
```

그림 4-8 **BoxDecoration: border** 박스 테두리 변경 결과

2) 둥근 모서리: borderRadius

테두리의 모서리를 둥글게 만들어봅니다. BoderRadius.all은 박스의 모든 모서리를 둥글게 만듭니다.

```
decoration: BoxDecoration (
...생략...
// 테두리 모서리
borderRadius: BorderRadius.all(    // 모든 모서리를 둥글게 만듦
    Radius.circular(40),           // 모서리를 둥글게 하는 정도를 설정
),
```

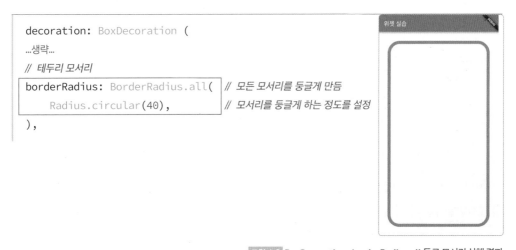

그림 4-9 **BoxDecoration : borderRadius.all** 둥근 모서리 실행 결과

이번에는 오른쪽 상단과 왼쪽 하단 모서리만 둥글게 만들어 보겠습니다. 모서리를 개별적으로 둥글게 설정하는 것은 boderRadius.only 옵션을 사용합니다. Only 옵션은 topLeft, bottomLeft, topRight, bottomRight 모서리에 각각 둥글기를 설정할 수 있습니다.

```
borderRadius: BorderRadius.only(
  topRight : Radius.circular(100),
  bottomLeft:Radius.circular(100),
),
```

그림 4-10 BoxDecoration : borderRadius.only 둥근 모서리 실행 결과

3) 그라데이션 효과: gradient

박스 안에 그라데이션 효과를 주어 색을 입히는 방법을 알아봅니다. 그라데이션 효과가 더 잘 보이도록 하기 위해 먼저 테두리의 두께를 2로 변경하겠습니다.

```
border: Border.all (
  width: 2,
  …생략…
),
```

BoxDecoration의 gradient 속성을 적용하여 그라데이션을 주고 싶은 시작 색상, 끝 색상, 그라데이션이 시작하는 위치와 끝 위치를 지정합니다.

```
gradient: LinearGradient(
  begin: Alignment.topLeft,              // 그라데이션 시작 위치 : 왼쪽 위
  end: Alignment.bottomRight,            // 그라데이터 끝 위치 : 오른쪽 아래
  colors:[Colors.purpleAccent, Colors.white],   // 그라데이터 시작색상과 끝 색상 지정
),
```

그림 4-11 **BoxDecoration : gradient** 예제 수행 결과

4) 그림자 효과: boxShadow

이번에는 Container에 그림자 효과를 만들어 보겠습니다. 그림자 효과를 위해서는 BoxDecoration 클래스의 boxShadow 속성을 사용합니다.

```
decoration: BoxDecoration (
…생략…
  // 박스 그림자
  boxShadow: [
      BoxShadow(color:Colors.grey,        // 그림자 색상
      spreadRadius: 4.0,                  // 그림자가 퍼지는 정도
      blurRadius: 10.0,                   // 그림자 흐리기의 정도
      blurStyle: BlurStyle.normal),       // 그림자 스타일
  ],
),
```

BlurStyle.normal **BlurStyle.outer** 인 경우

그림 4-12 boxShadow 수행 결과

더 알아보기 Container 위젯의 color와 BoxDecoration 클래스 함께 사용 시 오류 발생

```
body: Container(
  color: Colors.limeAccent,
  margin: EdgeInsets.all(30),
  decoration: BoxDecoration (
  …생략…
   ),
  ),
```

Container 위젯의 color 속성과 decoration 속성를 함께 사용하게 되면 다음과 같은 오류를 만날 수 있습니다.
오류 내용에서 알수 있듯이 color와 decoration 속성을 사용하려면 동시에 사용할 수 없습니다. decoration 속성을 이용하여 컨테이너를 꾸미고 싶을 때는 아래와 같이 color 속성은 삭제하고 사용해야 합니다.

```
'package:flutter/src/widgets/
container.dart': Failed
assertion: line 273 pos 15:
'color == null || decoration ==
null': Cannot provide both a
color and a decoration
To provide both, use "decoration:
BoxDecoration(color: color)".
See also: https://flutter.dev/
docs/testing/errors
```

```
body: Container(
  color: Colors.limeAccent,
  margin: EdgeInsets.all(30),
  decoration: BoxDecoration (
  …생략…
    ),
  ),
```

4.2.2 Text

Text 위젯은 플러터에서 가장 많이 사용하는 위젯으로 화면에 문자열을 보여주는 위젯입니다. 글자의 크기, 굵기, 색상뿐 아니라 텍스트에 고급 스타일을 적용하는 방법을 연습해보겠습니다.

Style

Text 위젯에 스타일을 적용하려면 TextStyle 클래스를 사용합니다. 글자의 색상, 크기, 굵기, 스타일 등을 변경해보겠습니다.

```
body: Text(
  'Flutter Text Widget',
  style: const TextStyle(
    color: Colors.orange,          // 글자 색상
    fontWeight: FontWeight.bold,   // 글자 굵기
    fontStyle: FontStyle.italic,   // 글자 스타일
    fontSize: 30.0,                // 글자 크기
  ),
),
```

그림 4-13 텍스트에 스타일 입히기 결과

1) 글자 간격 조정: letterspacing과 wordspacing

letterspacing은 글자 사이의 간격을 설정하고 wordspacing은 단어 사이의 간격을 조정하는 옵션입니다. 숫자가 클수록 글자 간의 간격은 넓어집니다.

```
body: Text(
  'Flutter Text Widget',
  style: const TextStyle(
    color: Colors.orange,          // 글자 색상
    fontWeight: FontWeight.bold,    // 글자 굵기
    fontStyle: FontStyle.italic,    // 글자 스타일
    fontSize: 30.0,                 // 글자 크기
    letterSpacing: 10,              // 글자간격
  ),
),
```

그림 4-14 텍스트사이의 글자간격 넓히기 결과

단어 사이의 간격을 조정해봅시다. 다음과 그림과 같이 "Flutter Text Widget"의 "Flutter", "Text", "Widget" 단어 사이 간격이 넓어지는 것을 확인할 수 있습니다.

```
letterSpacing: 10,          // 글자간격
wordSpacing: 20,            // 단어 사이 간격
```

텍스트사이의 단어 사이 간격 넓히기

2) 그림자 효과: shadows

텍스트에 그림자 효과를 만들어 봅니다. TextStyle의 shasows 속성에서 그림자 효과를
설정합니다. Shadow 클래스에 그림자 색상과 글자로부터 어느정도 떨어져서 그림자가 보
이도록 할지 offset을 설정해서 흐리기 정도를 지정합니다.

```
style: const TextStyle(
   ...생략...
   shadows:[
     Shadow(
        color:Colors.black54,    // 그림자 색상
        offset:Offset(1,2),      // 그림자 오프셋
        blurRadius: 4 )          // 그림자의 크기, 숫자가 커지면 그림자가 퍼집니다
   ],
), // TextStyle
```

그림 4-16 텍스트에 그림자 효과 주기

3) 텍스트 꾸미기: decoration

텍스트에 밑줄을 긋거나 텍스트 위에 윗 선 또는 취소선을 긋고 싶은 경우 decoration 속성을 사용합니다.

```
style: const TextStyle(
  ...생략...
  decoration: TextDecoration.underline,        // underline:밑줄, lineThrough:취소선,
                                                   overline : 윗줄긋기
  decorationColor: Colors.blueGrey,             // 라인 색상
  decorationStyle: TextDecorationStyle.double,  // double : 2줄, dashed :
                                                '-'선, dotted : 점선, solid : 실선, wavy : 물결선
)
```

TextDecoration.underline, TextDecorationStyle.double	TextDecoration.underline, TextDecorationStyle.dashed	TextDecoration.underline, TextDecorationStyle.dotted
TextDecoration.underline, TextDecorationStyle.wavy	TextDecoration.underline, TextDecorationStyle.solid	TextDecoration.lineThrough, TextDecorationStyle.solid

표 4-3 텍스트에 **decoration** 속성 적용 결과

4) 텍스트 테마: textTheme

이번에는 미리 정의된 textTheme의 테마를 사용하여 텍스트에 스타일을 적용해보겠습니다. textTheme 테마를 활용하면 텍스트에 쉽게 스타일을 입힐 수 있습니다.

198   4장 ▾ 주요 위젯 배우기

```
body: Text(
  'Hello! How are you?',
  style: Theme.of(context).textTheme.headline4,    // headline4 테마 사용
),
```

그림 4-17 **textTheme** 적용 결과

예제는 textTheme 중 headline4를 사용하였습니다. 더 많은 TextTheme은 플러터의 사이트를 참고합니다.

▶ https://api.flutter.dev/flutter/material/TextTheme-class.html

5) 텍스트 정렬 방향: TextDirection

텍스트의 정렬 방향을 설정합니다. 왼쪽에서 오른쪽 방향으로 정렬(ltr) 또는 오른쪽에서 왼쪽 방향으로(rtl) 정렬할 수 있습니다.

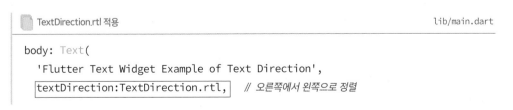

TextDirection.rtl 적용   lib/main.dart

```
body: Text(
  'Flutter Text Widget Example of Text Direction',
  textDirection:TextDirection.rtl,    // 오른쪽에서 왼쪽으로 정렬
```

```
    style: const TextStyle(
    …생략…
    ),
  ),
```

TextDirection.rtl	TextDirection.ltr

표 4-4 **TextDiretion** 적용 결과

6) 오버플로우되는 텍스트: Overflow

문자열이 길어서 maxLines에 정의된 라인에 문자열을 다 보여주지 못하는 경우 over-flow 속성을 사용합니다. Overflow 옵션은 TextOverflow 클래스의 ellipsis, fade, clip 옵션을 주로 사용합니다.

```
child: Text(
  '텍스트 위젯의 overflow를 학습하고 있습니다',
  maxLines:1,                       // 한줄만 표시
  overflow: TextOverflow.ellipsis,  // 문자열이 maxLines보다 긴 경우 '…'으로 표시
  style: const TextStyle(
    color: Colors.orange,
  ),
),
```

TextOverflow의 ellipsis 옵션은 넘치는 문자열을 '…'으로 표시합니다. Fade는 문자열의 하단을 흐리게 하는 효과를 제공하고 clip은 한줄에 보여질 수 있는 문자열만 화면에 보여줍니다.

TextOverflow.ellipsis	TextOverflow.fade	TextOverflow.clip,

표 4-5 **overflow** 적용 결과

7) 고급 텍스트 스타일: Text.rich

Text.rich()는 TextSpan 클래스를 이용하여 다양한 스타일 가진 문자열을 화면에 그려줍니다. TextSpan 클래스는 하나의 문자열을 여러 텍스트로 나눠서 스타일을 각각 적용할 수 있도록 해주는 클래스입니다. text 속성과 children 속성을 함께 사용할 수 있습니다. 또한, text 속성에 스타일을 정의하지 않으면 default 스타일로 적용됩니다. 예를 들어, "How are you?"라는 문자열에서 "How", "are", "you?"를 분리해 각각 다른 스타일을 적용하려면, "How"를 text 속성에 설정하고 "are"와 "you?"를 children 속성의 하위 위젯에 위치시키세요. TextSpan을 통해 "are"와 "you?"에 각각 스타일을 적용한 후 실행하면, "How are you?" 문자열이 각 스타일을 포함하여 표시됩니다.

```
body: Text.rich(
  TextSpan(
    text:'How ',
    style: Theme.of(context).textTheme.headline4,
    children: <TextSpan> [
      TextSpan(text:'are ', style: TextStyle(fontSize: 35, fontStyle:
                              FontStyle.italic,color : Colors.orange,),),
      TextSpan(text:'you?', style: TextStyle(fontSize : 30, fontWeight:
                              FontWeight.bold, color: Colors.green),),
    ],
  ),
),
```

예제를 수행하면 다음과 같이 단어마다 각기 다른 스타일이 적용되는 것을 확인할 수 있습니다.

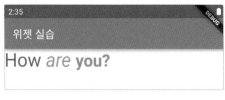

그림 4-18 Text.rich 적용

참고 **child와 children 속성의 차이점**

child 속성은 하나의 하위 위젯만 가질 수 있고, children 속성은 여러 하위 위젯을 가질 수 있습니다. 코딩할 때 사용하려는 위젯이 child 속성을 가지고 있는지, 아니면 children 속성을 가지고 있는지 주의 깊게 확인해야 합니다.

Container나 Padding과 같은 위젯은 child 속성을 가지며 하나의 하위 위젯만 담을 수 있습니다. 반면에, TextSpan, Row, Column, ListView 등은 children 속성을 가지고 있어 여러 개의 하위 위젯을 목록으로 포함할 수 있습니다.

위젯의 속성은 플러터의 공식 라이브러리(https://api.flutter.dev/flutter/widgets/widgets-library.html)를 참고하여 해당 위젯의 속성을 확인하거나 안드로이드 스튜디오의 위젯 내부에 마우스 커서를 두고 [Ctrl + Space Bar] 키를 눌러 사용가능한 속성을 확인 할 수 있습니다.

4.2.3 Image

Image 위젯은 서버에 있는 이미지를 사용하는 네트워크 이미지와 앱에 저장된 이미지를 사용하는 AssetImage가 있습니다.

1) 네트워크 이미지: image.network

네트워크 이미지는 말 그대로 서버에 저장되어 있는 이미지를 보여주는 방식으로 앱 용량을 줄일 수 있는 방법입니다. 네크워크 이미지를 사용하여 이미지를 보여주려면 지정된 URL에 해당 이미지 파일이 존재하여야 합니다. 테스트를 위하여 구글에서 이미지를 검색한 후 해당 이미지의 URL 주소를 image.network에 지정해도 괜찮습니다.

body 영역에 다음 예제를 작성합니다.

```
body: Image.network('https://picsum.
photos/300?image=24')
```

이 코드를 실행하면 해당 URL에 있는 이미지가 화면에 나타납니다.

그림 4-19 네트워크 이미지 적용 결과

2) 로컬 이미지: AssetImage

플러터에서 로컬 이미지를 앱에 보여주기 위해서는 assets 폴더가 필요합니다. 프로젝트 폴더 위에 마우스 오른쪽 버튼을 눌러 [new]-[Directory]를 선택하고 팝업창에 assets를 입력해서 하위에 [assets] 폴더를 생성하고 폴더 안에 예제 이미지 파일(assets/image01.jpg)을 넣어줍니다.

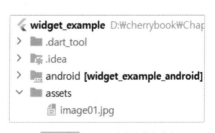

그림 4-20 Assets 이미지 파일 생성

이제, assets 폴더의 이미지를 사용하기 위해서는 pubspec.yaml 파일을 수정해야 합니다. pubspec.yaml 파일의 assets 부분이 주석 처리가 되어 있는데 이 부분을 해제하고 사용하려고 하는 이미지 파일명으로 수정합니다. 주석 해제는 Ctrl + / 를 누르면 '#'이 제거됩니다.

```
# assets:
#   - images/a_dot_burr.jpeg
#   - images/a_dot_ham.jpeg
```

'assets:' 속성은 앞에 빈칸이 2개 있어야 정상적으로 동작합니다. 이미지 로드 시 오류가 발생한다면 pubspec.yaml에서 'assets:' 속성이 작성된 위치를 확인합니다.

이미지 폴더와 이미지 파일을 지정할 때 주의할 점은 다음과 같이 이미지 폴더 앞에 '(빈칸)(빈칸) – 이미지 폴더/이미지 파일명'과 같이 작성해주어야 합니다. '–' 앞에 빈칸이 반드시 2개이어야 함을 주의합니다.

(빈칸)(빈칸)- 이미지폴더/이미지파일명

assets폴더의 image01.jpg 파일을 지정하면 다음과 같습니다. 만약, assets 폴더의 모든 이미지 파일을 사용하고 싶다면 'assets/' 폴더만 지정합니다. 이미지 폴더만 지정하면 그 하위에 있는 모든 파일을 사용할 수 있습니다. pubspec.yaml의 수정이 완료되면, pub get 을 수행하여 변경된 내용을 프로젝트에 적용합니다.

pubspec.yaml

```
...생략...
flutter:
  uses-material-design: true

  assets:
    - assets/image01.jpg
```

이미지를 화면에 보이도록 코드를 수정할 차례입니다. 로컬 디렉토리에 저장한 이미지를 보여주려면 AssetImage 위젯을 사용합니다. AssetImage 위젯의 매개변수로 파일의 경로와 이미지명을 적어줍니다.

```
body: const Image( image: AssetImage('assets/
image01.jpg'),),
```

그림 4-21 **AssetImage** 적용 결과

3) 이미지 조정하기: BoxFit 옵션

이제, 이미지에 width와 height를 지정해보겠습니다. 정해진 사이즈에 이미지를 보여줘야하는 경우 width와 height를 설정합니다.

```
body: const Image(
  image: AssetImage('assets/image01.jpg'),
    width: 200,     // 폭
    height: 400,    // 높이
),
```

그림 4-22 이미지에 사이즈를 설정한 결과

이미지에 사이즈만 지정해서 실행하면 다음과 같이 이미지가 보입니다.

사이즈가 정해진 이미지는 fit 속성의 BoxFit 옵션을 설정하여 이미지를 보여줄 수 있습니다. BoxFit.fill은 가장 많이 사용하는 옵션으로 이미지를 지정한 영역만큼 사이즈로 늘려줍니다.

```
body: const Image(
  image: AssetImage('assets/image01.jpg'),
```

```
    width: 200,          // 폭
    height: 400,         // 높이
fit: BoxFit.fill,        // 박스 사이즈만큼 꽉 채워줍니다. 가장 많이 사용하는 옵션
),
```

fit 속성의 BoxFit 옵션에 따라 다음과 같이 이미지가 표시됩니다.

• 비율은 유지되고 지정된 사이즈만큼 이미지를 다 채웁니다. • 위아래 또는 좌우가 잘릴 수 있습니다.	• 지정된 사이즈에 딱 맞게 이미지의 너비와 높이를 늘립니다	• 원본 이미지의 가로세로 비율 변화 없이 이미지가 온전히 보여지도록 사이즈를 줄입니다. • 위아래 또는 좌우 공백이 생길 수 있습니다.

• 박스 높이에 맞춰 이미지를 보여줍니다. • 이미지의 양 옆이 잘리거나 공백이 추가될 수 있습니다.	• 박스 폭에 맞춰 이미지를 보여주어 위아래가 잘리거나 여백이 생길 수 있습니다.	• 원본으로부터 박스 사이즈만큼 이미지 가운데를 보여줍니다.

표 4-6 BoxFit 옵션

이미지의 BoxFit 옵션을 선택할 때 먼저 고려해야 하는 것은 이미지를 사이즈에 맞춰 채워서 보여줄지, 아니면 이미지 주위에 공백이 있더라도 온전히 보여줄지입니다. 이미지를 사이즈에 맞춰 보여주어야 한다면, 이미지를 확대 또는 축소하여 보여줄지, 아니면 이미지를 잘라서 보여줄지를 결정합니다.

이미지를 늘려서 사이즈를 채워야한다면 BoxFit.fill을 사용하고 이미지를 사이즈에 맞춰 **잘라도 된다면** Boxfit.cover를 사용합니다. **이미지 주위에 공백이 생겨도 되는 경우**는 이미지를 너비에 맞출지, 높이에 맞출지를 생각하여 BoxFit.fitWidth 또는 BoxFit.fitHeight를 사용합니다. 너비에 맞추든 높이에 맞추든 **어느쪽이든 이미지가 제대로 보여질 수 있도록** 하고 싶다면 BoxFit.contain을 사용합니다.

4.2.4 Icon

Icon 위젯은 아이콘을 표시해주는 위젯입니다. 플러터에서는 머티리얼 아이콘과 쿠퍼티노 아이콘으로 기본 아이콘을 제공하고 있습니다. 안드로이드 스튜디오에서 "Icons."을 입력하면 아이콘 리스트가 자동으로 나타납니다. Cupertino.dart를 import하면 "CupertinoIcons."와 같이 쿠퍼티노 아이콘을 사용할 수 있습니다.

예제는 숲 모양의 아이콘 사이즈를 50px로 지정하고 색상은 초록으로 설정합니다.

```
body: Container (
  margin: EdgeInsets.all(150),
  child:  Icon(
    Icons.forest,         // 아이콘
    size: 50,             // 아이콘 사이즈
    color: Colors.green,  // 아이콘 색상
  ),
)
```

그림 4-23 **Icon** 위젯 예제 실행 결과

4.2.5 SafeArea

SafeArea 위젯은 플러터로 구현한 화면이 상태바, 카메라 영역, 노치 영역 등에 그려지지 않도록 안전한 공간을 확보해주는 위젯입니다. 현재 휴대폰 기기는 크기와 디자인이 다양합니다. 휴대폰마다 노치 영역, 상태바, 카메라 영역 등 시스템에서 사용하는 물리적인 영역이 다양하므로, 이러한 영역을 고려하여 휴대폰의 안전한 영역에 화면이 그려지도록 해야 합니다. SafeArea 위젯을 사용하면 휴대폰 기기별로 예외 처리를 하지 않아도, 화면이 안전 영역에서 그려지도록 자동으로 padding을 추가하여 출력해줍니다. SafeArea 위젯의 기능을 확인하기 위해, 먼저 SafeArea 위젯을 적용하지 않은 코드를 테스트하여 비교해 보겠습니다. 예제는 먼저 기본 코드에서 appBar를 삭제하고 텍스트 위젯을 body 영역에 작성합니다.

```
return MaterialApp(
  home: Scaffold(
appBar: AppBar(title: Text('위젯 실습'),), // AppBar
    body: Text('SafeArea Widget이 없는 경우 텍스트위치 확인',
        style: TextStyle(color: Colors.green,
        fontSize: 20)
    ),
  ),
);
```

예제를 실행하면 핸드폰의 상태바 영역에 Text 위젯이 출력되는 것을 확인할 수 있습니다.

이제, 예제에 SafeArea 위젯을 추가해 보겠습니다. SafeArea 위젯으로 Scaffold 위젯을 child로 감싸서 Scaffold 위젯에 그려지는 위젯들을 안전하게 화면에 출력하도록 합니다.

그림 4-24 **SafeArea**위젯이 없는 예제 실행 결과

```
return MaterialApp(
  home: SafeArea(
    top: true,              // 왼쪽, 오른쪽, 위쪽, 아래쪽에 최소마진을 적용여부 지정,
    left: false,            // 기본값은 전부 true로 설정
    bottom: true,
    right: false,
    minimum: const EdgeInsets.all(10.0),   // 최소마진 설정
    child: Scaffold(
    …생략…
    ),
  );
```

화면 내의 위젯을 보호하기 위한 최소 마진을 설
정합니다. UI가 안전하지 않는 영역에서 표시될 때,
Padding을 자동으로 넣기 위한 top, left, bottom,
right를 설정합니다. 기본값은 모두 true입니다.

그림 4-25 **SafeArea** 위젯 적용 결과

4.3 레이아웃 위젯

레이아웃 위젯은 화면을 구성하는 위젯들을 배치하고 정렬하는 위젯입니다. 여기서는 수직, 수평으로 위젯을 배치하여 레이아웃 구조를 만들어주는 Column, Row 위젯부터 위젯간의 위치를 조정하고 정렬해주는 Align, Center, Padding, SizedBox 위젯들에 대하여 알아보겠습니다.

4.3.1 Row & Column

Row와 Column은 플러터에서 레이아웃을 구성할 때 핵심이 되는 위젯입니다. 위젯들은 화면에 흐름에 따라 수평 또는 수직으로 배열할 수 있는데, Row는 위젯들을 수평으로 배치하고 Column은 위젯들을 수직방향으로 나열합니다. Row와 Column에 대해 자세히 알아보겠습니다.

Column

Column 위젯은 세로(수직) 방향으로 위젯들을 배치하는 위젯입니다. 이 레이아웃 위젯은 주로 위에서 아래로 구성된 레이아웃에 사용됩니다. Column은 children 속성을 가지며, 이 속성을 통해 하위 위젯들을 나열할 수 있습니다. 예제로, 세 개의 서로 다른 사이즈와 색상을 가진 Container 위젯을 Column 위젯의 children 속성에 추가합니다.

body 영역의 코드를 다음과 같이 수정하여 Column 위젯을 만들어 봅시다.

```
body: Column(
  children: <Widget>[
    Container(
      margin: const EdgeInsets.all(10.0),
      width: 80,
      height: 80,
      color: Colors.cyan[600],
    ), // 첫번째 컨테이너
    Container(
      margin: const EdgeInsets.all(10.0),
      width: 90,
      height: 90,
      color: Colors.amber[600],
    ), // 두번째 컨테이나
    Container(
      margin: const EdgeInsets.all(10.0),
      width: 100,
      height: 100,
      color: Colors.red[600],
    ), // 세번째 컨테이너
  ], // children
), // Column
```

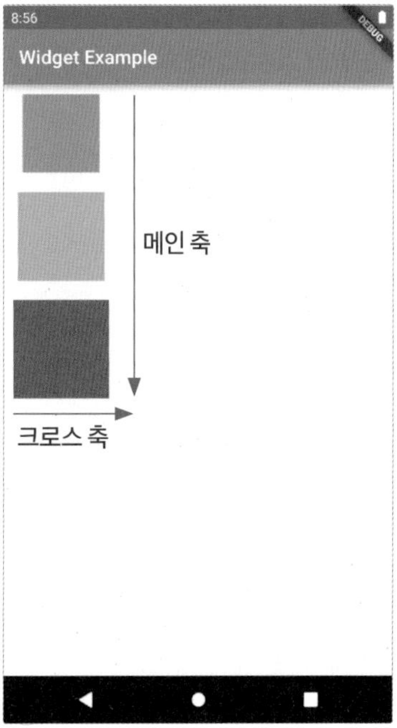

그림 4-26 Column 예제 결과

이 예제를 실행해보면 컨테이너가 지정한 사이즈와 색상을 가지고 수직방향으로 배열됩니다.

Columnd위젯의 메인 축이 수직이라는 의미이기도 합니다. Column과 Row는 메인 축과 크로스 축(가로축)을 이용해서 하위 위젯을 배열합니다. Column의 **크로스 축(가로축)은 하위 위젯의 크기 내에서 정렬방법을 조정**할 수 있습니다.

Row

Row는 위젯들을 가로(수평) 방향으로 배치하는 위젯입니다. Row 위젯도 Column 위젯과 함께 레이아웃 구성 시 많이 사용하는 위젯입니다. Row 위젯도 children 속성을 가지며, 여러 하위 위젯들을 수평으로 나열할 수 있습니다. Row 위젯의 메인 축은 수평으로 위젯들을 가로로 배치하는 것을 기본으로 하고, 크로스 축은 Column과 반대인 세로 방향입니다. 수평으로 배치한 위젯 간의 크로스 축인 세로 방향으로 위젯 간의 크기에 맞춰 정렬을 할 수 있습니다.

Column 위젯의 실습 예제에서 Column을 Row로 변경해 보겠습니다.

```
body: Row(
  children: <Widget>[
    Container(
      margin: const EdgeInsets.all(10.0),
      width: 80,
      height: 80,
      color: Colors.cyan[600],
    ),
    Container(
      margin: const EdgeInsets.all(10.0),
      width: 90,
      height: 90,
      color: Colors.amber[600],
    ),
    Container(
      margin: const EdgeInsets.all(10.0),
      width: 100,
      height: 100,
      color: Colors.red[600],
    ),
  ],
),
```

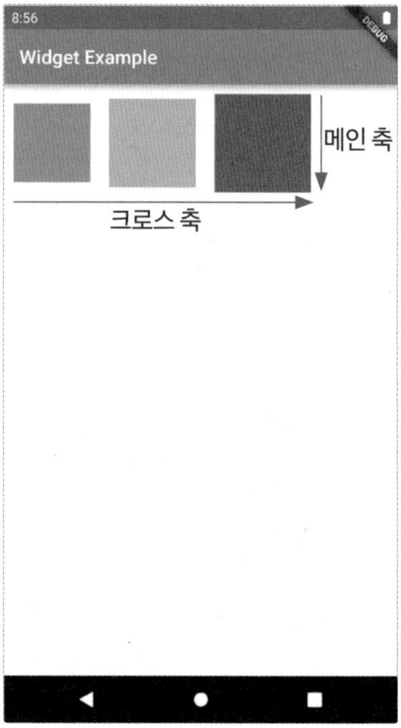

그림 4-27 Row 위젯 적용 결과

Column 위젯에서 수직으로 배치되던 컨테이너들이 이번에는 수평으로 배치되어 나타나는 것을 확인할 수 있습니다.

Row와 Column의 mainAxis와 crossAxis

Row 위젯과 Column 위젯은 주축(mainAxis)과 크로스 축(crossAxis)으로 하위 위젯을 정렬할 수 있는 속성을 가지고 있습니다. mainAxis는 Row 또는 Column을 정렬하는 주축을 의미하고 crossAxis는 주축과 반대 방향으로 위젯들을 맞춤정렬하는 축입니다. 주축이 수평이라면 반대축은 수직이 되고, 주축이 수직이라면 반대축은 수평이 됩니다.

Row는 왼쪽에서 오른쪽으로 위젯들을 정렬하므로 주축이 수평이 되고, Column은 위에서 아래로 위젯을 나열하므로 주축은 수직이 됩니다. Row와 Column에서 mainAxis와 crossAxis를 이해하는 것은 중요합니다. Row 또는 Column을 사용하여 위젯을 배치한후, 위젯 간에 공간이 많이 남거나 부족하면 위젯 사이의 공간을 할당해야 하는데, 이때 기준이 되는 축을 주축 또는 반대축으로 정렬해야 하기 때문입니다.

다음 표는 Row와 Column의 mainAxis, crossAxis의 방향입니다.

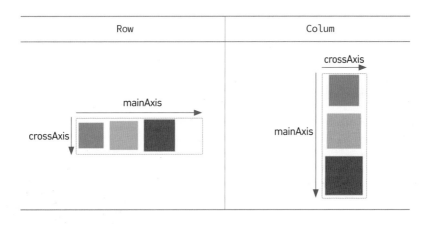

표 4-7 Row와 Cloumn의 mainAxis와 crossAxis 방향

mainAxisAlignment

먼저, 주축 방향으로 정렬하는 mainAxisAlignment를 알아보겠습니다. mainAxisAlignment는 Column과 Row 위젯의 속성으로 주축 방향으로 하위 위젯 간의 공간을 배분합니다. Column의 주축은 수직이고 Row의 주축은 수평입니다. mainAxisAlignment는 MainAxisAlignment의 옵션에 따라 공간 배분이 달라집니다. 앞에서 작성했던 Column과 Row 예제에 mainAxisAlignment 적용 방법은 다음과 같습니다.

```
// Column에 mainAxisAlignment 적용 예
child : Column(
mainAxisAlignment: MainAxisAlignment.center,
chidren : <Widget> [
    …
],
)
// Row에 mainAxisAlignment 적용 예
child : Row(
mainAxisAlignment: MainAxisAlignment.center,
chidren : <Widget> [
],
)
```

다음 표는 Row에 MainAxisAlignment 옵션을 적용한 예시입니다. 수평으로 나열된 하위 위젯들이 옵션에 따라 정렬되는 것을 확인할 수 있습니다.

Row 위젯에 MainAxisAlignment 옵션을 적용한 예		
.center	수평으로 가운데 정렬	

.start	수평으로 시작되는 왼쪽부터 정렬	
.end	수평으로 오른쪽 끝부터 정렬	
.spaceEvenly	수평으로 하위 위젯들 사이의 여백을 균등하게 배분하여 정렬	
.spaceAround	수평으로 하위 위젯 주변의 여백을 동일하게 정렬	
.spaceBetween	수평으로 양 끝에 하위 위젯을 배치하고 사이에 있는 하위 위젯의 여백을 균등하게 배분하여 정렬	

표 4-8 Row의 **MainAxisAlignment**

Column에 MainAxisAlignment 옵션을 적용한 예시입니다. 수직방향으로 나열된 위젯들이 옵션에 따라 배치되는 것을 확인합니다.

MainAxisAlignment		
.center	.start	.end

.spaceEvenly	.spaceAround	.spaceBetween
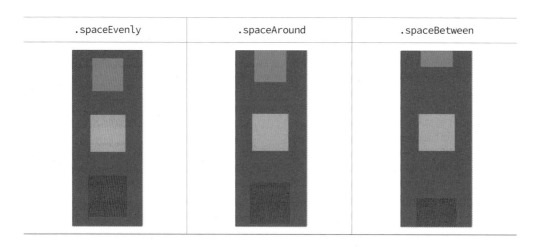		

표 4-9 Column의 MainAxisAlignment

CrossAxisAlignment

CrossAxisAlignment는 주축의 반대 축을 기준으로 Row 또는 Column의 하위 위젯들을 정렬합니다. MainAxisAlignment가 위젯들간의 공간을 할당하여 주축 방향으로 위젯을 정렬한다면, CrossAxisAlignment은 주축의 반대 방향으로 하위 위젯을 맞춤 정렬을 합니다. Row에 crossAxisAlignment 속성을 적용하려면 Row나 Column 위젯 아래 그리고 children 속성 위에 코드를 넣어줍니다.

```
// Row에 crossAxisAlignment 적용 예
child : Row(
crossAxisAlignment: CrossAxisAlignment.center,
chidren : <Widget> [
],
)
// Column에 crossAxisAlignment 적용 예
child : Column(
crossAxisAlignment: CrossAxisAlignment.center,
chidren : <Widget> [
```

```
    ...
  ],
)
```

Row에서 CrossAxisAlignment는 세로축을 기준으로 하위 위젯을 위, 아래, 가운데 등으로 맞춤 정렬합니다. 파워포인트에 있는 위쪽 맞춤, 아래쪽 맞춤, 중간 맞춤 기능과 비슷합니다. Row의 stretch 옵션은 하위 위젯을 위아래로 늘려서 확장합니다. Row에 CrossAxisAlignment를 적용한 결과는 다음과 같습니다.

Row의 CrossAxisAlignment		
.center	세로축을 기준으로 가운데 정렬	
.start	세로축을 기준으로 하위 위젯을 시작 부분인 top 위치에 정렬	
.end	세로축을 기준으로 하단 끝 부분인 bottom 위치에 정렬	
.stretch	세로축을 기준으로 하위 위젯을 위아래로 늘려 확장	

표 4-10 Row의 CrossAxisAlignment

Column의 CrossAxisAlignment는 가로축을 기준으로 위젯들을 왼쪽, 오른쪽, 가운데 맞춤 정렬하고, .stretch 옵션은 좌우로 위젯을 늘려서 확장합니다. Column에서 CrossAxisAlignment 옵션을 적용한 결과는 다음과 같습니다.

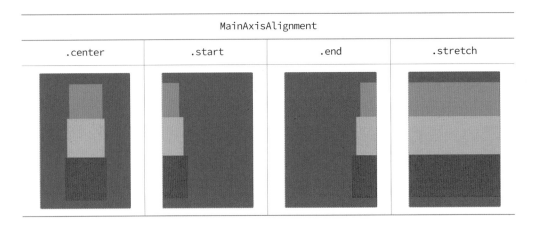

MainAxisAlignment			
.center	.start	.end	.stretch

표 4-11 Column의 CrossAxisAlignment 형태

mainAxisAlignemt와 crossAxisAlignment를 함께 적용하는 경우는 다음과 같이 Row 또는 Column 아래에 코드를 넣어주면 됩니다.

mainAxisAlignment와 crossAxisAlignment 적용 예   lib/main.dart

```dart
// Row에 mainAsixAlignment와 crossAxisAlignment 적용한 예
body: Row(
mainAxisAlignment: MainAxisAlignment.center,
crossAxisAlignment: CrossAxisAlignment.center,
children: <Widget> [

    …
],
)
// Column에 mainAsixAlignment와 crossAxisAlignment 적용한 예

body: Column(
mainAxisAlignment: MainAxisAlignment.center,
crossAxisAlignment: CrossAxisAlignment.center,
children: <Widget> [

    …
],
)
…
```

Expanded

Expanded 위젯은 Row 또는 Column의 하위 위젯간에 남는 공간을 위젯을 늘려서 채울 수 있도록 하는 위젯입니다. mainAxisAlignment의 spaceAround, spaceEvenly, spaceBetween이 위젯 사이의 공간을 동일하게 배분하여 배치한다면, Expanded는 위젯을 주축 방향으로 늘려서 비어있는 공간을 채웁니다.

Expanded 위젯 실습을 위해, 먼저, 앞에서 실습한 Column 위젯 예제에서 만든 컨테이너의 너비와 높이를 100으로 지정하고 mainAxisAlignment.spaceEvenly 옵션과 crossAxisAlignment.strech를 적용하여 다음과 같이 코드를 수정하겠습니다.

```
body: Column(
  mainAxisAlignment: MainAxisAlignment.spaceEvenly,
  crossAxisAlignment: CrossAxisAlignment.stretch,
  children: <Widget>[
    Container(
      margin: const EdgeInsets.all(10.0),
      width: 100,
      height: 100,
      color: Colors.cyan[600],
    ), // 첫 번째 컨테이너
    Container(
      margin: const EdgeInsets.all(10.0),
      width: 100,
      height: 100,
      color: Colors.amber[600],
    ), // 두 번째 컨테이나
    Container(
      margin: const EdgeInsets.all(10.0),
      width: 100,
      height: 100,
      color: Colors.red[600],
    ), // 세 번째 컨테이너
  ], // children
),
```

그림 4-28 예제 실행 결과

예제를 실행해보면 다음과 같이 Column의 하위 위젯인 컨테이너 간의 공간이 균등하게 배분되어 배치되고 crossAxisAlignment.strech 옵션이 적용되어 컨테이너가 좌우로 확장된 것을 볼 수 있습니다.

첫 번째 컨테이너에 Expanede 위젯을 감싸 보겠습니다. Expanded 위젯을 코드에서 추가하는 방법은 Container 코드 위에서 [Alt + Enter]를 눌러 나타나는 드롭박스 중 'Wrap with widget..'을 선택한 후 자동 생성되는 'widget' 코드를 'Expanded'로 수정합니다.

```
body: Column(
  mainAxisAlignment: MainAxisAlignment.spaceEvenly,
  crossAxisAlignment: CrossAxisAlignment.stretch,
  children: <Widget>[
    Expanded(
      child: Container(
        margin: const EdgeInsets.all(10.0),
        width: 100,
        height: 100,
        color: Colors.cyan[600],
      ),
    ), // 첫번째 컨테이너
...생략...
```

그림 4-29 첫 번째 컨테이너에 **Expaneded**를 적용한 결과

이 코드를 실행해보면 다음과 같이 첫 번째 컨테이너 박스가 수직으로 남은 공감만큼 확장됩니다.

이번에는 두 번째 컨테이너에도 Expanded 위젯을 추가합니다.

```
children: <Widget>[
  Expanded(
    child: Container(
      margin: const EdgeInsets.all(10.0),
      width: 100,
      height: 100,
      color: Colors.cyan[600],
    ),
  ), // 첫 번째 컨테이너
  Expanded(
    child: Container(
      margin: const EdgeInsets.all(10.0),
      width: 100,
      height: 100,
      color: Colors.amber[600],
    ),
  ), // 두 번째 컨테이나
```

그림 4-30 두 번째 컨테이너에 **Expaneded**를 적용한 결과

예제를 실행하면 첫 번째와 두 번째 컨테이너 박스가 확장된 것을 확인할 수 있습니다. Expanded 위젯이 2개의 컨테이너 박스에 적용되면 주축 방향으로 위젯 사이에 남은 공간을 두 컨테이너가 나눠서 늘어나게 됩니다.

flex 속성

이번에는 3개 컨테이너에 Expanded를 모두 추가하고 각 컨테이너마다 확장되는 비율을 다르게 지정하는 방법을 살펴보겠습니다. Expanded 위젯의 flex 속성에 비율을 지정하면 Expanded 위젯은 flex에 정의된 비율에 따라 컨테이너가 늘어나게 됩니다.

flex 속성 실습을 위해 첫 번째, 두 번째, 세 번째 컨테이너에 다음과 같이 각각 flex를 1, 2, 3으로 설정합니다.

```
children: <Widget>[
  Expanded(
    flex: 1,
    child: Container(
      margin: const EdgeInsets.all(10.0),
      width: 100,
      height: 100,
      color: Colors.cyan[600],
    ),
  ), // 첫 번째 컨테이너
  Expanded(
    flex: 2,
    child: Container(
      margin: const EdgeInsets.all(10.0),
      width: 100,
      height: 100,
      color: Colors.amber[600],
    ),
  ), // 두 번째 컨테이나
  Expanded(
    flex: 3,
    child: Container(
      margin: const EdgeInsets.all(10.0),
      width: 100,
      height: 100,
      color: Colors.red[600],
    ),
  ), // 세 번째 컨테이너
],
```

그림 4-31 **Expanded** 위젯에 **flex** 속성 적용 결과

예제를 실행하면 flex의 비율에 따라 컨테이너 박스가 늘어나는 것을 확인할 수 있습니다.

mainAxisAlignment와 Expanded의 속성을 활용하여 위젯을 배치하면 다양한 레이아웃을 연출할 수 있습니다.

Stack

 Stack은 위젯을 수평 또는 수직 방향으로 쌓아 배치하는 위젯입니다. Stack 또한 Chil-dren 속성을 가진 위젯으로, 이 속성에 포함된 하위 위젯들은 작성된 순서대로 가장 아래부터 쌓여 배치됩니다. 가장 먼저 수행되는 위젯이 가장 아래에 위치하고, 이후 실행되는 위젯이 차례대로 그 위로 겹쳐서 배치됩니다. 이러한 특성으로 인해 여러 위젯을 복합적으로 활용해 다양한 UI를 구현할 수 있습니다. Stack을 이용해 다양한 크기의 컨테이너 위에 Text 위젯을 겹치게 표현해보겠습니다. 이를 위해 다음 예제를 참고하여 Stack 위젯 사용법을 연습해 보겠습니다.

```
body: Stack(
  children: <Widget>[
  Container(
    width: 400,
    height: 500,
    color: Colors.yellowAccent,
  ),
  Container(
    width: 300,
    height: 400,
    color: Colors.amber[600],
  ),
  Container(
    width: 200,
    height: 200,
    color: Colors.red[600],
  ),
  Text(
    'Stack',
    style: TextStyle(color: Colors.white, fontSize:40),
  ),
  ], // Children
),
```

그림 4-32 Stack 예제 결과

소스 정렬이 맞지 않을 때

소스를 작성할 때 연속된 괄호로 알아 보기 어려운 코드가 있을 때 괄호 사이에 콤마(,)를 작성하고 [마우스
오른쪽 버튼] 클릭 → [Reformat Code with 'dart format']을 클릭하여 코드 정리를 할 수 있습니다.

Center

Center 위젯은 하위 위젯을 중앙으로 정렬하는 위젯입니다. 보통, Center 위젯은 child
속성을 가지는 위젯으로 하나의 하위 위젯을 감싸서 정렬합니다.

다음 예제와 같이 Container 위젯을 Center 위젯을 감싸면 Container 위젯이 화면 가
운데에 위치하게 됩니다.

lib/main.dart

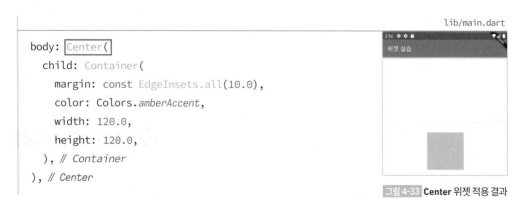

```
body: Center(
  child: Container(
    margin: const EdgeInsets.all(10.0),
    color: Colors.amberAccent,
    width: 120.0,
    height: 120.0,
  ), // Container
), // Center
```

그림 4-33 Center 위젯 적용 결과

이미 작성한 코드에 위젯에 Wrapping을 해야할 때 자동완성 기능을 사용하면 편리합니다.
작성한 코드 왼쪽에 마우스를 위치시키면 💡 이 나타나는데 이 아이콘을 클릭하거나 [Alt + Enter]를
치면 아래와 같이 wrapping 가능한 위젯들이 리스트됩니다. 선택하면 해당 코드를 wrapping하여 코드가
자동 생성됩니다.

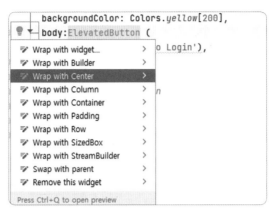

Align

    Align 위젯은 하위 위젯의 위치를 조정하는 데 사용되는 위젯입니다. 이 위젯은 child
속성을 가지며, 하나의 하위 위젯을 포함할 수 있습니다. 또한 Alignment 클래스의 옵션
을 통해 하위 위젯의 정렬 위치를 지정할 수 있습니다. 예제에서는 Align 위젯을 사용하여
Container 위젯 내에 있는 플러터 로고의 정렬 위치를 지정합니다. 여기서 정렬 위치는 오
른쪽 상단 모서리인 Alignment.topRight로 설정됩니다.

```
body: Center(
    child: Container(
        height: 120.0,
        width: 120.0,
        color: Colors.blue[50],
        child: const Align(
            alignment: Alignment.topRight, // Flutter로고를 컨테이너의 오른쪽 위쪽모서리에 정렬
            child: FlutterLogo(
                size: 60,
            ), // FlutterLogo
        ), // Align
    ), // Container
```

그림 4-34 **Align** 예제 결과

아래는 Alignment 옵션에 따른 정렬 위치입니다.Container 위젯 내의 플러터 로고의
위치를 확인합니다.

Alignment		
topLeft	topCenter	topRight

centerLeft	center	centerRight

bottomLeft	bottomCenter	bottomRight

표 4-12 **Alignment** 속성값에 따른 형태

SizedBox

SizedBox는 너비(width) 또는 높이(height)를 가진 빈 상자인 위젯입니다. 주로 위젯을 배치할 때, 위젯과 위젯 사이의 간격을 주기 위해 많이 사용합니다.

예제는 Column 위젯을 이용하여 수직으로 배치된 이미지 파일 간의 간격을 조정합니다.

```
child: Column(
  children: <Widget> [
    Image.network('https://picsum.photos/200?image=30',  // 지정된 사이즈만큼 이미지 채움
  width: 420, height: 200, fit: BoxFit.cover,),
    const SizedBox(height: 20.0,),
    Image.network('https://picsum.photos/200?image=30',  // 박스 사이즈만큼 확대
        width:420,height:220,fit: BoxFit.fill,),
    Image.network('https://picsum.photos/200?image=30',  // 원본 이미지가 온전히 보이도록.
      width:420,height:180,fit: BoxFit.contain,),
  ], // Children
),
```

예제에서는 Column 위젯을 사용하여 위젯들을 수직으로 나열하고 있습니다. 따라서 SizedBox 위젯의 높이(height) 파라미터에 숫자를 설정하여 간격을 조절합니다. 만약 Row 위젯을 사용하여 Container 위젯들을 수평으로 배치하고 싶다면, SizedBox 위젯의 width 파라미터에 숫자를 설정하여 좌우 간격을 늘려주시면 됩니다.

그림 4-35 **SizedBox()** 예제 결과

Padding

    Padding 위젯은 하위 위젯의 안쪽 여백을 설정할 때 사용합니다. Container 위젯의 padding 속성과 비슷한 기능을 제공하는데, 차이점은 다음과 같습니다. Container 위젯의 padding은 주로 Container의 안쪽 여백을 조절하여 하위 위젯과의 간격을 설정하는데 사용되는 반면, Padding 위젯은 Container 뿐만 아니라 다양한 위젯에 적용하여 간격 조정을 할 수 있습니다. Padding 위젯 사용 예제로는, 이전에 작성한 SizedBox 위젯 예제에서 SizedBox()를 삭제하고 첫 번째 이미지에 Padding을 적용하여 Padding 위젯의 기능을 확인해 보겠습니다.

```
const SizedBox(height: 20.0,),
```

    안드로이드 스튜디오에서 코드 자동 완성 기능을 사용하여 Padding 위젯을 추가해 보겠습니다. Image.network 앞으로 커서를 옮깁니다. 💡 표시로 된 드롭박스가 왼쪽에 나타나는 것을 확인합니다.

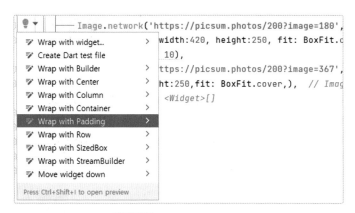

그림 4-36 Padding 위젯 추가하기

💡를 클릭하면 아래로 드롭박스가 펼쳐지는데 "Wrap with Padding"을 선택합니다. Padding 위젯이 Image 위젯을 감싸면서 추가되고 EdgeInsets.all 옵션의 여백은 8px로 세팅되어 코드가 생성되는 것을 볼 수 있습니다. Padding 간격을 20px로 변경하여 여백이 잘 보이도록 넓힙니다.

```
body: Column(
  children: <Widget> [
    Padding(
      padding: const EdgeInsets.only(top:20.0),
      child: Image.network('https://picsum.photos/200?image=30',
                    width:420, height:200, fit: BoxFit.cover,),
    ), // Padding
...생략...
], // children
), // Column
```

Padding을 적용한 첫 번째 이미지와 두 번째 이미지의 간격 차이를 확인합니다. 이미지의 왼쪽, 위, 오른쪽, 아래 방향으로 20px씩 여백이 생긴 것을 볼 수 있습니다.

그림 4-37 Padding 위젯 예제 결과

입력 위젯

입력 위젯은 사용자가 데이터를 입력할 수 있도록 하는 위젯입니다. 이 절에서는 문자를 입력할 수 있도록 하는 TextField 위젯과 사용자가 버튼을 눌렀을 때 적절한 동작을 하는 Button 위젯을 알아봅니다.

4.4.1 TextField

TextField 위젯은 사용자로부터 텍스트를 입력받기 위해 사용하는 위젯으로, 가장 많이 사용하는 위젯입니다. 텍스트 입력 시 이메일 형식, 패스워드, 숫자만 입력 등과 같이 입력 데이터를 제한하여 입력하도록 할 수 있으며, 편리한 입력을 위해 다양한 소프트 키보드를 제공합니다. TextField는 텍스트를 입력할 때마다 데이터가 수정되어 onChanged 이벤트가 발생된다는 것도 알아둡시다.

이메일 형식의 텍스트 박스

Text 위젯과 마찬가지로 TextField 위젯도 decoration 속성을 통해서 TextField를 꾸밀 수 있습니다. TextField 위젯을 꾸미는 클래스는 InputDecoration을 사용합니다.

이메일을 입력하는 텍스트 박스를 만들어 보겠습니다. 이메일 형식으로 입력을 받으려면 키보드 타입의 TextInputType을 emailAddress로 설정합니다.

```
body: TextField(
  keyboardType: TextInputType.emailAddress,
  controller: TextEditingController(),
  decoration: InputDecoration(
    labelText: 'Email',                   // 텍스트 필드 위에 표시되는 입력된 텍스트명
    hintText: 'you@email.com',            // 입력 전에 표시되는 텍스트, 주로 입력 형식을 표시,
                                          //   입력과 동시에 지워짐

    icon: Icon(Icons.mail_outline),       // 텍스트 필드 앞에 표시되는 아이콘
  ),
)
```

예제를 실행하면 다음과 같이 아이콘 옆에 'Email'로 표시된 텍스트 박스가 나타납니다.

그림 4-38 이메일 형식의 텍스트 필드 실행 결과

텍스트 필드에 커서를 올려놓으면 다음과 같이 hintText에 설정한 내용이 텍스트 필드 안에 보이면서 소프트 키보드가 나타납니다.

그림 4-39 텍스트 필드에 커서를 올려놓은 결과

숫자만 입력 가능한 텍스트 박스

이번에는 숫자 입력만 가능한 텍스트 박스를 만들어 보겠습니다. 나이, 금액과 같은 데이터는 숫자만 입력해야 하므로 숫자 데이터만 입력하도록 옵션을 지정합니다. 키보드 타입의 TextInputType을 number로 지정하고, 입력 형식을 0~9까지의 숫자만 입력하도록 설정합니다.

```
body: TextField(
  controller: TextEditingController(),
```

```
  keyboardType: TextInputType.number,          // 키보드타입 : 숫자
  decoration: InputDecoration(
    labelText: 'Number',                       // 텍스트필드 위에 표시되는 입력된 텍스트명
    hintText: '12345',                         // 입력전에 표시되는 텍스트
    icon: Icon(Icons.calculate_outlined),      // 텍스트필드 앞에 표시되는 아이콘
  ),
  maxLength: 8,                                 // 최대 입력 길이
  inputFormatters: [FilteringTextInputFormatter.allow(RegExp('[0-9]'))], // 숫자
                                                                          0~9만 입력
),
```

다음과 같이 숫자만 입력할 수 있는 소프트 키보드
가 표시되고 RegExp에 정의된 대로 0~9만 입력됩
니다. 콤마(,) 또는 소수점(.)을 입력하면 아무것도 표
시되지 않고 커서는 움직이지 않습니다.

그림 4-40 숫자만 입력 가능한 텍스트 박스 실행 결과

특정 형식을 가지는 텍스트 박스

이번에는 카드번호와 같이 특정 형식을 가지는 텍스트 박스를 만들어 보겠습니다. 다른
형식의 카드번호도 있지만 대부분의 카드번호는 숫자 4자리마다 '-'으로 구분되어 16자리
숫자로 되어있습니다. 텍스트 박스에서 카드번호를 입력받는 경우 숫자뿐 아니라 '-'도 입
력되어야 하므로 RegExp('[0-9] -')와 같이 '-'을 정규표현식에 추가합니다.

```
body: TextField(
  controller: TextEditingController(),
  keyboardType: TextInputType.numberWithOptions(decimal: true),
  decoration: InputDecoration(
    labelText: 'Number',                       // 텍스트 필드 위에 표시되는 입력된 텍스트명
    hintText: '12345',                         // 입력 전에 표시되는 텍스트
    icon: Icon(Icons.calculate_outlined),      // 텍스트 필드 앞에 표시되는 아이콘
  ),  maxLength: 19,                            // '-'을 포함하여 19자를 최대 길이로 지정
```

```
// 숫자 0~9, '-' 입력
  inputFormatters: [FilteringTextInputFormatter.allow(RegExp('[0-9 -]'))], )
```

예제를 실행하면 다음과 같이 숫자와 '-'을 모두 입력할
수 있는 것을 확인할 수 있습니다.

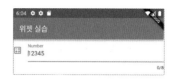

그림 4-41 카드번호 형식으로 입력되는 텍스트 박스 실행 결과

비밀번호 입력 박스

비밀번호를 입력하기 위한 텍스트 필드를 만들어 봅시다. 비밀번호는 매우 중요한 정보
입니다. 일반적으로 타인이 볼 수 없도록 비밀번호를 입력할 때마다 '*'로 표시되도록 합
니다. 이렇게 비밀번호를 입력하려면 TextField 위젯에서는 obscureText 속성을 true로
설정합니다. 사용자가 입력하면 입력 직후엔 문자가 나타났다가 바로 '*'로 변경됩니다.
border 속성을 사용하여 텍스트 박스에 테두리 선이 보이도록 합니다

```
body: Padding(
  padding: const EdgeInsets.all(8.0),
  child: TextField(
    controller: TextEditingController(),
    keyboardType: TextInputType.visiblePassword,
    obscureText: true,                      // 입력 텍스트를 '*'로 보여줌
    decoration: InputDecoration(
      labelText: 'Password',                // 텍스트 필드 위에 표시되는 입력된 텍스트명
      border: OutlineInputBorder(),         // 박스에 테두리
      icon: Icon(Icons.password),           // 텍스트 필드 앞에 표시되는 아이콘
    ),
    maxLength: 8,
  ),
```

예제를 실행하면 다음과 같이 비밀번호가 '*'로 표시됩니다.

TextField의 keyboardType 속성의 TextInputType은 이 밖에도 name, datetime, multiline, phone, url 등 다양합니다.

그림 4-42 비밀번호 입력 박스 실행 결과

4.4.2 Button

플러터에는 다양한 버튼 위젯이 있습니다. 여기서는 TextButton, ElevatedButton, OutlinedButton 그리고 FloationActionButton 위젯에 대하여 배워보겠습니다.

TextButton

TextButton은 텍스트 형식의 기본 버튼으로, 텍스트를 클릭할 때 발생하는 onPressed 이벤트를 통해 실행되는 동작을 정의할 수 있습니다. 이를 사용하면 사용자가 버튼을 클릭할 때 원하는 기능이나 액션을 수행할 수 있게 됩니다.

```
body: TextButton(
    onPressed: () { }, // 동작방식을 입력합니다.
            child: Text(
        '텍스트 버튼',
      ),
    ),
```

예제를 실행하면 화면에 '텍스트 버튼'이라는 Text
가 표시되고 이 텍스트를 클릭했을 때 구현해 놓은 코
드가 실행됩니다.

TextButton에 텍스트와 아이콘을 함께 표시해 보
겠습니다. TextButton.Icon()을 이용해서 아이콘은

그림 4-43 텍스트 버튼 위젯 적용 결과

(+) 더하기 아이콘을 넣고, 컬러와 텍스트도 변경할 수 있습니다. 더 많은 아이콘은 구글
폰트 아이콘 사이트(https://fonts.google.com/icons?selected=Material+Icons)를 참고합
니다.

| Icon 적용 | lib/main.dart |

```dart
body: Center(
  child: TextButton.icon(
    icon: const Icon(
      Icons.add,

      size: 20,
      color: Colors.purple,
      ),
    label: Text(
    '아이콘 버튼',
      style: TextStyle(fontSize: 30, color:
                                Colors.purple),
    ),
    onPressed: () {
    // 동작방식을 입력합니다.
    },
  ),
),
```

그림 4-44 Text Button 위젯의 Icon 적용 결과

ElevatedButton

ElevatedButton 위젯은 버튼에 활성화 상태와 비활성화된 상태를 나타낼 수 있습니다. 활성화 된 버튼은 볼록하게 살짝 튀어나와 보이는 버튼 위젯입니다. onPressed 속성에 null 값을 넣으면 버튼이 비활성화 상태가 되고, 클릭 시 동작해야할 코드를 작성하면 버튼이 활성화되게 됩니다.

```
body: Center(
  child: Column(
    mainAxisSize: MainAxisSize.min,
    children: <Widget>[
      ElevatedButton(                      // 비활성화된 Elevated Button
        onPressed: null,                   // onPressed 속성에 null인 경우 비활성화됨
         child: const Text('비활성화'),
      ),
      const SizedBox(height: 30),
      ElevatedButton(                      // 활성화된 Elevated Button

        onPressed: () {print('Pressed');}, // 클릭 시 log에 'Pressed'로 출력
        child: const Text('활성화'),
      ),
    ],
  ),
),
```

ElevatedButton의 활성화 상태와 비활성화 상태입니다. '활성화' 버튼 클릭 시 로그에 'Pressed'로 출력됩니다.

그림 4-45 **Elevated Button** 예제 결과

OutlinedButton

아웃라인 버튼은 테두리가 있는 버튼 위젯입니다.

```
body: Center(
  child: OutlinedButton(
    onPressed: () {
      print('버튼 클릭');
    },
    child: const Text('아웃라인 버튼'),
  ),
),
```

그림 4-46 아웃라인 버튼 기본 예제 결과

아웃라인 버튼의 모서리를 둥글게 만들고 배경색과 글자색도 변경해봅니다

그림 4-47 스타일을 적용한 아웃라인 버튼

```
body: Center(
  child: OutlinedButton(
    onPressed: () {
      print('버튼 클릭');
    },
    child: const Text('아웃라인 버튼'),
    style: OutlinedButton.styleFrom(
      backgroundColor: Colors.deepOrange,      // 배경색
      foregroundColor: Colors.white,           // 글자색
      shape:const RoundedRectangleBorder(      // 둥근 모서리
          borderRadius: BorderRadius.all(Radius.circular(10))),
    ),
  ),
),
```

FloatingActionButton

플로팅 액션 버튼은 플러터에서 제공하는 위젯 중 하나로 Floating 뜻 그대로 화면에 떠 있는 것처럼 보이는 버튼입니다. 앞 장에서 카운터 앱을 만들 때도 사용했던 위젯입니다. 플러터에서 Scaffold 위젯의 속성으로 제공하여 쉽게 사용할 수 있는 위젯 중 하나입니다.

FloatingActionButton은 앞에서 예제를 작성했던 방식과 다르게 body에 작성하지 않고 body 아래에 작성해 줍니다. 다음 예제를 참고하여 연습해 보겠습니다.

```
FloatingActionButton 위젯 적용                              lib/main.dart

body: const Center(
child: Text('아래 버튼을 누르세요!')
),                        // body
                          // body 아래에 작성합니다.
floatingActionButton: FloatingActionButton(
  onPressed: () {
                          // 동작 방식을 입력합니다.
  },
  backgroundColor: Colors.red,
    child: const Icon(
    Icons.favorite,    // 아이콘
     color: Colors.white,
  ),                    // icon
),                       // FloatingActionButton
```

그림 4-48 플로팅 액션 버튼의 icon 적용 결과

내비게이션 위젯

앱 개발 과정에서 여러 페이지 간의 이동이 필요한 경우가 있습니다. 내비게이션 위젯은 한 화면에서 다른 화면으로 원활하게 이동할 수 있도록 합니다. 이 절에서는 버튼 클릭 시 다른 화면으로 이동할 수 있도록 하는 Navigator를 하단의 네비게이션 바로 생성하여 아이콘을 사용해 화면을 이동하는 BottomNavigation 위젯과 Router를 이용하여 화면 이동 방법에 대하여 학습해 봅니다.

4.5.1 Navigator

화면에 버튼을 만들고 클릭 시 다른 화면으로 이동할 수 있도록 Navigator 기능을 사용하여 예제를 작성해봅니다. Navigator 기능을 구현하려면 홈페이지와 이동할 페이지를 main.dart에 만들어야 합니다. 이동할 페이지를 별도 소스파일로 분리하여 만드는 방법도 있지만 여기서는 main.dart에 MyHomePage와 SecondPage 위젯을 만들어서 실습하겠습니다.

예제는 홈화면인 MyHomePage에서 플로팅 액션 버튼 클릭 시 SecondPage 화면으로 이동하고, SecondPage 화면에서 앱바의 '←'를 누르거나 또는 '이전 페이지로!' 버튼을 클릭하면 이전 화면인 MyHomePage로 돌아가도록 구현합니다.

그림 4-49 새로운 화면으로 이동하는 네비게이션 예제 결과

먼저, 프로젝트명을 'navigator_example'으로 작성하여 프로젝트를 생성합니다.

기본 코드 작성

Main.dart에 Navigator 예제를 위한 기본 코드는 다음과 같이 작성합니다.

```dart
import 'package:flutter/material.dart';

void main() {
  runApp(const MyApp());
}

class MyApp extends StatelessWidget {
  const MyApp({super.key});
  @override
  Widget build(BuildContext context) {
    return MaterialApp(
      title: 'navigation example',
      home: MyHomePage(),    // MyHomePage 호출
    );
  }
}
```

화면 이동하기: Navigator.push()

화면 가운데에 '아래 버튼을 눌러 다음페이지로!!!'라는 텍스트를 보여주고 플로팅 액션 버튼을 클릭하면 SecondPage 화면으로 이동하도록 Navigator를 이용합니다.

```
class MyHomePage extends StatelessWidget {
  const MyHomePage({super.key});

  @override
  Widget build(BuildContext context) {
    return Scaffold(
      appBar: AppBar(
        title: const Text( 'Home Page', ),   // 앱바의 타이틀
      ),
      body: const Center(                     // 텍스트를 화면 가운데 정렬
        child: Text(
          '아래 버튼을 눌러 다음 페이지로!!!',
          style: TextStyle(
            fontSize: 20,                     // 글씨크기를 20px로 설정
          ),
        ),
      ),
      floatingActionButton: FloatingActionButton(
        onPressed: () {   // 플로팅 액션 버튼 클릭 시 SecondPage로 이동
          Navigator.push(
            context,
            MaterialPageRoute(builder: (context) => const SecondPage()),
          );
        },
        child: const Icon(Icons.arrow_forward), // 플로팅 액션 버튼에 '→' 아이콘으로 설정
      ),
    );
  }
}
```

플러터에서 화면 간 이동은 Stack 구조를 이용하고 있습니다. 화면에 보여주는 페이지는 Stack의 최상단에 있는 페이지가 되고, 현재 화면에서 다른 화면으로 이동할 때는, Navigator. Push() 메소드를 사용하여 MaterialPageRoute 클래스에 이동하려고 하는 화면 클래스를 파라미터로 전달하여 Stack에 추가합니다. Stack에서는 마지막에 담긴 페이지가 현재 페이지로 화면에 표시되므로 사용자에게는 이동한 화면이 보이게 됩니다.

```
Navigator.push(
        context,
        MaterialPageRoute(builder: (context) => const SecondPage()),
```

예를 들어, MyHomePage 화면에서 SecondPage로 화면 이동을 한다면 SecondPage가 MyHomePage 위에 Push되어 앱 화면에는 SecondPage가 보여지게 됩니다. 이전 화면으로 돌아가는 것은 Navigator.pop() 메소드를 사용하여 Stack에서 현재 페이지를 제거합니다.

MyHomePage의 플로팅 액션 버튼을 눌렀을 때 SecondPage 화면으로 이동하는 코드가 완성되었습니다.

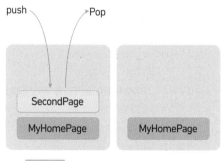

그림 4-50 Navigator.push와 Navigator.pop

그림 4-51 홈화면인 MyHomePage 실행 결과

이전화면으로 돌아가기: Navigator.pop()

이제 홈화면에서 이동할 SecondPage를 작성해 보겠습니다. SecondPage 클래스는 아웃라인 버튼을 가운데 정렬하고 클릭 시 홈화면으로 다시 이동하는 기능을 구현합니다.

```dart
class SecondPage extends StatelessWidget {
  const SecondPage({super.key});

  @override
  Widget build(BuildContext context) {
    return Scaffold(
      appBar: AppBar(
        title: Text("Second Page"),
      ),
      body: Center(
        child: OutlinedButton(        // 아웃라인 버튼
          onPressed: () {
            Navigator.pop(context);   // 이전 페이지인 홈화면으로 이동
          },
          child: Text('이전페이지로!'),   // 버튼 텍스트
        ),
      ),
    );
  }
}
```

SecondPage 화면에서 홈화면으로 다시 돌아가려면 Navigator.pop을 사용합니다.

```dart
Navigator.pop(context);
```

그림 4-52 **SecondPage** 예제

Navigator 기능을 정리하면, Navigator.push를 하면 다른 화면으로 이동하고 Navigator.pop을 하면 바로 이전 화면으로 돌아갑니다.

4.5.2 Routes

앞의 예제에선 main.dart 파일에 두 개의 페이지를 작성해서 화면을 이동하는 연습을 해보았습니다. 이번에는 각각의 페이지를 분리하여 파일에 저장하고 경로를 설정한 다음 Routes를 이용하여 화면을 이동하는 방법을 알아봅니다.

그림 4-53 새로운 화면으로 이동하는 네비게이션 예제

먼저, 프로젝트명을 'routes_sample'으로 생성합니다.

프로젝트 파일 구조

MyHomePage 위젯은 home_page.dart에, Second-Page 위젯은 second_page.dart에 저장합니다. main. dart에서 초기 화면은 MyHomePage를 호출하고, 두 번째 화면은 SecondPage 화면으로 이동하도록 구현합니다. lib 폴더에 다음과 같이 파일을 생성합니다.

그림 4-54 lib 폴더 내 파일 생성

화면 라우팅 설정하기

화면 라우팅을 위해서 home_page.dart와 second_page.dart파일을 import합니다.

```
…
import 'package:routes_sample/home_page.dart';
import 'package:routes_sample/second_page.dart';
```

main.dart의 MyApp에서 MyHomePage와 SecondPage를 Routes를 이용하여 라우팅하기 위해서는 화면 페이지와 라우트명을 매핑해야 합니다. 예제에서는 MyHomePage는 '/home'으로, SecondPage는 '/second_page'로 라우트명을 정의하고 호출할 페이지를 설정합니다

```
routes: {
  '/home'        : (context) => MyHomePage(),    // MyHomePage로 이동
  '/second_page': (context) => SecondPage(),    // SecondPage로 이동
}
```

화면 페이지와 라우트명 정의가 완료되었다면, 초기 화면을 지정합니다. 초기 화면 지정은 initialRoute 속성에서 정의하면 됩니다. 예제에서는 초기 화면으로 '/home' 라우트명을 지정하였습니다. 앱을 실행하게 되면 라우트명 '/home'과 매핑되어있는 MyHomePage 화면이 나타납니다.

```
initialRoute: '/home',
```

이제 main.dart 수정이 완료되었습니다. main.dart의 전체 소스는 다음과 같습니다.

```dart
import 'package:flutter/material.dart';
import 'package:routes_sample/home_page.dart';
import 'package:routes_sample/second_page.dart';

void main() {
  runApp(const MyApp());
}

class MyApp extends StatelessWidget {
  const MyApp({super.key});
  @override
  Widget build(BuildContext context) {
    return MaterialApp(
      title: 'Routes Sample',
      initialRoute: '/home',                          // 초기화면 지정
      routes: {
        '/home'       : (context) => MyHomePage(), // MyHomePage로 이동
        '/second_page': (context) => SecondPage(), // SecondPage로 이동
      }
    );
  }
}
```

화면 이동하기: Navigator.pushNamed()

main.dart에서 import한 home_page.dart와 second_page.dart를 작성할 차례입니다. home_page.dart를 먼저 작성하고 second_page.dart를 만들어보겠습니다. Home_page. dart 파일을 열고 앞의 예제의 MyHomePage 클래스를 복사하여 붙여넣은 후 화면 이동을 위해 작성한 Navigator.push() 메소드를 Navigator.pushNamed() 메소드로 변경합니다.

```
Navigator.push(context, MaterialPageRoute(builder: (context) => const
SecondPage()),
Navigator.pushNamed(context, '/second_page');
```

Navigator.pushNamed() 메소드에 '/second_page'를 파라미터로 전달하면, 'second_
page'와 매핑되어 있는 SecondPage() 화면으로 전환됩니다.

lib/home_page.dart

```dart
import 'package:flutter/material.dart';

class MyHomePage extends StatelessWidget {
  const MyHomePage({super.key});

  @override
  Widget build(BuildContext context) {
    return Scaffold(
      appBar: AppBar(
        title: const Text(
          'FirstRoute',
        ),
      ),
      body: const Center(
        child: Text(
          '아래버튼을 눌러 다음페이지로!!!',
          style: TextStyle(
            fontSize: 20,
          ),
        ),
      ),
      floatingActionButton: FloatingActionButton(
        onPressed: () {
          Navigator.pushNamed(context, '/second_page');
        },
        child: const Icon(Icons.arrow_forward),
      ),
```

```
      );
    }
  }
```

이전화면으로 돌아가기: Navigator.pop()

이제 second_page.dart 파일에 SecondPage를 작성할 차례입니다. 앞선 예제에서의 SecondPage 클래스를 복사하여 second_page.dart에 붙여넣기 해주세요. 해당 파일에는 수정할 내용이 없습니다. 예제를 실행하면 기존 예제와 동일하게 SecondPage에서 아웃라인 버튼을 클릭하면 이전 화면인 홈 화면으로 돌아갑니다. 홈 화면에서 SecondPage로 이동할 때 사용하는 Navigator.pushNamed 메소드는 Navigator.push() 메소드와 같은 원리로 작동합니다. 홈 화면 위에 SecondPage 화면을 쌓아서 보여준 후, Navigator.pop() 메소드를 활용하여 이전 화면으로 돌아갈 수 있습니다.

lib/second_page.dart

```dart
import 'package:flutter/material.dart';

class SecondPage extends StatelessWidget {
  const SecondPage({super.key});

  @override
  Widget build(BuildContext context) {
    return Scaffold(
      appBar: AppBar(
        title: Text("Second Page"),
      ),
      body: Center(
        child: OutlinedButton(
          onPressed: () {
            Navigator.pop(context);   // 이전 화면인 홈화면으로 복귀
          },
```

```
        child: Text('이전페이지로!!!~!'),
      ),
    ),
  );
  }
}
```

4.5.3 BottomNavigationBar

BottomNavigationBar 위젯은 화면 하단에 위치한 내비게이션 바를 통해 사용자가 다양한 화면으로 이동할 수 있게 만들어주는 위젯입니다. 화면 하단의 내비게이션 바에 아이템들을 추가하고, 사용자가 해당 아이템을 클릭할 때마다 새로운 화면으로 전환되게 합니다. 예제에서는 하단 내비게이션 바에 home, search, profile 아이콘을 배치하고 아이템을 클릭하면 내비게이션 바의 배경색이 변경되며, 화면 중앙의 텍스트도 변경되어 표시됩니다.

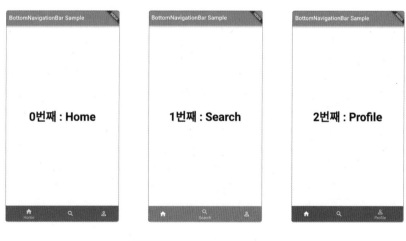

그림 4-55 BottomNavigator 예제 결과

기본 코드 작성하기

BottomNavigationBar 예제를 작성하기 위해 다음과 같이 기본 코드를 작성합니다. BottomNavigationBar에서 아이템을 클릭하면 텍스트가 변경되고 내비게이션 바의 배경 색이 수정되어야 하므로 상태있는 위젯(Stateful Widget)을 사용합니다.

```dart
import 'package:flutter/material.dart';

void main() => runApp(const MyApp());

class MyApp extends StatelessWidget {
  const MyApp({Key? key}) : super(key: key);

  static const String _title = 'Flutter Code Sample';

  @override
  Widget build(BuildContext context) {

    return const MaterialApp(
      title: _title,
      home: MyStatefulWidget(),
    );
  }
}

class MyStatefulWidget extends StatefulWidget {
  const MyStatefulWidget({Key? key}) : super(key: key);

  @override
  State<MyStatefulWidget> createState() => _MyStatefulWidgetState();
}

class _MyStatefulWidgetState extends State<MyStatefulWidget> {
  @override
  Widget build(BuildContext context) {
    return Scaffold(
```

```
      appBar: AppBar(
        title: const Text('BottomNavigationBar Sample'),
      ),
      body: Center( ),
      // bottomNavigationBar 영역을 작성합니다.
    );
  }
}
```

내비게이션 바 아이템 정의: BottomNavigationBarItem

하단 내비게이션 바를 예제와 같이 구현하려면, 먼저 내비게이션 바에 아이템을 배치합니다. 아이템 선택에 따라서 화면이 변경되어야 하므로 상태 클래스인 _MyStatefulWidgetState 클래스에 상태변수로 _selectedIndex를 선언합니다.

```
class _MyStatefulWidgetState extends State<MyStatefulWidget> {
  int _selectedIndex = 0; // 상태변수 선언
  …
}
```

하단 내비게이션 바에서 아이콘을 선택하면 onTap: (int index) {} 메소드가 수행됩니다. index는 현재 선택한 아이템의 인덱스입니다. 인덱스는 왼쪽부터 0, 1, 2로 정의되어 있습니다. setState() 함수에서 선택된 index를 상태변수인 _selectedIndex에 넣어 현재 인덱스를 _selectedIndex 변수에서 가지고 있도록 합니다.

```
onTap: (int index) {    // 아이콘이 선택되었을 때 동작합니다.
  setState(() {          // 선택된 index를 변경해주는 setState()를 작성합니다.
    _selectedIndex = index;
  });
},
```

내비게이션 바 아이템은 items 속성에 BottomNavigationBarItem 클래스를 사용하여 아이콘과 텍스트를 설정합니다. 아이템은 작성 순서대로 인덱스가 증가하면서 설정됩니다. 시작 인덱스는 0입니다. 그러므로 첫 번째 작성된 Home 아이템의 인덱스는 0이 됩니다.

lib/main.dart (_MyStatefulWidgetState)

```dart
class _MyStatefulWidgetState extends State<MyStatefulWidget> {
  int _selectedIndex = 0; // 인덱스 변수를 선언합니다.

  @override
  Widget build(BuildContext context) {
    return Scaffold(
    …생략…
    body:
     Center(
       // 선택된 인덱스에 해당하는 Text위젯을 화면에 보여줍니다.
     ),
     // bottomNavigationBar 영역을 작성합니다.
     bottomNavigationBar: BottomNavigationBar(
       type: BottomNavigationBarType.fixed,  // 내비게이션바 아이템을 고정합니다
       items: const <BottomNavigationBarItem>[
         BottomNavigationBarItem(icon: Icon(Icons.home), label: 'Home',),
         BottomNavigationBarItem( icon: Icon(Icons.search), label: 'Search'),
         BottomNavigationBarItem(icon: Icon(Icons.person_outline), label:
                                                          'Profile',),
       ],
        onTap: (int index) { // 아이콘이 선택되었을 때 동작합니다.

          setState(() {  // 선택된 index를 _selectedIndex에 세팅합니다
            _selectedIndex = index;
          });
        },
      ),
    );
  }
}
```

BottomNavigationBarType을 fixed로 설정

BottomNavigationBarType을 fixed로 설정하면, 내비게이션 바의 배경색과 위치가 고정됩니다. 내비게이션바 아이템을 BottomNavigatinBar 클래스의 items에 BottomNavigationBarItem을 사용하여 순차적으로 Home, Search, Profile을 작성합니다. 아이템을 클릭하면 onTap 메소드가 실행되면서 index가

BottomNavigationBar 실행 결과

변경되며, 변경된 index를 _selectedIndex에 저장합니다. _selectedIndex는 아이콘이 클릭 시 변경되는 화면을 구현할 때 사용합니다. selectedIndex의 초기값은 0이므로 예제를 실행하면 Home 아이콘이 선택되어 보입니다. Search 또는 Profile 아이콘을 클릭해 봅니다. 아무런 변화가 없습니다. Search와 Profile 아이콘 클릭 시 동작하는 코드를 작성하지 않았기 때문입니다.

내비게이션 바 배경색 바꾸기

이제, 하단의 아이콘 Home, Search, Profile을 클릭했을 때 내비게이션 바의 배경색이 바뀌도록 수정해보겠습니다. 먼저, BottomNavigationBarType을 shifting으로 변경합니다. Shifting 옵션은 내비게이션 바의 아이템별 배경색을 변경 가능하게 합니다.

```
type: BottomNavigationBarType.fixed
type: BottomNavigationBarType.shifting
```

내비게이션 바가 선택되었을 때 아이콘 색상과 아이템별 배경색을 설정하고 현재 선택된 인덱스 값을 클릭 시 설정된 인덱스로 수정합니다.

```
bottomNavigationBar: BottomNavigationBar(
  type: BottomNavigationBarType.shifting,       // 내비게이션바 아이템을 고정합니다
  selectedItemColor: Colors.yellowAccent,       // 선택된 아이템의 색상
  unselectedItemColor: Colors.grey[50],         // 선택 안 된 아이템의 색상
  currentIndex: _selectedIndex,                 // 현재 선택된 Index

  items: const <BottomNavigationBarItem>[
    BottomNavigationBarItem(          // Home
      icon: Icon(Icons.home),
      label: 'Home',
      backgroundColor: Colors.indigo,
    ),

    BottomNavigationBarItem(          // Search
      icon: Icon(Icons.search),
      label: 'Search',
      backgroundColor: Colors.deepOrange,
    ),
    BottomNavigationBarItem(          // Profile
      icon: Icon(Icons.person_outline),
      label: 'Profile',
      backgroundColor: Colors.deepPurple,
    ),
  ],
```

아이콘을 클릭하면 하단 내비게이션 바의 배경색이 변경되고 아이콘의 위치가 조금 이동하는 것을 확인할 수 있습니다. 동작 순서를 살펴보면, 하단의 아이콘을 클릭하면 onTap이 호출되고 _selectedIndex가 선택된 index로 변경된 후 currentIndex 속성이 _selectedIndex로 수행되어 내비게이션바 배경색이 변경되어 보여집니다. _selectedIndex 값의 변화에 따라 화면이 변경되므로 StatefuleWidget으로 구현해야합니다.

그림 4-57 아이콘 클릭 시 하단 내비게이션 바의 배경색의 변화

내비게이션바 아이콘 선택에 따른 화면 텍스트 변경

이번에는 아이콘이 클릭될 때 화면에 표시되는 Text를 설정할 차례입니다. 우선 선택된 하단 내비게이션 아이템에 따라 보여줄 Text 위젯을 List 형식으로 작성해야 합니다. List는 0번째부터 차례대로 텍스트를 저장합니다. 다음 코드 작성은 _MyStatefulWidget-State 상태 클래스의 build() 메소드 위에 위치해야 합니다.

```
static const List<Widget> _widgetOptions = <Widget>[
  Text( '0번째 : Home', style: TextStyle(fontSize: 40,fontWeight: FontWeight.
                                                        bold), ),
  Text( '1번째 : Search', style: TextStyle(fontSize: 40,fontWeight: FontWeight.
                                                        bold), ),
  Text('2번째 : Profile', style: TextStyle(fontSize: 40,fontWeight: FontWeight.
                                                        bold), ),
];
```

이제, List에 저장된 텍스트를 화면에 보이도록 List에 저장된 텍스트를 코드에 추가합니다. List _widgetOptions에는 Hoem, Search, Profile에 보여줄 텍스트가 0번째부터 순차적으로 저장되어 있습니다. _selectedIndex의 값에 따라 보여주는 텍스트는 변경됩니다.

```
body:
  Center(
    // 선택된 인덱스에 해당하는 widgetOptions의 Text 위젯을 화면에 보여줍니다.
    child: _widgetOptions.elementAt(_selectedIndex),
  ),
```

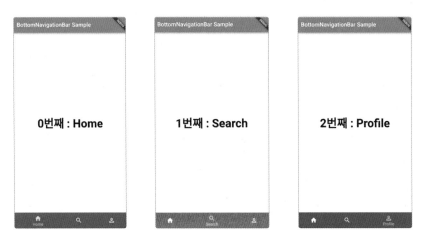

그림 4-58 인덱스에 따라 텍스트가 변경되는 예제 결과

BottomNavigationBar를 활용한 예제가 완성되었습니다. 하단 내비게이션 바에서 Home 아이콘을 클릭하면 배경색이 변경되면서 List의 0번째에 저장된 '0번째 : Home' 텍스트를 보여주고, Search 아이콘을 클릭하면 List의 1번째에 저장된 '1번   : Search' 텍스트를, Profile 아이콘을 클릭하면 '2번   : Profile' 텍스트를 화면에 보여줍니다.

다음은 _MyStatefuleWidgetState 클랙스의 전체 소스입니다.

lib/main.dart

```dart
class _MyStatefulWidgetState extends State<MyStatefulWidget> {
  // 인덱스 변수를 선언합니다.
  int _selectedIndex = 0;

  // 하단 내비게이션이 선택되었을 때, 실제로 보여줄 Text위젯을 List로 작성합니다.
  static const List<Widget> _widgetOptions = <Widget>[
    Text(
      '0번째 : Home',
      style: TextStyle(fontSize: 40,fontWeight: FontWeight.bold),
    ),
    Text(
      '1번째 : Search',
      style: TextStyle(fontSize: 40,fontWeight: FontWeight.bold),
```

```dart
      ),
    Text(
      '2번째 : Profile',
      style: TextStyle(fontSize: 40,fontWeight: FontWeight.bold),
    ),
  ];

@override
Widget build(BuildContext context) {
  return Scaffold(
    appBar: AppBar(
      title: const Text('BottomNavigationBar Sample'),
    ),      body:
    Center(
      // 선택된 인덱스에 해당하는 widgetOptions의 Text위젯을 화면에 보여줍니다.
      child: _widgetOptions.elementAt(_selectedIndex),
    ),
    // bottomNavigationBar 영역을 작성합니다.
    bottomNavigationBar: BottomNavigationBar(
      type: BottomNavigationBarType.shifting,       // 내비게이션바 아이템을 고정합니다
      selectedItemColor: Colors.yellowAccent,       //선택된 아이템의 색상
      unselectedItemColor: Colors.grey[50],         //선택 안된 아이템의 색상
      currentIndex: _selectedIndex,                 //현재 선택된 Index

      items: const <BottomNavigationBarItem>[
        BottomNavigationBarItem(
          icon: Icon(Icons.home),
          label: 'Home',
          backgroundColor: Colors.indigo,
        ),
        BottomNavigationBarItem(
          icon: Icon(Icons.search),
          label: 'Search',
          backgroundColor: Colors.deepOrange,
        ),
        BottomNavigationBarItem(
          icon: Icon(Icons.person_outline),
```

```
            label: 'Profile',
            backgroundColor: Colors.deepPurple,
          ),
        ],
        onTap: (int index) { // 아이콘이 선택되었을 때 동작합니다.
          // 선택된 index를 변경해주는 setState()를 작성합니다.
          // statefulWidget으로 작성되어야 화면의 상태를 변경할 수 있습니다.
          setState(() {
            _selectedIndex = index;
          });
        },
      ),
    );
  }
}
```

5

01 레이아웃 구조 분석하기

02 화면 구성 위젯 분석하기

03 커스텀 위젯 만들기

04 재사용 메소드 만들기

05 앱 화면에 적용하기

복잡한 화면 레이아웃 그리기

플러터 앱 개발을 처음 시작할 때 가장 어려운 부분 중 하나는 화면을 그리는 것입니다. 코드를 사용하여 화면을 구현해야 하기 때문에, 처음 플러터의 화면을 그리는 과정은 쉽지 않습니다. 따라서, 개발하고자 하는 플러터 앱의 화면을 구현하기 전에 필요한 위젯과 배치를 먼저 계획하고 설계하는 것이 중요합니다. 효과적인 설계를 위해, 먼저 화면의 목적과 기능을 명확히 정의하고 전체적인 레이아웃을 계획하는 것이 필요합니다.

레시피 앱 만들기

이 절에서는 요리 레시피를 알아보는 앱의 화면을 간단히 만들어 봅니다. 레시피 앱은 레시피를 사진과 함께 소개하고 조리 시간과 난이도, 조리 순서를 담고 있습니다. 화면을 순차적으로 실습하면서 알아가기 위해 우리가 만들 화면의 레이아웃을 레시피 사진, 레시피 소개, 레시피 난이도 정보, 레시피 조리 순서와 같이 4개의 영역으로 나누고 레시피 앱 화면을 분석한 후 위젯을 만들어 보겠습니다.

그림 5-1 레시피 앱

- **레시피 사진 영역** : 레시피대로 요리한 완성 사진을 보여줍니다.

- **레시피 소개 영역** : 레시피 명과 레시피 소개를 보여줍니다.

- **레시피 난이도 정보 영역** : 몇인분인지와 소요 시간, 난이도에 대한 정보를 표시합니다.

- **조리 순서 영역** : 조리 순서와 설명, 조리 예시 사진을 보여줍니다.

5.1.1 레시피 앱 화면 분석하기

이제 레시피 앱의 전체 화면 구조를 분석할 차례입니다. 전체 화면 구조 분석은 화면의 흐름이 어떤 방향인지 생각하면서 적절한 레이아웃 위젯을 선택하는 것입니다. 앱을 만들 때 영역을 나누어 여러 구성 요소를 보기 좋게 배치하면 한눈에 화면 구성을 확인할 수 있고, 사용할 위젯을 효과적으로 배치할 수 있습니다.

레이아웃 구조 보기

화면 레이아웃 구조를 살펴보면 다음과 같습니다.

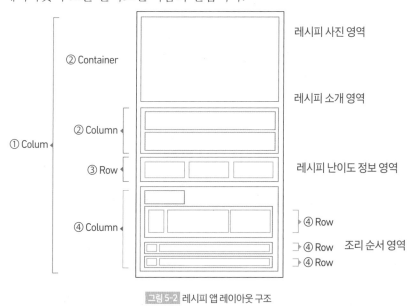

그림 5-2 레시피 앱 레이아웃 구조

- 전체 화면의 구조를 보면, 위에서 아래로 위젯들이 배치되어 있습니다. 레시피 사진 영역과 나머지 영역이 모두 수직으로 화면이 구성되므로 ① Column 위젯을 적용합니다.

- 레시피 소개 영역은 레시피 명과 설명이 세로로 배치 되어있기 때문에 ② Column 위젯을 적용합니다.

- 레시피 난이도 영역은 아이콘과 글씨가 한 쌍으로 이루어진 모양이 가로로 3개가 배치되어 있는 구조입니다. 이렇게 수평으로 위젯을 배치할 때는 ③ Row 위젯을 적용합니다.

- 조리 순서 영역은 제목과 레시피 내용이 세로로 배치되어 있는 것을 확인할 수 있습니다. 내용의 조리 설명과 이미지는 가로로 배치되어 있으므로 ④ Column 위젯과 ④ Row 위젯을 모두 이용하여 적용합니다.

화면 구성 위젯 보기

레이아웃 구성에 필요한 위젯들을 표시했습니다.

그림 5-3 레시피 앱 사용 위젯

5.1.2 사전 준비 사항

레시피 앱 화면을 그리기 전 사전 준비 사항입니다. 먼저 프로젝트를 생성하고 필요한 이미지 파일을 준비합니다.

프로젝트 생성하기

새 프로젝트를 생성합니다. 프로젝트 명을 'recipe_sample'로 입력합니다.

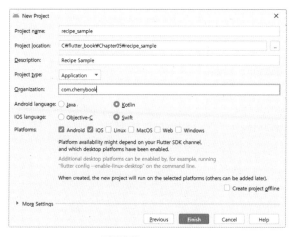

그림 5-4 프로젝트 생성

이미지 파일 준비하기

프로젝트에 asset 폴더를 만듭니다. 이미지 파일들을 미리 준비하여 폴더에 추가합니다.

image01.jpg	레시피 사진 영역에 사용되는 완성된 요리 이미지 파일
step01.jpg	레시피 영역의 조리 과정의 이미지 파일

표 5-1 이미지 파일 목록

asset 이미지 파일 구조

그리고 pubspec.yaml 파일을 수정합니다. assets 태그를 넣고 이미지 파일의 경로를 작성합니다.

```
                                                              pubspec.yaml
...생략...
flutter:

  uses-material-design: true
  assets:
    - assets/image01.jpg
    - assets/step01.jpg
```

5.1.3 기본 코드 작성하기

레시피 앱을 만들기 위해 main.dart에 다음 예제와 같이 기본 코드를 작성합니다. 레시피 앱은 위에서 아래로 흐르는 Column 구조로 되어있으므로 body 영역에서 Column 위젯으로 시작합니다. Column 위젯은 여러 위젯을 나열할 수 있는 children 속성을 가진 위젯이므로 기본 코드에 children 속성까지 작성하겠습니다.

```
                                                              lib/main.dart
import 'package:flutter/material.dart';
```

```
void main() {
  runApp(const MyApp());
}

class MyApp extends StatelessWidget {
  const MyApp({super.key});
  @override
  Widget build(BuildContext context) {
    return MaterialApp(
      title: 'layout example',
      home: MyHomePage(),
    );
  }
}

class MyHomePage extends StatelessWidget {
  const MyHomePage({super.key});
  @override
  Widget build(BuildContext context) {
    return Scaffold(
      appBar: AppBar(
        title: Text('Recipe Example'),
      ),
      body: Column(
        children: [
          // 이곳에 코드를 작성합니다.
        ]
      ),
    );
  }
}
```

기본 코드가 준비되었다면, 이제 body 영역의 children 속성 아래에 레시피 사진 영역부터 순차적으로 코드를 구현해 봅니다.

5.1.4 레시피 앱 화면 만들기

이제 앞서 레시피를 설명하는 화면의 레이아웃을 만들어
보겠습니다. 레이아웃의 구조와 위젯 설계를 바탕으로 순차
적으로 만들어 보고 적용합니다. 레시피 앱은 레시피 사진
영역부터 레시피 소개, 레시피 난이도 정보, 조리 순서대로
실습합니다.

Step 1. 레시피 사진 영역 만들기

레시피의 사진 영역은 이미지 위젯을 이용해서 레시피 이
미지를 보여줍니다.

Image 위젯 작성 하기

그림 5-6 레시피 사진 영역 확인

assets 폴더에 있는 이미지를 화면에 표시해야 하므로 로컬 이미지를 불러오는 image.
asset을 사용합니다. 레시피 완성 이미지(image01.jpg)를 assets 폴더에 준비해야 하는 것
을 잊지 맙시다.

lib/main.dart

```
...생략...
body: Column (
  children: [
    Image.asset(
      'assets/image01.jpg',
    ),
  ],
),
```

그림 5-7 레시피 사진 영역 적용 결과

레시피 사진 영역이 완성되었습니다.

Step 2. 레시피 소개 영역 만들기

다음은 레시피명과 소개를 작성할 차례입니다. 레시피 사진 영역의 Image 위젯 아래에
이어서 작성합니다.

그림 5-8 레시피 소개 영역 확인

제목과 소개 작성하기

레시피 소개 영역의 레이아웃 구조를 먼저 살펴보겠습니다. 레시피명과 소개가 수직으
로 나열되어 있는지 수평으로 나열되어 있는지를 먼저 확인합니다. 수직이면 Column 위
젯을, 수평이면 Row 위젯을 사용합니다. 레시피명과 소개는 수직으로 나열되어있으므로
Column 위젯을 사용합니다.

이제, 필요한 위젯을 생각해볼 차례입니다. 레시피명과 설명 모두 텍스트로 표시되고 있
습니다. 둘 다 텍스트이므로 Text 위젯을 사용해서 구현해보는 것을 생각해볼 수 있는데,
천천히 생각해 보면 제목과 설명의 텍스트 스타일이 다르다는 것을 알 수 있습니다.

Text.rich를 사용할지, Text 위젯을 2개를 사용하여 각각 스타일을 적용할지를 생각해

봅니다. 스타일뿐 아니라 정렬도 고려해야하므로 2개의 Text 위젯을 사용하여 각각 텍스트 스타일을 적용하겠습니다. 레이아웃 구조와 필요한 위젯을 모두 설계하였으니 이제는 구현할 차례입니다. Column 위젯에 레시피명과 설명을 작성합니다. 사진 영역과 간격이 필요하므로 Padding을 사용하여 여백도 만들어 줍니다.

lib/main.dart

```
...생략...
body: Column(
  children: [
// 레시피 사진 영역
    Image.asset(
      'assets/image01.jpg',
    ),
// 레시피 소개 영역
    Padding( // 여백을 만듭니다
      padding: const EdgeInsets.all(24.0),
      child: Column(   // 위젯을 세로 방향으로 배치합니다.
        crossAxisAlignment: CrossAxisAlignment.start,
        children: [
          // 제목
          const Text(
            '아스파라거스토마토구이 & 아스파라거스마늘볶음',
          ),

          // 소개
          Text(
            '맛남의광장에서 나온 아스파라거스요리!\n'
            '입에 감기는 맛이지만, 쉬운 요리법에\n'
            '술안주, 밥반찬으로 추천!', ),
        ],
      ),
    ),
  ],
),
```

그림 5-9 제목과 소개 영역 작성 결과

TextStyle 적용하여 제목과 소개 구분하기

Column 위젯에 Text 위젯으로 제목과 소개를 작성해봤습니다. 하지만 Text 스타일이
동일해서 내용이 구분되지 않는걸 확인할 수 있습니다. Text 위젯에 TextStyle을 적용하
여 제목과 소개를 구분해 레시피 소개 영역을 완성해 보겠습니다.

그림 5-10 텍스트 스타일 적용 결과

lib/main.dart

```
...생략...
Padding( // 여백을 작성합니다.
  padding: const EdgeInsets.all(24.0),
  child: Column( // 위젯을 세로 방향으로 배치 합니다.
    crossAxisAlignment: CrossAxisAlignment.start,
    children: [
      // 제목
      const Text(
        '아스파라거스토마토구이 & 아스파라거스마늘볶음',
        style: TextStyle(
          fontWeight: FontWeight.bold,   // 굵기를 '진하게' 설정합니다.
          fontSize: 24,                  // 글자 크기를 24px로 설정합니다.
```

```
          ),
        ),
        // 소개
        Text(
          '맛남의광장에서 나온 아스파라거스요리!\n'
          '입에 감기는 맛이지만, 쉬운 요리법에\n'
          '술안주, 밥반찬으로 추천!',
          style: TextStyle(
            color: Colors.grey[800], // 글자 색상을 회색으로 설정합니다.
            fontSize: 16,            // 글자 크기를 16px로 설정합니다.
          ),
        ),
      ),
    ],
  ),
...생략...
```

재사용 메소드 만들기(titleSection 만들기)

플러터에서 소스 코드의 가독성을 높이고 중복 코드를 제거하기 위한 방법은 재사용 메소드를 만들거나 커스텀 위젯을 만드는 것입니다. 재사용 메소드는 헬퍼 메소드라고도 불리며 동일한 클래스 내에서 재사용할 메소드를 새롭게 정의하여 헬퍼 메소드로 만드는 것을 의미합니다. 반면에 커스텀 위젯은 StatefulWidget 또는 StatelessWidget의 서브 클래스를 만드는 것을 말합니다. 재사용 메소드는 한 클래스 내에서 메소드를 정의하여 호출함으로써 가독성을 개선하고 사용 편의성을 높일 수 있습니다. 이제 재사용 메소드, 즉 헬퍼 메소드를 어떻게 만드는지 알아보겠습니다.

코드 구현 과정에서 소스를 구조화하는 습관은 가독성을 향상시키고 코드의 품질을 높입니다. 재사용 메소드는 최상위 위젯인 Widget으로 만들 수도 있으며, Column, Text 등의 위젯 타입으로도 만들 수 있습니다. 이번 예제에서는 Widget을 사용하여 설명하겠습니다. 재사용 메소드는 다음과 같은 형식으로 작성합니다. 주의해야 할 점은 위젯으로 생성할 때는 위젯의 마지막에 ',' (콤마) 대신 ';' (세미콜론)을 사용한다는 것입니다.

```
Widget 변수명= 위젯( … );

예시) Widget titleSection = Padding ( … );
Padding titleSection = Padding ( … );
```

재사용 메소드를 적용하는 방법은 재사용 메소드로 정의한 코드를 삭제하고 재사용 메소드를 호출합니다.

```
body : Coulmn(
  children : [
    titleSection,
    iconSection,
…생략…
  ],
),
```

이제 위젯의 형식을 참고하여 레시피 소개 영역을 메소드로 만들어보겠습니다. build 아래에 메소드명을 titleSection으로 작성하고 앞서 레시피 소개 영역에 만들었던 Padding 위젯 전체를 복사하여 붙여 넣습니다.

lib/main.dart

```
Widget build(BuildContext context) {
  Padding titleSection = Padding( // 여백을 작성합니다.
    padding: const EdgeInsets.all(24.0),
    child: Column( // 위젯을 세로 방향으로 배치 합니다.
      crossAxisAlignment: CrossAxisAlignment.start,
      children: [
```

```
        // 제목
    const Text(
        '아스파라거스토마토구이 & 아스파라거스마늘볶음',
        style: TextStyle(
            fontWeight: FontWeight.bold, // 굵기를 '진하게' 설정합니다.
            fontSize: 24,              // 글자 크기를 24px로 설정합니다.
        ),
    ),
        // 소개
    Text(
        '맛남의 광장에서 나온 아스파라거스요리!\n'
            '입에 감기는 맛이지만, 쉬운 요리법에\n'
            '술안주, 밥반찬으로 추천!',
        style: TextStyle(
            color: Colors.grey[800], // 글자 색상을 회색으로 설정합니다.
            fontSize: 16,            // 글자 크기를 16px로 설정합니다.
        ),
    ),
    ],
    ),
);
```

이제 body 영역에서 Padding() 위젯이 구현되었던 영역을 삭제하고 titleSection으로
수정합니다. 별도의 재사용 메소드로 만들었기 때문에 body 영역의 소스가 간결해진 것을
확인할 수 있습니다. 핫 리로드하여 제대로 적용 되었는지 확인합니다. 재사용 메소드를
적용했을 뿐이므로 결과는 동일하게 보여집니다.

lib/main.dart

```
body: Column(
    children: [
        // 레시피 사진 영역
        Image.asset(
            'assets/image01.jpg',
        ),
```

```
    // 레시피 소개 영역
    titleSection,
    ],
  ),
```

Step 3. 레시피 정보 영역 만들기

다음은 레시피 정보 영역입니다. 레시피를 위한 조리량, 조리 시간, 난이도 정보를 보여줍니다.

레시피 정보 영역의 레이아웃을 살펴보면, 아이콘과 텍스트가 한 쌍이 되어 수평으로 3번 반복 배치 되어 있습니다. 가로로 배치되어 있기 때문에 Row 위젯으로 작성합니다. 필요한 위젯은 Icon과 Text 위젯입니다. 레시피 정보 영역을 그리기 위해 먼저 반복 배치되고 있는 아이콘과 텍스트를 묶어서 'iconSection'으로 명명한 재사용 메소드로 만듭니다.

그림 5-11 레시피 정보 영역 확인

iconSection 만들기

아이콘과 텍스트를 수평으로 배치하기 위하여 iconSection에 Row 위젯을 적용합니다. Row 위젯의 children 속성에 아이콘과 텍스트를 하위 위젯으로 작성하고, 아이콘과 텍스트와의 간격을 조정하기 위하여 텍스트를 Container 위젯으로 감싸서 사용합니다. iconSection의 재사용 메소드의 타입은 'Widget'과 'Row' 어느 것으로 정의하여도 괜찮습니다. iconSection은 'Row'로 재사용 메소드 타입을 선언하였습니다. Widget은 위젯 트리의 최상위 위젯으로 모든 재사용 메소드의 타입으로 선언될 수 있습니다.

lib/main.dart

```
…생략…
Padding titleSection = Padding( … );
```

```
…생략…
Row iconSection = Row( // 아이콘, 텍스트 위젯을 가로로 배치합니다.
  mainAxisAlignment: MainAxisAlignment.start, // 수평으로 왼쪽 정렬
  children: [
    Icon(Icons.people, color: Colors.grey),     // 아이콘을 작성합니다.
    Container(
      margin: const EdgeInsets.only(left: 4), // 왼쪽에 4px만큼 여백을 줍니다.
        child: Text(                            // 텍스트를 작성합니다.
          '4인분',
          style: TextStyle(
          fontSize: 16,
          fontWeight: FontWeight.w400,
          color: Colors.grey,
        ),
      ),
    ),
  ],
);
```

titleSection 아래에 iconSection 메소드를 적용해 줍니다.

lib/main.dart

```
body: Column(
  children: [
    // 레시피 사진 영역
    Image.asset(
      'assets/image01.jpg',
    ),
    // 레시피 소개 영역
    titleSection,
    // 레시피 정보 영역
    iconSection,
  ],
),
```

iconSection에 아이콘과 텍스트 한 쌍만 정의되어 있으므로 실행해보면 그림과 같이 왼쪽에 아이콘과 '4인분'이라는 텍스트가 보여집니다.

이제 조리 시간과 난이도 정보를 배치할 차례입니다. icon-Section에 조리 시간, 난이도 정보 아이콘과 텍스트를 배치하려면, 두 가지 Row 위젯이 필요합니다. 첫 번째 Row 위젯은 아이콘과 텍스트를 묶는 역할을 합니다. 두 번째 Row 위젯은 조리량, 조리 시간, 난이도 정보를 수평으로 나열하는 역할을 합니다. 먼저 첫 번째 Row 위젯을 사용하여 조리 시간과 난이도 아이콘 및 텍스트를 묶습니다. 이후, 두 번째 Row 위젯의 자식으로 추가된 첫 번째 Row 위젯들을 배치합

그림 5-12 **iconSection** 작성 결과 **1**

니다. Row 위젯의 자식 위젯 간의 여백을 동일하게 배분하기 위해 MainAxisAlignment. spaceEvently 속성을 사용합니다. 이 속성을 적용하면, 조리량, 조리 시간, 난이도 정보 사이의 여백이 균등하게 배분되어 표시됩니다.

lib/main.dart

```
...생략...
Row iconSection = ①Row(// 위젯을 가로로 배치합니다.
  mainAxisAlignment: MainAxisAlignment.spaceEvenly, // 위젯간 여백으로 수평방향으로 동일하
                                                    게 적용

  children: [
    // '사람' 아이콘, '4인분' 텍스트를 작성합니다.
    ②Row(// 아이콘, 텍스트 위젯을 가로로 배치합니다.
      children: [
        Icon(Icons.people, color: Colors.grey),
        Container(
          margin: const EdgeInsets.only(left: 8.0),
          child: Text(
            '4인분',
            style: TextStyle(
```

```
          fontSize: 16,
          fontWeight: FontWeight.w400,
          color: Colors.grey,
        ),
      ),
    ),
  ],
),
// '시계' 아이콘, '15분이내' 텍스트를 작성합니다. (추가)
Row(
  children: [
    Icon(Icons.alarm, color: Colors.grey),
    Container(
      margin: const EdgeInsets.only(left: 8.0),
      child: Text(
        '15분이내',
        style: TextStyle(
          fontSize: 16,
          fontWeight: FontWeight.w400,
          color: Colors.grey,
        ),
      ),
    ),
  ],
),
// '별' 아이콘, '아무나' 텍스트를 작성합니다. (추가)
Row(
  children: [
    Icon(Icons.star, color: Colors.grey),
    Container(
      margin: const EdgeInsets.only(left: 6.0),
      child: Text(
        '아무나',
        style: TextStyle(
          fontSize: 16,
          fontWeight: FontWeight.w400,
          color: Colors.grey,
        ),
```

그림 5-13 iconSection 작성 결과 2

```
            ),
          ),
        ],
      ),
    ],
  );
  ...생략...
```

buildIconLabelRow 함수 만들기

재사용 메소드를 사용하는 것이 익숙해졌다면, 이번에는 파라미터가 있는 재사용 메소드를 만들어 보겠습니다. 앞에서 작성한 iconSection을 살펴보면 Row(Icon, Text) 위젯이 3번 반복됩니다. 아이콘과 텍스트만 다를 뿐 텍스트 스타일을 포함한 나머지 코드는 모두 동일하게 작성되어 있습니다. 중복되는 코드는 제거하고 아이콘과 텍스트는 파라미터에 값으로 전달하여 재사용 메소드가 실행되도록 변경해 보겠습니다.

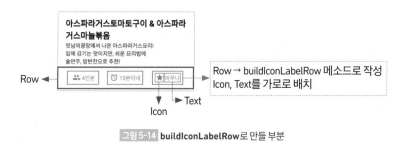

그림 5-14 **buildIconLabelRow**로 만들 부분

먼저, IconSection에서 반복되는 Icon과 Text를 가진 Row 위젯을 별도의 함수로 추출합니다.

해당 Row 위젯에 커서를 올려 두고 [오른쪽 마우스 버튼 클릭] → [Refactor] → [Extract Method]를 선택합니다. 그리고 메소드 이름을 'buildIconLabelRow'로 지정합니다.

```
// (3)-1 iconSection 위젯 작성
Widget iconSection = Row(
  mainAxisAlignment: MainAxisAlignment.spaceEvenly,
  children: [
```

┌───┬──────────────────────────────────────┐
│ 💡 Show Context Actions   Alt+Enter   │   center,   │
│ 📋 Paste   Ctrl+V   │   │
│   Copy / Paste Special   >   │   ey),   │
│   Column Selection Mode   Alt+Shift+Insert   │   │
│   Find Usages   Alt+F7   │   t: 8.0),   │
│   Find Sample Code   Alt+F8   │   │
│   Refactor   >   │ Rename...   Shift+F6   │
│   Folding   >   │ Introduce Variable... Ctrl+Alt+V   │
│   Analyze   >   │ Extract Method...   Ctrl+Alt+M   │
│   Reformat Code with 'dart format'   │ Extract Flutter Widget... Ctrl+Alt+W │
│   Go To   >   │ Move File...   F6   │
│   Generate...   Alt+Insert│ Copy File...   F5   │
│ ▶ Run 'main.dart'   Ctrl+Shift+F10│ Remove Unused Resources...   │
│   Modify Run Configuration...   │ Migrate to AppCompat...   │
│   Open in   >   │ Migrate to AndroidX...   │
│   │ Migrate to Non-Transitive R Classes...│
│   Local History   >   │ Add Right-to-Left (RTL) Support... │
│   Git   >   └──────────────────────────────────────┘
│ 📋 Compare with Clipboard   │   y),
│   │
│ ⓖ Create Gist...   │   t(Left: 8.0),
└──┘─── child: Text(
```

**그림 5-15** 메소드 만들기 - **buildIconLabelRow** 만드는 방법

```
Widget iconSection = Row(
  mainAxisAlignment: MainAxisAlignment.spaceEvenly,
  children: [
    Row(
      children: [
        Icon(Icons.people, color: Colo
        Container(
          margin: const EdgeInsets.on
          child: Text(
            '4인분')
            style: TextStyle(
              fontSize: 16,
              fontWeight: FontWeight.w400,
              color: Colors.grey,
            ), // TextStyle
          ), // Text
        ), // Container
      ],
    ), // Row
```

┌───┐
│ ⬛ Extract Method   ✕ │
│   │
│ Method name: buildIconLabelRow   │
│   │
│ ☐ Extract getter   │
│ ☐ Extract all occurrences   │
│ Row buildIconLabelRow()   │
│   [Refactor] [Cancel] │
└───┘

그림 5-16 메소드 만들기 - **buildIconLabelRow** 만들기

[Refactor] 버튼을 클릭하면 메소드가 생성됩니다. 생성된 메소드를 확인해 봅니다. 소스 최하단에 다음과 같은 별도 메소드 buildIconLabelRow가 만들어진 걸 확인할 수 있습니다.
```

```
…생략…
Row buildIconLabelRow() {
  return Row( // 아이콘, 텍스트 위젯을 가로로 배치합니다.
      children: [
        Icon(Icons.people, color: Colors.grey), // 아이콘을 작성합니다.
        Container(
          margin: const EdgeInsets.only(left: 8.0), // 왼쪽 여백을 줍니다.
          child: Text( // 텍스트를 작성합니다.
            '4인분',
            style: TextStyle(
              fontSize: 16,
              fontWeight: FontWeight.w400,
              color: Colors.grey,
            ),
          ),
        ),
      ],
    );
}
```

이제 이 메소드를 IconSection에서 호출해 보겠습니다. 기존 Row(Icon, Text) 형태의 코드 대신 'buildIconLabelRow' 메소드로 변경하여 실행해 보면 'Icon.people'과 '4인분'이 3번 반복되어 나타납니다. 'buildIconLabelRow' 메소드에 'Icon.people'과 '4인분'으로 구현되어 있기 때문입니다.

```
…생략…
Widget iconSection = Row( // 위젯을 가로로 배치합니다.
  mainAxisAlignment: MainAxisAlignment.spaceEvenly,
  children: [
    buildIconLabelRow(),
    buildIconLabelRow(),
    buildIconLabelRow(),
  ],
);
…생략…
```

그림 5-17 **buildIconLabelRow** 적용하기

조리 시간과 난이도 정보를 나타내기 위해, 미리 작성한 buildIconLabelIcon 메소드에 전달해야 할 파라미터를 확인합니다. 전달되어야 하는 파라미터는 아이콘 모양과 텍스트 입니다. 색상 변경을 원하는 경우, 추가로 아이콘 색상과 텍스트 색상도 전달합니다.

lib/main.dart(수정 전)

```
...생략...
Row buildIconLabelRow() {
  return Row(
    mainAxisAlignment: MainAxisAlignment.start,
    children: [
      Icon(Icons.people, color: Colors.grey),
      Container(
        margin: const EdgeInsets.only(left: 8.0),
        child: Text(
          '4인분',
          style: TextStyle(
            fontSize: 16,
            fontWeight: FontWeight.w400,
            color: Colors.grey,
```

```
          ),
        ),
      ),
    ],
  );
}
```

아이콘 모양과 텍스트 그리고 색상을 변경하기 위하여 buildIconLabelRow 메소드에
파라미터를 정의합니다. 전달받은 파라미터를 위젯의 속성값으로 변경합니다.

Icon의 IconData의 값은 icon 파라미터로, color 속성의 값은 color 파라미터로 수정합
니다.

```
Icon(Icons.people, color: Colors.grey),  // 삭제
Icon(icon, color: color),                // 추가
```

Text 위젯은 '4인분'을 label 파라미터로, TextStyle의 color 속성값을 color 파라미터로
변경합니다.

```
child: Text( '4인분', style: TextStyle( fontSize: 16, fontWeight: FontWeight.
w400, color: Colors.grey,)
child: Text( label, style: TextStyle( fontSize: 16, fontWeight: FontWeight.
w400, color: color,)
```

파라미터가 추가되어 변경된 buildIconLabelRow 메소드 소스는 다음과 같습니다.

lib/main.dart (수정 후)

```
Row buildIconLabelRow(IconData icon, String label, Color color,) {
  return Row( // 아이콘, 텍스트 위젯을 가로로 배치합니다.
    mainAxisAlignment: MainAxisAlignment.start,
      Icon(icon, color: color), // 아이콘을 작성합니다.
      Container(
```

```
        margin: const EdgeInsets.only(left: 8.0), // 왼쪽 여백을 줍니다.
        child: Text( // 텍스트를 작성합니다.
          label,
          style: TextStyle(
            fontSize: 16,
            fontWeight: FontWeight.w400,
            color: color,
          ),
        ),
      ),
    ],
  );
}
```

이제, buildIconLabelRow를 호출하는 IconSection 위젯에서 파라미터에 값을 설정해 보겠습니다.

lib/main.dart

```
Widget iconSection = Row(
  mainAxisAlignment: MainAxisAlignment.spaceEvenly,
  children: [
    buildIconLabelRow(Icons.people, '4인분', Colors.grey),    // 조리량
    buildIconLabelRow(Icons.alarm, '15분이내', Colors.grey),   // 조리시간
    buildIconLabelRow(Icons.star, '아무나', Colors.grey,),     // 난이도정보
  ],
);
```

앞에서 작성한 buildIconLabelRow() 메소드는 아이콘과 텍스트를 한 쌍으로 묶어서 Row 위젯으로 반환하는 메소드입니다. 이렇게 반복적인 코드를 하나의 메소드로 추출하여 작성하면, 중복된 코드를 줄일 수 있어 유지보수가 쉬워지며 가독성도 높아집니다.

이제 완성된 iconSection을 확인해 보겠습니다. 핫 리로드를 실행하면 값을 전달한 결과를 확인할 수 있습니다.

레시피 정보 영역 완성 결과

Step 4. 조리 순서 영역 만들기

마지막으로 조리 순서 영역을 만들어 보겠습니다. 레시피
의 조리 순서에 대한 설명과 조리 과정의 이미지를 보여줍
니다.

앞에서 작성한 것과 동일하게 조리 순서 영역을 재사용 메
소드를 이용하여 구현합니다. 메소드 명은 'stepSection'으
로 만듭니다.

조리 순서 영역의 레이아웃을 살펴보면, 제목과 조리 순서
설명이 수직 방향으로 배치되어 있고 조리 순서 설명에는 순
번, 설명, 이미지가 수평으로 배치되어 있습니다. 그러므로
이 영역에선 Column 위젯 내 Row 위젯을 배치하여 작성합
니다. 필요한 위젯은 Icon, Text, Image 위젯입니다.

조리 순서 영역을 'stepSection' 로 명명한 재사용 메소드로 만듭니다.

조리 순서 영역 확인하기

stepSection 위젯 만들기

조리 순서 영역은 제목과 조리 순서 설명을 수직으로 배치하기 위해서 Column 위젯으로 작성합니다. Column 위젯의 children 속성에 '조리 순서'를 Text 위젯으로 작성하여 제목을 만듭니다. 전체적으로 여백을 주기 위해 Padding 위젯으로 감싸줍니다. 다음 소스를 참고하여 작성합니다.

lib/main.dart

```
…생략…
Widget iconSection = Row( … );
…생략…
Widget stepSection = Padding( // 여백을 작성합니다.
  padding: EdgeInsets.all(16.0),
  child: Column( // 위젯을 세로로 배치합니다.
    crossAxisAlignment: CrossAxisAlignment.start, // 가로 방향으로 왼쪽 정렬합니다.
    children: [
        // 조리 순서 제목
      Text(
        '조리 순서',
        style: TextStyle(
          fontSize: 20.0,
          fontWeight: FontWeight.bold,
        ),
      ),
    ],
  ),
);
…생략…
```

iconSection 아래에 stepSection 메소드를 작성해 확인합니다.

```
body: Column(
  children: [
    // 레시피 사진 영역
    Image.asset(
      'assets/image01.jpg',
    ),
    // 레시피 소개 영역
    titleSection,
    // 레시피 정보 영역
    iconSection,
    // 조리 순서 영역
    stepSection,
  ],
),
```

그림 5-20 **stepSection** 적용 결과

이어서 조리 순서 설명을 제목인 Text 위젯 아래에 Row 위젯을 배치하여 순번, 설명, 이미지를 수평 방향으로 작성해봅니다.

조리 순번

조리 순번 '1'은 Text 위젯을 사용하고 Padding 위젯을 사용하여 여백을 줍니다

```
Row(
  crossAxisAlignment: CrossAxisAlignment.start, // 세로 방향의 위쪽에 정렬합니다.
  children: [
    // 조리 순서 번호
    Padding(   // Text위젯에 여백을 줍니다.
      padding: const EdgeInsets.only(right: 8.0),
      child: Text(
        "1",
        style: Theme.of(context).textTheme.titleLarge,
```

```
      ),  // Text
    ),  // Padding
    // 조리 순서 설명을 이곳에 작성합니다.
    // 조리 순서 이미지를 이곳에 작성합니다.
  ],
),
```

조리 설명

조리 설명은 Text 위젯을 사용하고 SizedBox로 width를 화면 너비의 50%로 적용합니다.

```
// 조리 순서 설명
SizedBox(  // Text위젯에 크기를 지정해 줍니다.
  width: MediaQuery.of(context).size.width * 0.5,
  child: Text(
    '[아스파라거스 토마토 구이]  아스파라거스는 4~5cm 길이로 자른다.',
    style: TextStyle(fontSize: 16.0),
  ),
),
```

조리 순서 이미지

조리 순서 이미지는 Image.asset을 사용하여 로컬 이미지를 표시하고 width를 화면 너비의30%로 지정하여 이미지 왼쪽에 표시된 텍스트와 사이즈를 맞춥니다.

```
// 조리 순서 이미지
Image.asset(
  'assets/step01.jpg',
```

```
      fit: BoxFit.contain,
)
```

MediaQuery

Row 위젯을 사용하여 수평으로 배치할 때, 원하는 범위만큼 적용해 주기 위하여 Media-Query를 사용하여 앱 사이즈의 너비를 구해서 적용합니다. MediaQuery는 현재 장치의 크기 정보를 제공하는 클래스입니다. 다음과 같이 사용하면 장치의 크기를 구할 수 있습니다.

```
장치의 화면 크기 : MediaQuery.of(context).size
장치의 화면 크기에 대한 너비 : MediaQuery.of(context).size.width
장치의 화면 크기에 대한 높이 : MediaQuery.of(context).size.height
```

조리 순서 설명 영역의 전체 소스는 다음과 같습니다.

lib/main.dart

```
…생략…
Widget stepSection = Padding( // 여백을 작성합니다.
  padding: EdgeInsets.all(16.0),
  child: Column( // 위젯을 세로로 배치합니다.
    crossAxisAlignment: CrossAxisAlignment.start, // 가로 방향으로 시작 부분에 정렬합니다.
    children: [
        // 조리 순서 제목
      Text(
        '조리 순서',
        style: TextStyle(
          fontSize: 20.0,
          fontWeight: FontWeight.bold,
        ),
      ), // Text
        // 조리 순번, 설명, 조리 과정의 이미지를 가로로 배치합니다.
      Row(
```

```
        crossAxisAlignment: CrossAxisAlignment.start, // 세로 방향의 위쪽에 정렬합니다.
      children: [
      // 조리 순서 번호
        Padding( // Text위젯에 여백을 줍니다.

          padding: const EdgeInsets.only(right: 8.0),
          child: Text(
            "1",
            style: Theme.of(context).textTheme.titleLarge,
          ),
        ),
          // 조리 순서 설명
        SizedBox( // Text위젯에 크기를 지정해 줍니다.
          width: MediaQuery.of(context).size.width * 0.5,
          child: Text(
            '[아스파라거스 토마토 구이]  아스파라거스는 4~5cm 길이로 자른다.',
            style: TextStyle(fontSize: 16.0),
          ),
        ),
          // 조리 순서 이미지
        Image.asset(
          'assets/step01.jpg',
          width: MediaQuery.of(context).size.width
                  * 0.3, // 화면 너비의 30%로 사이즈 조정
          fit: BoxFit.contain,
        )
      ],
    ),
  ],
 ),
);
```

그림 5-21 조리 순서 설명 적용 결과

이제, 제목과 조리 순서 1번에 대한 설명이 완성되었습니다.

조리 순서 추가정보

이제, 조리할 때 팁이 될 수 있는 추가 정보에 대한 부분을
작성해 보겠습니다.

그림 5-22 추가 정보 영역 확인하기

buildIconLabelRow 메소드 재사용

추가 정보는 Icon 위젯과 Text 위젯이 수평으로 배치된 형태입니다. 앞에서 만든 buil-
dIconLabelRow 메소드의 형태와 동일한 것을 알 수 있습니다. 조리 순번, 조리 설명, 조
리 순서 이미지를 감싼 Row 위젯 아래 buildIconLabelRow 메소드에 알맞는 아이콘, 문
구, 색상을 전달해 작성해 봅니다.

lib/main.dart

```
…생략…
Widget stepSection = Padding( // 여백을 작성합니다.
  padding: EdgeInsets.all(16.0),
  child: Column( // 위젯을 세로로 배치합니다.
    crossAxisAlignment: CrossAxisAlignment.start,
    children: [
      // 조리 순번, 설명, 조리 과정의 이미지를 가로로 배치합니다.
      Row(
      …생략…
      ), // Row

      buildIconLabelRow(
        Icons.lightbulb,
        '굵기가 얇은 아스파라거스를 사용해도 좋아요.',
          Colors.teal,
      ),
      buildIconLabelRow(
        Icons.shopping_cart,
        '라오메뜨 천연세라믹 양면도마',
```

```
        Colors.grey,
      ),
    ],
  ),
);
...생략...
```

buildIconLabelRow 메소드를 적용하고 핫 리로드하면 오버플로우(Overflow) 오류가 발생합니다. 오류 화면을 자세히 보면 'BOTTOM OVERFLOWED BY 25 PIXELS'라는 메시지가 표시됩니다. Column 위젯은 세로로 요소를 나열할 수는 있지만 스크롤 기능을 가지고 있지 않기 때문에 하위 위젯을 나열할 때 화면 높이에 맞추어 코드를 작성해야합니다. 예제는 Column 위젯 내에 작성한 레이아웃이 화면 크기보다 하단으로 25픽셀만큼 더 크게 작성되었기 때문에 발생한 오류입니다.

그림 5-23 메소드 재사용 적용하기 - overflow 발생

bottom overflow 수정하기

이제, 오류를 수정해 보겠습니다. body 영역의 Column 위젯에서 추가 정보를 보여주기에 공간이 부족해서 발생하는 현상이므로 Column 위젯을 스크롤이 가능한 위젯인 List-View 위젯으로 변경해 봅니다.

오버플로우 오류 해결 결과

📄 오버플로우 오류 수정하기

```
body: Column(
crossAxisAlignment:CrossAxisAlignment.start,
children: [
 // 레시피 사진 영역
Image.asset(
  'assets/image01.jpg',
),
    // 레시피 소개 영역
    titleSection,
    // 레시피 정보 영역
    iconSection,
    // 조리 순서 영역
    stepSection,
```

≫

```
body: ListView(
  children: [
    // 레시피 사진 영역
Image.asset(
  'assets/image01.jpg',
),
    // 레시피 소개 영역
    titleSection,
    // 레시피 정보 영역
    iconSection,
    // 조리 순서 영역
    stepSection,
  ],
```

이렇게 모든 영역을 작성해 보았습니다. 내려받은 예제 파일에서 전체 소스를 확인해보고 알맞게 적용했는지 확인합니다. 이렇게 레시피 앱 화면이 완성됐습니다.

그림 5-25 레시피 앱 완성 결과

이 절에서는 레이아웃 구성에 필요한 여러 가지 위젯과 메소드를 살펴보았습니다. 이 절에서 학습한 내용을 바탕으로 조금 더 복잡한 화면을 만들어 보겠습니다.

카페 앱 만들기

두 번째 절에서는 카페 앱을 만들어 봅니다. 카페 앱은 홈 화면, 카페 메뉴 그리고 메뉴 상세 화면으로 나누고, 탭바를 이용하여 화면을 이동하는 방법을 학습합니다. 홈 화면에서는 이미지 슬라이드와 인기 메뉴를 나열하는 방법을 배우고 상세 페이지에서는 메뉴 옵션에 따라 이미지가 변경되도록 상태있는 위젯(StatefulWidget)을 사용하여 어떻게 상태를 관리하는지 알아보겠습니다.

먼저, 홈 화면, 카페 메뉴, 메뉴 상세 화면인 세 영역으로 나누어 화면 별로 분석해 보겠습니다.

홈 화면

카페 메뉴

메뉴 상세 화면

그림 5-26 카페 앱 화면 구성

① **홈 화면** : 탭의 [New] 버튼을 누르면 홈 화면이 나타납니다. 이미지가 슬라이드되고 아래에 '투썸의 오늘 인기 메뉴'를 보여줍니다.

② **커피 메뉴 화면** : 탭의 [커피&음료] 버튼을 눌렀을 때, 커피 메뉴 목록이 나타납니다.

③ **메뉴 상세 화면** : 커피 메뉴 화면의 메뉴 중 하나를 눌렀을 때 나타나는 화면입니다. 온도의 '핫' 버튼 또는 '아이스' 버튼을 클릭 했을 때 이미지가 다르게 보이게 합니다.

5.2.1 카페 앱 화면 분석하기

카페 앱의 레이아웃 구조를 살펴보고 페이지별로 레이아웃 구조를 분석한 후, 위젯과 화면 파일을 나누어 보도록 하겠습니다.

홈 화면, 메뉴 화면, 메뉴 상세 화면으로 크게 세 페이지로 나누어 레이아웃 구조와 화면 구성에 필요한 위젯을 확인합니다.

레이아웃 구조 보기

홈 화면과 메뉴 화면은 탭 메뉴를 선택했을 때 바뀌도록 되어있습니다. 먼저 탭바 영역의 레이아웃 구조를 살펴보고, 탭바를 눌렀을 때 표시되는 홈 화면과 메뉴 화면 레이아웃 구조를 알아보도록 하겠습니다.

홈 화면(New 탭)

홈 화면은 앱바(AppBar)와 탭바(TabBar), 그리고 탭바의 메뉴가 선택될 때마다 그려질 화면을 보여주는 TabView로 구성되어 있습니다.

그림 5-27 홈 화면 메뉴 레이아웃 구조

홈 화면과 카페 메뉴는 탭 메뉴를 선택했을 때 변경되는 화면으로 DefaultTabController와 TabBar 그리고 TabBarView를 적용합니다.

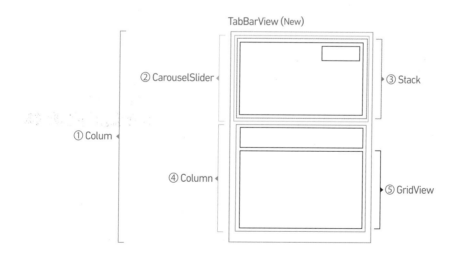

그림 5-28 홈 화면 레이아웃 구조

- 탭 메뉴 중 [New] 메뉴의 TabBarView 화면을 구성합니다.

- 배너 이미지 영역과 오늘의 메뉴 영역은 세로 방향으로 배치하기 위해 ① Column 위젯으로 작성합니다.

- 배너 이미지 영역은 ② CarouselSlider 위젯으로 작성합니다. 이미지 위에 이미지 순서가 표시되는 부분이 있으므로 이미지와 Text가 겹치게 구현할 수 있는 ③ Stack 위젯을 사용합니다.

- 오늘의 메뉴 영역은 ④ Column 위젯을 사용하여 제목과 ⑤ GridView를 세로로 배치합니다.

커피 메뉴 화면(커피&음료 탭)

커피 메뉴 화면에 대한 레이아웃 구조를 살펴보겠습니다.

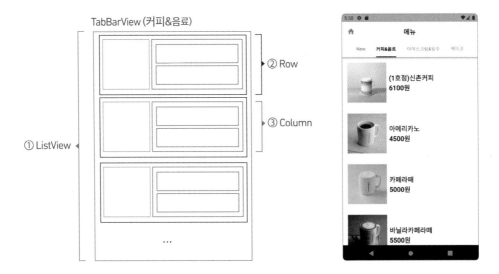

그림 5-29 메뉴 항목 화면 레이아웃 구조

- 커피& 음료 메뉴 목록은 메뉴의 개수만큼 반복되고 있으므로 ① ListView로 작성합니다.

- 메뉴의 이미지와 메뉴명과 금액 영역은 가로로 배치되어 있으므로 ② Row 위젯으로 작성하고, 이미지 옆 메뉴명과 금액은 세로로 배치되어 있으므로 ③ Column 위젯을 사용하여 배치합니다.

- 메뉴를 선택하면 메뉴 상세 페이지로 이동하게 구현합니다.

메뉴 상세 화면

메뉴 상세 화면에 대한 레이아웃 구조를 살펴봅니다. 커피&음료 메뉴 목록에서 메뉴를 선택하고 눌렀을 때 이동되는 화면입니다. 선택된 메뉴의 상세 정보를 보여줍니다.

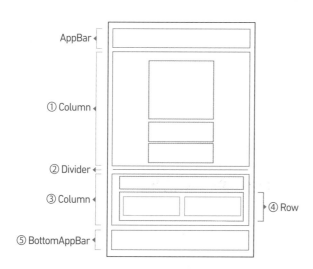

그림 5-30 메뉴 상세 화면 레이아웃 구조

- 이미지 영역에는 메뉴 이미지와 메뉴명, 금액을 세로 방향으로 배치하기 위해 ① Column 위젯을 사용하여 작성합니다.

- 이미지 영역 아래로 ② Divider를 사용하여 영역 간에 구분을 해줍니다.

- 옵션 영역은 옵션명과 선택되는 버튼 영역을 세로로 배치하므로 ③ Column 위젯으로 작성합니다.

- 옵션의 선택 버튼은 가로로 나열되어 있으므로 ④ Row 위젯으로 작성합니다. 온도 옵션을 선택했을 때, 옵션에 대한 메뉴 이미지를 바꾸어 나타낼 예정이므로 상태 있는(Stateful) 위젯으로 작성합니다.

- 제일 아래에 주문하기에 표시한 가격과 버튼은 ⑤ BottomAppBar 위젯을 사용해 고정합니다.

화면 구성 위젯 보기

화면 별로 레이아웃 구성에 필요한 위젯입니다.

홈 화면(New 탭)

그림 5-31 홈 화면 필요 위젯

커피 메뉴 화면(커피&음료 탭)

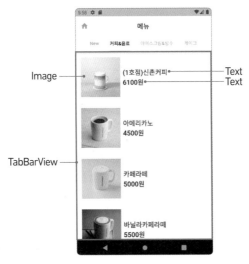

그림 5-32 커피 메뉴 화면 필요 위젯

메뉴 상세 화면

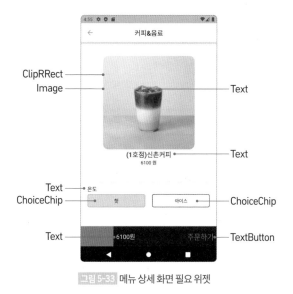

그림 5-33 메뉴 상세 화면 필요 위젯

5.2.2 사전 준비 사항

카페 앱을 만들기 전에 프로젝트를 생성하고 필요한 이미지 파일을 준비합니다. 필요한 위젯을 코드에서 사용하기 위해 pubspec.yaml에 패키지를 추가하는 것도 잊지 맙시다. 다음 단계를 따라 프로젝트를 설정해 보겠습니다.

프로젝트 생성하기

프로젝트명을 'twosome_example'로 작성합니다.

이미지 파일 준비하기

프로젝트에 asset 폴더를 만듭니다. 폴더 하위에 'images' 폴더를 만들어 이미지 파일을 추가합니다.

lib 폴더 구조	용도	파일

∨ ▣ lib
 ∨ ▣ models
   ☕ coffee.dart
 ∨ ▣ screens
   ∨ ▣ home
     ☕ home_screen.dart
   ∨ ▣ menu
     ☕ coffee_menu_screen.dart
     ☕ menu_detail_screen.dart
 ∨ ▣ widgets
     ☕ banner_widget.dart
     ☕ today_menu_widget.dart
   ☕ main.dart
	홈 화면의 배너 이미지	`banner01.jpg`, `banner02.jpg`

	홈 화면의 오늘의 메뉴 이미지	`cake01.jpg`, `cake02.jpg`, `cake03.jpg`, `dessert01.jpg`, `dessert02.jpg`
	커피 메뉴 이미지	`coffee01.jpg`, `coffee01_ice.jpg`, `coffee02.jpg`, `coffee02_ice.jpg`, `coffee03.jpg`, `coffee03_ice.jpg`, `coffee04.jpg`, `coffee04_ice.jpg`

표 5-2 이미지 파일 목록

이제, pubspec.yaml 파일을 수정합니다. assets 속성에 'assets/images' 폴더 경로를 지정하여 폴더에 존재하는 이미지 파일을 모두 사용하도록 합니다.

```
...생략...
flutter:

  uses-material-design: true
  assets:
    - assets/images/
```

파일 구조 만들기

앱을 구현하기 전에 미리 파일을 나누어 만들어 둡니다. 이 책에선 models, screens, widgets 폴더를 만들어서 구분해 주겠습니다.

- **models** : 데이터를 작성합니다. 데이터 베이스를 조회하지 않으므로 샘플 데이터를 임시로 만듭니다.

- **screens** : 주요 화면을 작성합니다. 화면 별로 폴더를 구분하여 관리합니다.

- **widgets** : 커스텀 위젯을 작성합니다.

`lib/models/coffee.dart`	커피 메뉴에 대한 임시 데이터 파일입니다. 메뉴명과 금액, 이미지 파일 경로 정보를 저장합니다.
`lib/screens/home/home_screen.dart`	홈 화면을 작성한 화면 파일입니다.
`lib/screens/menu/coffee_menu_screen.dart`	커피 메뉴 화면을 작성한 화면 파일입니다.
`lib/screens/menu/menu_detail_screen.dart`	메뉴 상세 화면을 작성한 화면 파일입니다.
`lib/widgets/banner_widget.dart`	배너 이미지의 커스텀 위젯 파일입니다.
`lib/widgets/today_menu_widget.dart`	오늘의 메뉴 영역의 커스텀 위젯 파일입니다.
`lib/main.dart`	앱을 실행했을 때 실행되는 메인 파일입니다.

표 5-3 파일 목록

다음 그림의 폴더 구조를 보고 dart 파일을 올바른 경로에 생성합니다.

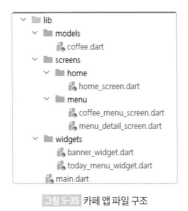

그림 5-35 카페 앱 파일 구조

위젯 사용 전 준비사항(pubspec.yaml)

홈 화면 상단 배너 이미지에서 이미지 슬라이드 기능을 사용할 수 있는 CarouselSlider 위젯을 사용할 예정입니다. 이 위젯은 이미지를 슬라이드로 사용할 수 있게 해줍니다. 위젯을 사용하기 전에 pubspec.yaml 파일에 의존성을 추가해야 합니다. 터미널을 열어 다음 명령어를 입력해 줍니다.

```
> flutter pub add carousel_slider
```

명령어를 수행하고 나면 pubspec.yaml 파일에 다음과 같이 생성된 것을 확인할 수 있습니다.

carousel_slider pub add 수행(pubspec.yaml)

```
…생략…
dependencies:
  flutter:
    sdk: flutter
```

```
  cupertino_icons: ^1.0.2
  carousel_slider: ^4.2.1
...생략...
```

이제 pub get을 해줍니다. Flutter commands의 'pub get' 명령어를 클릭하거나 터미널에서 다음 명령어를 입력해 줍니다.

```
> flutter pub get
```

이제 위젯을 사용할 준비가 끝났습니다. CarouselSlider 미리 위젯에 대한 내용을 확인하고 싶다면 플러터의 carousel_slider 사이트(https://pub.dev/packages/carousel_slider)를 참고합니다.

5.2.3 기본 코드 작성하기

레이아웃을 구현하기 전에 필요한 기본 소스를 작성하고 커피 메뉴 목록에 필요한 커피 메뉴 데이터를 coffee.dart 파일에 작성하도록 합니다.

main.dart 기본 코드 작성하기

카페 앱을 만들기 위해 main.dart에 다음과 예제와 같은 기본 코드를 작성합니다.

lib/main.dart

```
import 'package:flutter/material.dart';

void main() {
  runApp(const MyApp());
}
```

```dart
class MyApp extends StatelessWidget {
  const MyApp({super.key});

  @override
  Widget build(BuildContext context) {
    return MaterialApp(
      title: 'Twosome Clone',
      debugShowCheckedModeBanner: false,
      home: ,     // 여기에서 홈 화면을 지정합니다
    );
  }
}
```

데이터 파일 만들기(coffee.dart)

커피 메뉴를 관리하기 위한 데이터 파일입니다. Coffee 객체를 만들어 커피 메뉴에 대한 정보인 메뉴명, 금액, 이미지 경로명 등의 정보를 담습니다. List<Coffee> coffees를 작성하여 메뉴에 대한 정보를 작성하고, coffees 리스트가 필요할 때 해당 파일에서 coffee.dart를 import하여 사용합니다.

lib/models/coffee.dart

```dart
class Coffee {
  final String id;        // 메뉴 id입니다.
  final String title;      // 메뉴 명입니다.
  final String price;      // 금액 정보입니다.
  final String imageUrl;   // 메뉴의 기본 이미지 입니다.
  final String imageUrl2;  // 메뉴의 아이스 이미지입니다.

  Coffee({
    required this.id,
    required this.title,
```

```dart
      required this.price,
      required this.imageUrl,
      required this.imageUrl2,
  });
}

List<Coffee> coffees = [ // 데이터 목록을 만듭니다.
  Coffee(
    id: "01",
    title: "(1호점)신촌커피",
    price: "6100",
    imageUrl: "assets/images/coffee01.jpg",
    imageUrl2: "assets/images/coffee01_ice.jpg",
  ),
  Coffee(
    id: "02",
    title: "아메리카노",
    price: "4500",
    imageUrl: "assets/images/coffee02.jpg",
    imageUrl2: "assets/images/coffee02_ice.png",
  ),
  Coffee(
    id: "03",
    title: "카페라떼",
    price: "5000",
    imageUrl: "assets/images/coffee03.jpg",
    imageUrl2: "assets/images/coffee03_ice.png",
  ),
  Coffee(
    id: "04",
    title: "바닐라카페라떼",
    price: "5500",
    imageUrl: "assets/images/coffee04.png",
    imageUrl2: "assets/images/coffee04_ice.png",
  ),
];
```

5.2.4 홈 화면 영역 만들기

카페 앱에서 홈 화면은 [New] 탭 메뉴를 클릭했을 때 나타나는 화면입니다. 먼저, 탭바 메뉴를 만든 뒤 홈 화면 영역의 레이아웃을 그리고, 내부에 들어갈 배너 이미지 슬라이드 위젯과 오늘의 메뉴 위젯 순으로 만들어 봅니다.

① **메뉴 만들기** : 홈 화면의 메뉴인 탭바를 만듭니다.

② **이미지 슬라이드 위젯 만들기** : CarouselSlider 위젯을 사용하여 이미지 슬라이드를 만듭니다.

③ **오늘의 메뉴 위젯 만들기** : GridView 위젯을 이용해 이미지를 배치합니다.

Step 1. 메뉴 만들기(TabBar)

메뉴 만들기를 위해 먼저, 홈 화면 상단의 앱바와 탭 메뉴 영역을 만듭니다. 탭 메뉴에 들어갈 메뉴명은 List로 만들고 탭바 메뉴를 작성합니다.

그림 5-36 메뉴 영역 확인하기

메뉴 아이템 리스트 만들기

탭 메뉴는 'New', '커피&음료', '아이스크림&빙수', '케이크' 이렇게 4개의 메뉴로 구성됩니다. 메뉴명을 리스트로 관리하면 메뉴명이 변경되었을 때 쉽게 수정할 수 있으므로, 메뉴를 다음과 같이 리스트에 작성합니다.

lib/screens/home/home_screen.dart

```
…생략…
@override
Widget build(BuildContext context) {
  List<String> menuItems = [
    "New",
    "커피&음로",
    "아이스크림&빙수",
    "케이크",
  ];
…생략…
```

탭바 메뉴 만들기

탭바 메뉴를 만들 차례입니다. 탭바 메뉴를 만들기 위해 TabBar를 사용하여 구현합니다. 탭바는 기본적으로 DefaultTabController 위젯을 사용하며, 메뉴 길이를 정하고 탭바의 메뉴가 클릭될 때 보여줄 화면 구조를 설정합니다. 탭바를 만들 때 기본 구조와 속성을 익혀봅시다.

① DefaultTabController 위젯을 사용합니다.
   legth 속성 : 메뉴 길이를 지정해 줍니다.
   child 속성 : Scaffold 위젯을 넣어 appBar와 body, bottom 구조를 사용합니다.

② TabBar의 tabs 속성에 Tab을 나열합니다. Tab에 작성한 text로 탭 메뉴가 생성됩니다. appBar 아래의 bottom 속성에 넣으면 앱바 하단에 탭바 메뉴가 생성됩니다.

③ TabBarView 위젯은 body 영역에 작성합니다. TabBarView는 children 속성을 가지고 있으며, 탭 메뉴를 선택했을 때 선택된 위젯의 순서대로 화면에 보여줍니다.

```
① DefaultTabController(
length: menuItems.length,
   child : Scaffold(
     appBar: AppBar(
        bottom: ② TabBar(
         // TabBar 아래에 메뉴 개수만큼의 Tab을 만듭니다.
         tabs: [ Tab(text: ""), Tab(text: ""),  … ], // 탭바 메뉴명을 작성합니다.
          ),
     ),
),
     body: ③ TabBarView(
       children: [
          // 탭 메뉴 개수만큼 보여질 화면을 만듭니다.
          ],
       ),
     ),
   ),
```

메뉴명의 list와 탭바의 구조를 참고하여 탭을 만들어 봅니다. 홈 화면을 만들기 위한 파일인 home_screen.dart에 다음 예제를 참고하여 작성해 봅니다.

lib/screens/home/home_screen.dart

```
class MyHomePage extends StatelessWidget {
  const MyHomePage({Key? key}) : super(key: key);

  @override
  Widget build(BuildContext context) {
    // 1. 메뉴 아이템 리스트 생성
    List<String> menuItems = [
      "New",
      "커피&음로",
      "아이스크림&빙수",
      "케이크",
    ];
```

```dart
  // 2. 탭바 컨트롤러 생성
  return DefaultTabController(
    length: menuItems.length,
    child: Scaffold(
      appBar: AppBar(
        title: Text("메뉴"),
        // 3. 탭바 생성(탭바 아래에 각각의 Tab을 생성)
        bottom: TabBar(
          // List.generate를 사용하여 menuItems 길이만큼 Tab을 생성합니다.
          tabs: List.generate(
            menuItems.length,
            (index) => Tab(
              text: menuItems[index],
            ),
          ),
        ),
      ),
      // 4. 탭바 뷰 생성
      body: TabBarView(
        children: [
          // 'New' 탭 선택 시 보여지는 위젯입니다.
          Center(
            child: Text("New 화면입니다."),
          ),
          // '커피&음료' 탭 선택 시 보여지는 위젯입니다.
          Center(
            child: Text("커피&음료 화면입니다."),
          ),
          // '빙수&아이스크림' 탭 선택 시 보여지는 위젯입니다.
          Center(
            child: Text("빙수&아이스크림 화면입니다."),
          ),
          // '케이크' 탭 선택 시 보여지는 위젯입니다.
          Center(
            child: Text("케이크 화면입니다."),
          ),
        ],
```

```
        ),
      ),
    );
  }
}
```

앱을 실행하기 위해서 main.dart에 home_screen.dart 파일을 import하고 MyHomePage()를 호출하도록 수정합니다.

lib/main.dart

```
import 'package:flutter/material.dart';
import 'package:twosome_example/screens/home/home_screen.dart'; //추가

void main() {
  runApp(const MyApp());
}

class MyApp extends StatelessWidget {
  const MyApp({super.key});

  @override
  Widget build(BuildContext context) {
    return MaterialApp(
      title: 'Twosome Clone',
      debugShowCheckedModeBanner: false,
      home: MyHomePage(), // 홈 화면으로 MyHomePage()를 호출합니다
    );
  }
}
```

앱을 실행 해 보면 다음과 같이 탭바가 만들어진 것을 확인할 수 있습니다. 탭 메뉴를 눌러보면서 탭바 컨트롤러 위젯을 테스트 해봅니다.

그림 5-37 홈 화면 메뉴 탭바 실행 결과

탭바 스타일 적용

이제 앱바와 탭바에 스타일을 적용해 보겠습니다. 먼저, 앱바의 배경색과 텍스트 스타일을 변경하고 홈 아이콘을 만듭니다.

lib/screens/home/home_screen.dart

```
...생략...
appBar: AppBar(
  title: const Text(
    '메뉴',
    style: TextStyle(color: Colors.black), // 글자 색상을 검정색으로 설정합니다.
  ),
  centerTitle: true,              // 타이틀을 가운데 위치하게 합니다.
  backgroundColor: Colors.white,  // 앱바 배경 색을 흰색으로 설정합니다.
  leading: Icon(                  // 앱바 홈 아이콘을 만듭니다.
    Icons.home,                   // 홈 아이콘을 앱바의 맨 앞에 배치합니다.
    color: Colors.grey,           // 아이콘 색상을 회색으로 설정합니다.
  ),
),
...생략...
```

앱바의 배경색을 흰색으로 설정하면 탭바 메뉴 글자색과 같아 메뉴가 보이지 않습니다.

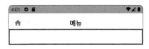

그림 5-38 **AppBar** 스타일 적용 결과

이제, 탭바에 스타일을 적용하여 탭바에 메뉴가 표시되도록 변경해보겠습니다.

```
// 탭바 생성
  bottom: TabBar(
    tabs: List.generate(
      menuItems.length,
      (index) => Tab(
        text: menuItems[index],
      ),
    ),
    unselectedLabelColor: Colors.black38, // 선택되지 않은 탭 색을 진한 회색으로 설정합니다.
labelColor: Colors.black,              // 기본 탭 색을 검정색으로 설정 합니다.
indicatorColor: Colors.black,          // 탭 밑에 표시되는 선 색을 검정색으로 설정 합니다.
indicatorSize: TabBarIndicatorSize.label, // 탭 밑의 선의 크기를 라벨 크기로 설정 합니다.
isScrollable: true,                    // 탭바가 스크롤이 가능하도록 합니다.
    ),
  ),
…생략…
```

탭바의 메뉴를 생성하고 스타일을 적용해 봤습니다. 이제 'NEW' 탭을 누르면 보이는 배너 이미지 위젯을 만들어 홈 화면에 적용해보도록 하겠습니다.

그림 5-39 탭바 메뉴 완성 결과

Step 2. 배너 이미지 만들기

'New' 탭을 눌렀을 때 보이는 홈 화면의 상단 배너 이미지를 만들어 볼 차례입니다. 상단 배너 이미지는 2개의 이미지로 구성되어 있습니다. CarouselSlider 위젯을 이용하여 이미지 슬라이드로 보여줍니다.

그림 5-40 배너 이미지 위젯 영역

CarouselSlider 위젯 만들기

홈 화면 배너 이미지를 옆으로 드래그하면 슬라이드할 수 있는 기능을 추가합니다. 이를 구현하기 위해서는 CarouselSlider 위젯을 사용합니다. CarouselSlider 위젯은 이미지 슬라이드를 지원하는 위젯으로, 사용 방법을 익혀보도록 하겠습니다.

다음 순서로 레이아웃을 작성하도록 합니다.

① 배너 이미지 경로를 작성한 List<String> bannerItemImgUrl을 만듭니다.

② 이미지 슬라이드가 가능한 CarouselSlider 위젯을 사용합니다.

③ Stack 위젯으로 이미지와 순번 표시되는 Text 위젯을 겹치게 배치한 뒤, 이미지의 현재 순서를 표시합니다.

배너 이미지 리스트 만들기

배너 이미지 경로를 담은 리스트를 만듭니다. 메뉴 아이템 아래에 bannerItemImgUrl

을 작성합니다.

lib/screens/home/home_screen.dart

```
@override
Widget build(BuildContext context) {
…생략…
List<String> menuItems = [ … ] ;
  List<String> bannerItemImgUrl = [
    "assets/images/banner01.jpg",
    "assets/images/banner02.jpg",
  ];
…생략…
```

CarouselSlider 기본 구조

CarouselSlider.builder를 이용하여 이미지 슬라이드를 만들어 보겠습니다. 필수 속성에 대해 알아봅니다.

itemCount	슬라이드 되는 아이템의 수를 작성합니다.
itemBuilder	슬라이드 되는 아이템 위젯 형태를 작성합니다.
options	CarouselOptions을 사용하여 슬라이드 옵션을 작성합니다.

표 5-4 **CarouselSlider** 위젯 필수 속성

다음 소스 코드는 CarouselSlider.builder의 기본 형태입니다.

```
CarouselSlider.builder(
  itemCount: itemCount,
  itemBuilder: itemBuilder,
  options: options,
);
```

CarouselSlider 위젯을 활용하여, 홈 화면 배너 이미지와 오늘의 메뉴 이미지를 세로 방향으로 배치할 것입니다. 따라서 Column 위젯 내에서 CarouselSlider 위젯을 작성하며, 이전에 작성되어 있던 텍스트 "New 화면입니다"는 삭제합니다.

이미지 경로 리스트로 작성한 bannerItemImgUrl 만큼 만들 것이기 때문에 CarouselSlider.builder를 사용했습니다. itemCount 속성에 bannerItemImgUrl의 길이를 적어주고 itemBuilder 속성에 Image 위젯을 작성해 봅니다. 다음 예제를 참고하여 작성한 뒤 핫 리로디드하여 확인합니다.

lib/screens/home/home_screen.dart

```
…생략…
body: TabBarView(
children: [
  Column(
    children: [
      CarouselSlider.builder(
        itemCount: bannerItemImgUrl.length, // bannerItemImgUrl의 길이만큼 생성합니다.
        options: CarouselOptions(),
        itemBuilder: (context, itemIndex, realIndex) {
          return Image.asset(
            "${bannerItemImgUrl[itemIndex]}",  // 이미지 경로를 작성합니다.
            fit: BoxFit.cover,
            width: MediaQuery.of(context).size.width, // 이미지 가로 길이를 앱사이즈로
                                                      설정합니다.
          );
        },
      ),
    ],
  ),
Center(child: Text("New 화면입니다."),),  // 삭제
  Center(
    child: Text("커피&음료 화면입니다."),
  ),
…생략…
```

실행 결과를 보면 이미지가 화면에 꽉 차지않고 일부만 보이며 현재 이미지와 다음에 보여여할 이미지가 연결되어 보이고 있습니다.

그림 5-41 **CarouselSlider** 위젯 적용 결과

CarouselOptions()에 viewportFraction 속성을 적용해 이미지 너비를 조절해 봅니다. viewportFraction 속성은 페이지에 보이는 비율을 나타내는 속성입니다. 값이 0.8이면 itemBuilder의 너비가 80%정도 보이고 1.0이면 전체 가로 너비를 차지합니다. viewportFraction 속성에 1.0값을 주어 너비를 조절해 보겠습니다.

그림 5-42 **CarouselOptions** 적용 결과

lib/screens/home/home_screen.dart

```
…생략…
CarouselSlider.builder(
  itemCount: bannerItemImgUrl.length,
  options: CarouselOptions(
    viewportFraction: 1.0,   // 화면에 1개의 이미지가 보이게 합니다.
  ),
  itemBuilder: (context, itemIndex, realIndex) {
    return Image.asset(
      "${bannerItemImgUrl[itemIndex]}", // 이미지 경로를 작성합니다.
      fit: BoxFit.cover,
      width: MediaQuery.of(context).size.width, // 이미지의 가로 길이를 앱 사이즈로 설정합니다.
    );
  },
),
…생략…
```

CarouselOptions의 주요 속성은 다음과 같습니다. 여러 옵션을 적용해 보며 Carou-selSlider 위젯을 연습해 봅니다.

autoPlay	자동으로 슬라이드 되게 합니다. true 값을 주어 사용합니다.
height	높이를 설정합니다.
viewportFraction	화면에 표시되는 가로 너비 비율을 설정합니다. 값이 1.0일 경우 너비가 전체 화면을 꽉 채우게 됩니다. 값이 작을수록 화면에 더 많은 위젯이 보입니다.
initialPage	처음에 보이는 인덱스 순서를 정합니다. 기본값은 0입니다.

표 5-5 **CarouselOptions** 위젯 주요 속성

이미지 순번 표시하기

이미지의 현재 순서를 표시해 보겠습니다. 이미지 위젯 위에 현재 순서 표시가 겹쳐 보이게 배치되어 있으므로 Stack 위젯을 사용합니다. itemBuilder에 작성한 Image 위젯을 Stack 위젯으로 감싸고 Text 위젯에 '(현재 index +1) / bannerItemImgUrl의 길이' 값을 작성하여 현재 이미지 순서를 표현합니다.

lib/screens/home/home_screen.dart

```
…생략…
CarouselSlider.builder(
    …생략…
itemBuilder: (context, itemIndex, realIndex) {
    return Stack( // 이미지 위에 이미지 순서를 겹치게 배치합니다.
      children: [
        Image.asset(
          "${bannerItemImgUrl[itemIndex]}", // 이미지 경로를 작성합니다.
          fit: BoxFit.cover,
          width: MediaQuery.of(context).size.width, // 가로 길이를 앱사이즈로 설정합니다.
        ),
        Align( // 순서 표시 위젯을 오른쪽 상단에 배치합니다.
          alignment: Alignment.topRight, // 오른쪽 상단에 배치합니다.
```

```
            child: Container(
              color: Colors.black38, // 배경을 회색으로 설정합니다.
              padding: const EdgeInsets.all(4.0), // 안쪽 여백을 줍니다.
              margin: EdgeInsets.all(16.0),  // 바깥쪽 여백을 주어 이미지 안에 위치하게 합니다.
              child: Text(
                // 현재 (이미지 인덱스 + 1 / 배너 아이템 이미지 길이) 를 작성합니다.
                (itemIndex + 1).toString() + " / " + bannerItemImgUrl.length.
                                                            toString(),
                style: TextStyle(color: Colors.white), // 글자 색상을 흰색으로 설정합니다.
              ),
            ),
          ),
        ],
      );
    },
  ),
```

이미지 슬라이드 위젯이 완성되었습니다. 완성 결과를 확인합니다.

그림 5-43 배너 이미지 완성 결과

커스텀 위젯 BannerWidget 만들기

이번에는 home_screen.dart에 작성한 CarouselSlider 위젯을 커스텀 위젯으로 만들어
보겠습니다. 소스에서 CarouselSlider에 커서를 올려 두고 [오른쪽 마우스 버튼 클릭] →
[Refactor] → [Extract Flutter Widget]을 클릭합니다.

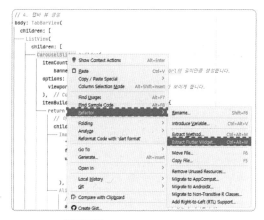

그림 5-44 배너 이미지 위젯 생성하기

위젯명을 'BannerWidget'으로 입력합니다.

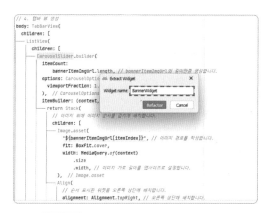

그림 5-45 배너 이미지 생성하기 - 위젯명 작성하기

위젯을 생성했다면 body에 CarouselSlider를 작성했던 부분이 'BannerWidget(ban-nerItemImgUrl: bannerItemImgUrl)'으로 변경된 걸 확인할 수 있습니다. BannerWidget에 파라미터로 배너 이미지 URL을 전달하면 화면에 전달한 URL로 이미지가 보이게 됩니다.

```
...생략...
body: TabBarView(
  children: [
    Column(
      children: [
        BannerWidget(bannerItemImgUrl: bannerItemImgUrl),
      ],
    ),
...생략...
```

home_screen.dart 최하단에 BannerWidget이 만들어진 걸 확인할 수 있습니다.

```
...생략...

class BannerWidget extends StatelessWidget {
  const BannerWidget({
    super.key,
    required this.bannerItemImgUrl,
  });
  final List<String> bannerItemImgUrl;


  @override
  Widget build(BuildContext context) {
    return CarouselSlider.builder(
      itemCount: bannerItemImgUrl.length, // bannerItemImgUrl의 길이만큼 생성합니다.
      options: CarouselOptions(
        viewportFraction: 1.0, // 화면에 1개의 이미지가 보이게 합니다.
      ),
      itemBuilder: (context, itemIndex, realIndex) {
        return Stack(
          // 이미지 위에 이미지 순서를 겹치게 배치합니다.
          children: [
            Image.asset(
              "${bannerItemImgUrl[itemIndex]}", // 이미지 경로를 작성합니다.
              fit: BoxFit.cover,
```

```
              width:
                  MediaQuery.of(context).size.width, // 이미지 가로 길이를 앱사이즈로 설정
          ),
          Align(
              // 순서 표시한 위젯을 오른쪽 상단에 배치합니다.
              alignment: Alignment.topRight, // 오른쪽 상단에 배치합니다.
              child: Container(
                  color: Colors.black38, // 배경을 회색으로 설정합니다.
                  padding: const EdgeInsets.all(4.0), // 안쪽 여백을 줍니다.
                  margin: EdgeInsets.all(16.0), // 바깥쪽 여백을 주어 이미지 안에 위치하게 합니다.
                  child: Text(
                      // 현재 (이미지 인덱스 + 1 / 배너 아이템 이미지 길이) 를 작성합니다.
                      (itemIndex + 1).toString() +
                          " / " +
                          bannerItemImgUrl.length.toString(),
                      style: TextStyle(color: Colors.white), // 글자 색상을 흰색으로 설정합니다.
                  ),
              ),
          ),
        ],
      );
    },
  );
 }
}
```

커스텀 위젯을 별도의 파일로 만들기(banner_widget.dart)

이번에는 커스텀 위젯인 BannerWidget을 별도의 파일에 만들어 보겠습니다. 별도의 파일로 만들면 위젯을 재사용하기가 수월해집니다. BannerWidget을 그대로 home_screen.dart 소스에 넣으면 다른 화면에서 사용하기 어려우므로 별도의 파일로 분리함으로써 재사용성을 높입니다.

```dart
import 'package:carousel_slider/carousel_slider.dart';
import 'package:flutter/material.dart';

class BannerWidget extends StatelessWidget {
  const BannerWidget({
    super.key,
    required this.bannerItemImgUrl,
  });
  final List<String> bannerItemImgUrl;

  @override
  Widget build(BuildContext context) {
    return CarouselSlider.builder(
      itemCount: bannerItemImgUrl.length, // bannerItemImgUrl의 길이만큼 생성합니다.
      options: CarouselOptions(
        viewportFraction: 1.0,              // 화면에 1개의 이미지가 보이게 합니다.
      ),
      itemBuilder: (context, itemIndex, realIndex) {
        return Stack(
          // 이미지 위에 이미지 순서를 겹치게 배치합니다.
          children: [
            Image.asset(
              "${bannerItemImgUrl[itemIndex]}",  // 이미지 경로를 작성합니다.
              fit: BoxFit.cover,
              width:
                  MediaQuery.of(context).size.width, // 이미지 가로 길이를 앱사이즈로 설정합
                                                      // 니다.
            ),
            Align(
              // 순서 표시한 위젯을 오른쪽 상단에 배치합니다.
              alignment: Alignment.topRight,     // 오른쪽 상단에 배치합니다.
              child: Container(
                color: Colors.black38,           // 배경을 회색으로 설정합니다.
```

```
                    padding: const EdgeInsets.all(4.0), // 안쪽 여백을 줍니다.
                    margin: EdgeInsets.all(16.0),//바깥쪽 여백을 주어 이미지 안에 위치하게 합니다.
                    child: Text(
                        // 현재 (이미지 인덱스 + 1 / 배너 아이템 이미지 길이) 순번을 작성합니다.
                        (itemIndex + 1).toString() +
                            " / " +
                            bannerItemImgUrl.length.toString(),
                        style: TextStyle(color: Colors.white),// 글자 색상을 흰색으로 설정합니다.
                    ),
                ),
            ),
        ],
    );
    },
  );
  }
}
```

BannerWidget을 별도의 banner_widget.dart로 붙여넣었기 때문에 home_screen.dart 는 오류 표시가 되어있는 걸 확인할 수 있습니다. 이때 home_screen.dart에 banner_widget.dart를 import 합니다.

lib/screens/home/home_screen.dart

```
…생략…
import 'package:twosome_example/widgets/banner_widget.dart';
…생략…
body: TabBarView(
  children: [
    Column(
      children: [
        BannerWidget(bannerItemImgUrl: bannerItemImgUrl),
      ],
    ),
    Center(
      child: Text("커피&음료 화면입니다.")
```

```
      ),
        Center(
          child: Text("빙수&아이스크림 화면입니다."),
        ),
        Center(
          child: Text("케이크 화면입니다."),
        ),
      ],
    ),
  ),
```

홈 화면의 CarouselSlider 위젯을 별도의 커스텀 위젯인 BannerWidget으로 만들고 적
용해 봤습니다. 재사용하였으므로 결과는 같습니다.

Step 3. 오늘의 메뉴 만들기

이번에는 이미지 슬라이드 아래에 오늘의 메뉴를 만들 차
례입니다. 오늘의 메뉴는 widgets 폴더에 today_memu_wid-
get.dart로 커스텀 위젯을 먼저 만든 후, home_screen.dart
에서 커스텀 위젯을 호출하는 순서로 구현합니다.

오늘의 메뉴 영역은 '투썸의 오늘 인기 메뉴' 제목 아래에
이미지가 격자로 나열되어 있는 구조입니다. 오늘의 메뉴 이
미지 리스트를 만든 후 GridView 위젯을 이용하여 레이아웃
을 그립니다.

그림 5-46 오늘의 메뉴 영역 확인

오늘의 메뉴 커스텀 위젯 만들기

먼저, today_menu_widget.dart 파일에 기본 소스를 작성합니다. 오늘의 메뉴 영역이
텍스트와 이미지 목록을 수직으로 배치하므로 Column 위젯을 사용합니다.

```dart
import 'package:flutter/material.dart';

class TodayMenuWidget extends StatelessWidget {
  const TodayMenuWidget({Key? key}) : super(key: key);

  @override
  Widget build(BuildContext context) {
    return Column();
  }
}
```

이제 home_screen.dart의 TabBarView에서 배너 이미지 아래에 TodayMenuWidget을 적용해 줍니다. 이때 home_screen.dart에 today_menu_widget.dart를 import 해야합니다.

```dart
import 'package:twosome_example/widgets/today_menu_widget.dart';  // 추가
…생략…
body: TabBarView(
  children: [
    Column(
      children: [
        BannerWidget(bannerItemImgUrl: bannerItemImgUrl),
        TodayMenuWidget(),
      ],
    ),
…생략…
),
```

핫 리로드해서 적용된 것을 확인해 봅니다. today_menu_widget.dart에 Column 위젯만 존재하므로 배너 이미지만 나타납니다.

이제, '투썸의 오늘 인기 메뉴' 제목 아래에 GridView 위젯을 사용하여 이미지를 나열합니다. 이미지 경로는 List에 메뉴 이미지 URL를 저장하여 관리하고 이 리스트를 이용하여 GridView를 구현합니다.

레이아웃을 그리는 순서는 다음과 같습니다.

① 그리드 뷰에 적용되는 이미지 리스트를 List<String> today MenuImgUrl로 작성합니다.

② Column 위젯에 제목을 Text 위젯으로 작성하고 스타일을 적용합니다.

③ GridView 위젯을 이용하여 이미지를 배치합니다.

그림 5-47 오늘의 메뉴 영역 적용

오늘의 메뉴 아이템 리스트 만들기

오늘의 메뉴에 보여줄 이미지 경로를 담은 리스트를 List<String> todayMenuImgUrl로 만듭니다. GridView에 보여줄 이미지 파일을 todayMenuImgUrl에 지정합니다.

lib/widgets/today_menu_widget.dart

```
...생략...
@override
Widget build(BuildContext context) {
  List<String> todayMenuImgUrl = [
    "assets/images/cake01.jpg",
    "assets/images/cake02.jpg",
    "assets/images/dessert01.jpg",
    "assets/images/dessert02.jpg",
    "assets/images/cake03.jpg",
  ];
...생략...
```

오늘의 메뉴 제목 만들기

오늘의 메뉴 제목을 Text 위젯으로 작성하고 텍스트에 스타일을 적용합니다. 배너 이미지와 간격을 만들기 위해 Padding 위젯을 Column에 감싸줍니다.

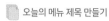 오늘의 메뉴 제목 만들기　　　　　　　　　　　lib/widgets/today_menu_widget.dart

```
...생략...
return Padding( // 여백을 설정합니다.
  padding: const EdgeInsets.all(8.0), // 모든 방향에 8px씩 여백을 줍니다
  child: Column(    // 위젯을 수직 방향으로 배치합니다.
    crossAxisAlignment: CrossAxisAlignment.start, // 왼쪽 맞춤정렬 합니다
    children: [
      Text(
        "투썸의 오늘 인기 메뉴",
        style: Theme.of(context).textTheme.
                  titleLarge, // 텍스트 테마를 적용합니다.
      ),
      // 그리드뷰 작성 위치입니다.
    ],
  ),
);
```

그림 5-48 오늘의 메뉴 제목 작성 결과

GridView 만들기

이번에는 오늘의 메뉴로 보여줄 메뉴 이미지를 나열할 차례입니다. 격자 모양으로 이미지를 나열하려면 보통 GridView를 사용합니다. GridView 위젯은 그리드 형태로 하위 위젯을 배치하는 위젯으로 ListView와 같이 스크롤이 가능합니다. 다음은 오늘의 메뉴 이미지를 배치하기 위해 필요한 GridView 위젯의 속성들 입니다.

itemCount	그리드 뷰에 생성할 아이템의 수를 설정합니다.
gridDelegate	그리드가 어떤 모양으로 구성될지 작성합니다. 'SliverGridDelegateWithFixedCrossAxisCount', 'SliverGridDelegateWithMaxCrossAxisExtent' 등 다양한 방식을 적용할 수 있습니다.
itemBuilder	그리드 각각의 아이템을 어떻게 생성할지 작성합니다.

표 5-6 GridView 속성

```
GridView.builder(
  itemCount: itemCount,
  gridDelegate: gridDelegate,
  itemBuilder: itemBuilder,
)
```

itemCount 속성에 todayMenuImgUrl의 길이를 설정하고 각각의 아이템 모양은 itemBuilder에 Image 위젯을 작성해 봅니다. gridDelegate 엔 SliverGridDelegateWith-FixedCrossAxisCount()를 사용하여 그리드에 배치될 수를 지정합니다.

SliverGridDelegateWithFixedCrossAxisCount는 GridView의 column 개수를 고정하고자 할 때 사용되는 delegate입니다. crossAxisCount 속성은 그리드에 칼럼 개수를 지정합니다.

다음 예제 소스를 참고하여 작성한 뒤 핫 리로디드하여 확인합니다.

lib/widgets/today_menu_widget.dart

```
...생략...
return Padding( // 여백을 설정합니다.
  padding: const EdgeInsets.all(8.0),
  child: Column( // 위젯을 세로 방향으로 배치합니다.
    crossAxisAlignment: CrossAxisAlignment.start, // 가로 방향의 시작 부분에 정렬합니다.
    children: [
      Text(
        "투썸의 오늘 인기 메뉴",
        style: Theme.of(context).textTheme.titleLarge, // 텍스트 테마를 적용합니다.
      ),
      GridView.builder(
        itemCount: todayMenuImgUrl.length, // todayMenuImgUrl 개수만큼 생성합니다.
        gridDelegate: SliverGridDelegateWithFixedCrossAxisCount(
          crossAxisCount: 3, // 그리드에 컬럼 개수를 3개로 설정합니다.
        ),
        itemBuilder: (context, index) {
          return Padding( // 여백을 설정합니다.
            padding: const EdgeInsets.all(8.0),
```

```
                child: Image.asset("${todayMenuImgUrl[index]}"), // 이미지 경로를 작성
              );
            },
          ),
        ],
      ),
    );
```

GridView 위젯은 기본적으로 사용 가능한 모든 공간을 차지하려고 하기 때문에 크기를 자동으로 계산하지 못하는 경우 문제가 발생할 수 있습니다. 이를 해결하기 위해선 Grid-View 위젯의 shrinkWrap 속성에 true 값을 줍니다. shrinkWrap 속성은 GridView 크기를 하위 콘텐츠 크기로 맞추어 주는 속성으로, GridView의 크기를 children에서 작성한 하위 위젯의 크기에 맞추어 화면에 보여줍니다.

shrinkWrap에 true를 추가하고 핫 리로드하면 정상적으로 보이는걸 확인할 수 있습니다.

lib/widgets/today_menu_widget.dart

```
GridView.builder(
  shrinkWrap: true, // 그리드뷰 크기를 하위 컨텐츠에 맞게 설정합니다.
  ...생략...
),
```

오늘의 메뉴 위젯이 완성되었습니다. 완성 결과를 확인해 봅니다.

그림 5-49 오늘의 메뉴 위젯 적용 결과

Step 4. 홈 화면 소스 확인하기

홈 화면은 배너 이미지와 오늘의 메뉴로 구성된 화면입니다 배너 이미지 영역의 전체 소스는 예제 파일을 참고하고 다음과 같은 '오늘의 메뉴'와 '홈 화면'의 전체 소스 확인하여 알맞게 적용했는지 확인합니다.

오늘의 메뉴 소스 확인하기(today_menu_widget.dart)

lib/widgets/today_menu_widget.dart

```dart
import 'package:flutter/material.dart';

class TodayMenuWidget extends StatelessWidget {
  const TodayMenuWidget({
    super.key,
  });

  @override
  Widget build(BuildContext context) {
    List<String> todayMenuImgUrl = [
      "assets/images/cake01.jpg",
      "assets/images/cake02.jpg",
      "assets/images/dessert01.jpg",
      "assets/images/dessert02.jpg",
      "assets/images/cake03.jpg",
    ];
    return Padding(
      padding: EdgeInsets.all(8.0),
      child: Column(
        crossAxisAlignment: CrossAxisAlignment.start,
        children: [
          Text(
            "투썸의 오늘 인기 메뉴",
            style: Theme.of(context).textTheme.titleLarge,
          ),
          GridView.count(
            physics: ScrollPhysics(),
```

```
            shrinkWrap: true,
            crossAxisCount: 3,
            children: List.generate(
              todayMenuImgUrl.length,
              (index) {
                return Padding(
                  padding: const EdgeInsets.all(8.0),
                  child: Image.asset("${todayMenuImgUrl[index]}"),
                );
              },
            ),
          ),
        ],
      ),
    );
  }
}
```

홈 화면 전체 소스 확인하기(home_screen.dart)

홈 화면의 전체 소스입니다.

lib/screens/home/home_screen.dart

```dart
import 'package:flutter/material.dart';
import 'package:twosome_example/screens/menu/coffee_menu_screen.dart';
import 'package:twosome_example/widgets/banner_widget.dart';
import 'package:twosome_example/widgets/today_menu_widget.dart';

class MyHomePage extends StatelessWidget {
  MyHomePage({super.key});
  @override
  Widget build(BuildContext context) {
    // 1. 메뉴 아이템 리스트 생성
    List<String> menuItems = [
      "New",
      "커피&음료",
```

```dart
    "아이스크림&빙수",
    "케이크",
  ];
  List<String> bannerItemImgUrl = [
    "assets/images/banner01.jpg",
    "assets/images/banner02.jpg",
  ];
  // 2. 탭바 컨트롤러 생성
  return DefaultTabController(
    initialIndex: 0, // 처음 실행 시 탭바 인덱스
    length: menuItems.length, // 탭바의 총 길이
    child: Scaffold(
      appBar: AppBar(
        title: const Text(
          '메뉴',
          style: TextStyle(color: Colors.black),
        ),
        centerTitle: true, // 타이틀 가운데 위치
        backgroundColor: Colors.white, // 앱바 바탕 색상
        leading: Icon(
          Icons.home,
          color: Colors.grey,
        ), // 앱바 홈 아이콘
        // 3. 탭바 생성
        bottom: TabBar(
          tabs: List.generate(
            menuItems.length,
            (index) => Tab(
              text: menuItems[index],
            ),
          ),
          unselectedLabelColor: Colors.black38, // 선택되지 않은 라벨 Color입니다.
          labelColor: Colors.black,              // 기본 라벨 Color입니다.
          indicatorColor: Colors.black,          // 라벨 아래에 인디케이터의 Color입니다.
          indicatorSize: TabBarIndicatorSize.label, // 인티케이터 사이즈를 라벨 사이즈로
                                                     // 만듭니다.
```

```
                    isScrollable: true, // 탭바가 스크롤이 가능하도록 합니다.
                ),
            )
            // 4. 탭바 뷰 생성
            body: TabBarView(
                children: [
                    ListView(
                        children: [
                            // 1. 배너 위젯 적용위치
                            BannerWidget(bannerItemImgUrl: bannerItemImgUrl),
                            // 2. 오늘의 메뉴 위젯 적용위치
                            TodayMenuWidget(),
                        ],
                    ),
                    Center(
                        child: Text("커피&음료 화면입니다."),
                    ),
                    Center(
                        child: Text("빙수&아이스크림 화면입니다."),
                    ),
                    Center(
                        child: Text("케이크 화면입니다."),
                    ),
                ],
            ),
        ),
    );
  }
}
```

5.2.5 커피&음료 메뉴 화면 만들기

이번에는 메뉴에서 '커피&음료'를 선택했을 때 보이는 화면을 만들어 볼 차례입니다. '커피&음료' 메뉴에서는 커피와 음료가 이미지와 함께 나타나며 메뉴명과 금액은 리스트로 표시됩니다.

커피&음료 목록은 coffee.dart에 미리 작성한 커피&음료 목록을 이용하여 만들어 봅니다. 메뉴 항목을 클릭했을 때 선택한 메뉴를 다른 화면에 값을 전달하는 방법도 함께 살펴봅니다.

커피&음료 메뉴 화면의 구현 순서입니다.

그림 5-50 커피 메뉴 화면 확인

① **메뉴 리스트 만들기** : 데이터 파일에 저장된 coffees로 ListView를 만듭니다.

② **메뉴 상세 화면으로 이동하기** : Navigator를 사용하여 메뉴 상세 화면으로 이동합니다.

③ **메뉴 상세 화면으로 값 전달하기** : 커피&음료 메뉴 항목 화면에서 메뉴를 선택했을 때 해당 메뉴의 상세 화면으로 선택된 메뉴를 전달합니다.

coffee_menu_screen.dart를 menu 폴더 아래에 생성하고 기본 코드를 작성합니다.

lib/screens/menu/coffee_menu_screen.dart

```dart
import 'package:flutter/material.dart';

class CoffeeMenuScreen extends StatelessWidget {
  const CoffeeMenuScreen({
    super.key,
  });

  @override
  Widget build(BuildContext context) {
    return Container();
  }
}
```

[커피&음료] 탭을 클릭했을 때 메뉴 항목이 나와야 하므로 home_screen.dart의 Tab-BarView 작성 부분에 CoffeeMenuScreen()을 추가합니다. 이때 coffee_menu_screen.dart를 import 해주어야 합니다. 다음 예제 소스를 참고하여 수정해 줍니다.

lib/screens/home/home_sreen.dart

```
…생략…
import 'package:twosome_example/screens/menu/coffee_menu_screen.dart';//추가
…생략…
body: TabBarView(
  children: [
    ListView(
      children: [
        BannerWidget(bannerItemImgUrl: bannerItemImgUrl),
        TodayMenuWidget(),
      ],
    ),
    CoffeeMenuScreen(),        // 추가
    Center(
      child: Text("빙수&아이스크림 화면입니다."),
    ),
    Center(
      child: Text("케이크 화면입니다."),
    ),
  ],
),
```

이제 coffee_menu_screen.dart에 메뉴 리스트를 만들어보겠습니다.

Step 1. 커피&음료 리스트 만들기(ListView)

이번에는 데이터 파일 coffee.dart의 coffees 리스트를 이용하여 커피&음료 메뉴 목록을 만들어 봅니다. 메뉴 목록은 ListView를 이용하여 레이아웃을 구성합니다.

ListView 위젯은 화면에 스크롤이 가능한 목록을 생성하는 위젯입니다. ListView 위젯의 기본 구조를 익혀보고 적용합니다.

```
ListView(
  children: <Widget>[
    // 아이템 위젯들
  ],
)
```

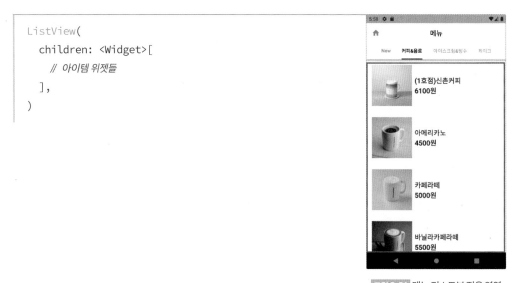

그림 5-51 메뉴 리스트뷰 적용 영역

ListView에 목록을 만들기 위해, 여기서는 coffees 리스트를 받아 목록을 생성하기 위해 children에 List.generate()를 이용하여 지정된 횟수만큼 반복하며 위젯을 만들도록 하겠습니다. 'length'에 생성될 횟수를 작성하고 'null' 영역에 생성할 형태를 작성해 줍니다.

```
ListView(
  children: List.generate(length, (index) => null)
)
```

기본 형태를 확인했다면 ListView 위젯에 List.generate를 사용하여 메뉴 리스트인 coffees의 길이 만큼 Image 위젯을 만들어 줍니다. coffees 목록에 저장된 데이터를 사용하려면, coffee.dart 파일을 import해야 합니다.

메뉴 이미지

리스트 개수만큼 만들어질 위젯은 Container 위젯을 적당한 높이로 작성한 뒤 Image 위젯을 작성합니다.

lib/screens/menu/coffee_menu_screen.dart

```dart
import 'package:flutter/material.dart';
import 'package:twosome_example/models/coffee.dart';

class CoffeeMenuScreen extends StatelessWidget {
  const CoffeeMenuScreen({
    super.key,
  });

  @override
  Widget build(BuildContext context) {
    return ListView(
      children: List.generate(
        coffees.length,// coffees 길이만큼 리스트를 만듭니다.
        (index) => Container(
        height: 150.0, // 메뉴 목록의 높이를 150으로 지정합니다.
        child: Image.asset("${coffees[index].
                        imageUrl}"), // 메뉴 이미지
        ),
      ),
    );
  }
}
```

그림 5-52 **ListView** 작성 결과

완성된 메뉴 리스트를 살펴보면, 메뉴 이미지 오른쪽에 메뉴명과 금액이 위아래로 표시되어 있습니다. 메뉴 이미지와 메뉴명, 금액은 수평으로 나열되어 있으므로 Row 위젯을 추가하고, 메뉴명과 금액은 위아래로 배치되어 있으므로 Column 위젯을 적용합니다. Padding 위젯을 사용해 여백도 지정해 봅니다.

메뉴명과 금액

메뉴명과 금액 작성을 위해, 먼저 메뉴 이미지를 표시한 Image 위젯에 Row를 추가합
니다.

lib/screens/menu/coffee_menu_screen.dart

```
return ListView(
  children: List.generate(
      // coffees 길이만큼 리스트를 만듭니다.
    coffees.length,
      (index) =>
      Container(
        height: 150.0, // 메뉴 목록의 높이를 150으로 지정합니다.
        child : Row(  // 위젯을 수평 방향으로 배치합니다.
          children: [
            // 메뉴 이미지
            Image.asset("${coffees[index].imageUrl}"),
            // 메뉴명과 금액을 작성
          ],
        ),
      ),
  ),
);
```

메뉴명과 금액은 위아래로 표시되어야 하므로 Column 위젯으로 감싸서 Row 위젯의
메뉴 이미지 아래에 작성합니다.

```
child : Row(
  children: [
    // 메뉴 이미지
    Image.asset("${coffees[index].imageUrl}"),
    // 메뉴명과 금액
    Column(    // 메뉴명과 금액을 수직방향으로 배치합니다.
      children: [
        // 메뉴명
```

```
        Text(
          "${coffees[index].title}",
          style: Theme.of(context).textTheme.titleLarge,
        ),
        // 금액
        Text(
          "${coffees[index].price}원",
          style: Theme.of(context).textTheme.titleLarge,
        ),
      ],
    ),
  ],
),
```

그림 5-53 메뉴명과 금액 추가

메뉴명과 금액 위치 정렬

이미지에 메뉴명과 금액을 세로로 가운데에 위치시키기 위해 Column 위젯을 사용합니다. Column 위젯의 주축인 수직으로의 가운데 정렬이므로 MainAxisAlignment.center 옵션을 적용합니다.

```
Column(
  mainAxisAlignment: MainAxisAlignment.center,  // 수직방
                                                   향으로 중앙정렬
  children: [
  …생략…
  ],
),
```

그림 5-54 MainAxisAlignment.center 적용 결과

이번에는 메뉴명과 금액을 왼쪽으로 맞춰서 표시해 봅니다. Column에서 왼쪽 맞춤 정렬을 하려면 CrossAxisAlignment.start 옵션을 사용합니다.

```
Column(
    mainAxisAlignment: MainAxisAlignment.center,
    crossAxisAlignment: CrossAxisAlignment.start, // 가로방향으
                                                    로 왼쪽맞춤정렬
    children: [
    ...생략...
    ],
),
```

그림 5-55 메뉴명과 금액에 **CrossAxisAlignment.start** 적용 결과

Row 위젯과 Column 위젯에 Padding을 적용하여 간격을 조절해 봅니다.

lib/screens/menu/coffee_menu_screen.dart

```
...생략...
return ListView(
    // coffees 길이만큼 리스트를 만듭니다.
    children: List.generate(
        coffees.length,
        (index) => Container(
            height: 150.0, // 메뉴 목록의 높이를 150으로 지정합니다.
            child: Padding( // 여백을 작성합니다.
                padding: const EdgeInsets.all(16.0),
                child: Row( // 위젯을 수평방향으로 배치합니다.
                    children: [
                        // 메뉴 이미지
                        Image.asset("${coffees[index].imageUrl}"),
```

```
      // 메뉴명과 금액
      Padding( // 여백을 작성합니다.
        padding: const EdgeInsets.all(8.0),
        child: Column( // 위젯을 수직 방향으로 배치합니다.
          mainAxisAlignment: MainAxisAlignment.center, // 수직방향으로 중앙정렬.
          crossAxisAlignment: CrossAxisAlignment.start, // 가로방형으로 왼쪽맞
                                                           춤정렬
          children: [
            Text(
              "${coffees[index].title}", // coffees 아이템의 title을 보여줍니다.
              style: Theme.of(context).textTheme.titleLarge,
            ),
            Text(
              "${coffees[index].price}원", // coffees
                          아이템의 price를 보여줍니다.
              style: Theme.of(context).textTheme.
                                    titleLarge,
            ),
          ],
        ),
      )
    ],
  ),
 ),
 ),
 ),
);
```

그림 5-56 Row와 Column 위젯에 Padding 적용 결과

coffees를 이용하여 메뉴 리스트를 만들어 보았습니다. 이제, 메뉴 리스트를 클릭했을 때 메뉴 상세 화면으로 이동하는 방법을 학습해 보겠습니다. 이때 선택된 Coffee 아이템의 값을 다른 화면에 전달하는 방법도 함께 배워봅니다.

Step 2. 메뉴 상세 화면으로 이동하기

먼저 ListView에 작성한 리스트 아이템을 클릭했을 때 메뉴 상세 페이지로 화면이 이동되도록 코드를 수정해 보겠습니다.

화면 이동을 하기 위해서는 Navigator.push()를 이용합니다. MaterialPageRoute 클래스를 이용하여 메뉴 상세 화면으로 이동하도록 작성해 봅니다.

```
Navigator.push(
  context,
  MaterialPageRoute(builder: (context) => const MenuDetailScreen()),
)
```

ListView의 아이템 클릭 이벤트 GestureDetector

메뉴를 눌렀을 때 Navigator.push가 동작하려면, 메뉴 클릭 이벤트가 발생했을 때 화면 이동이 되도록 코드를 넣어야 합니다 GestureDetector 위젯의 onTap() 속성에 화면 이동을 위한 코드를 추가합니다. 다음 예제 소스를 참고하여 작성합니다.

lib/screens/menu/coffee_menu_screen.dart

```
return ListView(
  children: List.generate(
    // coffees 길이만큼 리스트를 만듭니다.
    coffees.length,
    (index) => Container(
      height: 150.0,
      // 리스트뷰의 아이템이 클릭 시
      child: GestureDetector(
        onTap: () {
          Navigator.push(
            context,
            MaterialPageRoute( builder: (context) => MenuDetailScreen(),
          )); // Navigator.push
```

```
      },//onTap()
      child: Padding (
        child: Row (        // 위젯을 수평 방향으로 배치합니다.
          children: [
          …생략…
          ],
        ),
      ),
…생략…
```

이때 MenuDetailScreen()이 오류로 표시되는 것은 MenuDetailScreen()이 작성되지 않아서 입니다. menu_detail_screen.dart 파일을 간단하게 작성해 보겠습니다. 메뉴 상세 화면은 온도에 대한 옵션이 변경될 때 이미지가 변경되어야 하므로 상태있는 위젯(Stateful-Widget)을 기본 코드로 작성합니다. 우선 body에 간단한 Text 위젯을 작성하여 화면을 작성해 봅니다.

lib/screens/menu/menu_detail_screen.dart

```dart
import 'package:flutter/material.dart';

class MenuDetailScreen extends StatefulWidget {
  const MenuDetailScreen({super.key});

  @override
  _MenuDetailScreenState createState() => _MenuDetailScreenState();
}

class _MenuDetailScreenState extends State<MenuDetailScreen> {
  @override
  Widget build(BuildContext context) {
    return Scaffold(
      appBar: AppBar(),
      body: Center(
```

```
        child: Text("메뉴 상세 화면입니다."),
      ),
    );
  }
}
```

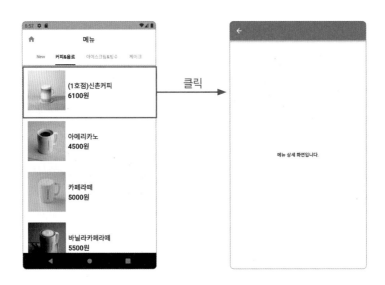

그림 5-57 커피 메뉴 화면에서 메뉴 상세 화면으로 이동

Step 3. 다른 화면에 데이터 값 전달하기

이제, 메뉴 상세 화면에서 선택된 메뉴 데이터 값을 다른 화면으로 전달하는 방법을 알아볼 차례입니다. 다른 화면에 데이터를 전달하기 위해서는 ① 전달하는 화면(coffe_menu_screen.dart)과 ② 전달받는 화면(menu_detail_screen.dart)에서 데이터를 주고 받는 부분을 작성해 주어야 합니다.

먼저 ① 전달하는 화면인 coffe_menu_screen.dart에서는 선택한 메뉴를 눌렀을 때, 선택한 메뉴 아이템을 데이터로 전달해야 합니다. 메뉴 클릭 이벤트 발생 시 onTap() 함수가 구동되므로, onTap() 함수의 내비게이션 코드를 수정합니다.

MenuDetailScreen()에 데이터를 전달하기 위해 선택된 커피 메뉴를 item이라는 변수에 전달해 보겠습니다.

① 전달하는 화면(coffee_menu_screen.dart)의 Navigator.push()에서 MenuDetailScreen()으로 화면 이동할 때, coffees[index]를 파라미터로 전달합니다.

lib/screens/menu/coffee_menu_screen.dart

```
…생략…
onTap: () {
  Navigator.push(
      context,
      MaterialPageRoute(
        builder: (context) => MenuDetailScreen(item: coffees[index]),
      ),
  );
},
…생략…
```

이번에는 ② 전달받는 화면(menu_detail_screen.dart)에서는 coffee[index]를 변수에 담아야 합니다. required this.item으로 전달받아 item 변수를 담아줍니다. coffees[index]가 item 변수로 전달됩니다.

전달된 데이터를 사용하기 위해 build 내에 Coffee thisCoffee = widget.item; 구문을 작성하여 위젯 내에서 전달된 아이템을 사용합니다.

Text 위젯을 이용하여 전달된 데이터의 메뉴명을 확인해 봅니다.

lib/screens/menu/menu_detail_screen.dart

```
import 'package:flutter/material.dart';
import 'package:twosome_example/models/coffee.dart';

class MenuDetailScreen extends StatefulWidget {
  const MenuDetailScreen({super.key, required this.item});
```

```dart
  final Coffee item; // 전달된 item을 Coffee 형식으로 선언합니다.

  @override
  _MenuDetailScreenState createState() => _MenuDetailScreenState();
}

class _MenuDetailScreenState extends State<MenuDetailScreen> {
  @override
  Widget build(BuildContext context) {
    Coffee thisCoffee = widget.item; // 전달받은 값을 thisCoffee 변수에 담아 사용합니다.
    return Scaffold(
      appBar: AppBar(),
      body: Center(
        child: Text("${thisCoffee.title} 아이템이 전달되었습니다."), // item의 title을 출
                                                              력합니다.
      ),
    );
  }
}
```

그림 5-58 메뉴 상세 화면으로 선택된 값 전달하기

Step 4. 커피&음료 메뉴 화면 전체 소스 확인하기

커피&음료 메뉴 화면인 coffee_menu_screen.dart 전체 소스입니다.

```dart
import 'package:flutter/material.dart';
import 'package:twosome_example/models/coffee.dart';
import 'package:twosome_example/screens/menu/menu_detail_screen.dart';

class CoffeeMenuScreen extends StatelessWidget {
  const CoffeeMenuScreen({
    super.key,
  });
  @override
  Widget build(BuildContext context) {
    return ListView(
      children: List.generate(
        // coffees 길이만큼 리스트를 만듭니다.
        coffees.length,
        (index) => Container(
          height: 150.0,
          // 리스트뷰의 아이템이 클릭 시
          child: GestureDetector(
            onTap: () {
              Navigator.push(
                context,
                MaterialPageRoute(
                  builder: (context) =>
                    MenuDetailScreen(item: coffees[index]),
              )); // Navigator.push
            },//onTap()
            child: Padding(
              padding: const EdgeInsets.all(16.0),
              child: Row(      // 위젯을 수평 방향으로 배치합니다.
                children: [
                  // 메뉴 이미지
                  Image.asset("${coffees[index].imageUrl}"),
                  Padding(
```

```
          padding: const EdgeInsets.all(8.0),
          child: Column(
            mainAxisAlignment: MainAxisAlignment.center,  // 수직방향으로
                                                            중앙정렬
            crossAxisAlignment: CrossAxisAlignment.start, // 가로방향으로
                                                            왼쪽맞춤정렬
            children: [
              // 메뉴명
              Text(
                "${coffees[index].title}",
                style: Theme.of(context).textTheme.titleLarge,
              ),
              // 금액
              Text(
                "${coffees[index].price}원",
                style: Theme.of(context).textTheme.titleLarge,
              ), // Text
            ], // children
          ), //Column
        ) // Padding
      ], //children
    ),
  ), //Row
  ), // padding
  ),
  ),
  );
  }
}
```

메뉴 목록 화면에서 메뉴를 선택하면 선택된 커피 메뉴가 새로운 화면에 전달되었음을
확인해 볼 수 있습니다. 이제 전달된 메뉴의 상세 화면 레이아웃을 그리고 옵션 버튼이 클
릭되었을 때 이미지가 변하는 화면을 작성해 봅니다.

5.2.6 메뉴 상세 화면 만들기

메뉴 상세 화면에서 메뉴의 옵션 버튼을 누를 때 이미지를 바꿔서 보여주려면 Stateful-Widget으로 만들어야 합니다. 이전 절에서 전달된 메뉴 상세 화면의 레이아웃을 구성해보고 메뉴 옵션이 변경될 때 이미지가 변경되도록 해보겠습니다.

메뉴 상세 화면의 레이아웃은 다음의 순서대로 구현합니다.

    ① **앱바 만들기** : AppBar에 스타일을 적용합니다.

    ② **메뉴 정보 영역 만들기** : 메뉴 이미지, 메뉴명, 금액을 Column 위젯을 사용하여 세로로 배치합니다.
       이미지는 ClipRRect 위젯을 이용해 모서리를 둥글게 만듭니다.

    ③ **옵션 영역 만들기** : 옵션 영역의 ChoiceChip 위젯 버튼을 만듭니다. 온도 옵션이 변경되었을 때
       setState로 이미지를 변경합니다.

    ④ **하단 영역 만들기** : bottomAppBar를 이용하여 하단 고정 정보 영역을 만듭니다.

Step 1. 앱바 만들기

메뉴 상세 화면의 앱바(AppBar) 스타일을 적용합니다.

앱바(AppBar)는 제목을 '커피&음료'로 작성하고 텍스트를 중앙정렬합니다. centerTitle 속성을 true로 설정하면 제목이 가운데 정렬됩니다. 배경색을 흰색으로 변경하고 뒤로가기 아이콘도 만듭니다.

그림 5-59 메뉴 상세 화면 앱바 영역

```
class _MenuDetailScreenState extends State<MenuDetailScreen> {
  @override
  Widget build(BuildContext context) {
    Coffee thisCoffee = widget.item;
    return Scaffold(
      appBar: AppBar(
        title: const Text(
          '커피&음료',
          style: TextStyle(color: Colors.black), // 글자 색상을 검은색으로 설정합니다.
        ),
        centerTitle: true,              // 타이틀을 중앙에 배치합니다.
        backgroundColor: Colors.white,  // 배경색을 흰색으로 설정합니다.
        leading: const BackButton(      // 뒤로가기 버튼을 설정합니다.
          color: Colors.grey,           // 아이콘 색상을 회색으로 설정합니다.
        ),
      ), // AppBar
      body: Center(
        child: Text("${thisCoffee.title} 아이템이 전달되었습니다."),
      ),
    );
  }
}
```

그림 5-60 메뉴 상세 화면 앱바 스타일 적용

Step 2. 메뉴 정보 영역 만들기

메뉴 상세 화면을 살펴보면, 상단에 메뉴 이미지와 메뉴명, 온도, 금액 정보가 수직으로 작성되어 있습니다.

커피 메뉴 화면에서 전달받은 값의 이미지와 메뉴명, 금액을 먼저 표시합니다. 수직으로 배치되어 있으므로 Column 위젯으로 작성합니다. 스크롤이 가능한 ListView 위젯을 사용하고 Padding 위젯을 이용해 여백을 줍니다.

그 밑에는 영역을 구분하기 위해 Divider 위젯을 사용합니다. Divider 위젯은 수평선을 만들어주는 위젯으로 위젯 간에 구분하기 위해 주로 사용되는 위젯입니다.

body 영역을 다음과 같이 작성합니다.

그림 5-61 메뉴 정보 영역

lib/screens/menu/menu_detail_screen.dart

```
…생략…
body: ListView( // 스크롤 가능한 목록으로 만듭니다.
  children: [
    Padding( // 여백을 설정합니다.
      padding: const EdgeInsets.all(40.0),
      child: Column( // 위젯을 수직 방향으로 배치합니다.
        children: [
          Image.asset("${thisCoffee.imageUrl}"),// thisCoffee의 이미지 경로를 작성합니다.
          Text(
            "${thisCoffee.title}", // thisCoffee의 title을 출력합니다.
            style: Theme.of(context).textTheme.titleLarge, // 글자 테마를 적용합니다.
          ),
          Text(
            "${thisCoffee.price} 원", // thisCoffee의 금액을 출력합니다.
            style: Theme.of(context).textTheme.bodyMedium, // 글자 테마를 적용합니다.
          ),
        ],
      ),
    ),
```

```
        Divider(), // 영역 구분 선을 만듭니다.
    ],
  ),
  ...생략...
```

그림 5-62 메뉴 정보 영역 적용

이미지 모서리를 둥글게 만들기(ClipRRect)

간단한 메뉴 정보가 화면에 정상적으로 보이면, 이제 메뉴 이미지의 모서리를 둥글게 만들어 봅니다. 모서리를 둥글게 만들기 위해 ClipRRect 위젯을 사용합니다. ClipRRect 위젯은 하위 위젯을 원형으로 자르거나 테두리를 둥글게 만들 수 있습니다. 테두리를 둥글게 만들려면 borderRadius 속성을 사용합니다. borderRadius에 모서리를 둥글게 자를 때의 반지름을 설정하면 반지름의 크기에 따라 모서리의 둥근 정도가 변경됩니다.

```
ClipRRect(
    borderRadius: BorderRadius.circular(10),
    child:  // 잘라낼 위젯
    ),
)
```

ClipRRect 위젯을 이용하여 이지미 위젯을 수정해 봅니다.

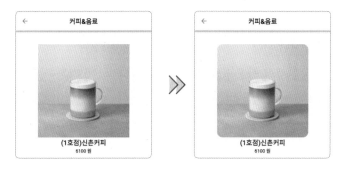

그림 5-63 메뉴 정보 이미지에 **ClipRRect** 위젯 적용

lib/screens/menu/menu_detail_screen.dart

```
…생략…
ClipRRect(
    borderRadius: BorderRadius.circular(16.0), // 모든 모서리를 둥글게 만듭니다.
    child: Image.asset("${thisCoffee.imageUrl}"),
),
    …생략…
```

Step 3. 옵션 영역 만들기

이번에는 메뉴 정보 아래에 다음 그림과 같은 온도 옵션 버튼 영역을 만들어 볼 차례입니다.

메뉴의 옵션 제목인 '온도' 아래에 선택을 위한 '핫'과 '아이스' 옵션 버튼을 추가하고, 버튼을 클릭하면 선택된 옵션에 맞는 메뉴 이미지가 나타나도록 하겠습니다.

ChoiceChip 위젯

먼저, 메뉴 옵션 제목과 온도를 선택하는 옵션 버튼을 ChoiceChip 위젯으로 만듭니다. ChoiceChip 위젯은 여러

그림 5-64 메뉴의 온도 옵션 선택 영역

버튼 중 하나를 선택할 수 있는 버튼입니다. 사용자가 선택한 버튼에 대한 속성들을 설정하여 강조할 수 있습니다.

먼저 ChoiceChip 위젯의 사용법을 알아보겠습니다. 선택 버튼이 수평으로 나열되어 있으므로 Row 위젯으로 감싸서 사용합니다. 다음 예제 소스를 참고하여 작성합니다.

```
ChoiceChip(
  label: Text('옵션 1'), // 버튼의 옵션 명을 작성합니다.
  selected: true,        // 선택된 버튼을 true/false 값으로 구분합니다.
  onSelected: (selected) {
    // 선택이 변경될 때 실행할 코드입니다.
  },
),
ChoiceChip(
  label: Text('옵션 2'), // 버튼의 옵션 명을 작성합니다.
  selected: false,       // 선택된 버튼을 true/false 값으로 구분합니다.
  onSelected: (selected) {
    // 선택이 변경될 때 실행할 코드입니다.
  },
),
```

onSelected는 ChoiceChip 버튼이 클릭될 때 실행되는 콜백 함수입니다. 이때 파라미터 'selected'는 버튼의 선택 여부 정보를 전달합니다. onSelected 내에서 setState를 사용하여 버튼의 상태를 제어할 수 있습니다.

label	버튼에 보여줄 텍스트를 작성합니다.
selected	항목이 현재 선택되었는지를 나타냅니다.
onSelected	항목을 눌렀을 때 실행될 함수를 작성합니다.
selectedColor	선택된 항목의 배경 색상을 작성합니다.
backgroundColor	버튼의 배경색을 지정합니다.
shape	버튼의 모양을 설정합니다. 이 절에선 ContinuousRectangleBorder를 사용하여 테두리의 모양을 설정해 주었습니다.

표 5-7 **ChoiceChip** 위젯의 주요 속성

메뉴 상세 화면에서는 '핫' 또는 '아이스' 옵션을 ChoiceChip으로 만들고, 옵션 버튼이 선택될 때 메뉴 이미지를 변경하도록 구현합니다. ChoiceChip 위젯의 더 많은 내용은 플러터의 ChoiceChip Class 사이트(https://api.flutter.dev/flutter/material/Choice-Chip-class.html)를 참고합니다.

온도 옵션 영역 만들기(setState)

이제 온도를 선택하는 옵션 영역을 만들어 보겠습니다. 먼저, 옵션 제목인 '온도'와 옵션 버튼은 수직으로 나열해야 하므로 Column 위젯을 사용하여 작성하고, 옵션 버튼은 Column 위젯의 children 속성 내에서 Row 위젯을 사용하여 좌우로 배치합니다.

lib/screens/menu/menu_detail_screen.dart

```
…생략…
body: ListView( // 스크롤 가능한 목록으로 만듭니다.
  children: [
    Padding( … ),    // 옵션 정보 영역
    Divider(),       // 영역 구분 선
    // 옵션 선택 영역
    Column( // 수직방향으로 위젯을 배치합니다.
      crossAxisAlignment: CrossAxisAlignment.start,// 수평방향 기준으로 왼쪽맞춤정렬합니다.
      children: [
        // 옵션명
        Padding( // 여백을 설정합니다.
          padding: const EdgeInsets.only(left: 20.0), // 왼쪽 여백을 설정합니다.
          child: Text(
            "온도", style: Theme.of(context).textTheme.titleMedium, // 텍스트 테마를
                                                                    적용합니다.
          ),
        ),
        // 옵션 선택 버튼
        Row( // 위젯을 수평 방향으로 배치합니다.
          children: [
              // '핫' 버튼
```

```
ChoiceChip(
  label: Text('핫'),
  selected: true,
  onSelected: (selected) {
    // 선택이 변경될 때 실행할 코드 작성
  },
),

// '아이스' 버튼
ChoiceChip(
  label: Text('아이스'),
  selected: false,
  onSelected: (selected) {
    // 선택이 변경될 때 실행할 코드 작성
  },
),
],
),
```

그림 5-65 옵션 선택 영역 기본 구조 작성 결과

옵션 버튼 선택 시 강조 표시하기

이번에는 옵션 버튼이 선택되었을 때, 선택된 버튼에 강조 표시가 되도록 스타일을 변경해 보겠습니다. 선택된 버튼을 강조하기 위해 변수 choice를 선언합니다. choice 값이 hot인 경우엔 '핫' 버튼을 강조하고, ice인 경우는 '아이스' 버튼을 강조할 때 사용합니다.

```
String? choice = 'hot';
```

이제 ChoiceChip 위젯의 모양을 설정하고, 옵션 버튼이 선택되면 choice 값을 변경하기 위해 onSelected 속성에 setState를 사용합니다. '핫' 버튼일 경우엔 choice 값에 'hot'을 설정하고 '아이스' 버튼일 경우엔 'ice' 값을 설정합니다. 다음 예제는 옵션 버튼 중 '핫' 버튼에 대한 변경 예제입니다. 같은 방식으로 '아이스' 버튼에도 적용할 수 있습니다.

lib/screens/menu/menu_detail_screen.dart

```
class _MenuDetailScreenState extends State<MenuDetailScreen> {
  @override
  String? choice = 'hot';


  Widget build(BuildContext context) {
…생략…
ChoiceChip(
    padding: EdgeInsets.all(8.0), // 여백을 설정합니다.
    label: SizedBox(
      width: 140,
      child: Text('핫', textAlign: TextAlign.center), //  글자를 '중앙' 정렬합니다.
    ),
    selected: choice == 'hot', // choice 값이 'hot' 일 경우 선택 표시됩니다.
    onSelected: (selected) {
      setState(() {
        choice = 'hot';
      });
    },
  )
…생략…
```

selected 속성의 true, false 값도 choice 변수값에 따라 변경되도록 수정합니다.

옵션 버튼 활성화 표시하기

옵션 버튼이 선택되었을 때 버튼이 활성화되었음을 알 수 있도록 스타일을 추가합니다. 선택된 옵션 버튼의 색은 흰색으로 설정하고, 버튼 모양의 shape 속성은 RoundedRect-angleBorder 클래스를 사용하여 버튼의 모서리를 둥근 직사각형으로 만들고 선택된 버튼의 테두리를 진하게 설정합니다.

```dart
// '핫' 버튼
ChoiceChip(
  padding: EdgeInsets.all(8.0), // 여백을 설정합니다.
  label: SizedBox(
    width: 140,
    child: Text('핫', textAlign: TextAlign.center), //  글자를 '중앙' 정렬합니다.
  ),
  selected: choice == 'hot', // choice 값이 'hot' 일 경우 선택 표시됩니다.
  onSelected: (selected) {
    setState(() {
      choice = 'hot';
    });
  },
  selectedColor: Colors.white, // 선택된 버튼 색을 흰색으로 설정합니다.
  shape: RoundedRectangleBorder( // 버튼 모양을 모서리가 둥근 직사각형으로 설정합니다.
    borderRadius: BorderRadius.circular(5.0),
    side: BorderSide(
        color: choice == 'hot' ? Colors.black : Colors.grey),
  ),
),
```

옵션 버튼을 감싼 Row 위젯 간의 공간을 균등하게 할당하기 위해 MainAxisAlign-ment.spaceEvenly를 적용하고 ChoiceChip 속성을 변경하여 선택된 버튼이 활성화 되게 수정합니다.

다음 예제를 참고하여 옵션 버튼 영역을 수정합니다.

lib/screens/menu/menu_detail_screen.dart

```dart
class _MenuDetailScreenState extends State<MenuDetailScreen> {
  @override
  String? choice = 'hot';

  Widget build(BuildContext context) {
…생략…
// 옵션 선택 버튼
```

```
Row( // 위젯을 수평 방향으로 배치합니다.
    mainAxisAlignment: MainAxisAlignment.spaceEvenly, // 하위 위젯 간 여백을 동일하게 주어
                                                        정렬합니다.

  children: [
   // '핫' 버튼
   ChoiceChip(
      padding: EdgeInsets.all(8.0), // 여백을 설정합니다.
      label: SizedBox(
        width: 140,
        child: Text('핫', textAlign: TextAlign.center),// 글자를 '중앙' 정렬합니다.
      ),
      selected: choice == 'hot', // choice 값이 'hot' 일 경우 선택 표시됩니다.
      onSelected: (selected) {
        setState(() {
          choice = 'hot';
        });
      },
    selectedColor: Colors.white, // 선택된 버튼 색을 흰색으로 설정합니다.
      shape: RoundedRectangleBorder( // 모양을 모서리가 둥근 직사각형으로 설정합니다.
        borderRadius: BorderRadius.circular(5.0),
        side: BorderSide(
            color: choice == 'hot' ? Colors.black : Colors.grey),
      ),
    ),
   // '아이스' 버튼
   ChoiceChip(
      padding: EdgeInsets.all(8.0), // 여백을 설정합니다.
      label: SizedBox(
        width: 140,
        child: Text('아이스', textAlign: TextAlign.center), // 글자를 '가운데' 정렬
                                                          합니다.
      ),
      selected: choice == 'ice', // choice 값이 'ice'일 경우 선택 표시됩니다.
      onSelected: (selected) {
        setState(() {
          choice = 'ice';
        });
```

```
        },
      selectedColor: Colors.white, // 선택된 버튼 색을 흰색으로 설정합니다.
      shape: RoundedRectangleBorder( // 모양을 모서리가 둥근 직사각형으로 설정합니다.
        borderRadius: BorderRadius.circular(5.0),
        side: BorderSide(
            color: choice == 'ice' ? Colors.black : Colors.grey),
      ),
    ),
   ],
  ),
...생략...
```

그림 5-66 옵션 버튼 영역 – 선택된 버튼 활성화 결과

옵션 버튼을 선택해 보면 선택된 버튼이 활성화 된 걸 확인할 수 있습니다.

온도 버튼 선택 시 이미지 변경하기

이번에는 온도 옵션에 따라 메뉴 이미지가 변경되도록 코드를 변경할 차례입니다. cof-fee.dart를 열어보면 Coffee 안에는 기본 이미지와 아이스 이미지에 대한 경로가 설정되어 있습니다. 선택된 옵션에 따라 경로를 변경합니다.

lib/models/coffee.dart

```
…생략…
Coffee(
  id: "01",
  title: "(1호점)신촌커피",
  price: "6100",
  imageUrl: "assets/images/coffee01.jpg",        // 메뉴 기본 이미지 경로
  imageUrl2: "assets/images/coffee01_ice.jpg",   // 메뉴 아이스 이미지 경로
),
```

온도 옵션에 따라 이미지를 변경하려면 현재 선택된 옵션이 무엇인지를 알아야합니다. choice 변수는 옵션이 '핫'일 때 'hot'을 세팅하고 '아이스'일 때 'ice'로 변경됩니다. 이 값을 이용하여 Image.assets의 경로를 수정해 봅니다.

choice 값이 'hot' 일 때는 imageUrl의 이미지를 보여주고, 'ice'로 변경되었을 때 imageUrl2 값을 보여주도록 변경합니다.

lib/screens/menu/menu_detail_screen.dart

```
…생략…
ClipRRect(
  borderRadius: BorderRadius.circular(16.0),
  child: Image.asset(
    choice == 'hot'
        ? "${thisCoffee.imageUrl}"
        : "${thisCoffee.imageUrl2}",
  ),
),
…생략…
```

예제를 실행하면 온도 옵션을 선택에 따라 이미지가 변경되는 걸 확인할 수 있습니다.

그림 5-67 옵션 값에 따라 이미지 변경

Step 4. 하단 영역 만들기(bottomAppBar)

하단 영역은 빨간색 포인트 박스와 금액, '주문하기' 버튼이 수평으로 나열되어 있습니다. '주문하기' 버튼을 누르면 선택한 메뉴 옵션과 커피 아이템 정보가 다이얼로그에 표시됩니다.

이제, 하단 영역을 만들어보겠습니다. 하단 영역을 고정시키기 위해서 bottomNavigationBar 속성의 BottomAppBar 위젯를 만듭니다. bottomNavigationBar는 body 영역 아래에 작성합니다.

lib/screens/menu/menu_detail_screen.dart

```
…생략…
body : ListView( … ),
bottomNavigationBar: BottomAppBar( // 하단에 고정시킵니다.
  color: Colors.black87, // 색상을 검정색으로 설정합니다.
  child: Row( // 위젯을 수평방향으로 나열합니다.
    children: [
      // 여기에 빨간색 포인트 박스, 금액, 주문하기 버튼을 작성합니다
```

```
    ],
  ),
),
```

하단에 포인트 박스, 금액, 주문하기 버튼은 Row 위젯으로 감싸도록 합니다. 다음 예제를 참조하여 작성합니다.

```
...생략...

child: Row( // 위젯을 수평방향으로 나열합니다.
  children: [
// 붉은색 포인트 박스를 만듭니다.
    Container(
      width: 100,
      height: 60,
      color: Colors.red,
    ),
      // 금액
    Expanded(  // 최대 너비를 사용하여 배치합니다.
      child: Padding( // 여백을 줍니다.
        padding: EdgeInsets.all(8.0),
        child: Text(
          "${thisCoffee.price}원", // 커피 금액을 작성합니다.
          style: TextStyle(color: Colors.white, fontSize: 18), // 글자 색상은 흰색,
                                                    // 크기는 18px로 설정합니다.
        ),
      ),
    ),
      // '주문하기' 버튼
    TextButton(.
      child: Text( // 텍스트를 작성합니다.
        "주문하기", // 버튼의 글자를 작성합니다.
        style: TextStyle(color: Colors.red, fontSize: 22), // 글자 색상은 빨간색, 크기는
                                                  // 22px로 설정합니다.
```

```
        ),
      onPressed: () {
        // 버튼이 클릭됐을 때 실행할 코드를 작성(다이얼로그를 띄웁니다)
      },
    ),
  ],
),
…생략…
```

메뉴 상세 화면의 하단 영역 레이아웃을 만들고 선택된 메
뉴의 금액을 표시해 보았습니다.

하단 영역 레이아웃 작성 결과

'주문하기' 버튼 동작 작성하기(Dialog)

선택된 메뉴 정보를 보여주기 위하여 '주문하기' 버튼을 클릭했을 때 다이얼로그를 보여
줍니다. '주문하기' TextButton의 onPressed는 버튼이 클릭될 때 수행되는 함수이므로,
여기에 showDialog를 이용하여 안내 메시지를 띄워보겠습니다. 다음 예제를 참고하여
TextButton 위젯을 수정합니다.

lib/screens/menu/menu_detail_screen.dart

```
…생략…
// '주문하기' 버튼
TextButton(.
  child: Text(  // 텍스트를 작성합니다.
    "주문하기",
    style: TextStyle(color: Colors.red, fontSize: 22),
  ),
  onPressed: () {
    // 버튼이 클릭됐을 때 실행할 코드를 작성(다이얼로그를 띄웁니다)

    showDialog(
      context: context,
```

```
      builder: (BuildContext context) {
        return AlertDialog(
          title: Text('${thisCoffee.title}'),
          content: Text('${thisCoffee.price}원 입니다.'),
          actions: <Widget>[
            TextButton(
              onPressed: () => Navigator.pop(context, 'Cancel'),
              child: const Text('취소'),
            ),
            TextButton(
              onPressed: () => Navigator.pop(context, 'OK'),
              child: const Text('확인'),
            ),
          ],
        );
      },
    );
  },
),
```

그림 5-69 주문하기 다이얼로그 작성 결과

이 장에서는 복잡한 화면을 가진 카페 앱을 만들어보았습니다. 데이터, 화면, 커스텀위젯을 구분하여 코드를 작성하고 각각 소스를 파일로 분리하여 코드의 재사용성과 가독성을 높여 유지보수가 수월하게 합니다. 앞으로 플러터의 다양한 위젯과 기능을 이용하여 더 많은 화면을 가진 복잡한 앱을 구현해보기 바랍니다.

Step 5. 메뉴 상세 화면 전체 소스 확인하기(menu_detail_screen.dart)

메뉴 상세 화면 전체 소스입니다.

lib/screens/menu/menu_detail_screen.dart

```dart
import 'package:flutter/material.dart';
import 'package:twosome_example/models/coffee.dart';

class MenuDetailScreen extends StatefulWidget {
  const MenuDetailScreen({super.key, required this.item});

  final Coffee item; // 전달된 item 을 Coffee 형식으로 선언합니다.

  @override
  _MenuDetailScreenState createState() => _MenuDetailScreenState();
}

// 최종본
class _MenuDetailScreenState extends State<MenuDetailScreen> {
  @override
  String? choice = 'hot';

  Widget build(BuildContext context) {
    Coffee thisCoffee = widget.item; // 전달받은 값을 thisCoffee 변수에 담아 사용합니다.
    return Scaffold(
      appBar: AppBar(
        title: const Text(
          '커피&음료',
          style: TextStyle(color: Colors.black), // 글자 색상을 검은색으로 설정합니다.
        ),
```

```dart
            style: TextStyle(color: Colors.black),  // 글자 색상을 검은색으로 설정합니다.
          ),
          centerTitle: true,  // 타이틀을 중앙에 배치합니다.
          backgroundColor: Colors.white,  // 배경색을 흰색으로 설정합니다.
          leading: const BackButton(
            // 뒤로가기 버튼을 설정합니다.
            color: Colors.grey,  // 아이콘 색상을 회색으로 설정합니다.
          ),
        ),
      body: ListView(
        // 스크롤 가능한 목록으로 만듭니다.
        children: [
          Padding(
            // 여백을 설정합니다.
            padding: const EdgeInsets.all(40.0),
            child: Column(
              // 위젯을 수직 방향으로 배치합니다.
              children: [
                // 메뉴상세 이미지
                ClipRRect(
                  borderRadius: BorderRadius.circular(16.0),  // 모든 모서리를 둥글게
                                                              // 만듭니다.

                  child: Image.asset(
                    choice == 'hot'
                        ? "${thisCoffee.imageUrl}"
                        : "${thisCoffee.imageUrl2}",
                  ),
                ),
                Text(
                  "${thisCoffee.title}",  // thisCoffee의 title을 출력합니다.
                  style:
                  Theme.of(context).textTheme.titleLarge,  // 글자 테마를 적용합니다.
                ),
                Text(
                  "${thisCoffee.price} 원",  // thisCoffee의 금액을 출력합니다.
                  style
                  Theme.of(context).textTheme.bodyMedium,  // 글자 테마를 적용합니다.
```

```
            ),
          ],
        ),
      ),
      Divider(),
      // 옵션 선택 영역
      Column(
        // 수직방향으로 위젯을 배치합니다.
        crossAxisAlignment: CrossAxisAlignment.start, // 수평방향 왼쪽맞춤정렬합니다.
        children: [
          // 옵션명
          Padding(
            // 여백을 설정합니다.
            padding: const EdgeInsets.only(left: 20.0), // 왼쪽 여백을 설정합니다.
            child: Text("온도",
              style: Theme.of(context)
                  .textTheme
                  .titleMedium // 텍스트 테마를 적용합니다.
            ),
          ),
          // 옵션 선택 버튼
          Row(
            // 위젯을 수평 방향으로 배치합니다.
            mainAxisAlignment:
            MainAxisAlignment.spaceEvenly, // 하위 위젯 간 여백을 동일하게 주어 정렬합니다.
            children: [
              // '핫' 버튼
              ChoiceChip(
                padding: EdgeInsets.all(8.0), // 여백을 설정합니다.
                label: SizedBox(
                  width: 140,
                  child: Text('핫',
                      textAlign: TextAlign.center), // 글자를 '중앙' 정렬합니다.
                ),
                selected: choice == 'hot', // choice 값이 'hot' 일 경우 선택 표시됩니다.
                onSelected: (selected) {
                  setState(() {
```

```
                choice = 'hot';
            });
        },
        selectedColor: Colors.white, // 선택된 버튼 색을 흰색으로 설정합니다.
        shape: RoundedRectangleBorder(
            // 버튼 모양을 모서리가 둥근 직사각형으로 설정합니다.
            borderRadius: BorderRadius.circular(5.0),
            side: BorderSide(
                color: choice == 'hot'
                    ? Colors.black
                    : Colors.grey), // 선택된 옵션
        ),
    ),
    // '아이스' 버튼
    ChoiceChip(
        padding: EdgeInsets.all(8.0), // 여백을 설정합니다.
        label: SizedBox(
            width: 140,
            child: Text('아이스',
                textAlign: TextAlign.center), // 글자를 '중앙' 정렬합니다.
        ),
        selected: choice == 'ice', // choice 값이 'ice'일 경우 선택 표시됩니다.
        onSelected: (selected) {
            setState(() {
                choice = 'ice';
            });
        },
        selectedColor: Colors.white, // 선택된 버튼 색을 흰색으로 설정합니다.
        shape: RoundedRectangleBorder(
            // 버튼 모양을 모서리가 둥근 직사각형으로 설정합니다.
            borderRadius: BorderRadius.circular(5.0),
            side: BorderSide(
                color: choice == 'ice' ? Colors.black : Colors.grey),
        ),
    ),
],
),
```

```dart
        ],
      ),
    ],
  ),
),
bottomNavigationBar: BottomAppBar(
  // 하단에 고정시킵니다.
  color: Colors.black87, // 색상을 검정색으로 설정합니다.
  child: Row(
    // 위젯을 수평방향으로 나열합니다.
    children: [
      Container(
        // 붉은색 포인트 박스를 만듭니다.
        width: 100,
        height: 60,
        color: Colors.red,
      ),
      Expanded(
        // 최대 너비를 사용하여 배치합니다.
        child: Padding(
          // 여백을 줍니다.
          padding: EdgeInsets.all(8.0),
          child: Text(
            "${thisCoffee.price}원",
            style: TextStyle(color: Colors.white, fontSize: 18),
          ),
        ),
      ),
      TextButton(
        // 텍스트 버튼을 만듭니다.
        child: Text(
          // 텍스트를 작성합니다.
          "주문하기",
          style: TextStyle(color: Colors.red, fontSize: 22),
        ),
        onPressed: () {
          // 버튼이 클릭됐을 때 실행할 코드를 작성(다이얼로그를 띄웁니다)
          showDialog(
```

```
              context: context,
          builder: (BuildContext context) {
            return AlertDialog(
              title: Text('${thisCoffee.title}'),
              content: Text('${thisCoffee.price}원 입니다.'),
              actions: <Widget>[
                TextButton(
                  onPressed: () => Navigator.pop(context, 'Cancel'),
                  child: const Text('취소'),
                ),
                TextButton(
                  onPressed: () => Navigator.pop(context, 'OK'),
                  child: const Text('확인'),
                ),
              ],
            );
          },
        );
      },
    ),
   ],
  ),
 ),
);
}
}
```

6

01 다트 학습 환경

02 다트 기본 문법
(변수, 상수, 타입, 연산자, 제어문 등)

03 객체지향 프로그래밍 문법
(클래스, 객체, 상속, 믹스인, 컬렉션 등)

04 비동기 프로그래밍
(async-await, Future/Stream)

05 동시성 프로그래밍
(isolate, 메시지 전송)

다트
(Dart)

플러터 앱은 다트(Dart) 언어로 작성합니다. 다트는 2011년 구글이 웹 프론트엔드 개발을 위해 만든 언어이며, 현재는 웹, 모바일, 테스크탑 등 다양한 플랫폼에서 개발을 지원합니다. 다트는 객체지향 언어입니다. 또한, 다트의 문법은 C 언어와 유사하므로, 프로그래밍 경험이 있는 분들은 어렵지 않게 다트를 배울 수 있을 것입니다. 이 장에서는 다트의 기본 문법을 간략하게 정리하며, 다트 언어만이 가지는 특징들도 살펴보도록 하겠습니다.

6.1 다트 문법 공부 환경

다트를 학습하기 위해서는 SDK를 설치하거나 다트패드(DartPad, https://dardpad.dev) 웹 에디터를 이용할 수 있습니다. 다트패드는 별도 프로그램 설치 없이 웹 브라우저를 통해 다트 코드를 테스트해 볼 수 있습니다.

그림 6-1 다트패드 웹 에디터

앞서 1, 2장에서 플러터 앱 개발을 위한 개발 환경을 구축했다면 안드로이드 스튜디오와 플러터 SDK가 설치되어 있게 됩니다. 다트 문법을 간단하게 테스트해보려면, 생성된 프로젝트에서 [lib → New → Dart File] 메뉴를 통해 새로운 다트 파일을 만듭니다. 이 파일에 코드를 작성하고 실행하면 디바이스 연결 없이 코드가 실행되고 콘솔 창에 결과가 출력됩니다.

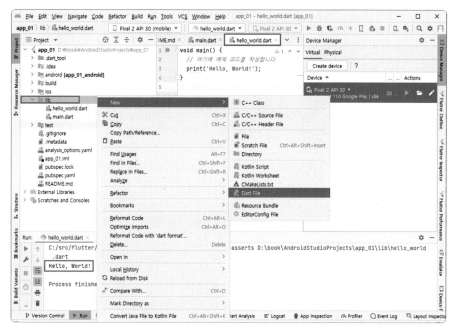

그림 6-2 안드로이드 스튜디오에서 다트 파일 추가하기

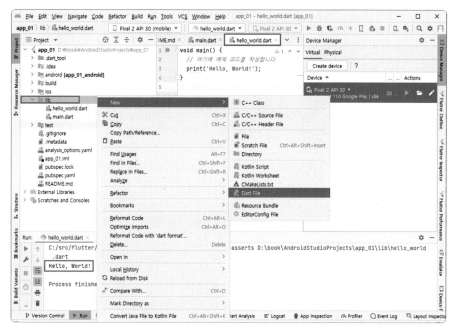

다트의 플랫폼

다트는 컴파일 방식에 따라 두 가지 플랫폼으로 구분되는데, 플랫폼에 따라 일부 코드 구현 방식이나 연산 결과가 달라지는 경우가 있으므로 자신이 어떤 플랫폼 환경에 있는지 먼저 확인하도록 합니다.

- 네이티브 플랫폼(Native Platform): 모바일 앱, 데스크톱 앱 개발을 위한 플랫폼. VM을 통한 just-in-time(JIT) 컴파일과 사전에 기계어를 생성하는 ahead-of-time(AOT) 컴파일러를 포함

- 웹 플랫폼(Web Platform): 웹 앱 개발을 위한 플랫폼. 개발 시점 컴파일러(dartdevc)와 운영 시점 컴파일러(dart2js)를 통해 다트를 자바스크립트로 변환함

다트패드 웹 에디터는 웹 플랫폼 환경으로 제공됩니다.

다트 프로그램은 main() 함수로부터 시작합니다. 앱 실행의 시작점이 되는 것입니다.

이 장에서 설명하는 예제 코드에서 main() 함수 없이 제공된 예제 코드를 실습할 때는 main() 함수 내부에 예제 코드를 작성하여 테스트합니다.

hello_world.dart

```dart
void main() {
  // 여기에 예제 코드를 작성합니다
  print('Hello, World!');
}
```

```
Hello, World!
```

6.2 기초 문법

다트 코드를 작성하기 위해 필요한 요소 중 주석, 변수와 상수 선언, 그리고 다트의 타입에 대해 알아봅니다.

6.2.1 주석

주석(comment)은 코드에 간략히 설명을 기재하는 것으로 코드 실행에서 제외됩니다.

```
//      한 줄 주석

/*
*       여러 줄 주석
*/

///     문서작성용 한줄 주석
///         - 라이브러리, 클래스, 클래스멤버 등에 대해 사용
///         - 문서작성용 툴에서 인지하여 사용하는 주석

/**     문서작성용 여러줄 주석
 *
 */
```

주석을 표시하는 방법 다음과 같습니다.

주석 표시	주석 설명	주석 처리 범위
//	한 줄 주석	'//' 이후부터 그 줄 끝까지
/* , */	여러 줄 주석	'/*' 이후부터 '*/' 사이의 내용
///	문서 작성 용 한 줄 주석	'///' 이후부터 그 줄 끝까지
/**, */	문서 작성 용 여러 줄 주석	'/**' 이후부터 '*/' 사이의 내용

표 6-1 다트의 주석

문서 작성용 주석은 dartdoc과 같은 문서 생성 도구에서 사용됩니다. 문서 작성용 주석을 작성하면 도구을 통해 해당 주석 내용이 문서로 자동 생성되며, 주석 내용에서 대괄호([,]) 안에 클래스명이나 메소드명을 기재하여 자동으로 링크를 생성할 수 있습니다.

6.2.2 변수

변수는 어떤 값을 담을 수 있고 이 값을 변경할 수 있는 것을 말합니다. 변수가 담을 수 있는 값의 형태를 타입(type) 또는 자료형이라고 합니다. 변수를 선언한다는 것은 변수의 명칭과 타입을 명시하는 것입니다.

variable_basic.dart

```
// 변수 선언
String firstName;            // 변수 선언
String sirName = 'Hong';     // 변수 선언과 초깃값 지정

//print(firstName);          // 에러
firstName = 'Gildong';       // 변수에 값 지정
print('Name is $sirName $firstName');
```

```
Name is Hong Gildong
```

예제에서는 String 타입을 가지는 firstName과 sirName이라는 변수가 선언되었습니다. String 타입의 변수는 문자열 값을 가질 수 있습니다. sirName 변수는 선언과 동시에 'Hong'이라는 문자열 값을 지정하였습니다. 변수에 처음으로 값을 지정하는 것을 초기화한다고 표현합니다.

반면, firstName 변수는 선언 시에 초깃값이 지정되지 않았기 때문에 값이 없는 null 상태이다가 'Gildong'이라는 값이 지정된 후에야 비로서 값을 가지게 됩니다. 주석 처리한 print 문장처럼 초깃값이 지정되기 전 null 상태인 변수를 사용하려는 코드는 컴파일할 때 에러가 발생하게 됩니다.

6.2.3 타입

다트에서 제공하는 기본(Built-in) 타입은 다음과 같습니다.

구분	타입	설명
숫자형	int	64비트 이하의 정수형 숫자 네이티브 플랫폼에서는 $-2^{63} \sim 2^{63}-1$, 웹 플랫폼에서는 $-2^{53} \sim 2^{53}-1$
	double	64비트 부동소수점 숫자. IEEE 754 표준을 따름
	num	int, double 모두를 포함하는 상위 타입
문자형	String	UTF-16 문자열
불리언	bool	true 또는 false 값을 가지는 불리언(boolean) 타입
추론형	var	타입 미지정. 초깃값 지정 시 타입 결정. 타입 변경 불가
	dynamic	타입 미지정. 타입을 특정하지 않음. 타입 변경 가능
컬렉션	List	배열과 동일. 순서가 있는 객체 그룹
	Set	순서가 없고 중복 없는 집합
	Map	(key, value) 형태의 집합

표 6-2 다트의 기본 타입

간단한 예제를 통해 각 타입에 대해 알아보겠습니다. 프로그래밍 언어에서 가장 기본적이고 자주 사용하는 데이터 타입인 숫자형과 문자형, 불리언을 먼저 알아보도록 하겠습니다.

type_basic.dart

```dart
// ① 숫자형 타입
int num1 = 10;          // 정수형 숫자
double pi = 3.14;       // 실수형 숫자

//int num2 = num1 * pi;       // 에러
double num3 = num1 * pi;
num num4 = num1 * pi;          // num은 정수형, 실수형 모두 포함

print(num3);
print(num4);
```

① num1 변수는 정수 타입(int), pi 변수는 실수 타입(double)으로 선언되었고 타입에 맞는 값이 지정되었습니다. num2, num3, num4 변수에 (num1 * pi) 연산 결괏값을 배정하려는 코드입니다. 정수형과 실수형을 곱한 값은 실수형 값이 될 것입니다. 따라서 int형으로 선언한 num2에 값을 넣으려고 하면 변수의 타입과 값의 타입이 맞지 않기 때문에 컴파일 시 에러가 발생합니다. num4 변수는 num 타입으로 선언되었는데, num 타입은 정수형, 실수형 모두 포함하므로 정상 처리됩니다.

```dart
// ② 문자열 타입
String firstName = 'Gildong';    // 작은따옴표 가능, 권장
String sirName = "Hong";         // 큰따옴표 가능
String fullName;
fullName = sirName + ' ' + firstName;    // '+' 연산자 사용가능하나 권장하지 않음
fullName = '$sirName $firstName';         // 권장
print('Hello, $firstName');
print('$fullName : ${fullName.length}');
```

② 문자열 타입에 대한 예제입니다. 문자열 값을 표현할 때 작은따옴표와 큰따옴표 모두 사용할 수 있으며, 다트에서는 작은따옴표 사용을 권장합니다. fullName에 대한 값은 sirName, fullName 두 변수의 값을 조합하였는데, 이때 '+' 연산자를 사용할 수 있습니다. 그러나 다트에서는 그 다음 코드의 표현식을 권장하고 있습니다.

```
// ③ 불리언 타입
bool aa = false;
bool bb = (num1 > 0);      // true
bool chk = aa && bb;       // false
print('check result is $chk');
```

③ 불리언 타입은 논리연산의 결괏값(true 또는 false)을 받는 경우가 많습니다. num1 변수의 값은 10으로 0보다 크기 때문에 bb 변숫값은 true가 됩니다. '&&'는 AND 논리연산자를 의미하며 양쪽이 모두 true인 경우에 true를 반환합니다. 따라서, chk 변수의 값은 false가 됩니다.

```
31.400000000000002
31.400000000000002
Hello, Gildong
Hong Gildong : 12
check result is false
```

다음 예제에서는 추론형인 var, dynamic 타입입니다. var와 dynamic은 변수 선언 시에 타입을 특정(type annotation)하지 않고 변수에 할당되는 값에 따라 변수 타입을 추론(type inference)합니다. var는 변수에 최초 배정되는 값으로 타입을 결정하며 한번 결정된 변수 타입은 변경할 수 없습니다. 반면 dynamic은 타입을 특정하지 않고 하나의 변수에 여러 타입의 값을 지정할 수 있습니다.

type_inference.dart

```
// 타입 추론
// ① var
var age = 30;              // int 타입
var diameter = 3.7;        // double 타입
var name = 'Bob';          // String 타입
var check = true;          // bool 타입
var colors = ['Red', 'Yellow', 'Blue']; // List<String>

//age = 30.5;              // 에러
check = colors.isEmpty;    // ok
```

① var로 지정된 age 변수는 초깃값에 의해 int 타입으로 결정되고, 30.5 (double)를 지정하려고 하면 타입이 불일치하여 컴파일 에러가 발생합니다. 30.5 실숫값 지정을 정상적으로 처리하려면 변수를 num 타입으로 정확히 선언해야 합니다. check 변수는 초깃값(true)에 따라 bool 타입으로 결정되며 두 번째 배정된 값도 bool 타입으로 일치하므로 정상 실행됩니다.

```
// ② dynamic
dynamic anyType;
anyType = 10;          // ok
anyType = 'Bob';       // ok
if (anyType is String) {
  print('$anyType : ${anyType.length}');
}
```

② anyType 변수는 dynamic으로 지정되어 어떤 타입의 값도 배정할 수 있습니다. 초깃값(10, int)과 두 번째 값('Bob', String)의 타입이 달라도 모두 정상 실행됩니다.

```
// ③ Object
Object anyObject;
anyObject = 3.7;       // ok
anyObject = 'Hello';   // ok
if (anyObject is String) {
  print('$anyObject : ${anyObject.length}');
}
```

③ dynamic과 동일한 의미로 Object(또는 null을 허용한다면 Object?)를 사용할 수 있습니다.

```
Bob : 3
Hello : 5
```

다트 언어에서 모든 것은 객체입니다. 모든 객체는 변수에 담을 수 있고, 모든 클래스명은 타입으로 지정할 수 있습니다. 다트의 기본 타입인 int, double 타입도 num 클래스의 하위 클래스로서, abs(), ceil(), floor(), round() 등과 같은 여러 가지 메소드를 제공합니다.

```
int num1 = 10;
double num2 = 3.141592;

// ① 숫자 → 문자 변환
String str1 = num1.toString();
String str2 = num2.toStringAsFixed(2);
print('num1 to str is $str1');
print('num2 to str is $str2');
```

① 숫자를 문자형으로 변환하기 위해 toString() 메소드를 호출하였습니다. double 타입에 대해서는 toStringAsFixed() 메소드를 호출하여 소수점 아래 자리수를 제한할 수 있습니다.

```
// ② 문자 → 숫자 변환
num1 = int.parse('-12');
num2 = double.parse('123.4567');
print(num1);
print(num2);
print('${num.parse('-34.56')}');
```

② 숫자형 타입은 parse() 메소드를 제공하여 문자열 타입을 숫자 타입으로 변환해 줍니다. 소수점 유무에 따라 int.parse(), double.parse()를 호출하고, 만약 소수점 유무가 확실치 않다면 int, double의 상위 타입인 num.parse() 호출합니다.

```
num1 to str is 10
num2 to str is 3.14
-12
123.4567
-34.56
```

컬렉션 타입에 대해서는 뒤에 나오는 '6.7 컬렉션'에서 설명하도록 하겠습니다.

6.2.4 타입의 계층

다트 언어에서 모든 것은 객체(object)이고, 모든 객체는 변수에 담을 수 있습니다. 객체는 어떤 클래스의 인스턴스로서, 숫자나 문자열, 함수, null도 모두 객체입니다. null을 제외한 모든 객체는 다트의 최상위 클래스인 Object 클래스로부터 상속됩니다.

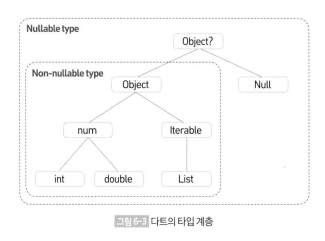

그림 6-3 다트의 타입 계층

따라서 변수의 타입으로(null 허용 여부에 따라) Object 또는 Object? 를 지정할 수 있습니다.

6.2.5 널 허용 타입

다트의 변수는 기본적으로 변수 선언 시 지정된 타입의 값만 가질 수 있으며, 값이 지정되지 않은 null 상태에서 해당 변수를 사용하려면 에러가 발생합니다. 변수가 null 상태에서 사용되더라도 에러가 발생하지 않게 하려면, 변수의 타입을 널 허용 타입(nullable type)으로 지정해야 합니다. 널 허용 타입은 타입명 뒤에 '?'를 덧붙이는 것으로 정의합니다. 널 허용 타입으로 지정되어야만 변숫값으로 null을 가질 수 있습니다(정확히 표현하면

null은 값이 아니라, 값을 가지지 않은 상태를 가리킵니다).

예를 들어, int/String 타입은 널을 허용하지 않는(널 불가) 타입으로 최상위 클래스는 Object가 되고, int?/String? 타입은 널 허용 타입으로 최상위 클래스는 Object?가 됩니다.

다트는 널 불가 타입의 변수가 초기화되지 않고 사용되거나 null을 할당받는 경우를 체크하여 코드 작성 시점에 에러를 발생시킴으로써, 런타임 시에 발생할 수 있는 잠재적인 에러를 사전에 조치할 수 있도록 합니다. 이렇게, 변수의 의도치 않은 null 상태로 인해 발생할 수 있는 런타임 오류를 미연에 방지하여 개발자가 컨트롤할 수 있도록 해주는 특성을 null safety(널 안전성)라고 합니다.

다음 예제를 통해 확인해 보겠습니다. 변수를 선언할 때 타입명 뒤에 '?'를 덧붙이면 널 허용 타입으로 선언되며, 초기화되지 않은 변수는 null 상태를 가집니다.

```
                                                          type_nullable.dart
    String? firstName;    // 널 허용 타입(nullable type)
    String sirName;       // 널 불가 타입(non-nullable type)

    print('value : $firstName');
    //print(sirName);     // 컴파일 에러
```
```
value : null
```

firstName과 sirName 변수는 선언 후 값이 지정되지 않아 null 상태입니다. firstName 변수는 널 허용 타입으로 선언되어 print 문장도 에러 발생 없이 정상 실행됩니다. 반면, sirName 변수는 널 불가 타입으로 선언되었기 때문에 주석 처리한 print 문장은 컴파일 에러를 발생시킵니다. 따라서, 널 불가(non-nullable) 타입으로 선언된 변수는 사용 전에 반드시 초기화해야 합니다.

6.2.6 늦은 초기화: late

작성한 코드의 흐름으로는 변수가 사용되기 전에 초기화되는 것이 확실한 경우라도 다트 컴파일러가 에러를 발생하는 경우가 있습니다. 이러한 경우에 변수 선언 문장에 late 키워드를 사용하여 에러를 조치할 수 있습니다.

type_late.dart

```dart
late String description;

void main() {
  description = 'Initial Value is set.. !!';
  print(description);
}
```

```
Initial Value is set.. !!
```

6.2.7 상수

상수는 값이 절대 변경되지 않는 객체를 의미합니다. 변수와의 차이점은 값의 변경 여부입니다.

상수 키워드	설명
const	컴파일 시점에 상수로 인지함
final	한번만 값을 지정할 수 있고, 지정 이후에는 값 변경이 불가

표 6-3 다트의 상수

const, final 모두 상수 선언 시에 타입 지정을 생략할 수 있습니다.

```
const diameter = 10; // 지름
const double circumference = 3.1415926 * diameter; // 원주 = 원주율 * 지름
```

앞선 예제의 diameter, circumference 두 변수 모두 const 키워드가 지정되어 컴파일 시에 상수로 생성됩니다. 상숫값을 코드 작성 시점에 알 수 없고 런타임 시에 정해진다면 final 키워드를 사용해야 합니다.

```
final now = DateTime.now();   // 현재 일자시각 (YYYY-MM-DD hh:mm:ss.ssssss)
final day = now.day;          // 현재 일(DD)
day = 20;                     // 에러
```

런타임 시에 현재 일시를 구하여 now 변수에 일시를 저장하고, day 변수에는 일(DD) 정보를 지정합니다. now, day 변수는 final 키워드를 사용하여 선언되었으므로 상수로 취급되어 값을 변경할 수 없습니다. 따라서, 3번째 줄에서 day 변수에 값을 배정하려는 코드에서는 에러가 발생하게 됩니다.

6.3 Flutter + Dart 연산자

다트의 연산자는 C#이나 자바에서 제공하는 연산자와 거의 같습니다.

6.3.1 기본 연산자

기본적인 연산자는 다음과 같습니다.

구분	연산자	비고
산술 연산자	+, -, *, /, ~/, %	~/ : 몫을 구함
증감 연산자	++, --	
관계 연산자	==, !=, >, <, >=, <=	
논리 연산자	&&, ||, !	
비트/시프트 연산자	&, |, ^, ~	
	<<, >>, >>>	
할당 연산자	=, +=, -=, *=, /=, ~/=, %=	
	&=, ^=, |=, <<=, >>=, >>>=	비트/시프트 연산자와 조합
삼항 연산자	조건 ? 표현식1 : 표현식2	조건이 참이면 표현식1, 조건이 거짓이면 표현식2 를 수행

표 6-4 다트의 기본 연산자

다른 언어와 동일하므로 연산자 각각에 대한 설명은 생략하고 예제를 통해 간략히 살펴 보겠습니다.

operator_basic.dart

```dart
// ① 산술 연산자, 할당 연산자
int num1 = 99;
num1 += 1;          // num1 = num1 + 1
print('num1 = $num1');
print('$num1 ~/ 3 = ${num1~/3}');    // 몫
```

① num1 += 1 표현식은 num1 = num1 + 1과 동일한 의미입니다. 연산의 결과를 다시 자기 자신에게 할당하는 것입니다. num1 변수는 초깃값 99에 1을 더해 100이 됩니다. ~/ 연산자는 몫을 구하는 연산자로 다른 언어에는 없는 연산자입니다. 100을 3으로 나눈 몫은 33이 됩니다.

```dart
// ② 증감 연산자
print('num1 = ${num1++}');
print('num1 = ${++num1}');
```

② 증감 연산자는 값을 1씩 증가 또는 감소하는 연산자로, 변수 또는 표현식의 앞(전위 연산) 또는 뒤(후위 연산)에 위치할 수 있습니다. 전위 연산의 경우 증감을 먼저 실행한 후 해당 라인의 코드를 실행하고, 후위 연산은 해당 라인의 코드를 실행 후에 증감을 실행합니다. num1 값 100에서, 첫 번째 print 문은 후위 연산으로 print 문을 먼저 실행한 후에 num1값을 증가시키기 때문에 화면에는 100이 출력됩니다. 두 번째 print 문은 전위 연산으로 num1 값을 먼저 증가시켜 102가 된 후에 print문을 수행하여 화면에는 102가 출력됩니다.

```dart
// ③ 관계 연산자(비교 연산자)
const String adminUser = 'admin';
String user = 'user01';
if (user == adminUser) {
  print('관리자입니다');
}
else {
  print('$user 은 일반사용자 입니다');
}
```

③ 관계 연산자는 좌항과 우항의 값이 같다/다르다/크다/적다 등으로 비교하는 연산자로, 그 결괏값은 true 또는 false가 됩니다. user 변수의 값과 adminUser 상숫값이 같은지 ==(equal) 연산자로 비교하는 예제입니다. 결과는 false로 else 에 해당하는 문장을 실행하였습니다.

```
// ④ 논리 연산자
if (num1 > 100 && num1.isEven) {
    print('$num1 은 100보다 큰 짝수이다');
}
```

④ 논리 연산자는 true/false 값에 대한 연산으로 &&(AND), ||(OR), !(NOT)이 있습니다. num1 값은 102 로 100보다 크기 때문에 true이고, 102는 짝수이므로 num1.isEven 결괏값도 true 입니다. &&(로지컬AND)는 양쪽이 모두 true일 때 true를 리턴하므로 if문의 조건식은 true가 되어 '102 는 100 보다 큰 짝수이다' 라는 문자열을 화면에 출력합니다. ||(OR) 연산자는 양쪽 중 한쪽만 true이면 true 를 리턴하고, !(NOT) 연산자는 true/false 값을 반대로 만드는 연산자입니다.

```
// ⑤ 비트/시프트 연산자
int num2 = 0x03;        // 0x03 : 0000 0011
num2 &= 0x0e;           // 0x0e : 0000 1110
print(num2);            // &    : 0000 0010 = 2
num2 <<= 2;             // <<2  : 0000 1000 = 8
print('$num2 : ${num2.toRadixString(2) }');
```

⑤ 비트 연산자는 2진수 비트 자리 간의 연산이고, 시프트 연산자는 비트의 자리를 좌 또는 우로 이동 시키는 연산자입니다. num2 변수 0x03 과 0x0e 의 &(AND) 비트 연산은 오른쪽 2번째 비트만 양쪽 모두 1이기 때문에 결괏값이 0x02 가 됩니다. &= 할당 연산자를 통해 결괏값을 다시 num2 변수에 할당하였습니다. num2 <<= 2 표현식은 num2 = num2 << 2 와 같은 의미로 num2 값을 좌로 2자리 이동한 값을 다시 num2 변수로 할당합니다. 0x02 값을 좌로 2자리 이동한 값은 0x08 이 됩니다. toRadixString(n) 메소드는 정숫값을 n진숫값으로 표현한 문자열을 리턴합니다. n=2이면 2진수로, n=16이면 16진수로 표현합니다.

```
// ⑥ 삼항 연산자
String result = user == adminUser ? '관리자입니다' : '$user 은 일반사용자 입니다';
print(result);
```

⑥ 삼항 연산자는 다른 언어에서도 많이 사용하는 연산자로, (조건문) ? (조건문이 참일 때 리턴값) : (조건문이 거짓일 때 리턴값) 형식으로 사용합니다. 예제는 ③의 if..else..문 내용을 삼항 연산자로 표현한 것입니다.

```
num1 = 100
100 ~/ 3 = 33
num1 = 100
num1 = 102
user01 은 일반사용자 입니다
102 은 100보다 큰 짝수이다
2
8 : 1000
user01 은 일반사용자 입니다
```

6.3.2 타입 관련 연산자

다음으로 타입 변환 및 타입 체크 연산자를 예제를 통해 알아보겠습니다.

구분	연산자	비고
타입 변환 연산자	as	객체를 특정 타입으로 변환
타입 체크 연산자	is	객체가 특정 타입이면 true
	is!	객체가 특정 타입이 아니면 true

표 6-5 다트의 타입 관련 연산자

```dart
Object a = 'hello';

if (a is String) {
  print('문자열');
}
if (a is! num) {
  print('숫자 아님');
}

String b = a as String;
print(b.toUpperCase());
```

Object 타입으로 선언한 변수는 어떤 타입의 값도 가질 수 있습니다. 'hello'라는 문자열을 할당함으로써 변수 a는 String 타입을 가지게 됩니다. 따라서, (a is String) 조건문에 대해서는 true, (a is! num) 조건문에 대해서도 true 입니다. 'as'는 객체를 특정 타입으로 변환해 주는 연산자로, 해당 객체는 지정하는 타입의 객체여야 합니다. 예제에서 Object 타입의 변수 a를 String 타입으로 변환하여 b 변수에 할당하였습니다.

```
문자열
숫자 아님
HELLO
```

6.3.3 Null 관련 연산자

다음으로 null 처리와 관련한 연산자를 예제를 통해 알아보겠습니다.

구분	연산자	비고
널 조건부 연산자	??	좌항이 널이 아니면 좌항을 리턴하고, 좌항이 널이면 우항을 리턴함
	??=	좌항이 널이면 우항 값을 좌항에 할당
	?.	좌항 객체가 널이 아닐 때만 우항 멤버 값을 리턴 좌항 객체가 널이면 널을 반환
not-null 확신 연산자	!	좌항이 널이 아님을 확신함

표 6-6 다트의 널 관련 연산자

operator_ifNull.dart

```
// 널 조건부 연산자
void main() {
  String? nullableString;
  print(nullableString ?? 'alternative');   // ① ??  널 대체 연산자
  // print(nullableString != null ? nullableString : 'alternative');
```

① ?? (Null-coalescing operator, 널 대체 연산자)는 어떤 표현이 널일 경우에 대체값을 제공하는 연산자입니다. 좌항이 널이 아니면 좌항을 리턴하고, 좌항이 널이면 우항을 리턴합니다. 예제에서 nullableString은 null이므로 print 문장에서는 'alternative'라는 대체 문자열을 화면에 출력합니다. 해당 표현은 아래 주석 처리한 삼항 연산과 동일합니다.

```
  nullableString ??= 'alternative2';        // ② ??=  널 조건부 할당 연산자
  // nullableString = nullableString != null ? nullableString : 'alternative2';
  print(nullableString);
  print(stringLength(nullableString));       // ⑤
```

② ??= (Null-coalescing assignment operator, 널 조건부 할당 연산자)는 ?? 연산자에 할당의 의미를 더한 연산자입니다. 좌항이 널이면 우항의 값을 좌항에 할당합니다. nullableString 변수가 아직 null 상태이기 때문에 우측 할당 연산자를 실행하여 우항 'alternative2'를 nullabeString 변수로 할당하게 됩니다.

```
  String? nullString;
  print(nullString.length);                    // ⑥
  int len = stringLength2(nullString)!;   // ③ !   not-null 확신 연산자
  print('$nullString (length:$len)');
}
```

③ ! (null assertion operator) 연산자는 좌항의 값이 null이 아님을 확신하는 연산자입니다. 예
　제에서 len 널 불가 변수에 stringLength2 함수의 반환값(int? 널허용 타입)을 할당하는 코드에
　서 사용하였습니다. stringLength2 함수는 실제로는 모든 경우에 0 또는 0 이상의 값을 반환하여
　null을 반환하는 경우가 발생하지 않습니다.

```
int? stringLength(String? nullableString) {
  return nullableString?.length;               // ④ ?.   널 조건부 멤버접근 연산자
}

int? stringLength2(String? nullableString) {
  return nullableString != null ? nullableString.length : 0 ;
}
```

④ ?. (Conditional member access operator, 널 조건부 멤버 접근 연산자)는 좌항의 객체가 널이 아
　닐 때만 우항의 멤버에 접근하여 값을 리턴합니다. 좌항의 객체가 null일 때는 null을 리턴합니다.
　⑤ 에서 nullableString 변숫값은 null이 아니기 때문에 length 멤버에 접근하여 값을 받아옵
　니다. ⑥ 에서의 nullString 변수는 선언 후 초깃값이 할당되지 않아 null 상태이므로 length 멤
　버에 접근하지 못하고 null을 리턴합니다.

```
alternative
alternative2
12
null
null (length:0)
```

다트는 C나 자바에서 제공하는 기본적인 제어문을 동일하게 제공합니다.

구분	제어문	비고
조건문	if - else	조건식의 true/false에 따라 분기 처리
	switch - case	조건식과 상숫값의 일치 여부에 따라 분기 처리
반복문	for	괄호 안에 초기식, 조건식, 변화식을 지정
	while	반복문 수행 전 반복 조건을 체크함
	do - while	반복문 수행 후 반복 조건을 체크함
제어문	break	switch 또는 반복을 벗어남
	continue	다음 반복을 수행

표 6-7 다트의 제어문

이 조건문, 반복문, 제어문 들을 예제를 통해서 간략히 살펴보겠습니다. 먼저 대표적인 조건문인 if 문에 대한 예제입니다.

control_flow_1.dart

```dart
// ① if - else 문
int a = 0;
if (a > 0) {
  print('$a : 양수');
} else if (a < 0) {
  print('$a : 음수');
} else {
  print('$a : zero');
}
```

① if 문은 대표적인 조건문입니다. if 뒤에 괄호 안의 조건식이 참이면 다음 중괄호 안의 문장을 수행하고, 조건식이 false이면 중괄호 안의 문장을 수행하지 않고 그 다음 문장을 수행합니다. else는 if 문에 종속적인 키워드로서 앞선 if문의 조건식이 false일 때 else 뒤에 따라오는 문장을 수행하게 됩니다. else는 선택적으로 사용할 수 있으며 else 문 없이 if 문 단독 사용이 가능하고, if - else, if - else if - else if - else 등으로 다중 판단도 가능합니다. if 뒤 괄호 안에 조건식을 기재하고, 조건식 결과에 따라 수행할 문장들은 중괄호({,})로 묶어줍니다. 예제에서 변수 a의 값은 0으로, 첫 번째 if 조건식에서는 false, 두 번째 else if 조건식 결과도 false가 되어 마지막 else 문장이 수행됩니다.

```
0 : zero
```

다음으로 반복문 for, while, do-while에 대한 예제를 살펴보겠습니다.

control_flow_2.dart

```
// ② for 문
List<String> colors = ['Yellow', 'Red', 'Blue'];
for (int i=0; i<colors.length; i++) {
  print(colors[i]);
}
// for (String color in colors) {
//   print(color);
// }
```

② for 문은 반복 수행을 위한 문장입니다. 괄호 안에 반복 조건을 명시하고 조건이 참인 경우에 중괄호 안의 문장을 수행합니다. 괄호 안에는 3가지 문장이 세미콜론(;)으로 구분되어 있는데, 첫 번째 문장은 반복 수행을 시작하기 전 초기화 코드를, 두 번째 문장은 반복을 수행할 조건을, 세 번째 문장은 각 반복의 마지막에 수행할 코드를 의미합니다. 예제에서는 List의 각 원소를 화면에 출력합니다. List 타입의 경우 주석 처리한 for 문장을 실행하여도 동일한 결과가 나옵니다.

```
// ③ while 문
int i = 0;
while (i < colors.length) {
  print(colors[i]);
  i++;
}
```

③ ②의 예제코드를 while 문으로 표현한 문장입니다. while 문은 반복을 수행할 조건을 먼저 검사하고 조건이 참일 경우에 중괄호 안의 문장을 반복 수행하며, 조건이 거짓일 때 반복을 종료합니다.

```
// ④ do-while 문
int j = 3;
do {
  print(j--);
} while (j > 0);
do {
  print(j--);
} while (j > 0);
```

④ for 문과 while 문이 반복 조건을 반복문 실행 전에 검사하는 반면, do-while 문은 반복을 수행한 후에 조건을 검사합니다. 따라서, 중괄호 안의 반복 문장을 최초 1회는 무조건 수행하게 됩니다. 최초 수행 후 조건이 참이면 반복문을 다시 수행하고, 조건이 거짓이면 반복을 종료합니다. 첫 번째 do-while 문을 수행하면 화면에 차례로 3,2,1을 출력하고 반복을 종료합니다. 두 번째 do-while 문을 시작할 때 변수 j의 값은 0으로, 반복 문장을 최초 수행(0을 출력)한 후에 조건을 체크하며, 이때 j는 -1 값으로 조건을 충족하지 않아 반복을 종료하게 됩니다.

```
Yellow
Red
Blue
Yellow
Red
Blue
3
2
1
0
```

다음 예제에서는 switch - case 조건문을 살펴보겠습니다.

```dart
// ⑤ switch - case 문
List<int> statusCodes = [ 100, 200, 301, 302, 999];
for (int status in statusCodes) {
  switch (status) {
    case 100 :
      print('$status : OPEN');
      break;
    case 200 :
      print('$status : APPROVED');
      break;
    case 301 :
    case 302 :
      print('$status : DENIED with Error');
      break;
    default :
      print('$status : unknown status');
  }
}
```

⑤ switch 문은 switch 뒤 괄호 안의 표현식과 case 문 뒤의 특정 값을 '=='(equal) 연산으로 비교하는 조건문입니다. if 문으로 동일한 기능을 하는 코드를 작성할 수 있으나 switch 문으로 작성하면 코드의 가독성이 높아집니다. 예제에서 status 변수와 case 문 뒤의 특정값(100, 200, 301, 302)을 비교하여 그 값이 같으면 해당 case 문의 문장을 실행합니다. case 문 뒤에 지정하는 비교 값으로는 숫자나 문자열, 또는 컴파일 시점의 상수(const)값이 올 수 있습니다.

switch 문 안에서 break 문은 switch 문을 빠져나가는 기능을 하는데, 사용에 주의하여야 합니다. 일단 조건이 충족되어 case 문을 실행하게 되면 break 문을 만날 때까지 계속 실행하게 됩니다. 따라서, case 문에서 수행할 문장을 나열한 후에 break 문장을 필히 추가하여 switch 문을 빠져나가도록 합니다.

예제에서는 status 변수의 값에 따라 이에 대응하는 메시지를 화면에 출력하는데, 100, 200인 경우에는 print 문을 수행 후 break 문을 만나 즉각 switch 문을 벗어난 반면, 301인 경우에는 다음 break 문을 만날 때까지 나열된 모든 문장을 수행하게 됩니다.

default 문은 앞선 case 문을 모두 충족하지 못한 경우에 default 문 아래 코드를 수행하라는 의미이며, switch 문 안에서 제일 마지막에 위치하여야 합니다.

```
100 : OPEN
200 : APPROVED
301 : DENIED with Error
302 : DENIED with Error
999 : unknown status
```

다음 예제는 break, continue에 대한 것으로, 이들 문장은 반복문 코드 실행의 흐름을 제어하는 역할을 합니다.

control_flow_4.dart

```
void main() {
  // ⑥ break
  const int commandShutdown = 3;
  for (int command = 1; ; command++) {
    if (command == commandShutdown) {
      break;
    }
    processCommand(command);
  }
```

⑥ break는 switch 문에서 뿐만 아니라 for 문, while 문, do-while 문에서 반복문을 벗어나는 역할을 합니다. 반복문이 여러 개 중첩된 경우에는 가장 가까운 반복문을 벗어나게 됩니다. 예제에서 for 문은 종료 조건 없이 계속 반복되는 조건이지만 commandShutdown(3)을 만나면 반복을 빠져 나오게 됩니다.

```
  // ⑦ continue
  const int meetApplicantCount = 5;
  bool isClassOpen = false;
  for (int applicantCount = 0; !isClassOpen; applicantCount++) {
    if (applicantCount < meetApplicantCount) {
      continue;
    }
    isClassOpen = classOpen();
  }
}
```

⑦ continue 문은 반복문 안에서 사용되어 반복문 안에 수행할 문장이 남아 있더라도 다음 반복을 수행하도록 합니다. 예제에서는 신청자수(applicantCount)가 5명이 될 때까지는 반복문 안의 classOpen() 함수를 수행하지 않고 다음 반복을 수행하게 됩니다.

```
void processCommand(int command) {
  print('$command : command processed');
}

bool classOpen() {
  print('class opened');
  return true;
}
```

```
1 : command processed
2 : command processed
class opened
```

함수(function)는 어떤 입력을 받아 원하는 결과를 반환하기 위한 작업의 묶음 단위입니다. 다음 예제에서 getLength라는 함수는 String 타입의 매개변수(parameter)를 입력받아 입력받은 문자열의 길이를 구해서 int 타입의 값으로 반환하는 함수입니다. 함수를 호출할 때 실제 입력하는 값을 argument(인자 또는 인수)라고 하고, 함수의 결괏값은 return 문장으로 반환합니다.

```
int getLength(String text) {
  return text.length;
}
```

함수는 매개변수가 없이 정의될 수도 있고, 반환하는 값이 없을 수도 있습니다. 반환값이 없는 함수는 함수명 앞에 리턴 타입 대신 void 키워드를 사용합니다.

앞의 예제와 같이 함수가 하나의 표현식으로만 이루어졌다면 다음과 같이 축약 형식으로 표현할 수 있습니다.

```
int getLength(String text) => text.length;
```

=> *expr;* 문법은 *{ return expr; }*과 같은 의미로, '=>' 와 ';' 사이에는 if 문과 같은 문장(statement)은 올 수 없고 하나의 표현식(expression)만 기재할 수 있습니다. '=>'

문법을 사용하면 코드가 짧아지고 가독성이 높아지므로, 함수의 본문이 단순한 경우에 효과적으로 사용할 수 있습니다.

6.5.1 무명함수

대부분의 함수는 이름이 있는데, 이름이 없는 무명함수(anonymous function)를 생성할 수도 있습니다. 표현 형식은 다음과 같습니다.

```
([[Type] param1[, …생략…]]) {
  codeBlock;
};
```

function_anonymous.dart

```
const list = ['apples', 'bananas', 'oranges'];
list.forEach((item) {
  print('${list.indexOf(item)}: $item');
});
```

앞의 예제에서 item 매개변수는 무명함수로 정의되었습니다. 하나의 표현식만을 사용했기 때문에, 다음 예제처럼 화살표(=>)를 사용하여 코드를 축약하여 표현할 수 있습니다.

```
list.forEach((item) => print('${list.indexOf(item)}: $item'));
```

6.5.2 매개변수

함수는 여러 개의 매개변수(parameter)를 가질 수 있는데, 기본적으로 매개변수의 위치(position)로 구분하며 함수 호출 시 인자를 필수로 지정해야 합니다. 함수를 정의할 때 매개변수를 대괄호([,]) 또는 중괄호({, }) 안에 위치시키면 해당 매개변수는 힘수 호출 시에 선택적으로 사용할 수 있습니다.

필수 매개변수(required positional parameter)

function_parameter_required.dart

```dart
// 필수 매개변수 (required positional parameter)
int multipleNumber1(int number, int multiplier) => number * multiplier;

void main() {
  print(multipleNumber1(3,2));
}
```

```
6
```

함수 정의에서의 기본적인 매개변수 지정 형식은 각 매개변수의 타입과 이름을 순서대로 지정해야 합니다. 함수를 호출하려면 인자가 매개변수의 순서에 맞게 지정되어야 하며, 이 기본 형식에서는 함수 호출 시 모든 매개변숫값을 필수로 지정해야 합니다.

선택 매개변수(optional positional parameter)

function_parameter_optional.dart

```dart
// 선택 매개변수 (optional positional parameter)
int multipleNumber2(int number, [int multiplier = 1]) => number * multiplier;

void main() {
  print(multipleNumber2(3,2));
  print(multipleNumber2(3));
}
```

```
6
3
```

매개변수를 대괄호([,]) 안에 위치시키면 필수가 아닌 선택적 매개변수가 됩니다. 즉, 함수 호출 시에 해당 위치의 매개변수에 대해서는 값을 지정하지 않을 수 있습니다. 예제에서는 multiplier 매개변수에 대하여 선택 매개변수로 지정하였고 null을 허용하지 않는 타입이므로 기본값을 1로 지정하였습니다. 함수 호출 시에 두 번째 인자가 지정되지 않으면 기본값을 사용하게 됩니다.

이름있는 매개변수(named parameter)

```dart
// 이름있는 매개변수 (named parameter)
void printUserInfo(String name, {required int age, String gender = 'unknown'})
{
  print('name: $name, age:$age, gender:$gender');
}

void main() {
  printUserInfo('홍길동', gender:'남', age:30);
  printUserInfo('홍길동', age:30);
  // printUserInfo('홍길동');                    // 에러
}
```

```
name: 홍길동, age:30, gender:남
name: 홍길동, age:30, gender:unknown
```

중괄호({, }) 안에 매개변수를 기재하면 이름있는 매개변수(named parameter)로 지정됩니다. 이름있는 매개변수는 함수 호출 시에 매개변수의 위치가 아니라 이름을 사용하여 인자를 전달합니다. 이름있는 매개변수는 기본적으로 선택 매개변수가 되며 이름있는 매개변수를 필수로 지정하려면 'required' 키워드를 지정합니다. 함수를 호출할 때에는 이름있는 매개변수에 대해서는 "매개변수명: 값" 형식으로 지정합니다.

예제에서 printUserInfo 함수의 name 매개변수는 항상 첫 번째로 필수 지정해야 하고,

age, gender는 위치에 상관없이 *"매개변수명: 값"* 형식으로 지정할 수 있습니다. age는 required 지정되어 필수로 지정해야 하며 gender는 선택적으로 지정할 수 있습니다. gender에 대한 인자가 제공되지 않으면 'unknown' 기본값을 사용하게 됩니다.

6.5.3 함수의 객체화

다트는 객체지향 언어로서 함수도 객체입니다. 함수 객체는 Function 타입을 가지며, 변수에 함수를 할당하거나 다른 함수의 매개변수로서 함수를 전달할 수 있습니다.

function_object.dart

```dart
void printNumber(Function func, int num)
{
  func(num);
}

void printEvenNumber(int num) {
  print('$num is even number');
}

void printOddNumber(int num) {
  print('$num is odd number');
}

void main() {
  int num;
  Function func;
```

func 변수는 Function 타입으로 함수 객체를 참조하는 변수로 선언되었습니다.

```dart
  // ① 변수에 함수 객체를 할당 & 함수객체를 호출
  num = 3;
  func = num.isEven ? printEvenNumber : printOddNumber;
  func(num);
```

① func 변수에는 num 변숫값에 따라 다른 함수 객체를 할당합니다. num 변숫값이 짝수이면 printEvenNumber 함수 객체를, 홀수이면 printOddNumber 함수 객체를 할당합니다. func(num) 문장은 함수 객체가 할당된 func 변수를 이용해 함수를 호출하고 결과로써 '3 is odd nuumber'를 화면에 출력합니다.

```
// ② 함수 객체를 다른 함수의 매개변수로 사용
num = 4;
func = num.isEven ? printEvenNumber : printOddNumber;
printNumber(func, num);
```

② func 변수를 printNumber 함수의 매개변수로 사용하는 예제입니다. num 값이 4로 짝수이므로 func 변수는 printEveNumber 함수를 참조하게 되고, 이 참조 정보를 printNumber 함수에게 인자로 넘겨주게 됩니다. printNumber 함수를 통해 printEvenNumber 함수가 호출되어 '4 is even number'라고 화면에 출력하게 됩니다.

```
}
```

```
3 is odd number
4 is even number
```

객체와 클래스

다트는 완전한 객체지향 언어로서, 다트의 모든 것은 객체이고 객체는 클래스의 인스턴스입니다. 클래스는 객체를 만들기 위한 설계서라고 생각할 수 있습니다. 어떤 주제에 관련한 속성과 행위를 묶어 하나의 이름으로 정의하는 것으로 사용자가 정의하는 타입이라고 할 수 있습니다. 이러한 클래스가 메모리 상에서 실체를 가지면 이를 인스턴스라고 하고, 이렇게 인스턴스화 된 것을 객체(object)라고 부릅니다. 클래스 내부에 정의된 변수와 함수는 각각 멤버변수(프로퍼티:property), 멤버함수(메소드:method)라고 하고, 멤버변수는 객체가 생성되면 인스턴스 변수라고 합니다.

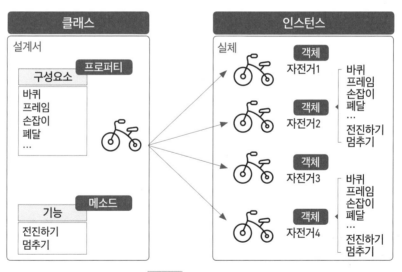

그림 6-4 클래스와 인스턴스

6.6.1 객체의 생성과 접근

예제를 통해 클래스를 정의하고 해당 클래스의 객체를 생성하는 방법을 살펴보겠습니다.

class_person.dart

```dart
class Person {
  // 멤버변수 선언
  late String name;
  int? _age;                    // _ : private 멤버

  // 생성자
  Person() {
    print('Person Constructor Called..');
  }

  // 게터 & 세터
  int get age => _age ?? 0;                // 게터(getter)
  void set age(int age) => _age = age;     // 세터(setter)

  // 메소드
  void hello() {
    print('Hello $name');
  }
}
```

class_basic.dart

```dart
import './class_person.dart';

void main() {
```

Person 클래스를 정의한 class_person.dart 파일을 import 한 후, Person 클래스에 대한 객체를 두 번 생성하여 각각 person1, person2 변수에 참조 정보를 저장합니다.

```dart
var person1 = new Person();        // ① 객체생성 : new 키워드 사용/생략 가능
person1.name = 'Leo';              // ②
//person1._age = 19;               // ③ 에러: private 변수에 직접 접근 불가
person1.age = 19;                  // ④ 세터(setter)를 통한 접근
person1.hello();                   // ②
print('${person1.name} : age : ${person1.age}' );
```

① 객체를 생성하기 위해서는 클래스의 생성자(constructor)를 호출해야 합니다. 예제에서 Person() 생성자를 호출하여 객체를 생성하고, 이 객체에 대한 참조를 person1 변수에 저장하였습니다. 생성자를 통해 객체를 생성할 때 new 키워드를 선택적으로 사용할 수 있습니다.

② 객체의 인스턴스 변수나 메소드에 접근하기 위해서는 . 접근 연산자를 사용합니다. person1.name은 person1이 참조하는 Person 타입 객체의 name 인스턴스 변수에 접근하고, person1.hello()는 person1 객체의 hello 메소드를 접근합니다.

③ age 멤버변수는 변수명 앞에 '_' 가 붙어 있는데, 이는 해당 멤버변수가 private임을 지정하는 것입니다. 다트에는 public, protected, private과 같이 접근을 제어하기 위한 키워드가 존재하지 않습니다. 멤버 이름 앞에 '_' 가 붙으면 private이고, 붙어있지 않으면 모두 public 입니다. private 멤버는 해당 클래스가 정의된 파일 내에서만 접근 연산자(.)를 통해 직접 접근이 가능하고, 다른 파일에서는 직접 접근할 수 없습니다. 이는 메소드에 대해서도 동일하게 적용됩니다.

④ 게터(getter), 세터(setter)는 객체의 인스턴스 변수에 대한 읽기/쓰기 접근을 제공하는 메소드 입니다. private 변수에 대한 직접 접근 권한이 없는 위치에서 해당 변수를 접근하려면 클래스 내에 게터, 세터 메소드를 정의하여 이를 통해 접근해야 합니다. 게터/세터를 정의할 때 메소드명 앞에 get, set 키워드를 사용하여 해당 메소드가 게터/세터 임을 명시합니다. 예제에서는 게터/세터 메소드의 명칭을 멤버변수 명칭과 동일하게 정의하였는데, 멤버변수명과 다르게 지정할 수도 있습니다. 세터를 통해서 인스턴스 변수에 값을 할당할 때에는 인자로서 지정하지 않고 '=' 연산자를 통해 값을 지정합니다.

```dart
var person2 = Person()             // ⑤ 객체 생성 : new 키워드 생략
  ..name = 'Jane'                  // .. : 캐스케이드 표기법
  ..hello();
print('${person2.name} : age : ${person2.age}' );
```

⑤ Person 객체를 하나 더 생성하여 person2 변수에 참조를 저장하였습니다. 객체 생성과 동시에 캐스캐이드 표기법(..)을 이용하여 name 인스턴스 변수에 초깃값을 할당하고 hello() 메소드를 호출하였습니다. 캐스캐이드 표기법을 사용하면 좀 더 간결한 코드를 작성할 수 있습니다. print 문장 내의 person2.age는 게터(getter)를 이용하여 _age 인스턴스 변숫값을 얻어오는데, _age 값이 null이기 때문에 0을 리턴하게 됩니다.

```
Person? person3;              // ⑥ Person 타입의 변수 선언
person3?.hello();             //?.: 널 조건부 접근 연산자
person3 = person2;
if (identical(person2, person3)) {
  // 하나의 같은 객체에 대한 참조를 가짐
  print('same object');
  person3.hello();
}
```

⑥ Person 타입으로 person3 변수를 선언하였습니다. 변수 선언 시에 초깃값을 할당하지 않았기 때문에 선언 직후의 변숫값은 null 입니다. ?. 연산자는 참조가 null이 아닐 때 다음에 따라오는 멤버에 접근하는 널 조건부 접근 연산자입니다. person3은 현재 null이기 때문에 hello() 메소드에 대한 참조를 실행하지 않습니다. person3 = person2 문장은 person2가 가지고 있는 객체에 대한 참조를 동일하게 person3 변수에 저장하도록 합니다. identical() 함수를 통해 person2와 person3 변수가 동일한 객체를 참조하고 있음을 확인할 수 있습니다.

```
}
```

```
Person Constructor Called..
Hello Leo
Leo : age : 19
Person Constructor Called..
Hello Jane
Jane : age : 0
same object
Hello Jane
```

6.6.2 생성자

생성자(constructor)는 객체를 생성할 때 호출하는 메소드입니다. 클래스 내에 정의하며, 객체 생성 시에 인스턴스 변수를 초기화하는 등의 기능을 주로 정의하게 됩니다. 생성자의 명칭은 *클래스명[.식별자]* 형식으로 명명하는데, 이때 식별자의 유무에 따라 이름있는 생성자(named constructor)와 이름없는 생성자(unnamed constructor)로 구분합니다.

구분	비고
이름없는 생성자 (unnamed constructor)	생성자명이 클래스명과 동일한 생성자 (예)클래스명()
이름있는생성자 (named constructor)	생성자명이 클래스명.식별자 형식인 생성자 (예)클래스명.init()
기본 생성자(default constructor)	사용자가 정의한 생성자가 없는 경우 다트가 제공하는 생성자. 이름 없고 인자 없는 형태로 제공된다.

표 6-8 다트의 생성자

이름없는 생성자(unnamed constructor)

클래스와 동일한 명칭으로 정의한 생성자를 이름없는 생성자(unnamed constructor)라고 합니다. 이름없는 생성자는 인자가 없는 형태, 인자를 가지는 형태 모두 정의할 수 있는데, 동일한 명칭의 생성자는 하나만 정의할 수 있기 때문에 두 가지 형태 중 하나를 선택하여 정의해야 합니다.

class_constructor_unnamed_1.dart

```dart
class Person {
  String? name;

  Person() {
    print('unnamed constructor with no-argument in Person');
  }
}
```

```dart
void main() {
  var employee1 = Person();
  print(employee1.name);
}
```

```
unnamed constructor with no-argument in Person
null
```

앞의 예제에서 Person() 생성자는 클래스명과 동일한 명칭의 이름없는 생성자이고 인자를 가지지 않습니다.

다음 예제의 Person() 생성자는 인자를 가지는 형태로, 첫 번째 인자값을 name 인스턴스 변숫값으로 지정합니다. this 키워드는 현재 인스턴스를 참조합니다.

class_constructor_unnamed_2.dart

```dart
class Person {
  String? name;

  Person(this.name) {
    print('unnamed constructor with arguments in Person');
  }
}

void main() {
  var employee2 = Person('Lee');
  print(employee2.name);
}
```

```
unnamed constructor with arguments in Person
Lee
```

인자의 유무에 따른 앞선 예제의 2가지 형태의 생성자는 다음 예제에서와 같이 선택적 매개변수를 사용하여 하나의 생성자로 정의할 수 있습니다.

```
class Person {
  String? name;

  Person([String? name]) {
    print('unnamed constructor in Person');
    this.name = name;
  }
}

void main() {
  var employee1 = Person();
  var employee2 = Person('Lee');
  print(employee1.name);
  print(employee2.name);
}
```

```
unnamed constructor in Person
unnamed constructor in Person
null
Lee
```

이름있는 생성자(named constructor)

생성자의 이름을 클래스명.식별자 형식으로 명명한 것을 이름있는 생성자(named constructor)라고 합니다. 다음 예제에서 Person 클래스는 Person.init()이라는 이름있는 생성자를 가집니다.

```
class Person {
  String? name;

  Person.init(this.name) {
```

```
    print('named constructor in Person');
  }
}

void main() {
  var employee3 = Person.init('Kim');
  print(employee3.name);
}
```

이름있는 생성자를 이용하면 클래스에 여러 개의 생성자를 정의할 수 있습니다. 다음 예제에서 Person 클래스는 Person()과 Person.init()이라는 2개의 생성자를 가집니다.

class_constructor_named_2.dart

```
class Person {
  String? name;

  Person() {
    print('unnamed constructor in Person');
  }

  Person.init(this.name) {
    print('named constructor in Person');
  }
}

void main() {
  var employee1 = Person();
  var employee3 = Person.init('Kim');
  print(employee1.name);
  print(employee3.name);
}
```

```
unnamed constructor in Person
named constructor in Person
null
Kim
```

재전송 생성자(redirecting constructor)

생성자가 같은 클래스 내의 다른 생성자를 호출하는 목적으로 사용되기도 하는데, 이러한 동일 클래스 내 재전송 생성자(redirecting constructor)는 생성자의 본문을 정의할 수 없습니다. 다음 예제에서 Person.newborn() 생성자는 'To be determined' 문자열을 인자로 하여 Person 생성자를 호출합니다.

class_constructor_redirecting.dart

```dart
class Person {
  String name;

  Person(this.name);

  Person.newborn() : this('To be determined..');   // 재전송 생성자(redirecting
                                                    //           constructor)
}

void main() {
  var baby1 = Person('Tom');
  var baby2 = Person.newborn();
  print('Baby1 name: ${baby1.name}');
  print('Baby2 name: ${baby2.name}');
}
```

```
Baby1 name: Tom
Baby2 name: To be determined..
```

기본 생성자(default constructor)

클래스에 생성자가 정의되어 있지 않다면 다트가 제공하는 기본 생성자(default constructor)를 사용하여 객체를 생성합니다. 기본 생성자는 이름이 없고 인자가 없는(no name, no argument) 형태로 제공됩니다.

class_constructor_default.dart

```dart
class Person {
  String? name;

  // 생성자가 정의되지 않음
}

void main() {
  var employee1 = Person();    // 다트가 제공하는 기본생성자(default constructor)를 사용
  print(employee1.name);
}
```
```
null
```

6.6.3 상속

객체지향 프로그래밍에서의 상속은 클래스의 멤버를 전달하는 것을 의미합니다. 이때 상속하는 쪽을 슈퍼클래스 또는 부모 클래스라고 하고, 상속받는 쪽을 서브클래스 또는 자식 클래스라고 합니다. 서브클래스는 슈퍼클래스의 생성자를 제외한 모든 멤버를 상속받아 가지게 되고, 여기에 상속받은 멤버를 재정의하거나 신규 멤버를 추가로 정의합니다.

```dart
class Person {
  late String name;

  void hello() {
    print('Hello $name');
  }
}

class Student extends Person {
  late int studentId;

  @override
  void hello() {
    print('Hello ${super.name} (ID: $studentId) ');
  }

  void study(String subject) {
    print('${super.name} is studying $subject');
  }
}

void main() {
  var student = Student()
    ..name = 'Kim'
    ..studentId = 1001
    ..hello();
  student.study('Math');
}
```

```
Hello Kim (ID: 1001)
Kim is studying Math
```

Student 클래스는 extends 키워드를 사용하여 Person 클래스를 상속받는 서브클래스로 정의하였습니다. Student 클래스는 Person 슈퍼클래스의 name 멤버변수와 hello 멤버함수를 상속받고, 상속받은 hello 메소드는 @override 지정하여 내용을 재정의하였습니다. 또한 studentId와 study 멤버를 추가로 정의하였습니다. 서브클래스에서는 super 키워드를 사용하여 슈퍼클래스를 참조합니다.

예제에서 super.name은 슈퍼클래스 Person의 name 멤버변수를 참조하게 됩니다. 현재 속해있는 클래스의 멤버를 참조할 때는 this 키워드를 사용하는데, 매개변수의 명칭이나 슈퍼클래스의 멤버 명칭 등과 중복되어 식별이 필요한 경우에 사용합니다.

상속과 생성자

클래스의 상속에서 중요한 점은 생성자가 상속되지 않는다는 것입니다. 슈퍼클래스의 생성자는 서브클래스로 상속되지 않기 때문에, 서브클래스 객체를 생성할 때 내부적으로 먼저 슈퍼클래스의 생성자를 호출한 후에 서브클래스의 생성자를 호출합니다.

기본적(default)으로 서브클래스의 생성자는 슈퍼클래스의 이름 없고 인자 없는(no name, no argument) 생성자를 호출합니다. 슈퍼클래스에 이름 없고 인자 없는 생성자가 정의되어 있지 않으면 다트가 제공하는 기본 생성자(default constructor)를 사용하게 됩니다.

앞서 살펴본 상속 예제 코드에서는 사용자가 정의한 생성자가 존재하지 않아 기본 생성자를 사용하여 서브클래스 객체를 생성한 경우입니다.

다음 예제는 슈퍼클래스에 사용자가 정의한 이름 없고 인자 없는 생성자가 존재하는 경우입니다. 서브클래스는 객체 생성 시에 슈퍼클래스의 생성자가 먼저 호출되고 그 다음 서브클래스의 생성자가 호출되었음을 확인할 수 있습니다.

```dart
class Person {
  String? name;

  Person() {
    print('Person unnamed Constructor Called..');
  }
}

class Student extends Person {
  int? studentId;

  Student() {
    print('Student unnamed Constructor Called..');
  }
}

void main() {
  var student = Student();
  print(student.name);
}
```

```
Person unnamed Constructor Called..
Student unnamed Constructor Called..
null
```

만약 슈퍼클래스의 생성자로 디폴트로 호출되는(이름 없고 인자 없는) 생성자 외에 다른 생성자를 호출하고자 한다면, 서브클래스 생성자 선언에서 슈퍼클래스의 특정 생성자가 호출되도록 지정해야 합니다(redirecting constructor).

다음 예제에서 서브클래스 Student의 생성자 선언에서 : 뒤에 super(name)을 지정합니다. 슈퍼클래스의 Person() 생성자 호출 시에 Student 생성자의 첫 번째 인자를 Person 생성자의 인자로 전달하고, 전달한 인자값을 name 인스턴스 변수의 값으로 초기화합니다.

```dart
class Person {
  String? name;

  Person(this.name) {
    print('Person Constructor Called..');
  }
}

class Student extends Person {
  int? studentId;

  Student(String name, this.studentId) : super(name) { // redirecting constructor
    print('Student Constructor Called..');
  }
}

void main() {
  var student = Student('Lee', 1002);
  print('${student.name} : ${student.studentId}');
}
```

```
Person Constructor Called..
Student Constructor Called..
Lee : 1002
```

앞선 예제와 같이 슈퍼클래스 생성자를 명시적으로 지정하여 생성자의 인자를 수동으로 전달하는 대신, 서브클래스 생성자의 인자만으로 슈퍼클래스로 인자를 전달하여 초기화 할 수 있습니다(super-initializer parameter).

다음 예제에서 서브클래스 Student() 생성자의 첫 번째 인자는 슈퍼클래스 생성자 Person()의 인자로 전달되어 name 변수를 초기화하고, 두 번째 인자는 서브클래스에서 추가로 정의한 studentId를 초기화 하였습니다. 슈퍼클래스로 인자를 전달할 때에는 인자의 순서로 매핑하기 때문에 서브클래스 생성자의 인자는 슈퍼클래스 생성자의 인자와 동일한 순서로 정의하여 포함해야 합니다.

```dart
class Person {
  String? name;

  Person(this.name) {
    print('Person Constructor Called..');
  }
}

class Student extends Person {
  int? studentId;

  Student(super.name, this.studentId) {     // super-initializer parameter
    print('Student Constructor Called..');
  }
}

void main() {
  var student = Student('Lee', 1002);
  print('${student.name} : ${student.studentId}');
}
```

```
Person Constructor Called..
Student Constructor Called..
Lee : 1002
```

6.6.4 추상 클래스

추상 클래스(abstract class)는 추상 메소드를 가지는 클래스입니다. 추상 메소드란 메소드 선언만 되어 있고 메소드 기능에 대한 정의, 즉 본문이 없는 메소드입니다. 이름만 있고 내용은 없는 미완성의 메소드인 것입니다. 따라서 추상 클래스는 그 자체로 인스턴스화할 수 없고 다른(자식) 클래스에서 상속받아 추상 메소드의 내용을 구현하여 오버라이딩해야 합니다.

추상 클래스는 공통적인 메소드나 프로퍼티를 가지고 있지만, 하위 클래스에서 반드시 구현해야 하는 기능을 규정할 때 사용합니다. 이를 통해 다형성을 제공하는 동시에 코드의 재사용성을 높이고, 하위 클래스에서 필수적으로 구현해야 하는 로직에 대한 명확한 기준을 제시할 수 있습니다.

class_abstract.dart

```dart
abstract class Person {
  //
  // 멤버변수, 메소드 정의
  //
  void working();    // 추상 메소드 선언
}

class Developer implements Person {    // extends, implements 키워드 모두 사용 가능
  @override
  void working() {
    print('Developer is working..');
  }
}

void main() {
  var developer = Developer();
  developer.working();
}
```

```
Developer is working..
```

Person 클래스는 abstract 키워드를 사용하여 추상 클래스로 정의하였고 추상 메소드 working이 선언되어 있습니다. Person 추상 클래스를 상속받는 Developer 클래스에서는 추상 메소드인 working을 @override 지정하여 재정의하였습니다. 추상 클래스를 상속받

는 서브 클래스를 정의할 때 extends, implements 키워드 모두 다 사용 가능합니다.

6.6.5 믹스인(mixin)

다트에서는 Null을 제외한 모든 클래스가 Object 클래스로부터 상속되며, 각 클래스는 정확히 하나의 슈퍼클래스를 가집니다. 클래스 상속없이 믹스인을 사용해 클래스 코드를 재사용할 수 있습니다. 믹스인은 클래스에 추가적인 요소를 결합할 수 있는 기능을 제공하며, with 키워드를 사용하여 클래스 선언에 추가됩니다. 이렇게 믹스인을 사용하면, 다른 클래스와 공유하거나 클래스에서 상속받지 않은 코드를 추가할 수 있습니다.

class_mixin_01.dart

```dart
class Classic {
  canClassic() {
    print('can do classic');
  }
}

class Musical {
  canMusical() {
    print('can do musical');
  }
}

class Person {
  String name;

  Person(this.name);
}

class Maestro extends Person with Classic, Musical {    // 믹스인(mixin) 사용
  late bool canConduct;
```

```
  Maestro(super.name) {
    canConduct = true;
  }
  introduce() {
    print('Mestro is $name');
    canClassic();
    canMusical();
  }
}

main(){
  var maestro = Maestro('Jung')
    ..introduce()
  ;
}
```

```
Mestro is Jung
can do classic
can do musical
```

Maestro 클래스는 Person 클래스를 상속받고 Classic, Musical 클래스를 믹스인으로 지정하였습니다. 믹스인으로 지정하는 대상 클래스는 extends나 implements 키워드 사용 없이 정의되어야 하고 생성자를 정의하지 않아야 합니다. 이 두 조건을 만족하지 않으면 믹스인으로 지정할 수 없습니다. 만약 믹스인으로 지정한 클래스가 정규 클래스로 사용되는 것을 방지하려면, class 키워드 대신 mixin 키워드를 사용하여 클래스를 정의합니다. 이렇게 하면 해당 클래스는 명시적으로 믹스인으로만 사용할 수 있게 됩니다. 이 방식은 믹스인의 역할이 명확해지며 이에 따라 코드의 명료성이 향상됩니다.

```
mixin Classic {                    // class 키워드 대신 mixin 사용
  canClassic() {
    print('can do classic');
  }
}
```

믹스인을 사용할 수 있는 타입을 제한하고 싶다면 on 키워드를 사용하여 필수 슈퍼클래스를 지정합니다. 다음 예제에서 Classic 믹스인은 Musician 슈퍼클래스를 (extends, implements 키워드를 사용하여)상속한 서브클래스에서만 믹스인으로 사용할 수 있습니다.

class_mixin_02.dart

```dart
class Musician {
  String name;
  Musician(this.name);
}

mixin Classic on Musician {    // Musician의 서브클래스에서만 믹스인 사용 가능하도록 제한함
  canClassic() {
    print('can do classic');
  }
}

class Maestro extends Musician with Classic {
  Maestro(super.name);

  introduce() {
    print('Mestro is $name');
    canClassic();              // 믹스인의 멤버를 호출
  }
}

main(){
  var maestro = Maestro('Jung')
    ..introduce();
}
```

```
Mestro is Jung
can do classic
```

6.6.6 enum

enum은 고정된 개수의 상수 인스턴스를 표현하는 데 사용되는 특별한 종류의 클래스입니다. 쉽게 말해 상수 데이터들의 집합입니다. 프로그램에서 사용되는 고정된 값들을 명료하게 정의하고 관리하는 데에 사용됩니다. 특정한 상태나 옵션 값들을 한정적인 선택지로 제공할 때 enum을 적절하게 활용할 수 있습니다.

class_enum.dart

```
enum Color {red, green, blue}          // ① enum Color 타입 선언
```

① Color라는 enum 타입을 선언한 문장입니다. 클래스의 일종이므로 함수나 다른 클래스 안에 정의될 수 없습니다. Color는 하나의 타입으로 정의되어 사용됩니다.

```
main() {
  print(Color.values);                 // ②
  List<Color> color = Color.values;    // ② Color.values: enum Color의 모든 열거 값을 조회
  print(color);
```

② enum의 모든 열거값의 목록을 얻기 위해서 enum의 values 상숫값을 조회합니다. Color.values 상숫값을 출력하면 [Color.red, Color.green, Color.blue]와 같이 표시됩니다. 예제에서는 이 목록을 Color 타입의 배열로 지정하였습니다.

```
  // ③ index, name 멤버
  print('index ${Color.red.index} : ${Color.red.name}');
  print('index ${Color.green.index} : ${Color.green.name}');
  print('index ${Color.blue.index} : ${Color.blue.name}');
```

③ enum에서 각 열거값은 index와 name 멤버를 갖습니다. index 값은 0부터 시작하여 순차적으로 부여되며, name은 각 열거값의 이름입니다.

```
  final favorite = Color.green;        //
  print('favorite color is ${favorite.name}');

  var aColor = Color.blue;
  switch (aColor) {
```

```
      case (Color.red) :
        print('red color');
        break;
      case (Color.green):
        print('green color');
        break;
      default :          // ④ 주석 처리하면 경고 메시지 발생
        print(aColor);
    }
```

④ switch 문에서 enum을 사용할 때에는 모든 열거값에 대한 처리를 포함해야 합니다. 만약 그렇지 않으면 경고가 발생합니다. default 문과 다음 print 문을 주석 처리하여 실행하면, blue에 대한 처리가 누락되었다(Missing case clause for 'blue')는 경고 메시지가 발생하게 됩니다.

```
  }
```

```
[Color.red, Color.green, Color.blue]
[Color.red, Color.green, Color.blue]
index 0 : red
index 1 : green
index 2 : blue
favorite color is green
Color.blue
```

6.6.7 static

클래스의 멤버변수나 메소드에 static 키워드를 사용하면, 객체를 생성하지 않고 해당 클래스의 멤버에 접근할 수 있습니다. static 지정된 클래스 멤버와 메소드는 객체를 통한 접근은 불가능하며 클래스명.멤버명 형식으로 접근해야 합니다. static 멤버는 인스턴스 생성과 관계없이 고정된 메모리 영역을 사용하므로, 해당 클래스의 모든 인스턴스에서 공통으로 사용되는 값이나 기능에 대해서 static을 지정하면 메모리 사용을 최적화할 수 있습니다.

```dart
class Circle {
  late double diameter;                // 지름
  static const double pi = 3.14;       // 원주율

  Circle(this.diameter);

  // 원주 구하기 : static 메소드
  static double getCircumference(double diameter) {
    return diameter * pi;
  }

  // 원주 구하기 : 인스턴스 메소드
  double circumference() {
    return diameter * pi;
  }
}

main () {
  print(Circle.pi);                     // 클래스명을 통한 static 멤버 접근
  print(Circle.getCircumference(10));   // 클래스명을 통한 static 멤버 접근

  var circle = Circle(5);               // 객체 생성
  print(circle.circumference());        // 객체를 통한 인스턴스 메소드 접근
}
```

```
3.14
31.400000000000002
15.700000000000001
```

예제에서 Circle 클래스 내에 pi는 static 상수로 선언되었고 getCircumference()는 static 메소드로 선언되었습니다. static 지정된 이들 멤버들은 객체가 아닌 클래스명을 통해 접근되었습니다.

6.7 컬렉션

컬렉션(Collection)은 데이터 집합을 관리하기 위한 자료구조를 의미합니다. 다트에서 기본(built-in) 타입으로 제공하는 컬렉션은 List, Set, Map 이 있습니다.

구분	타입	설명
컬렉션	List	배열과 동일. 순서가 있는 객체 그룹
	Set	순서가 없고 중복 없는 집합
	Map	(key, value) 형태의 집합

표 6-9 다트의 컬렉션

6.7.1 List

리스트(List)는 순서가 있는 여러 개의 데이터를 관리하는 자료구조입니다. 전통적인 언어에서는 배열(array)로 부르는데, 다트에서의 배열은 List 클래스의 객체입니다. List 클래스는 여러 개의 생성자와 메소드를 제공합니다. 예제를 통해서 살펴보겠습니다.

collection_list.dart

```dart
void main() {
  // ① List 변수 선언 및 객체 생성
  var list = <dynamic>[];              // 객체 생성 : 리터럴(literal) 지정
  List<int> numbers1 = [1, 3, 7] ;     // 객체 생성 : 리터럴(literal) 지정
  List<int> numbers2 = List.empty();   // 객체 생성 : 생성자 호출
```

```
List<int>? numbers;
List<String> fruits1 = const ['apple', 'orange', 'mango'] ;   // 상수 객체 생성

print('list : $list');                      // empty list
print('numbers : $numbers');                // null
```

① *List<E> 변수명* 형식으로 리스트 객체에 대한 참조를 가지는 변수를 선언합니다. *E*는 리스트의 각 요
소(element)의 타입을 가리킵니다. 여러 타입을 가질 수 있다면 dynamic으로 선언합니다. 예제에서
numbers는 변수 선언만 되고 List 객체에 대한 참조가 할당되지 않은 상태로 null 값을 가지게 됩니
다. list, numbers1, numbers2, fruits1은 List 객체에 대한 참조를 가집니다. 리스트 객체
를 생성하는 가장 일반적인 방법은 리스트 리터럴(literal)을 지정하는 것입니다(리터럴은 메모리 안
에 존재하는 값 자체를 가리키는 용어로, 변수는 리터럴에 대한 참조를 가지게 됩니다).

리스트 리터럴은 대괄호[ ] 안에 각 요소 값을 콤마(,)로 구분하여 표현합니다. 대괄호 안에 값이 없이
대괄호만 표현하면 요소가 없는 빈(empty) 상태의 리스트 객체가 생성됩니다. 대괄호 앞에 const 키
워드를 지정하면 해당 리스트 객체는 컴파일 시점에 상수로 생성됩니다. 예제에서 list는 dynamic
타입의 요소를 가지는 리스트 객체를 참조하는데 이 객체는 비어있는(empty) 상태입니다. fruits1
은 상수 객체에 대한 참조를 가지게 됩니다. List 클래스는 몇 가지의 이름 있는 생성자(named
constructor)를 제공하는데, 이러한 생성자를 호출하여 객체를 생성할 수 있습니다. numbers2 변
수는 List.empty() 생성자를 호출하여 요소를 가지지 않는 빈 상태의 객체를 생성하였습니다.

```
print('numbers1 : $numbers1');
print('numbers1 first item : ${numbers1[0]}');          // ② 인덱스 사용하여 접근
print('numbers1 last item : ${numbers1[numbers1.length-1]}');
```

② 리스트의 각 요소는 인덱스로 접근하고 인덱스는 0부터 순차적으로 부여됩니다. numbers1 리스트의
첫 번째 요소는 numbers1[0], 두 번째 요소는 numbers1[1]로 표현합니다. 리스트가 가지는 요소의
개수는 numbers1.length이며, 리스트의 마지막 요소는 numbers1[numbers1.length-1]이 됩니
다.

```
numbers2 = [0, ...numbers1, ...?numbers, 11];          // ③ 스프레드 연산자
print('numbers2 : $numbers2');
```

③ 리스트의 각 요소 값을 표현할 때, ... (스프레드 연산자: spread operator)를 사용하여 다른 리스트의
값을 참조하여 지정할 수 있습니다. numbers2 리스트는 numbers1 리스트와 numbers 리스트의
값을 요소의 값으로 지정하는데, ...? (널 인지 스프레드 연산자: null-aware spread operator)는 우

항의 리스트가 null 이 아닌 경우에만 실행됩니다. 결과적으로 numbers2 리스트는 [0, 1, 3, 7, 11] 요소를 가지게 되고, 두 번째, 세 번째, 네 번째 인자값(1,3,7)은 numbers1 리스트 객체로부터 가져온 것입니다.

// ④ List 클래스의 프로퍼티와 메소드

④ List 클래스는 다양한 프로퍼티와 메소드를 제공하는데 주요 멤버를 [표 6-10]에 정리하였습니다.

```
print('numbers2 has ${numbers2.length} items');    // length
print('numbers2 first item : ${numbers2.first}');  // first
print('numbers2 last item : ${numbers2.last}');    // last
numbers2.add(13);                                  // add
numbers2.addAll([17, 19]);                         // addAll
print('numbers2 : $numbers2');
numbers2.clear();                                  // clear
print('numbers2 : $numbers2');
if (numbers2.isEmpty) {                            // isEmpty
  print('numbers2 is empty');
}

list = [...fruits1,  100, 200.3];                  // List<dynamic>
print('list : $list');

List<String> fruits2 = fruits1 + ['melon', 'banana'];   // ⑤ + 연산자
```

⑤ 리스트는 '+' 연산자를 통해 여러 리스트를 합하여 새로운 리스트를 생성할 수 있습니다. 예제에서 fruit1 리스트와 리터럴로 제공된 리스트를 순서대로 합하여 새로운 리스트 fruit2를 생성하였습니다. 그 외에 리스트에 대해 사용할 수 있는 연산자는 == (equal 연산자)가 있습니다. == 연산자는 연산자의 좌항과 우항에 위치하는 두 개의 리스트가 같은 객체를 참조하면 true를 반환합니다.

```dart
  print('fruits2 : $fruits2');
  int index = fruits2.indexOf('mango');                // indexOf
  fruits2.removeAt(index);                             // removeAt
  fruits2.remove('melon');                             // remove
  print('fruits2 : $fruits2');
  fruits2.sort();                                      // sort
  print('fruits2 : $fruits2');

  print('fruits2 reversed : ${fruits2.reversed}');     // reversed
  if (fruits2.contains('apple')) {                     // contains
    print('fruits2 has apple');
  }
  print('fruits1 : $fruits1');
  //fruits1. add('berry');                             // 에러 발생: 상수 객체에 대해 변경 불가
  fruits1 = ['strawberry', 'peach'];    // 다른 객체에 대한 참조로 변경
  print('fruits1 : $fruits1');
}
```

```
list : []
numbers : null
numbers1 : [1, 3, 7]
numbers1 first item : 1
numbers1 last item : 7
numbers2 : [0, 1, 3, 7, 11]
numbers2 has 5 items
numbers2 first item : 0
numbers2 last item : 11
numbers2 : [0, 1, 3, 7, 11, 13, 17, 19]
numbers2 : []
numbers2 is empty
list : [apple, orange, mango, 100, 200.3]
fruits2 : [apple, orange, mango, melon, banana]
fruits2 : [apple, orange, banana]
fruits2 : [apple, banana, orange]
fruits2 reversed : (orange, banana, apple)
fruits2 has apple
fruits1 : [apple, orange, mango]
fruits1 : [strawberry, peach]
```

List 클래스의 주요 멤버를 정리한 표 입니다. 멤버명에 * 표시가 된 것은 List, Set, Map 컬렉션에서 동일하게 제공됩니다.

멤버	설명
length*	컬렉션이 가지는 요소의 개수
isEmpty*	컬렉션이 비어 있으면(요소를 가지지 않으면) true, 아니면 false
isNotEmpty*	컬렉션이 비어있지 않으면(요소를 가지면) true, 아니면 false
clear*	컬렉션의 모든 요소를 삭제
first	리스트의 첫 번째 요소를 반환
last	리스트의 마지막 요소를 반환
indexOf	입력된 값을 갖는 리스트 요소의 인덱스를 반환
add	입력된 값을 리스트의 요소로 추가
addAll	입력된 값 목록을 리스트의 요소로 추가. 대괄호 안에 값을 나열함
remove*	입력된 값(맵의 경우 입력된 키)의 요소를 삭제
removeAt	입력된 인덱스 위치의 리스트 요소를 삭제
sort	리스트 요소를 값으로 정렬함
reversed	리스트 요소를 인덱스 역순으로 반환
contains	입력된 값과 같은 리스트 요소가 존재하면 true, 아니면 false
forEach*	매개변수로 전달된 함수를 모든 요소에 대해서 차례로 실행

표 6-10 **List** 클래스의 멤버

6.7.2 Set

Set은 List처럼 데이터를 여러 개 담을 수 있지만 데이터의 순서가 없고 중복된 요소를 허용하지 않는 자료구조 입니다. 사용 형태는 리스트와 유사하며, 중괄호 {}를 사용하여 객체를 생성합니다.

```
void main() {
  // ① Set 변수 선언 및 객체 생성
  var set1 = <dynamic>{};              // 객체 생성 : empty
  var oddNumbers = {3,7,1,9,3,5};      // 객체 생성 : {3,7,1,9,5}
  Set<int> primeNumbers = {2,3,5,7};   // 객체 생성 : {2,3,5,7}
```

① Set 타입을 지정하여 Set 객체에 대한 참조를 저장하는 변수를 선언합니다. Set 객체는 리스트와 마찬가지로 리터럴을 지정하거나 Set 클래스의 생성자를 호출하여 객체를 생성할 수 있습니다. Set 리터럴은 중괄호 { } 안에 콤마(,)로 구분하여 요소값을 지정합니다. 값이 없이 중괄호만 지정하면 요소를 가지지 않는 비어있는(empty) Set이 생성됩니다. 중괄호 { }로 리터럴을 표현하는 것이 대괄호 [ ]를 사용하는 리스트와 다른 점입니다. Set은 리터럴에서 같은 값을 여러 번 나열해도 중복을 허용하지 않기 때문에 처음 한 번만 포함됩니다.

```
  // ② Set 사용
  print('(a) oddNumbers : $oddNumbers');
  for (int each in oddNumbers) {
    print(' each oddNumber is $each');
  }
  print('(b) primeNumbers : $primeNumbers');
  primeNumbers.forEach(print);
```

② Set은 요소 데이터의 순서가 존재하지 않고 요소가 입력된 순서대로 관리됩니다. 따라서 리스트에서 사용했던 인덱스 접근 연산자([ ])나 indexOf, removeAt, sort, reversed와 같은 인덱스(순서)와 관련한 메소드와 프로퍼티는 제공되지 않습니다. 예제에서는 for .. in 문을 통하여 oddNumbers의 각 요소에 접근하였습니다. 또한 리스트의 forEach 메소드를 통해 각 요소별로 print 함수를 호출하였습니다. forEach 메소드는 List, Set, Map 컬렉션 모두에서 제공됩니다.

```
  // ③ Set의 수학적 집합 연산
  Set<int> a = oddNumbers;
  Set<int> b = primeNumbers;
  print('(a) union (b) = ${a.union(b)}');              // 합집합
  print('(a) intersection (b) = ${a.intersection(b)}'); // 교집합
  print('(a) difference (b) = ${a.difference(b)}');     // 차집합
```

③ Set 클래스는 두 집합 간의 수학적인 연산을 수행하는 메소드를 제공합니다. union, intersection, difference 메소드는 각각 합집합, 교집합, 차집합을 계산한 결과를 반환합니다.

```
List<int> list = oddNumbers.toList();          // ④ toList
print('list : $list');
```

④ toList() 메소드는 Set 객체의 요소를 가지는 List 객체를 생성하여 반환해 줍니다.

```
if (oddNumbers == a) {                          // ⑤ == 연산자
  print('a and oddNumbers refer same object');
}
```

⑤ Set 객체에서 + 연산자는 제공되지 않습니다. == (equal) 연산자는 리스트에서와 마찬가지로 두 변수가 동일한 객체를 참조하고 있는지를 판단하여 그 결과를 리턴합니다.

```
(a) oddNumbers : {3, 7, 1, 9, 5}
 each oddNumber is 3
 each oddNumber is 7
 each oddNumber is 1
 each oddNumber is 9
 each oddNumber is 5
(b) primeNumbers : {2, 3, 5, 7}
2
3
5
7
(a) union (b) = {3, 7, 1, 9, 5, 2}
(a) intersection (b) = {3, 7, 5}
(a) difference (b) = {1, 9}
list : [3, 7, 1, 9, 5]
a and oddNumbers refer same object
```

6.7.3 Map

맵(Map)은 키(key)와 값(value)의 쌍으로 구성된 데이터의 집합을 관리하는 자료구조입니다. 키와 값은 어떤 타입으로도 지정할 수 있습니다. 맵은 순서를 관리하지 않으며 키의 중복을 허용하지 않습니다. 값은 키에 종속적인 관계로 관리되기 때문에 집합 내에서 중복하여 사용할 수 있습니다.

collection_map.dart

```dart
void main() {
  // ① Map 변수 선언 및 객체 생성
  var map1 = Map();                       // 객체 생성 : 생성자 호출
  var elements = Map<int, String>();      // 객체 생성 : 생성자 호출
  Map<String, String> capitals = {        // 객체 생성 : 리터럴 지정 (권장)
    // key    :    value
    'South Korea' : 'Seoul',
    'France' : 'Paris',
  };
```

① 맵 리터럴은 중괄호 { } 안에 콤마(,)로 구분하여 키-값 쌍을 나열합니다. 키와 값은 콜론(:)으로 구분하여 표시합니다. 맵 객체는 리터럴을 지정하거나 Map 클래스의 생성자를 호출하여 생성합니다.

```dart
  // ② key-value 접근
  elements[1] = 'Hydrogen';               // add key-value
  elements[6] = 'C';                      // add key-value
  elements[6] = 'Carbon';                 // update value
  capitals['Italy'] = 'Rome';             // add key-value
  print('capitals : $capitals');
  print('elements : $elements');

  elements.update(8, (value) => 'Oxygen', ifAbsent: () => 'New'); // add key-value
  print('element No.8 is ${elements[8]}');
  elements.update(8, (value) => 'Oxygen', ifAbsent: () => 'New'); // update value
  print('element No.8 is ${elements[8]}');
  print('elements : $elements');
```

② 맵 객체의 구성요소는 [ ] 연산자를 통해 접근합니다. **객체[key]**는 해당 키(key)에 해당하는 값 (value)을 가리킵니다. elements[1] = 'Hydrogen'; 문장은 키가 1인 구성요소 값으로 'Hydrogen' 을 할당합니다. 지정된 키에 해당하는 요소가 존재하면 해당 키에 대한 값을 변경하고, 존재하지 않 으면 해당 키-값은 맵의 구성요소로 추가됩니다. Map의 update 메소드를 통해서도 구성요소를 추 가하거나 값을 변경할 수 있습니다. 예제에서, elements 맵 객체에 대해서 키 8이 존재하면 두 번 째 매개변수로 전달된 'Oxygen'을 해당 키의 값으로 변경하고, 만약 키가 존재하지 않으면 해당 키와 ifAbsent에서 지정한 값 'New'를 키-값으로 하여 요소를 추가합니다.

```
// ③ Map 클래스의 프로퍼티와 메소드
map1 = { ...elements, 10:'Neon'};       // ④ spread operator
map1.remove(1);                          // remove
print('map1 : $map1');
print('map1 has ${map1.length} pairs');  // length
if (!map1.containsKey(1)) {               // containKey
  print('map1 does not have element No.1');
}
print('map1.keys : ${map1.keys}');       // keys
print('map1.values: ${map1.values}');    // values
```

③ length 프로퍼티는 맵 객체가 가지는 구성요소의 개수를 리턴합니다. containKey 메소드는 입 력된 키가 맵에 존재하는지 여부를 리턴하고, remove는 입력된 키를 맵에서 삭제합니다. keys, values는 각각 맵의 키 목록과 값 목록을 리턴합니다.

④ 리스트에서와 같이 맵에 대해서도 ... 스프레드 연산자를 사용할 수 있습니다. 또한, == (equal) 연산자 도 사용 가능합니다.

```
// ⑤ 사용자 정의 클래스 활용
Map<int, Actor> actors = {
  1001 : Actor('Tom', 'Cruise'),
  1002 : Actor('Brad', 'Pitt'),
  1003 : Actor('Timothee', 'Chalamet'),
};

actors.forEach((key, value) {
  print('ActorID($key) : ${value.fullName}');
});
```

```dart
    print("${actors[1002]!.firstName}'s last name is ${actors[1002]!.lastName}");
}

class Actor {
  String firstName;
  String lastName;
  late String fullName;

  Actor(this.firstName, this.lastName) {
    fullName = '$firstName $lastName';
  }
}
```

⑤ 맵의 키(key)와 값(value)에는 다트의 내장(built-in) 타입 뿐만 아니라 사용자 정의 클래스 등 어떤
타입의 객체도 넣을 수 있습니다. 예제에서는 사용자가 정의한 Actor 클래스를 값(value)에 대한 타
입으로 선언하고 맵에 넣었습니다. forEach 메소드에서는 각 actor의 키(key)와 fullName을 화
면에 출력합니다. actors[1002]!.firstNam 표현은 키(key)가 1002인 Actor 객체의 firstName
멤버를 접근합니다. ! 는 좌항이 null이 아님을 확신하는 연산자입니다.

```
capitals : {South Korea: Seoul, France: Paris, Italy: Rome}
elements : {1: Hydrogen, 6: Carbon}
element No.8 is New
element No.8 is Oxygen
elements : {1: Hydrogen, 6: Carbon, 8: Oxygen}
map1 : {6: Carbon, 8: Oxygen, 10: Neon}
map1 has 3 pairs
map1 does not have element No.1
map1.keys : (6, 8, 10)
map1.values: (Carbon, Oxygen, Neon)
ActorID(1001) : Tom Cruise
ActorID(1002) : Brad Pitt
ActorID(1003) : Timothee Chalamet
Brad's last name is Pitt
```

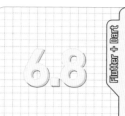

비동기 프로그래밍

지금까지 다트 예제에서 다루었던 코드들은 하나의 작업이 종료된 후에 다음 작업을 수행하였습니다. 이러한 동기 연산(synchronous operation)은 작업이 종료될 때까지 다른 작업을 블록킹(blocking)하여 다른 작업이 수행되지 않도록 합니다. 이에 반해, 비동기 연산(Asynchronous operation)은 작업이 종료되기 전에 다른 작업의 수행을 허용하는 것을 말합니다. 파일이나 데이터베이스, 또는 네트워크를 통해 데이터를 읽어오는 경우 등과 같이 처리시간이 긴 작업의 경우에 비동기 연산으로 처리합니다. 다트에서는 async, await 키워드와 Future, Stream 클래스를 사용하여 비동기 프로그램을 구현합니다.

6.8.1 Future

Future 클래스는 종료되지 않은 비동기 계산의 결과를 가리키는 것으로, 작업의 결괏값을 나중에 받기로 약속하는 것입니다. 비동기 계산은 작업의 결과를 기다리지 않고 "Future"(나중에 결과와 함께 계산이 종료될 것임)를 즉시 리턴합니다.

async_future.dart

```
Future<void> fetchOrder1 () async {
  // 4초 후에 출력
  return Future.delayed(const Duration(seconds: 4), () => print('Orange Juice'));
}
```

```
Future<void> fetchOrder2 () async {
  // 2초 후에 출력
  return Future.delayed(const Duration(seconds: 2), () => print('Ice Latte'));
}

void main() {
  fetchOrder1();
  fetchOrder2();
  print('Fetching data...');
  print('Fetching data....');
}
```

```
Fetching data...
Fetching data....
Ice Latte
Orange Juice
```

예제에서 사용된 Future.dealyed는 Future 클래스의 이름있는 생성자(named construc-tor)로서, Future 객체를 생성함과 동시에 지정된 시간이 경과한 후에 지정된 함수를 수행하도록 합니다. fetchOrder1(), fetchOrder2() 함수는 각각 4초, 2초가 경과한 후에 화면에 문자열을 출력하게 되는데, 함수의 리턴 타입은 Future<void>로 작업이 끝날 때까지 기다리지 않고 호출 즉시 Future를 리턴하게 됩니다.

main 함수에서 fetchOrder1(), fetchOrder2() 함수가 먼저 순서대로 호출되었으나 실행 결과에서는 main 함수 내의 코드 순서대로 출력되지 않음을 확인할 수 있습니다. 이는 fetchOrder1(), fetchOrder2() 함수가 비동기로 실행되어 작업이 종료되기 전에 바로 다음 작업이 실행되었기 때문입니다. 따라서 main의 print 문장들이 차례로 우선 출력되고 그 후에 경과 초수가 2초인 fetchOrder2() 함수의 결과가 출력되고, 경과 초수가 4초인 fetchOrder1() 함수의 결과가 마지막으로 출력되었습니다. 예제 코드의 실행을 도식화하면 다음과 같습니다.

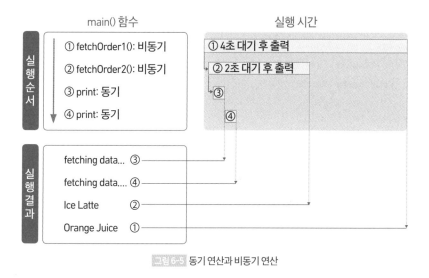

그림 6-5 동기 연산과 비동기 연산

6.8.2 async, await

비동기로 작동하는 함수를 선언할 때에는 함수의 body 앞에 async 키워드를 지정합니다. 비동기 함수의 리턴 타입은 Future<T> 클래스로 지정하여야 하는데, T는 실제 결괏값의 타입을 나타냅니다. 결괏값이 없다면 Future<void>, 결괏값이 String이라면 Future<String>이 리턴 타입이 됩니다.

await 키워드는 비동기 함수를 호출할 때 비동기 함수 앞에 지정하여, 비동기 작업이 완료될 때까지 기다리도록 합니다. await 키워드는 비동기(async)로 선언한 함수 안에서만 사용할 수 있습니다.

```dart
Future<void> createOrderMessage() async {
  var order = await fetchOrder();    // ① await 지정: 작업 종료를 기다림
  print('Your order is: $order');
}

Future<String> fetchOrder() =>
  Future.delayed(const Duration(seconds: 2), () => 'Hot Americano');

void main() async {
  createOrderMessage();              // ② await 미지정: 작업 종료를 기다리지 않음
  print('Fetching user order...');
}
```

```
Fetching user order...
Your order is: Hot Americano
```

createOrderMessage() 함수는 async 키워드를 지정하여 비동기 함수로 선언되었습니다. fetchOrder() 호출 시에 await 키워드를 지정하여 fetchOrder()가 비동기 함수임에도 실행이 종료될 때까지 기다렸다가 반환되는 결괏값을 order 변수로 받아 오게 됩니다. 따라서 다음 print 문의 결과는 'Your order is Hot Americano'로 출력될 것입니다. main 함수에서 첫 번째 호출된 createOrderMessage() 함수는 비동기 함수이며 await가 지정되지 않았기 때문에 작업이 종료될 때까지 기다리지 않고 다음 줄의 print 문을 수행하게 됩니다. 파일을 실행해 보면, 'Fetching user order...'가 먼저 출력되고 약 2초 후에 'Your order is: Hot Americano' 가 출력됨을 확인할 수 있습니다.

예제코드 ①, ②에서 비동기 함수 호출 시에 await 키워드의 지정 여부에 따라서 실행 결과가 달라지게 되는데, 각각 변경하여 테스트 해보도록 하겠습니다.

예제코드 ②에서 createOrderMessage() 함수 호출 시에 await를 지정하여 실행해 보겠습니다.

```
await createOrderMessage();    // ② await 지정: 작업 종료를 기다림
```

```
Your order is: Hot Americano
Fetching user order...
```

createOrderMessage() 비동기 함수 호출 시에 await가 지정되어 함수의 실행이 모두 종료될 때까지 기다린 후, 다음 줄의 print 문을 실행하게 됩니다. 결과창에서 createOrderMessage() 실행 결과가 먼저 출력되었음을 확인할 수 있습니다.

예제 코드 ①에서, fetchOrder() 호출 시에 지정된 await를 제거하고 실행해 보겠습니다.

```
var order = fetchOrder();    // ① await 미지정: 작업 종료를 기다리지 않음
```

```
Your order is: Instance of 'Future<String>'
```

fetchOrder() 함수의 실행이 완료될 때까지 기다리지 않고 그 다음 줄의 print 문을 실행하게 되는데, fetchOrder 함수는 2초 후에 작업이 종료되므로 print 문 실행 시점에는 작업이 미완료된 상태로 남아 있게 됩니다. order 변수는 Future<String> 타입으로, 함수가 종료될 때 리턴받을 String 결괏값에는 아직 값이 없는 상태에서 order 변수를 출력하게 됩니다. 따라서 미래 시점에 작업이 완료되면 String 값을 받을 것임을 가리키는 'Instance of Future<String>'으로 출력되었습니다.

6.8.3 Stream

Future 클래스가 종료되지 않은 "하나의" 비동기 계산의 결과를 가리키는 데 반해, Stream 클래스는 "일련의" 비동기 이벤트를 가리키는 것으로, 계산이 종료된 비동기 작

업의 결과를 순차적으로 받아오는 역할을 하는 이벤트 큐(event queue)라 할 수 있습니다. Stream이 전달하는 이벤트는 비동기 작업의 결괏값이거나 작업 실패에 대한 에러 이벤트입니다. 해당 stream에 대한 이벤트 생성이 종료되면 완료(done) 이벤트가 전달되고 이벤트의 수신이 종료됩니다.

stream은 async* 키워드를 지정한 함수(비동기 제네레이터 함수, asychnorous generator function)를 호출함으로써 생성되는데, 비동기 제네레이터 함수에서는 비동기 이벤트를 생성시키고 생성한 이벤트의 결과를 전달할 stream을 리턴합니다. 이렇게 생성된 stream은 await for 문장에서 사용되어 해당 stream으로부터 이벤트의 결과를 순차적으로 받아오게 됩니다.

아래 예제는 countStream 함수에서 비동기로 1초마다 정숫값을 생성시키고, 이렇게 비동기로 생성된 정숫값을 sumStream 함수에서 stream을 통해 순차적으로 전달받아 합계를 계산하는 코드입니다.

async_stream.dart

```
// asynchronous generator function
Stream<int> countStream(int to) async* {
  for (int i = 1; i <= to; i++) {
    await Future.delayed(const Duration(seconds: 1), () =>
print('generating...$i'));  // 1초 대기
    yield i;
  }
}

Future<int> sumStream(Stream<int> stream) async {
  var sum = 0;
  print('waiting for the value..');
  await for (final value in stream) {
    sum += value;
    print('received.....$value --> sum : $sum');
  }
```

```
    return sum;
}

void main() async {
  var stream = countStream(5);
  var sum = await sumStream(stream);
  print(sum);
}
```

```
waiting for the value..
generating...1
received.....1 --> sum : 1
generating...2
received.....2 --> sum : 3
generating...3
received.....3 --> sum : 6
generating...4
received.....4 --> sum : 10
generating...5
received.....5 --> sum : 15
15
```

countStream 함수는 비동기 제네레이터 함수(generator function)로 정의되었습니다. 일반 함수는 하나의 값(또는 0개의 값)을 반환(return) 하지만, 제네레이터 함수는 여러 개의 값을 필요에 따라 하나씩 반환(yield)합니다. 비동기 제네레이터 함수(asynchronous generator function)를 선언할 때에는 함수의 body 앞에 async* 키워드를 지정하고 리턴 타입으로 Stream<T>를 지정합니다. T는 실제로 반환하는 결괏값의 타입을 가리킵니다. 비동기가 아닌 일반(동기) 제네레이터 함수(synchronous generator function)의 경우에는 함수의 body 앞에 sync* 키워드를 지정하고 리턴타입으로 Iterable<T>을 지정합니다.

countStream 호출의 결과로 반환된 stream은 sumStream 함수 호출 시 인자로 전달하여, countStream 에서 비동기로 생성된 값을 sumStream 함수에서 await for 문장을 통해 순차적으로 받아오게 됩니다. await for 반복문을 포함하는 함수는 body 앞에 async 키워드를 지정하여 비동기 함수로 선언해야 합니다.

main 함수에서 countStream 함수 호출 시에 await를 지정하지 않았기 때문에 계산이 종료될 때까지 기다리지 않고 바로 다음 줄의 sumStream 함수가 실행되게 됩니다. 따라서, sumStream 함수의 첫 번째 print 문장(waiting for the value..)이 제일 먼저 화면에 출력되게 됩니다. countStream에서는 매 1초 대기 후마다 결괏값을 stream으로 전달하고, sumStream에서는 await for 문장을 통해 stream으로 전달된 결괏값을 순차적으로 받아오는 것을 콘솔창에 출력되는 결과를 통해 확인할 수 있습니다.

6.9 동시성 프로그래밍

Flutter + Dart

다트는 앞서 설명한 async-await, Future/Stream 클래스와 앞으로 설명할 isolate를 통해서 동시성 프로그래밍(concurrent programming)을 지원합니다.

6.9.1 isolate

모든 다트 코드는 'isolate'라는 공간에서 실행됩니다. 각각의 isolate는 자기 소유의 메모리를 가지며 다른 isolate에서는 접근이 불가합니다. 이처럼 isolate는 자원을 공유하지 않기 때문에 isolate 간에는 메시지를 주고 받는 방식으로 커뮤니케이션 합니다.

다트 앱은 기본적으로 하나의 isolate(main isolate)를 런타임 시에 생성하여 사용하는데, isolate를 추가로 생성할 수도 있습니다. 이는 멀티 프로세서 코어 환경에서 여러 개의 독립적인 작업들을 동시에 수행할 수 있게 해줍니다.

> **참고** isolate는 다트의 네이티브 플랫폼(Native Platform)에서만 사용할 수 있습니다. 웹 플랫폼(Web Platform)에서 비슷한 기능을 구현하기 위해서는 **web workers**를 사용할 수 있습니다.

다트 앱은 앱의 main isolate에서 코드를 실행합니다. main() 함수가 실행된 후에는 이벤트 큐로 들어오는 UI 이벤트, I/O 수행 이벤트, 타이머 이벤트 또는 다른 isolate로부터의 메시지 수신과 같은 이벤트가 순차적으로 처리되고 응답됩니다.

그림 6-6 **main isolate** 코드 실행

6.9.2 싱글 메시지 전송

간혹 시간이 오래 걸리는 작업을 처리하느라 앱 UI가 반응이 없는 상태가 된다면, 그 작업을 worker isolate(background worker라고도 부름)가 처리하도록 하는 것을 고려할 수 있습니다. 일반적인 방식은, 다음 그림처럼, worker isolate를 생성(spawn)하여 어떤 계산을 수행 후 종료(exit)하는 것입니다. worker isolate는 종료(exit) 시점에 계산 결과를 main isolate로 반환합니다.

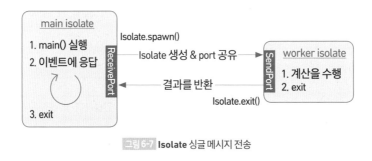

그림 6-7 **Isolate** 싱글 메시지 전송

다음 예제는 worker isolate를 생성하고 텍스트 파일을 읽어 그 결과를 main isolate에게 전송하고 종료하는 코드입니다. 간단한 텍스트 파일을 생성하고 ⓐ 위치에 해당 파일의

경로를 지정하여 테스트 해보세요.

isolate_single_message.dart

```dart
import 'dart:core';
import 'dart:io';
import 'dart:async';
import 'dart:isolate';

Future<void> main() async {
  // Read some data.
  final filename = 'D:\\book\\DataFiles\\data_file_01.txt';  // ⓐ 데이터파일 경로
  final receivedData = await _readInBackground(filename);

  // Use that data
  print(receivedData);
}

// Spawns an isolate and waits for the first message
Future<String> _readInBackground(String filename) async {
  final p = ReceivePort(); // ① ReceivePort 생성
  await Isolate.spawn(_readFile, [p.sendPort, filename]); // ② worker isolate 생성
  return (await p.first) as String; // ③ ReceivePort Stream의 첫 번째 메시지를 반환
}

// worker isolate 가 수행하는 함수
Future<void> _readFile(List<dynamic> args) async {
  SendPort sendPort = args[0];
  String fileName = args[1];

  String fileData = await File(fileName).readAsString();   // read file
  Isolate.exit(sendPort, fileData);     // ④ isolate exit & send result
}
```

① ReceivePort는 isolate 간의 메시지를 주고받는 수단이 됩니다. ReceivePort 객체는 sendPort 프로퍼티를 가지는데, sendPort를 통해 송신된 메시지는 모두 receivePort로 전달됩니다.

② Isolate 클래스의 spawn() 정적 메소드(static method)를 호출하여 isolate를 생성하였습니다. spawn() 메소드는 현재 isolate와 같은 코드를 공유하는 worker isolate를 생성합니다. 첫 번째 인자에는 isolate 생성 후에 처음으로 호출할 함수, 즉 worker isolate의 시작점을 지정합니다. 두 번째 인자에는 첫 번째 인자에서 지정한 함수에 전달할 인자를 지정합니다. 예제에서는 2개의 요소를 가지는 List<dynamic> 타입으로 지정하여, 첫 번째 요소는 SendPort, 두 번째 요소는 파일명을 지정하여 worker isolate에게 전달하였습니다.

③ ReceivePort를 통해서 worker isolate로 부터 첫 번째 메시지를 수신하기를 기다립니다 (await). worker isolate로부터 첫 번째 메시지를 수신하면 그 결과를 String 타입으로 리턴합니다.

④ worker isolate는 인자로 전달받은 파일명을 읽고, isolate를 종료(exit)함과 동시에 그 결과를 sendPort를 통해 main isolate로 전송합니다.

 네이티브 플랫폼(Native Platform)에서 플러터를 사용하고 있다면 Isolate API를 직접 사용하는 대신 플러터가 제공하는 compute() 함수를 사용할 수 있습니다. compute()는 한 개 함수를 worker isolate에서 수행하도록 하고 그 결과를 반환 받습니다.

6.9.3 멀티 메시지 전송

Isolate 간의 일회성 메시지 전송이 아닌 좀더 많은 메시지를 주고 받아야 하는 경우에는 SendPort의 send() 메소드를 사용합니다. 일반적인 패턴은, 다음 그림과 같이, main isolate가 요청 메시지를 worker isolate에게 보내고, worker isolate는 하나 이상의 응답 메시지를 main isolate에게 전송하는 형태입니다.

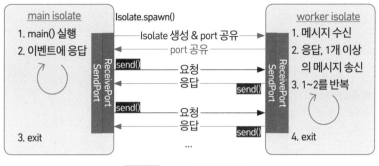

그림 6-8 **Isolate** 멀티 메시지 전송

다음 예제는 3개의 파일에 대해서 main isolate가 worker isolate에게 파일명을 전송하면, worker isolate가 해당 파일을 읽어서 파일 내용을 main isolate에게 전송하는 코드입니다. 코드의 흐름상 동시 작업을 위한 비동기 프로그램의 적절한 예제로 보기는 어려우나, isolate 간의 메시지를 주고 받기 위해 필요한 절차와 개념을 익히기 위한 코드로 제시하였습니다. 간단한 텍스트 파일을 작성하고 파일 경로를 변경하여 테스트 해보시기 바랍니다.

isolate_multi_message.dart

```dart
import 'dart:core';
import 'dart:io';
import 'dart:async';
import 'dart:isolate';

const filenames = [
  'D:\\book\\DataFiles\\data_file_01.txt',   // 파일경로1
  'D:\\book\\DataFiles\\data_file_02.txt',   // 파일경로2
  'D:\\book\\DataFiles\\data_file_03.txt',   //파일경로3
];

Future<void> main() async {
  // _sendAndReceive 비동기 제네레이터 함수에서 생성된 stream으로부터
  // 이벤트 결과를 순차적으로 받아옵니다
  await for (final fileData in _sendAndReceive(filenames)) {
```

```
    print(fileData);
  }
}


// async* 를 지정한 비동기 제네레이터 함수입니다
// worker isolate를 생성하고, worker isolate로부터 수신한 파일내용을
// 수신할 때마다 main 함수로 반환합니다
Stream<String> _sendAndReceive(List<String> filenames) async* {
  // ReceivePort 를 생성합니다. worker isolate로부터 메시지를 수신할 때 사용합니다.
  // worker isolate 생성(spawn)하며, 생성 시 worker isolate의 시작함수와 port 정보를
  // 전달합니다
  final p = ReceivePort();
  await Isolate.spawn(_readFile, p.sendPort);

  // worker isolate가 전송하는 메시지를 수신받기 위해 StreamIterator 변수를 선언
  final events = StreamIterator<dynamic>(p);

  // worker isolate가 전송하는 첫 번째 메시지는 SendPort 정보입니다.
  // 첫 번째 메시지 수신을 기다렸다가 수신이 완료되면 SendPort 정보를 변수에 저장합니다.
  // 이 정보는 main isolate가 worker isolate에게 메시지를 보낼때 사용합니다
  late SendPort sendPort;
  if (await events.moveNext()) {
    sendPort = events.current;
  }

  // 각 파일에 대해서
  late String message;
  for (var filename in filenames) {
    // 파일명을 worker isolate 에게 전송합니다
    sendPort.send(filename);

   // ReceivePort 로 들어오는 응답메시지(파일 데이터)의 수신을 기다립니다
    if (await events.moveNext()) {
      message = events.current;
```

```
      // 수신한 메시지(파일 데이터)를 반환(yield) 합니다
      print('---file data : ${filename} ---');
      yield message;
    }
  }
  print('--------------------');

  // worker isolate에게 'isolate 종료 신호'(null)를 전송합니다
  sendPort.send(null);

  // StreamIterator를 폐기합니다
  await events.cancel();
}

// worker isolate 의 시작점이 되는 함수입니다
// main isolate로부터 메시지(파일명)를 수신받아 해당 파일을 읽고
// 그 내용을 main isolate로 전송(send) 합니다.
Future<void> _readFile(SendPort p) async {
  print('Spawned isolate started.');

  // ReceivePort 를 생성하고, 생성한 port 정보를 main isolate 에게 전송합니다
  // 이 port는 main isolate 에서는 worker isolate 로 메시지를 전송할 때 사용하고
  // worker isolate 에서는 main isolate 로부터 메시지를 수신할 때 사용합니다.
  final commandPort = ReceivePort();
  p.send(commandPort.sendPort);

  // main isolate 로부터의 메시지 수신을 기다립니다.
  // 즉, receivePort 스트림에서 이벤트 완료를 기다립니다
  await for (final message in commandPort) {
    if (message is String) {      // 메시지가 String 타입이면
      // 메시지를 파일명으로 간주하여 해당 파일을 String 타입으로 읽습니다
      final contents = await File(message).readAsString();

      // 파일 내용을 main isolate에게 전송합니다 (sendPort를 사용)
      p.send(contents);
    } else if (message == null) {    // 메시지가 null(종료 신호) 이면
      // main isolate 로부터 null을 수신하면 종료신호로 간주하여 isolate를 종료합니다
```

```
      break;
    }
  }
  print('Spawned isolate finished.');
  Isolate.exit();
}
```

```
Spawned isolate started.
---file data : D:\book\DataFiles\data_file_01.txt ---
aaaaa
bbbbbb 첫 번째 파일의 내용
ccccccc
---file data : D:\book\DataFiles\data_file_02.txt ---
xxx
yyyy   두 번째 파일의 내용
zzzzz
---file data : D:\book\DataFiles\data_file_03.txt ---
sss
      세 번째 파일의 내용
ttt
--------------------
Spawned isolate finished.
```

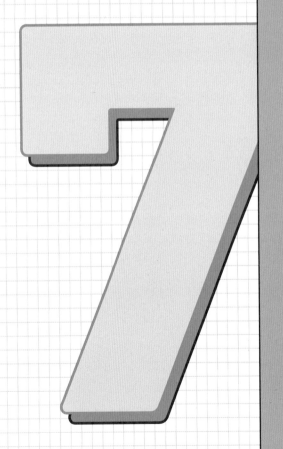

7

01 CGV 클론 앱 분석하기

02 CGV 클론 앱 화면 레이아웃 그리기

03 파이어베이스 연동하기

04 데이터 저장 및 조회하기

CGV
클론 앱 만들기

이 장에서는 CGV 앱을 클론 코딩하여 만들어보겠습니다. 클론 코딩이란 이미 서비스되고 있는 앱과 유사하게 구현하는 것으로 지금까지 배운 내용을 응용하여 상용되고 있는 앱의 디자인과 기능을 만들어보면서 나만의 앱을 만들 수 있도록 실전 코딩을 해보는 것입니다. 실전 코딩을 하면서 플러터에서 제공하는 위젯들의 기능을 다양하게 익히고 새로운 기능을 학습합니다.

CGV 클론 앱을 분석하고 동일하게 구현하는 과정에서 앱의 디자인을 구현해 보고 파이어베이스를 사용하여 데이터를 저장하고 관리하는 데이터베이스 기능을 구현하는 방법을 배워봅니다.

7.1 Flutter + Dart | 앱 소개하기

CGV 클론 앱은 홈 화면, 영화 상세 화면, 관람평 작성 화면으로 구성됩니다. 실제 영화 앱에 접속해보면 많은 페이지가 있지만 이 책에선 홈 화면, 영화의 상세 화면 그리고 관람평 작성 화면을 만들고 파이어 베이스에 관람평을 저장하고 작성한 관람평을 화면에 조회하는 기능을 구현해 봅니다.

홈 화면

영화 상세 화면

관람평 작성 화면

그림 7-1 CGV 클론 앱 화면 구성

홈 화면, 영화 상세 화면, 관람평 작성 화면에 대한 기능 설명과 주요 위젯입니다.

기능	① 홈 화면 : 이미지 슬라이드와 무비차트를 보여줍니다. 하단에는 기타 정보인 라벨 아이콘들을 보여줍니다. ② 영화 상세 화면 : 홈 화면의 무비차트 영화를 클릭했을 때 나타나는 화면입니다. 영화 상세 설명과 저장된 관람평 목록을 보여줍니다. ③ 관람평 작성 화면 : 파이어베이스를 이용해 영화 관람평을 저장합니다.
주요 위젯	- `Tabbar` : 홈화면에서 탭 메뉴를 만듭니다. - `CarouselSlider` : 이미지를 자동으로 슬라이드 합니다. - `StreamBuilder` : 데이터를 감지해 데이터를 레이아웃에 보여줍니다.

표 7-1 프로젝트 개요

CGV 클론 앱의 구현 순서는 다음과 같습니다.

1. 홈 화면 만들기
   - 메뉴 만들기
   - 이미지 슬라이드 위젯 만들기
   - 무비차트 위젯 만들기
2. 영화 상세 화면 만들기
3. 관람평 작성 화면 만들기
4. 파이어베이스 연결하기
5. 관람평 저장 하기

7.1.1 CGV 클론 앱 분석하기

먼저, 화면 별로 레이아웃 구조를 분석한 뒤 필요한 위젯을 살펴보겠습니다. 홈 화면, 영화 상세 화면, 관람평 작성 화면인 세 페이지로 나누어 레이아웃 구조와 화면 구성에 필요한 위젯을 확인합니다.

레이아웃 구조보기

화면 별로 레이아웃 구조를 분석해 봅니다. 앱의 전체적인 흐름과 기능 구현에 필요한 요소를 미리 파악하여 좀 더 효율적인 구현을 가능하게 이해를 돕습니다.

홈 화면

홈 화면의 레이아웃 구조입니다.

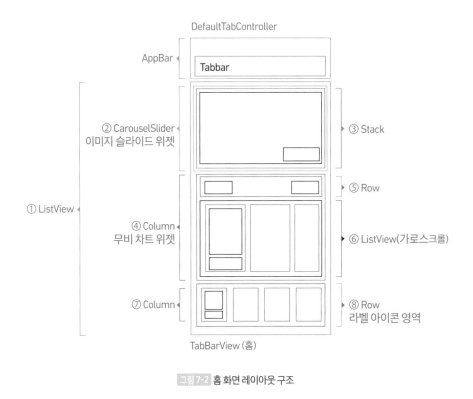

그림 7-2 홈 화면 레이아웃 구조

- 홈 화면을 구성하기 위해서는 DefaultTabController, TabBar, 그리고 TabBarView를 사용하여 탭 메뉴를 만들어야 합니다. 내부 위젯은 세로 방향으로 배치되어 스크롤이 가능한 형태를 가지기 위해 ① ListView 위젯을 사용합니다.

- 이미지 슬라이드 위젯은 이미지를 자동으로 슬라이드하는 기능이 필요하므로 ②CarouselSlider 위젯

을 사용합니다. 이미지 위에는 이미지 순서를 표시하기 위해 ③Stack 위젯을 사용합니다.

■ 무비차트 위젯은 제목과 순위 포스터를 수직으로 배치하기 위해 ④Column 위젯을 사용합니다. 제목 영역에는 제목과 버튼을 수평으로 배치하기 위해 ⑤Row 위젯을 사용하고, 순위 포스터는 가로로 스크롤할 수 있도록 ⑥ListView 위젯을 사용합니다.

■ 라벨 아이콘 영역은 아이콘 아래에 텍스트가 오도록 배치하기 위해 ⑦Column 위젯을 사용하고, 동일한 형태의 아이콘 4개를 나열하기 위해 ⑧Row 위젯을 사용합니다.

영화 상세 화면

영화 상세 화면의 레이아웃 구조입니다.

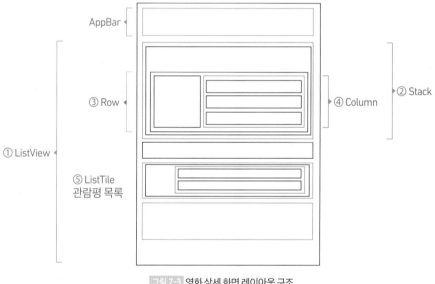

그림 7-3 영화 상세 화면 레이아웃 구조

■ 영화 상세 화면의 내부 위젯을 세로 방향으로 배치하고 스크롤이 가능하게 ①ListView 위젯으로 작성합니다.

■ 영화 설명 영역은 영화 배경 위에 위젯들이 겹치게 배치되어 있으므로 ②Stack 위젯으로 작성합니다. 영화 포스터와 부가 설명은 ③Row 위젯을 사용하여 가로로 배치하고 영화 제목과 설명은 ④Column 위젯으로 세로로 배치합니다.

- '실관람평 등록하기' 버튼 아래에 관람평 목록을 ⑤ListTile 위젯으로 만듭니다.

관람평 작성 화면

관람평 작성 화면의 레이아웃 구조입니다.

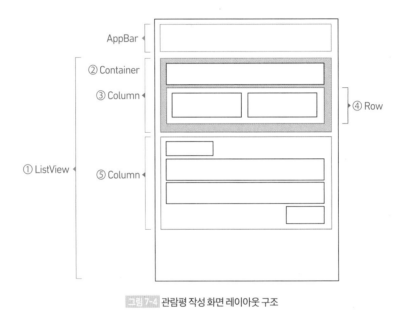

AppBar

② Container

③ Column

④ Row

① ListView

⑤ Column

그림 7-4 관람평 작성 화면 레이아웃 구조

- 관람평 작성 화면은 텍스트 입력 키보드가 나오면 bottom overflow를 유발할 수 있기 때문에 ① ListView 위젯으로 작성합니다.
- 버튼 선택 영역은 배경색을 다르게 하기 위해 ②Container 위젯에 배경색을 넣어 작성합니다. 제목과 버튼 영역을 세로로 배치하기 위해 ③Column 위젯으로 작성하고, 버튼 두 개를 가로로 배치하기 위해 ④ Row 위젯으로 작성합니다.
- 관람평 입력 영역은 제목과 텍스트 입력 위젯을 세로로 나열하기 위해 ⑤Column 위젯으로 작성합니다.

화면 구성 위젯 보기

화면 별로 필요 위젯을 확인하여 알아보도록 하겠습니다.

홈 화면

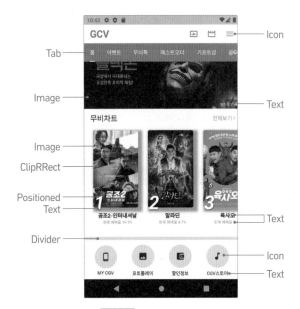

그림 7-5 홈 화면 필요 위젯

영화 상세 화면

그림 7-6 영화 상세 화면 필요 위젯

관람평 작성 화면

그림 7-7 관람평 작성 화면 필요 위젯

7.1.2 사전 준비

CGV 클론 앱을 만들기 위해 먼저 다음의 항목이 준비되어 있는지 확인합니다.

1. 이미지 파일 준비

2. 파이어베이스 홈페이지(https://console.firebase.google.com)에 접속하여 회원 가입

3. 파이어베이스 프로젝트 생성

프로젝트 생성하기

안드로이드 스튜디오에서 [New] → [New Flutter Project]를 클릭해 프로젝트를 생성합니다. 프로젝트 명은 'cgv_clone'으로 작성합니다.

그림 7-8 프로젝트 생성

이미지 파일 준비하기

	홈 화면의 슬라이드 이미지	banner_01.jpg, banner_02.jpg, banner_03.jpg, banner_04.jpg
	영화 포스터 이미지	poster_01.jpg, poster_02.jpg, poster_03.jpg, poster_04.jpg

표 7-2 이미지 파일 목록

이미지를 사용하기 위해 pubspec.yaml 파일에 '- assets/images/'을 작성합니다

pubspec.yaml

```
...생략...
flutter:

  uses-material-design: true
  assets:
    - assets/images/
```

build.gradle에서 Android SDK 버전 수정하기

프로그램이 정상적으로 수행되기 위해서는 먼저, 프로젝트 루트 디렉토리에서 android/app/build.gradle 파일을 열어서 AndroidSDK 버전을 21 이상으로 수정하고 minSdkVersion을 21 이상으로 설정해야 합니다. minSdkVersion은 파이어베이스 연동 시에 사용되며 기본적으로 flutter.minSdkVersion으로 설정되어 있습니다.

```
android {
    ...생략...
    defaultConfig {
        minSdkVersion 21
    }
}
```

7.1.3 폴더 구조 만들기

앱을 만들기 전 폴더를 구분하여 파일을 만듭니다. 먼저, 기능 별로 구분이 되도록 model, screens, widgets 폴더를 만들어 보겠습니다.

프로젝트 폴더	소스파일	설명
/	pubspec.yaml	CGV 클론앱을 위한 패키지 추가
/lib	main.dart	프로젝트의 메인 소스
/lib/screens/home	home_screen.dart	홈 화면
/lib/screens/movie	detail_screen.dar	영화 상세 화면
	review_screen.dart	관람평 작성 화면
lib/widgets	image_slider_widg et.dart	홈 화면의 상단 이미지 슬라이드 커스텀 위젯 파일
	movie_chart_widget.dart	홈 화면의 영화 무비차트 커스텀 위젯 파일
/lib/models	movies.dart	영화에 관련한 임시 데이터 파일, 영화 순위와 제목, 이미지 파일 경로 등의 관련 정보를 저장

표 7-3 프로젝트 구조

7.1.4 carousel_slider 패키지 추가

홈 화면 상단에 배치한 이미지에는 이미지 슬라이드 기능을 사용할 수 있는 Carou-selSlider 위젯을 사용합니다. 위젯을 사용하기 전 pubspec.yaml 파일에 carousel_slider 패키지를 추가합니다. 안드로이드 스튜디오의 [Terminal]에서 다음과 같은 명령어를 입력 후 실행합니다.

```
> flutter pub add carousel_slider
```

명령어를 수행하고 나면 pubspec.yaml 파일에 다음과 같이 생성된 것을 확인할 수 있습니다.

carousel_slider pub add 수행(pubspec.yaml)

```
…생략…
dependencies:
  flutter:
    sdk: flutter

  carousel_slider: ^4.2.1
…생략…
```

pubspec.yaml에 추가한 패키지를 내려받기 위하여 다음 명령어를 수행합니다.

```
> flutter pub get
> flutter pub upgrade
```

이제 위젯을 사용할 준비가 끝났습니다.

7.1.5 파이어베이스 프로젝트 만들기

파이어베이스는 구글에서 제공하는 모바일 앱 개발 플랫폼으로, 실시간 데이터베이스, 인증 등 다양한 기능을 제공하는 클라우드 데이터베이스입니다. 플러터에서 파이어베이스를 사용하면 서버를 구축하지 않고도 데이터를 저장하고 관리할 수 있으며 실시간으로 데이터를 동기화 할 수 있습니다.

우리는 관람평 작성 기능을 구현하기 위해 프로젝트에 파이어베이스를 설정하고 데이터베이스 기능을 제공하는 파이어스토어를 사용해 리뷰와 관련된 데이터를 프로젝트에 연동합니다. 앱을 구현하기 전에 미리 파이어베이스 홈페이지(https://console.firebase.google.com)에서 회원 가입을 하고 프로젝트를 생성합니다.

그림 7-9 파이어 베이스 메인 화면

프로젝트 생성은 파이어베이스 홈 화면에서 [프로젝트 만들기] 버튼을 클릭하면 됩니다.

프로젝트 이름을 'cgv-clone'으로 작성하고 [계속] 버튼을 누릅니다.

Google 애널리틱스는 구글에서 제공하는 무료 웹 분석 도구로, 웹사이트의 방문자의 행동 및 트래픽 정보를 수집하고 분석하여 사용자에게 제공합니다. 사용 설정을 확인 한

그림 7-10 프로젝트 만들기 1

후 [계속] 버튼을 눌러 진행하고 다음 그림과 같이 기본 설정인 'Default Access for Firebase'로 그대로 두고 [프로젝트 만들기] 버튼을 누릅니다.

그림 7-11 프로젝트 만들기 2

잠시 기다리면 프로젝트 생성이 완료됩니다. [계속] 버튼을 눌러 다음으로 진행합니다.

이제 프로젝트가 생성되었습니다. 파이어베이스 홈페이지를 확인하면 'cgv-clone' 프로젝트가 만들어진걸 확인할 수 있습니다.

cgv-clone

✓ 새 프로젝트가 준비되었습니다.

계속

그림 7-12 프로젝트 만들기 완성

그림 7-13 파이어베이스 프로젝트 생성 완료

이제 파이어 베이스를 사용할 준비가 되었습니다. 플러터에서 파이어베이스 연동은 7.3 절에서 진행합니다.

7.1.6 기본 코드 작성하기

레이아웃을 구현하기 전에 필요한 기본 소스를 작성하고 영화 목록에 필요한 영화 관련 데이터를 movies.dart 파일에 작성하도록 합니다.

main.dart 기본 코드 작성하기

CGV 클론 앱을 만들기 위해 main.dart의 기본 코드는 다음과 같습니다.

lib/main.dart

```dart
import 'package:flutter/material.dart';

void main() {
  runApp(const MyApp());
}

class MyApp extends StatelessWidget {
  const MyApp({super.key});

  @override
  Widget build(BuildContext context) {
    return MaterialApp(
      title: 'CGV Clone',
      debugShowCheckedModeBanner: false,
      home: , // 이곳에 홈 화면을 지정합니다.
    );
  }
}
```

영화 임시 데이터 만들기

CGV 클론 앱에서 사용되는 영화에 대한 임시 데이터 정보를 만들고, Movie 클래스를 생성하는 예제입니다. 이 예제에서는 영화 제목, 부제목, 영화 포스터를 보여줄 이미지 URL, 영화 예매 순위, 예매율, 영화 상영 시간을 포함한 Movie 클래스를 movies.dart 파일에 만듭니다. 또한, 무비차트에서 보여지는 영화 포스터 정보를 movieList 리스트에 담습니다.

lib/models/movies.dart

```dart
class Movie {
  final int rank;
  final String rating;
  final String title;
  final String subTitle;
  final String imageUrl;
  final String runTime;

  Movie({
    required this.rank,        // 영화예매순위
    required this.rating,      // 영화예매율
    required this.title,       // 영화제목
    required this.subTitle,    // 영화부제목
    required this.imageUrl,    // 영화포스터 이미지URL
    required this.runTime,     // 영화상영시간
  });
}

List<Movie> movieList = [
  Movie(
    rank: 1,
    rating : "59.5%",
    title: "공조2-인터내셔날",
    subTitle: "공조 이즈 백!",
    imageUrl: "assets/images/poster_01.jpg",
    runTime: "2시간 9분",),
```

```
  Movie(
    rank: 2,
    rating : "8.7%",
    title: "알라딘",
    subTitle: "신비의 아그라바 왕국의 시대.",
    imageUrl: "assets/images/poster_02.jpg",
    runTime: "2시간 8분",),
  Movie(
    rank: 3,
    rating : "7.8%",
    title: "육사오",
    subTitle: "남북 군인들간의 코믹 접선극",
    imageUrl: "assets/images/poster_03.jpg",
    runTime: "1시간 53분",),
  Movie(
    rank: 4,
    rating : "5.2%",
    title: "탑건-매버릭",
    subTitle: "가장 압도적인 비행이 시작된다!",
    imageUrl: "assets/images/poster_04.jpg",
    runTime: "2시간 10분",),
];
```

7.2 CGV 클론 앱 화면 만들기

CGV 클론 앱은 크게 화면 만들기와 파이어베이스 연동으로 나뉩니다. 이 절에서는 홈 화면과 영화 상세 영역 및 관람평 작성 화면을 구현합니다. 데이터를 파이어베이스와 연동하는 것은 7.3절에서 다루도록 하겠습니다.

7.2.1 홈 화면 영역 만들기

탭바 메뉴의 [홈] 탭을 클릭했을 때 나타나는 홈 화면은 자동으로 변경되는 이미지 슬라이드 영역과 상영작의 랭킹을 나타내는 무비차트 영역으로 나누어져 있습니다. 무비차트의 상영작을 클릭하면 영화 상세 화면으로 이동합니다.

먼저 탭바 메뉴를 만들고, 이미지 슬라이드 영역과 무비차트 영역을 구현하고, 아이콘 라벨 영역을 만들어보겠습니다.

— 탭바 메뉴 영역

— 이미지 슬라이드 영역
  - 자동 슬라이드 됩니다.

— 무비 차트 영역
  - 포스터 클릭 시 상세화
    면으로 이동 합니다.

— 라벨 아이콘 영역

그림 7-14 홈 화면 확인하기

홈 화면에 대한 구현 순서는 다음과 같습니다.

① 탭바 메뉴 영역 만들기	홈 화면의 메뉴를 TabBar로 만듭니다.
② 이미지 슬라이드 영역 만들기	CarouselSlider 위젯을 사용하여 이미지 슬라이드 영역을 커스텀 위젯으로 이미지가 자동으로 슬라이드되도록 만듭니다.
③ 무비차트 영역 만들기	ListView 위젯을 사용하여 영화 랭킹 순서로 영화 포스터와 영화 정보가 가로로 스크롤되도록 구현합니다. 하나의 영화 포스터와 영화 정보는 buildRankPoster 메소드를 만들어 사용합니다.
④ 라벨 아이콘 영역 만들기	아이콘과 텍스트로 구성된 라벨들이 나열되어 있는 영역으로 아이콘과 텍스트를 구현하는 buildLableIcon 메소드를 만들어 라벨 아이콘을 배열합니다.

표 7-4 홈 화면 만들기

home_screen.dart 기본 코드 작성하기

먼저, home_screen.dart에 기본 코드를 작성합니다.

lib/screens/home/home_screen.dart

```
import 'package:flutter/material.dart';

class MyHomePage extends StatelessWidget {
  const MyHomePage({Key? key}) : super(key: key);

  @override
  Widget build(BuildContext context) {

    return Scaffold(
      appBar: AppBar(),
      body: Text("home 화면입니다"),
    );
  }
}
```

main.dart에 홈 화면 적용하기

홈 화면을 적용하기 위해 main.dart에 home_screen.dart를 import하고 MyHomeP-age()를 작성하여 적용합니다. 앱을 실행하면 MyHomePage()가 실행되어 화면에 나타납니다.

lib/main.dart

```
import 'package:cgv_clone/screens/home/home_screen.dart';
...생략...

class MyApp extends StatelessWidget {
  const MyApp({super.key});

  @override
```

```dart
  Widget build(BuildContext context) {
    return MaterialApp(
      title: 'CGV Clone',
      debugShowCheckedModeBanner: false,
      home: MyHomePage(), // 홈 화면을 지정합니다.
    );
  }
}
```

Step 1. 탭바 메뉴 만들기

이제, 홈 화면에 탭바 메뉴를 만들어보겠습니다. 먼저
메뉴명을 List로 만들고, 탭바를 이용하여 메뉴를 만듭
니다.

그림 7-15 메뉴 영역 확인하기

메뉴 아이템 리스트 만들기

먼저 탭바에 보여질 메뉴 목록을 메뉴 아이템에 설정합
니다.

lib/screens/home/home_screen.dart

```dart
@override
Widget build(BuildContext context) {
  List<String> menuItems = [
    "홈",
    "이벤트",
    "무비톡",
    "패스트오더",
    "기프트샵",
    "@GCV",
  ];
...생략...
```

탭바 메뉴 만들기

홈 화면에 만들 메뉴는 메뉴 아이템에 따라 화면을 다르게 보여줄 예정입니다. 메뉴에 따라 보여지는 화면이 달라져야 하므로 TabBar 위젯을 사용합니다. TabBar 위젯은 DefaultTabController와 TabBar 그리고 TabBarView로 구성되어 있습니다.

DefaultTabController의 length 속성을 사용하여 탭바 메뉴의 길이를 설정하고, TabBar에는 메뉴 아이템의 수만큼 Tab을 생성합니다. TabBar는 가로로 탭이 표시되며, 사용자가 탭 중 하나를 클릭하면 TabBarView에 해당하는 화면이 표시됩니다. TabBarView는 body 영역에 적용하여 각 탭에 따라 다른 화면을 구현할 수 있습니다.

다음은 홈 화면의 메뉴 아이템 개수만큼 탭바를 만들고 탭이 눌릴 때마다 텍스트를 중앙에 보여주도록 동작하는 코드입니다.

lib/screens/home/home_screen.dart

```dart
…생략…
class MyHomePage extends StatelessWidget {
  const MyHomePage({Key? key}) : super(key: key);

  @override
  Widget build(BuildContext context) {
    List<String> menuItems = [
      "홈",
      "이벤트",
      "무비톡",
      "패스트오더",
      "기프트샵",
      "@GCV",
    ];

    return DefaultTabController( // 탭바 컨트롤러 생성
    // 화면에 보여진 탭의 수 : menuItems.length가 6개이므로 탭이 6개가 만들어집니다.
      length: menuItems.length,
      child: Scaffold(
        appBar: AppBar(
          title: Text(
            "GCV", // 앱바의 타이틀을 만듭니다.
```

```dart
          ),
        bottom: TabBar( // 탭바 생성(탭바 아래에 각각의 Tab을 생성)
          tabs: List.generate(
            menuItems.length,
              (index) =>
              Tab(
                text: menuItems[index],
              ),
          ),
        ),
      ),
      body: TabBarView(
        children: [
          Center(
            child: Text("홈 화면 입니다."),
          ),
          Center(
            child: Text("이벤트 화면 입니다."),
          ),
          Center(
            child: Text("무비톡 화면 입니다."),
          ),
          Center(
            child: Text("패스트오더 화면 입니다."),
          ),
          Center(
            child: Text("기프트샵 화면 입니다."),
          ),
          Center(
            child: Text("@GCV 화면 입니다."),
          ),
        ],
      ),
    ),
  );
  }
}
```

그림 7-16 탭바 메뉴 기본형 실행 결과

앱을 실행 해 보면 다음과 같이 기본형의 탭바가 만들어진 것을 확인할 수 있습니다.

메뉴 영역 스타일 적용하기

이제, 앱바와 탭바에 원하는 스타일을 적용해봅니다.

앱바(AppBar)에 스타일 적용하기

먼저 앱바에 스타일을 적용해보겠습니다. 앱바의 타이틀에 TextStyle을 적용하여 텍스트의 스타일을 변경할 수 있습니다. 또한, actions 속성을 이용하여 앱바에 아이콘 버튼을 추가할 수 있습니다. 다음 예제를 참고하여 앱바에 스타일을 적용해 봅니다.

lib/screens/home/home_screen.dart

```dart
...생략...
appBar: AppBar(
// ① 앱바 타이틀 꾸미기
  title: Text(
    "GCV",
    style: TextStyle(
      fontSize: 26.0,              // 글자 크기를 26px로 설정합니다.
      color: Colors.red,           // 글자 색상을 빨간색으로 설정합니다.
      fontWeight: FontWeight.bold, // 글자 굵기를 '진하게'로 설정합니다.
    ),
  ),
  backgroundColor: Colors.white,   // 앱바 배경을 흰색으로 만듭니다.
// ② 앱바에 아이콘 버튼 만들기
  actions: [ // 앱바의 부가적인 아이콘 목록을 만듭니다.
    IconButton(
      icon: const Icon(Icons.airplane_ticket_outlined),
      color: Colors.red,
      onPressed: () {},
    ),
    IconButton(
      icon: const Icon(Icons.movie_outlined),
```

```
        color: Colors.red,
        onPressed: () {},    ),
      IconButton(
        icon: const Icon(Icons.menu),

        color: Colors.red,
        onPressed: () {},
      ),
    ],
    bottom: TabBar( … ),
  ),
…
```

앱바 스타일 적용한 결과

탭바(TabBar)에 스타일 적용하기

이번에는 탭바에 스타일을 적용해보겠습니다. TabBar는 배경색, 글자색, 선택 시 색상, 자동 스크롤 여부 등을 이용하여 다양하게 꾸밀 수 있습니다. 기본적으로 TabBar는 Ap-pBar의 배경색이 적용되지만, 탭바의 배경색을 빨간색으로 설정할 것이므로 TabBar를 Container로 감싸고 배경색을 빨간색으로 설정합니다.

AppBar의 bottom 속성에 PreferredSize 위젯을 사용하여 Container의 높이를 40px 로 변경하여 탭바의 크기를 조정합니다. PreferredSize 위젯은 하위 위젯에 크기를 지정할 수 있는 위젯으로, Container를 사용하여 원하는 배경색과 높이를 설정할 수 있습니다. 또한, 탭바의 글자색과 선택 시 인디케이터의 색상 설정 등은 다음 예제를 참고하여 작성해 봅니다.

lib/screens/home/home_screen.dart

```
...생략...
bottom: PreferredSize( // 하위 위젯의 높이를 설정합니다.
  preferredSize: Size.fromHeight(40.0),
  child: Container(
    color: Colors.red, // 탭바를 빨간색으로 만듭니다.
```

```
    child: TabBar(
      // 탭바 생성(탭바 아래에 각각의 Tab을 생성)
      tabs: List.generate(
        menuItems.length,
        (index) => Tab(
          text: menuItems[index],
        ),
      ),
      unselectedLabelColor: Colors.white, // 선택되지 않은 탭의 색상을 흰색으로 설정합니다.
      labelColor: Colors.white, // 기본 라벨 색상을 흰색으로 설정합니다.
      indicatorColor: Colors.white, // 라벨 밑에 표시된 인디케이터 색상을 흰색으로 설정합니다.
      indicatorSize: TabBarIndicatorSize.label, // 인디케이터 크기를 라벨크기로 만듭니다.
      isScrollable: true, // 메뉴가 스크롤 가능하도록 합니다.
    ),
  ),
),
…생략…
```

그림 7-18 앱바와 탭바 스타일 적용 결과

홈 화면에 탭바 메뉴 영역이 완성되었다면, 이제 자동으로 이미지가 슬라이드 되는 이미지 슬라이드 영역을 만들어봅니다.

Step 2. 이미지 슬라이드 영역 만들기

이미지 슬라이드 영역은 홈 화면의 탭바 바로 아래에 여러 이미지들을 자동으로 슬라이드 되도록 보여줍니다. 이미지 슬라이드 영역을 커스텀 위젯으로 만들어서 홈 화면에 적용해 봅니다.

그림 7-19 이미지 슬라이드 영역 확인하기

커스텀 위젯으로 만들기

이미지를 자동으로 슬라이드 되게 하기 위해서 필요한 위젯은 CarouselSlider 위젯입니다. 여기서는 이미지 슬라이드 영역 전체를 커스텀 위젯으로 만들고 홈 화면에서 커스텀 위젯을 호출하여 화면에 적용되도록 합니다. 먼저, 커스텀 위젯을 구현하기 위해서 widget 폴더 아래 image_slider_widget.dart에 carousel_slider.dart를 import합니다.

```dart
import 'package:carousel_slider/carousel_slider.dart';
```

자동으로 슬라이드 되는 이미지는 bannerUrlItems라는 List에 이미지 경로를 담아 홈 화면으로 전달합니다. CarouselSlider 위젯은 bannerUrlItems의 이미지 경로의 개수만큼 자동으로 슬라이드하게 됩니다. '이미지 경로 아이템 리스트 만들기'는 커스텀 위젯을 만든 후 설명하겠습니다.

이미지가 자동으로 슬라이드 되도록 하려면 CarouselOptions의 autoPlay 속성을 true로 설정해야 합니다. 그리고 Stack 위젯을 사용하여 이미지 위에 이미지 순번을 겹치게 만들어 봅니다.

lib/widgets/image_slider_widget.dart

```dart
import 'package:carousel_slider/carousel_slider.dart';
import 'package:flutter/material.dart';

class ImageSliderWidget extends StatelessWidget {
  const ImageSliderWidget({
    Key? key,
    required this.bannerUrlItems,
  }) : super(key: key);

  final List<String> bannerUrlItems;  // 이미지 경로가 담긴 리스트

  @override
  Widget build(BuildContext context) {
    Size appSize = MediaQuery.of(context).size;

    return CarouselSlider.builder(  // 이미지 슬라이드 위젯입니다.
      options: CarouselOptions(  // CarouselSlider 위젯에 설정 옵션을 줍니다.
        height: 160,  // CarouselSlider의 높이를 지정합니다.
```

```dart
        autoPlay: true,           // 자동 슬라이드 되게 합니다.
        viewportFraction: 1,   // 화면에 1개의 이미지가 보이게 합니다.
      ),
      itemCount: bannerUrlItems.length, // bannerUrlItems 길이 만큼 만듭니다.
      itemBuilder: (context, itemIndex, realIndex) {
        return Stack( // 슬라이드 이미지 위에 이미지 순번을 겹치게 배치합니다.
          children: [
            Image.asset(
              bannerUrlItems[itemIndex], // 이미지 파일 경로를 작성합니다.
              fit: BoxFit.cover,              // 이미지를 위젯의 크기에 맞춥니다.
              width: appSize.width,        // 너비를 화면의 너비로 설정합니다.
            ),
            Align(
              alignment: Alignment.bottomRight, // 순번을 하단 오른쪽에 정렬합니다.
              child: Container(
                color: Colors.black38,                    // 배경색을 어둡게 적용합니다.
                padding: const EdgeInsets.all(4.0), // 여백을 줍니다.
                // 현재 순번을 보여줍니다. (현재 순번 / 이미지 경로 리스트 크기)
                child: Text(
                  (itemIndex + 1).toString() +
                      " / " +
                      bannerUrlItems.length.toString(),
                  style: TextStyle(color: Colors.white),   // 글자 색을 '흰색'으로 설정
                ),
              ),
            ),
          ],
        );
      },
    );
  }
}
```

이미지 경로 아이템 리스트 만들기

커스텀 위젯으로 만든 이미지 슬라이드 위젯을 홈 화면에 표시하려면 이미지 경로를 담은 리스트를 이미지 슬라이드 위젯에 전달해야 합니다. 홈 화면 home_screen.dart에서 image_slider_widget.dart를 import하고 이미지 경로를 담은 리스트인 'bannerUrlItems'를 만들어 줍니다.

lib/screens/home/home_screen.dart

```
import 'package:cgv_clone/widgets/image_slider_widget.dart'; // 이미지 슬라이드 위젯

...생략...
@override
Widget build(BuildContext context) {
  List<String> menuItems = ["홈", "이벤트", "무비톡", "패스트오더", "기프트샵", "@
GCV"];

  List<String> bannerUrlItems = [      // 이미지 경로를 담은 리스트
    "assets/images/banner_01.jpg",
    "assets/images/banner_02.jpg",
    "assets/images/banner_03.jpg",
    "assets/images/banner_04.jpg",
  ];

...생략...
```

홈 화면에 적용하기

이제, 홈 화면에 이미지 슬라이드 위젯을 적용할 차례입니다. 홈 화면이 아래로 스크롤 되게 하려면 ListView에 이미지 슬라이드 위젯을 적용합니다. 다음 예제를 참고하여 body 영역을 수정합니다.

```
...생략...
body: TabBarView(
  children: [
    ListView(
      children: [
        // 이미지 슬라이드 위젯을 적용합니다.
        ImageSliderWidget(bannerUrlItems: bannerUrlItems),
      ],
    ),
    Center(
      child: Text("홈 화면 입니다."),
    ),
    Center(
      child: Text("이벤트 화면 입니다."),
    ),
    Center(
      child: Text("무비톡 화면 입니다."),
    ),
    Center(
      child: Text("패스트오더 화면 입니다."),
    ),
    Center(
      child: Text("기프트샵 화면 입니다."),
    ),
    Center(
      child: Text("@GCV 화면 입니다."),
    ),
  ],
),
```

이미지 위젯이 정상으로 적용되었다면 자동으로 슬라이드가 되며 변경되는 이미지들을
확인할 수 있습니다.

자동슬라이드

그림 7-20 이미지 슬라이드 위젯 자동 슬라이드 적용 결과

이미지 슬라이드 영역이 완성되었다면, 무비차트 영역을 작성해봅니다.

Step 3. 무비차트 영역 만들기

이제 무비차트를 만들 차례입니다. 무비차트는 상영 중인 영화 포스터를 수평으로 드래그하여 넘길 수 있도록 ListView 위젯을 가로 스크롤로 구현해야 합니다. 무비차트 영역도 커스텀 위젯으로 만들어서 홈 화면에서 무비차트 위젯을 호출하도록 하면, 홈 화면의 소스가 간결해집니다. 무비차트 위젯에는 영화 포스터 클릭 시, 영화 상세 화면으로 이동하는 기능도 포함해야 합니다. 영화 상세 화면이 아직 구현되지 않았으므로, 클릭 시 선택한 영화에 대한 텍스트 정보를 출력해 보겠습니다.

그림 7-21 무비차트 영역 확인하기

무비차트 영역 레이아웃

무비차트 영역을 구현하기 전에 먼저 레이아웃을 다시 살펴 보겠습니다. '무비차트' 제목과 '전체보기' 버튼이 상단에 위치하며 무비차트의 상영작은 왼쪽에서 오른쪽으로 수평 나열되어 있습니다. 영화에 따라 영화 포스터, 제목, 랭킹 정보만 다를 뿐, 화면에 보여주는 형태는 동일합니다.

여기서는 상영작 하나의 내부 레이아웃인 영화 포스터, 제목, 랭킹 정보를 buildRankPoster 메소드로 구현하여 재사용합니다. 무비차트 구현 시 ListView에 buildRankPoster 메소드를 사용하여 상영작들의 포스터가 수평으로 나열되도록 합니다.

그림 7-22 무비차트 영역 세부 레이아웃

홈 화면에서 무비차트 위젯 미리 적용하기

무비차트 커스텀 위젯을 만들기 전에 먼저, 홈 화면에 미리 무비차트 위젯을 적용해 봅니다.

```
import 'package:cgv_clone/widgets/movie_chart_widget.dart';
```

무비차트 위젯을 만들어서 실행하려면 홈 화면에 무비차트 위젯이 적용되어야 정상적으로 보입니다. 아직 무비차트 위젯이 작성 전이라 오류가 날 수 있습니다. 홈 화면엔 미리 적용을 해둔 것이기 때문에 작성만 해두고 무비차트 위젯이 만들어지면 실행해 봅니다.

```
import 'package:cgv_clone/widgets/movie_chart_widget.dart';

...생략...
  ListView(

    children: [
      // 이미지 슬라이드 위젯을 적용합니다.
      ImageSliderWidget(bannerUrlItems: bannerUrlItems),
      // 무비차트 위젯을 적용합니다.
      MovieChartWidget(),
    ],
  ),
Center(
    child: Text("이벤트 화면 입니다."),
  ),
  ...생략...
```

무비차트 커스텀 위젯 만들기

무비차트 영역 전체를 별도의 커스텀 위젯으로 만듭니다. 이렇게 무비차트 영역 전체를 커스텀 위젯으로 만들면 홈 화면을 구현하는 소스가 간결해집니다.

무비차트 영역의 커스텀 위젯은 widget 폴더 아래 movie_chart_widget.dart 파일에 작성하고, 미리 movies.dart에서 작성한 영화 임시 데이터의 영화 리스트 movieList를 사용하기 위해 movies.dart를 import해야 합니다.

무비차트의 영화 포스터를를 수평으로 스크롤되도록 하려면 ListView의 scrollDirection 속성값을 Axis.horizontal로 설정해야 합니다. List. generate()를 이용하여 movieList 아이템의 이미지를 목록으로 나열합니다.

```dart
import 'package:cgv_clone/models/moives.dart';
import 'package:flutter/material.dart';


class MovieChartWidget extends StatelessWidget {
  const MovieChartWidget({
    Key? key,
  }) : super(key: key);


  @override
  Widget build(BuildContext context) {
    return Padding( // 여백을 줍니다.
      padding: EdgeInsets.only(left: 16.0),
      child: Column( // 위젯을 수직 방향으로 배치합니다.
        children: [
          // 제목 영역 입니다.
          Row(
            children: [
              Text(
                "무비차트",
                style: Theme.of(context).textTheme.titleLarge,
              ),
              Spacer(),        // Text 위젯과 TextButton 위젯 사이를 띄워줍니다.
              TextButton(      // 전체보기 버튼을 구성합니다.
                child: Row(    // 위젯을 수평 방향으로 배치합니다.
                  children: [
                    Text(
                    '전체보기', // 전체보기 텍스트를 나타냅니다.
                      style: TextStyle(color: Colors.grey), // 글자 색을 회색으로 설정
                    ),
                    Icon(
                      Icons.arrow_forward_ios, // 화살표 아이콘을 나타냅니다.
                      color: Colors.grey,      // 아이콘 색을 회색으로 설정합니다.
                      size: 10.0,              // 아이콘 크기를 10px로 설정합니다.
                    ),
                  ],
```

```
              ),                           onPressed: () {}, // 클릭했을 때 동작을 작성합니다.
            ),
          ],
        ),
        // 영화 포스터 영역입니다.
        Container(
          height: 280.0,
          child: ListView(
            scrollDirection: Axis.horizontal, // 스크롤 방향을 수평으로 설정합니다.
            children: List.generate(
              movieList.length, // movieList 길이만큼
                                //       리스트 생성
              (index) => Padding(
                padding: EdgeInsets.all(8.0),
                child: Image.
asset("${movieList[index].imageUrl}"), // 각각의 이미지
                                                     //         나열
              ),
            ),
          ),
        ),
      ],
    ),
  );
}
}
```

그림 7-23 무비차트 위젯 만들기

영화 포스터 재사용 메소드 만들기

이제 영화 순위별로 포스터와 제목을 보여주고, 영화 포스터의 스타일을 꾸며볼 차례입니다. 여러 개의 영화 포스터가 반복적으로 나열되기 때문에 하나의 영화 포스터를 재사용하는 메소드를 만들어 사용하는 것이 좋습니다. 이 메소드의 이름은 'buildRankPoster'로 지정하겠습니다.

· 영화 포스터 레이아웃 보기

영화 포스터 이미지와 제목, 예매율을 보여주는 영화 순위 포스터를 하나의 레이아웃으로 살펴보고 필요한 위젯을 적어봅니다.

[그림 7-24] buildRankPoster 메소드 설계

buildRankPoster 위젯의 전체적인 레이아웃은 Column 위젯을 사용합니다. 영화 포스터와 제목, 예매율 텍스트가 세로로 배치되어 Column 위젯으로 구현하는 것이 적합합니다.

레이아웃을 자세히 보면 영화 포스터에 랭킹이 겹쳐서 배치되어 있습니다. 이렇게 위젯을 겹치게 배치하려면 Stack 위젯에 이미지와 텍스트를 하위 위젯으로 작성해야 합니다.

그 다음은 위젯의 위치 지정입니다. 하위 위젯의 위치를 정의할 때는 Positioned 위젯을 사용합니다. 이 위젯은 Stack 위젯 내에서만 사용 가능하며 top, right, bottom, left 속성을 이용하여 위치를 설정합니다.

buildRankPoster 메소드를 만들어 보겠습니다. 영화에 따라 영화 포스터와 정보가 변경되어야 하므로 이를 담고 있는 Movie 클래스를 파라미터로 전달받도록 합니다. movie 에는 영화 포스터 이미지 URL, 영화 제목, 예매율, 영화 순위 등의 정보가 담겨있습니다. 다음 예제는 전달받은 movie 클래스의 imageUrl에 따라 영화 포스터 이미지를 화면에 보여주는 예시입니다.

```
Widget buildRankPoster(Movie movie) {
  return Padding(
    padding: EdgeInsets.all(8.0),
    child: Image.asset("${movie.imageUrl}"),
  );
}
```

buildRankPoster 메소드를 앞서 분석한 레이아웃대로 수정합니다. 먼저, Column 위젯으로 영화 포스터 이미지와 제목, 예매율을 수직으로 배치합니다. 영화 포스터 이미지 위엔 순위 텍스트를 Stack 위젯과 Positioned 위젯을 활용하여 적절하게 배치합니다. 다음 예제를 참고하여 buildRankPoster 메소드를 완성해 봅니다. 여기서 movie 변수가 어디서 사용되었는지 확인해 보겠습니다.

```
movie.imageUrl,            // 영화 포스터 이미지
movie.rank.toString(),     // 영화의 순위 텍스트
movie.title,               // 영화 제목 텍스트
movie.rating               // 영화 예매율 텍스트
```

다음 예제를 참고하여 무비차트 위젯을 완성해 봅니다.

```dart
…생략…
Widget buildRankPoster(Movie movie) {
  return Padding( // 여백을 줍니다.
    padding: const EdgeInsets.all(12.0),
    child: Column( // 위젯을 수직 방향으로 배치합니다.
      children: [
        // 1. 포스터 이미지
        Container(
          decoration: BoxDecoration(
            boxShadow: [ // 컨테이너에 그림자를 설정합니다.
              BoxShadow(
                color: Colors.black38,      // 그림자 색상을 설정합니다.
                offset: Offset(5, 5),       // 그림자 오프셋을 지정합니다.
                blurRadius: 4.0,            // 그림자의 크기를 설정합니다.
              ),
            ],
          ),
          child: Stack(
            children: [
              // 영화 포스터 이미지
              ClipRRect( // 이미지 테두리를 둥글게 만듭니다.
                borderRadius: BorderRadius.circular(5.0),
                child: Image.asset(
                  movie.imageUrl, // 영화 포스터 이미지
                  fit: BoxFit.contain,
                  width: 130.0,
                ),
              ),
              // 영화의 순위
              Positioned( // 하위 위젯의 위치를 설정합니다.
                left: 2.0,
                bottom: -8.0,
                child: Text(
                  movie.rank.toString(), // 영화의 순위
                  style: TextStyle(
                    fontSize: 50.0,         // 글자 크기를 50px로 설정합니다.
```

```dart
          fontStyle: FontStyle.italic,         // 글자 스타일을 '기울림'으로 설정합니다.
          fontWeight: FontWeight.bold,         // 글자 두께를 '두껍게' 설정합니다.
          color: Colors.white,
          shadows: [                           // 글자에 그림자를 설정합니다.
            Shadow(
              color: Colors.black54,           // 그림자 색상을 설정합니다.
              offset: Offset(2, 2),            // 그림자 오프셋을 지정합니다.
              blurRadius: 4.0,                 //그림자의 크기를 설정합니다.
            ),
          ],
        ),
      ),
    ),
  ],
  ),
),
SizedBox(height: 10.0), // 위젯 사이 간격을 띄웁니다.
// 영화 제목
Text(
  movie.title,
  style: TextStyle(
    fontWeight: FontWeight.bold, // 글자 두께를 '굵게' 설정합니다.
  ),
),
// 영화 예매율
Text(
  "현재 예매율 ${movie.rating}",
  style: TextStyle(
    color: Colors.grey,       // 글자 색을 '회색'으로 설정합니다.
    fontSize: 10,             // 글자 크기를 10px로 설정합니다.
  ),
),
    ),
  ],
  ),
);
}
```

• 무비차트 위젯에 적용하기

무비차트 위젯에 buildRankPoster를 적용합니다. 영화 포스터가 수평으로 스크롤되는 위치에 buildRankPoster 재사용 메소드를 사용하여 영화 포스터 정보를 화면에 하나씩 보여줍니다.

buildRankPoster 메소드를 호출할 때 movieList[index]를 파라미터로 전달하여 리스트에 담긴 movie 정보가 buildRankPoster 메소드에 하나씩 전달되도록 합니다.

lib/widgets/movie_chart_widget.dart

```
...생략...
// 영화 포스터 영역입니다.
Container(
  height: 280.0,
  child: ListView(
    scrollDirection: Axis.horizontal, // 스크롤 방향을 수평으로 설정합니다.
    children: List.generate(
      movieList.length, // movieList 길이만큼 리스트 생성
      (index) => buildRankPoster(movieList[index]),
      (index) => Padding(
          padding: EdgeInsets.all(8.0),
          child: Image.asset("${movieList[index].imageUrl}"),
      ),
    ),
  ),
),
```

그림 7-25 **buildRankPoster** 메소드 적용 결과

무비차트 위젯이 완성되었습니다. 이제 영화 포스터를 클릭하면 영화 상세 화면으로 이동하도록 해보겠습니다.

영화 상세 화면으로 이동하기

홈 화면의 무비차트에서 영화 포스터를 클릭하면 선택한 영화에 대한 상세 화면으로 이동하게.되고, 선택된 영화의 Movie 객체를 영화 상세 화면에 전달해 해당 영화의 정보를 표시할 수 있게 만듭니다. 무비차트에서 buildRankPoster의 파라미터로 전달되는 Movie 객체와 동일한 데이터를 사용하려면, movieList에 담긴 영화 정보 리스트 중 index 번째의 데이터를 활용합니다.

• 네비게이터 이동 작성하기(GestureDetector))

영화 포스터를 클릭했을 때 영화 상세 화면으로 이동하게 하려면 GestureDetector 위젯을 사용합니다. GestureDetector 위젯은 사용자의 터치 이벤트를 감지하여 이벤트를 처리하는 데 사용하는 위젯입니다. 사용자의 터치 이벤트를 감지하여 누르기, 오래 누르기, 더블 클릭 등의 이벤트에 반응할 수 있습니다. 사용자가 포스터를 클릭할 때 onTap 이벤트가 발생하면 Navigator.push 코드가 실행되어 선택한 영화에 대한 상세 화면으로 이동하게 됩니다.

무비차트의 위젯에 GestureDetector 위젯을 추가하려면, buildRankPoster에 마우스 커서를 두고 [Alt] + [Enter] 키를 눌러서 GestureDetector 위젯으로 감싸줍니다.

```
(index) => buildRankPoster(movieList[index])
```

GestureDetector 위젯을 buildRankPoster 메소드 위에 감싸게 되면 다음 예제와 같이 (index) => GestureDetector()로 보여집니다. 여기서 buildRankPoster(movieList[index]) 는 GestureDetector의 자식 위젯이 되는 걸 확인할 수 있습니다.

```
(index) => GestureDetector(
  // 제스처 위젯
  onTap: () {      // 사용자 터치시 실행
    Navigator.push(
      context,
      MaterialPageRoute(
        builder: (context) =>
          DetailScreen(thisMovie: movieList[index])),
    );
  },
  child: buildRankPoster(movieList[index])
),
```

영화 상세 화면으로 이동 시, 선택된 영화 아이템이 영화 상세 화면에 표시될 수 있도록 영화 상세 화면의 Movie 객체에 'movieList[index]'를 전달해 줍니다.

영화 상세 화면으로 이동하기 위해 detail_screen.dart를 import해야 하는 것을 잊지 맙시다. 다음의 예제를 참고하여 작성해 봅니다.

lib/widgets/movie_chart_widget.dart

```
import 'package:cgv_clone/screens/movie/detail_screen.dart';

...생략...

Container(
  height: 280.0,
  child: ListView(
    scrollDirection: Axis.horizontal, // 스크롤 방향을 수평으로 설정합니다.
    children: List.generate(
      movieList.length, // movieList 길이만큼 리스트 생성
      (index) => GestureDetector(
        onTap: () {
          Navigator.push(
            context,
            MaterialPageRoute(
```

```
                  builder: (context) => DetailScreen(thisMovie: movieList[index])),
           );
         },
         child: buildRankPoster(movieList[index]),  // movieList의 index번째 영화 포스터
                                                            정보 그리기
      ),
    ),
  ),
),
```

아직 detail_screen.dart에 코드를 구현하기 전이므로 오류가 발생할 수 있습니다. 영화 상세 화면으로 이동 시 화면에 선택된 영화 제목을 보여줄 수 있도록 만들어 봅니다.

• 영화 상세화면 만들기(detail_screen.dart)

홈 화면에서 전달받은 영화 정보를 thisMovie에 전달받아 사용합니다. 앱바의 title과 body에 전달받은 영화의 제목을 표시해 봅니다. 영화 상세 화면 그리기는 7.2.2절에서 설명하겠습니다. 여기서는 영화 상세 화면으로 이동하는 방법만 알아봅니다. 다음 예제를 참고하여 detail_screen.dart를 작성합니다.

lib/screens/movie/detail_screen.dart

```dart
import 'package:cgv_clone/models/moives.dart';
import 'package:flutter/material.dart';

class DetailScreen extends StatelessWidget {
  const DetailScreen({super.key, required this.thisMovie});

  final Movie thisMovie;

  @override
  Widget build(BuildContext context) {
    return Scaffold(
      appBar: AppBar(
```

```
        title: Text(
          thisMovie.title,  // 전달받은 title을 보여줍니다.
        ),
      ),
      body: Text("${thisMovie.title} 영화가 전달 됐습니다."),
    );
  }
}
```

그림 7-26 영화 상세 화면에 선택된 값 전달 결과

Step 4. 라벨 아이콘 영역 만들기

라벨 아이콘 영역을 만들 차례입니다. 이 영역에는 아이콘과 텍스트가 한 세트로 구성된 위젯이 수평으로 나열되어 있습니다. 라벨 아이콘 영역은 사용자가 쉽게 추가 정보에 접근할 수 있도록 아이콘과 라벨을 사용하여 화면에

그림 7-27 라벨 아이콘 영역 확인하기

표시합니다. 반복되는 형태의 아이콘과 텍스트를 나열하기 위해 buildLabelIcon이라는 재사용 메소드를 만들고, 수평으로 나열합니다.

buildLableIcon 재사용 메소드 만들기

먼저, MY CGV 아이콘과 텍스트를 만들어 보겠습니다. 아이콘과 텍스트는 위아래로 배치되어 있으므로 Column 위젯을 사용합니다.

```
Column(
  children: [
    Container(
      width: 60,
      height: 60,
      decoration: BoxDecoration(
        borderRadius: BorderRadius.circular(50),
        color: Colors.black12,
      ),
      child: Icon(Icons.phone_android),
    ),
    SizedBox(height: 5.0),
    Text(
      "MY CGV",
      style: TextStyle(fontSize: 12.0),
    ),
  ],
),
```

이제, MY CGV 아이콘과 텍스트가 화면에 나타나는 부분을 buildLabelIcon 메소드에 파라미터를 정의해 봅니다. 아이콘과 텍스트만 다를 뿐 동일한 구조로 반복되므로 파라미터로 Icon과 텍스트를 전달받아 Icon 위젯과 Text 위젯을 만듭니다.

```
...생략...
Widget buildLableIcon(IconData icon, String label) {
  return Column(
    children: [
      Container(
        width: 60,
        height: 60,
        decoration: BoxDecoration(
          borderRadius: BorderRadius.circular(50),
          color: Colors.black12,

        ),
        child: Icon(icon),
      ),
      SizedBox(height: 5.0),
      Text(
        label,
        style: TextStyle(fontSize: 12.0),
      ),
    ],
  );
}
```

홈 화면에 적용하기

buildLableIcon 메소드가 완성되었으면 홈 화면에 buildLableIcon 메소드를 적용하여 라벨 아이콘을 추가해 보겠습니다. 먼저, 무비차트 영역 아래에 Divider 위젯을 사용하여 영역 사이를 구분하고, Row 위젯을 사용하여 4개의 buildLabelIcon 메소드를 호출하면서 적절한 아이콘과 텍스트를 설정하여 수평으로 배치합니다. Padding 위젯을 사용하면, 각각의 라벨 아이콘 영역 사이에 여백을 지정할 수 있어서 깔끔하게 보여집니다.

```dart
lib/screens/home/home_screen.dart
...생략...
ListView(
  children: [
    // 이미지 슬라이드 위젯을 적용합니다.
    ImageSliderWidget(bannerUrlItems: bannerUrlItems),
    // 무비차트 위젯을 적용합니다.
    MovieChartWidget(),
    Divider(thickness: 8.0), // Divider 그리기, 영역을 구분합니다.
    // 라벨 아이콘 영역을 작성합니다.
    Padding( // 여백을 만듭니다.
      padding: const EdgeInsets.all(8.0),
      child: Row(
        mainAxisAlignment: MainAxisAlignment.
              spaceAround, // 위젯 사이 간격을 일정하게 설정
        children: [
          buildLableIcon(Icons.phone_android, "MY
                                              CGV"),
          buildLableIcon(Icons.photo, "포토플레이"),
          buildLableIcon(Icons.account_balance_
                                  wallet, "할인정보"),
          buildLableIcon(Icons.music_note, "CGV스토
                                              어"),
        ],
      ),
    ),
  ],
),
```

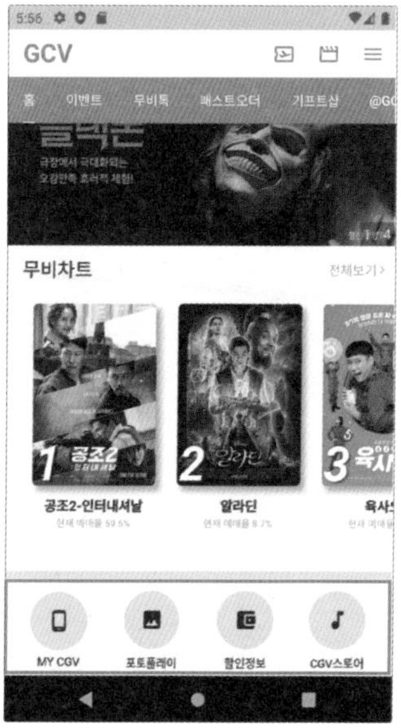

그림 7-28 라벨 아이콘 영역 적용 결과

드디어 홈 화면에 완성되었습니다.

Step 5. 홈 화면 최종 소스 확인하기

홈 화면에서 탭 바 메뉴와 이미지 슬라이드 위젯, 무비차트 위젯, 그리고 라벨 아이콘 영역을 만들어 보았습니다. 다음은 홈 화면 전체 소스입니다. 또한, 내려받은 예제 파일에서

이미지 슬라이드 위젯(image_slider_widget.dart)과 무비차트 위젯(movie_chart_widget.dart)을 구현한 전체 소스도 확인해 보고, 소스 코드 구조와 각 기능이 정상적으로 작동하는지 확인해 보세요.

lib/screens/home/home_screen.dart

```dart
import 'package:cgv_clone/widgets/image_slider_widget.dart';
import 'package:cgv_clone/widgets/movie_chart_widget.dart';
import 'package:flutter/material.dart';

class MyHomePage extends StatelessWidget {
  const MyHomePage({Key? key}) : super(key: key);

  @override
  Widget build(BuildContext context) {

    List<String> menuItems = [
      "홈",
      "이벤트",
      "무비톡",
      "패스트오더",
      "기프트샵",
      "@GCV",
    ];

    List<String> bannerUrlItems = [
      "assets/images/banner_01.jpg",
      "assets/images/banner_02.jpg",
      "assets/images/banner_03.jpg",
      "assets/images/banner_04.jpg",
    ];

    return DefaultTabController(
      // 탭바 컨트롤러 생성
      length: menuItems.length, // menuItems의 길이 만큼 만듭니다.
      child: Scaffold(
        appBar: AppBar(
          title: Text(
```

```
      "CGV", // 앱바의 타이틀을 만듭니다.
    style: TextStyle(
      fontSize: 26.0, // 글자 크기를 26px로 설정합니다.
      color: Colors.red, // 글자 색상을 빨간색으로 설정합니다.
      fontWeight: FontWeight.bold, // 글자 굵기를 '진하게'로 설정합니다.
    ),
  ),
  backgroundColor: Colors.white, // 앱바 배경을 흰색으로 만듭니다.
  actions: [
    // 앱바의 타이틀 외 다른 버튼 작성영역으로 부가적인 아이콘 목록을 만듭니다.
    IconButton(
      icon: const Icon(Icons.airplane_ticket_outlined),
      color: Colors.red,
      onPressed: () {},
    ),
    IconButton(
      icon: const Icon(Icons.movie_outlined),
      color: Colors.red,
      onPressed: () {},
    ),
    IconButton(
      icon: const Icon(Icons.menu),
      color: Colors.red,
      onPressed: () {},
    ),
  ],
  bottom: PreferredSize(
    preferredSize: Size.fromHeight(40.0),
    child: Container(
      color: Colors.red,
      child: TabBar(
        // 탭바 생성(탭바 아래에 각각의 Tab을 생성)
        tabs: List.generate(
          menuItems.length,
            (index) => Tab(
            text: menuItems[index],
          ),
```

```dart
            unselectedLabelColor: Colors.white,        // 선택되지 않은 탭의 색상
            labelColor: Colors.white,                  // 기본 라벨 색상.
            indicatorColor: Colors.white,              // 라벨 밑에 표시된 인디케이터 색상
            indicatorSize:  TabBarIndicatorSize.label, // 인디케이터 크기를 라벨
                                                       //            크기로 설정
            isScrollable: true,                        // 메뉴가 스크롤 가능하도록 합니다.
          ),
        ),
      ),
    ),
  body: TabBarView(
    children: [
      ListView(
        children: [
          // 이미지 슬라이드 위젯을 적용합니다.
          ImageSliderWidget(bannerUrlItems: bannerUrlItems),
          // 무비 차트 위젯을 적용합니다.
          MovieChartWidget(),
          Divider(thickness: 8.0),  // 영역을 구분합니다.
          // 라벨 아이콘 영역을 작성합니다.
          Padding(
            padding: const EdgeInsets.all(8.0),
            child: Row(
              mainAxisAlignment: MainAxisAlignment.spaceAround,
              children: [
                buildLableIcon(Icons.phone_android, "MY CGV"),
                buildLableIcon(Icons.photo, "포토플레이"),
                buildLableIcon(Icons.account_balance_wallet, "할인정보"),
                buildLableIcon(Icons.music_note, "CGV스토어"),
              ],
            ),
          ),
        ],
      ),
      Center(
        child: Text("이벤트 화면 입니다."),
      ),
      Center(
```

```
                  child: Text("무비톡 화면 입니다."),
                ),
                Center(
                  child: Text("패스트오더 화면 입니다."),
                ),
                Center(
                  child: Text("기프트샵 화면 입니다."),
                ),
                Center(
                  child: Text("@GCV 화면 입니다."),
                ),
              ],
            ),
          ),
        ),
      );
    }

    Widget buildLableIcon(IconData icon, String label) {
      return Column(
        children: [
          Container(
            width: 60,
            height: 60,
            decoration: BoxDecoration(
              borderRadius: BorderRadius.circular(50),
              color: Colors.black12,
            ),
            child: Icon(icon),
          ),
          SizedBox(height: 5.0),
          Text(
            label,
            style: TextStyle(fontSize: 12.0),
          ),
        ],
      );
    }
  }
}
```

7.2.2 영화 상세 화면 만들기

영화 상세 화면에서는 영화에 대한 설명과 작성된 리뷰의 목록을 보여줍니다. 화면 상단에 영화 정보를 표시하고 [실관람평 등록하기] 버튼을 클릭하면 관람평 작성 화면으로 이동합니다.

이 절에서는 영화 정보 영역과 [실관람평 등록하기] 버튼 클릭 시 화면 이동까지만 구현하고, 영화 리뷰 조회 영역은 '7.3.4 영화 리뷰 목록에 관람평 나타내기'에서 만들어 봅니다.

그림 7-29 영화 상세 화면 구성

Step 1. 영화 정보 영역 만들기

영화 정보 영역에서는 홈 화면에서 선택한 영화의 정보를 표시합니다. 배경으로는 영화이미지를 꽉 차게 보여주고, 그 위에는 영화 포스터, 영화 제목, 부제목, 런타임 시간 정보순으로 겹치게 배치합니다.

앱바 꾸미기

영화 상세 화면의 앱바를 먼저 꾸며보겠습니다. 앱바의 타이틀은 홈 화면에서 전달받은 영화 제목을 보여주고 스타일을 적용하여 앱바를 꾸며봅니다.

lib/screens/movie/detail_screen.dart

```
...생략...

appBar: AppBar(
  title: Text(
    thisMovie.title,
    style: Theme.of(context).textTheme.titleLarge, // 텍스트 테마를 적용합니다.
  ),
  backgroundColor: Colors.white, // 앱바의 배경색을 흰색으로 설정합니다.
  iconTheme: IconThemeData(
    color: Colors.black87, // 앱바 아이콘의 색을 검정색으로 설정합니다.
  ),
),

...생략...
```

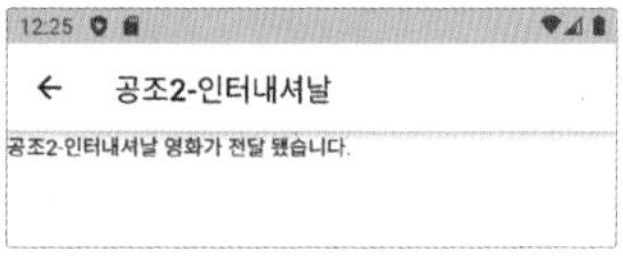

그림 7-30 앱바 적용 결과

영화 정보 영역 만들기

영화 정보 영역을 만들어 보겠습니다. 배경 이미지 위에 포스터, 제목, 부제목, 런타임 시간 등을 겹치게 배치할 수 있는 **Stack 위젯**을 사용합니다. 배경 이미지를 흐리게 처리하고 포스터를 돋보이게 만들기 위해서는 **배경 이미지와 포스터 사이에 Container를 배치**하고 그라데이션 효과를 적용하도록 합니다. Container의 BoxDecoration 속성을 사용하여 그라데이션 효과를 구현하면 배경 이미지가 흐리게 보이게 할 수 있습니다. 그라데이션 효과를 적용한 Container와 그렇지 않은 상태를 비교하여 차이를 확인해 봅니다.

그라데이션 적용 전

그라데이션 적용 후

그림 7-31 그라데이션 적용하기 전과 후 비교

배경 이미지 위에 포스터와 영화 정보들을 Positioned 위젯을 사용하여 배치한 뒤 하위 위젯에 Row 위젯과 Column 위젯을 이용해 제목과 부제목, 상영 시간 등을 적절하게 배치합니다. 영화 정보와 리뷰 목록을 스크롤되게 하기 위해 전체를 ListView 위젯으로 감싸줍니다.

다음 예제를 참고하여 body 영역을 수정합니다.

lib/screens/movie/detail_screen.dart

```dart
...생략...
body: ListView(
  children: [
    // 영화 상세 정보 영역
    Stack(
      children: [
        // 배경 이미지
        Image.asset(
          thisMovie.imageUrl,     // 이미지 파일 경로를 작성합니다.
          width: appSize.width,   // 너비를 화면의 너비로 설정합니다.
          height: 300,            // 높이를 300px로 설정합니다.
          fit: BoxFit.cover,      // 이미지를 크기에 꽉 채웁니다.
        ),
```

```
    // 배경 이미지를 어둡게 처리
  Container(
    height: 300,
    decoration: BoxDecoration(
      gradient: LinearGradient(
        // 그라데이션을 적용합니다.
        begin: Alignment.topCenter,          // 위쪽 가운데에서 시작합니다.
        end: Alignment.bottomCenter,         // 아래쪽 가운데에서 종료합니다.`
        colors: [
          Colors.grey.withOpacity(0.4),  // 시작 색상을 회색으로 설정합니다
          Colors.black,                   // 종료 색상을 검정색으로 설정합니다.
        ],
      ),
    ),
  ),
  // 영화 포스터, 영화 제목 및 내용
  Positioned( // 위치를 설정합니다.
    left: 10.0,
    bottom: 14.0,
    child: Row(
      crossAxisAlignment:
          CrossAxisAlignment.end, // 수직 방향 아래에 배치합니다.
      children: [
        Image.asset(
          thisMovie.imageUrl,              // 이미지 경로입니다.
          width: appSize.width * 0.25,     // 너비를 화면 크기의 1/4 설정합니다.
          fit: BoxFit.contain,             // 포스터를 원본 비율로 설정합니다.
        ),
        Padding( // 여백을 줍니다.
          padding: EdgeInsets.all(12.0),
          child: Column(
            crossAxisAlignment: CrossAxisAlignment.start, // 수평 방향 좌측
                                                            정렬합니다.

            children: [
              // 영화 제목
              Text(
                thisMovie.title,
```

```
                    style: TextStyle(
                      color: Colors.white,
                      fontSize: 22,
                      fontWeight: FontWeight.bold,
                    ),
                  ),
                  // 영화 부제목
                  Text(
                    thisMovie.subTitle,
                    style: TextStyle(color: Colors.white),
                  ),
                  // 영화 상영 시간
                  Text(
                    thisMovie.runTime,
                    style: TextStyle(color: Colors.white),
                  ),
                ],
              ),
            ),
          ],
        ),
      ),
    ],
  ),
), // ListView
...생략...
```

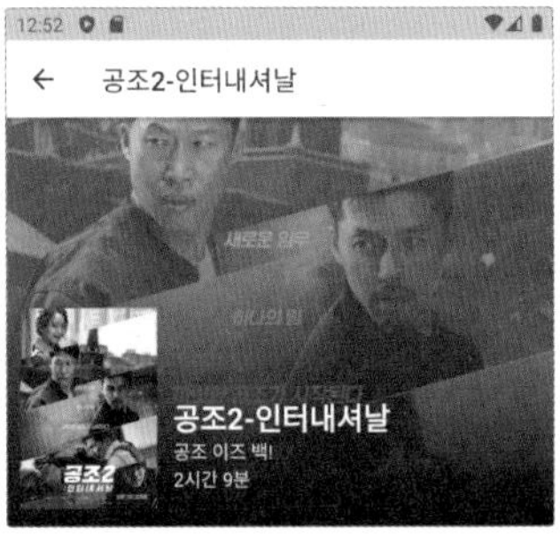

그림 7-32 영화 정보 영역 적용 결과

Step 2. 관람평 작성 화면으로 이동하기(Navigator)

이번에는 영화 관람평을 작성하기 위해 [실관람평 등록하기] 버튼을 만들고 클릭 시, 관람평 작성 페이지로 이동하는 기능을 만들어 보겠습니다.

실관람평 등록하기 버튼 만들기

[실관람평 등록하기] 버튼을 만들기 위해 테두리가 있는 버튼인 OutlinedButton 위젯을 사용합니다. OutlinedButton.styleFrom()를 이용해 버튼 스타일을 꾸미고 onPressed 이벤트를 이용해서 버튼 클릭 시 관람평 작성 화면으로 이동하도록 구현합니다. 이때 관람평 작성 화면으로 이동 시 현재 영화 정보를 전달하여 관람평 작성 화면에서 선택한 영화 정보를 사용하도록 합니다. 다음 예제를 참고하여 수정합니다.

lib/screens/movie/detail_screen.dart

```
...생략...
body: ListView(
  children: [
    // 영화 상세 정보 영역
    Stack( ... ),
    // 관람평 작성 화면 이동 버튼
    Padding( // 여백을 줍니다.
      padding: const EdgeInsets.all(4.0),
      child: OutlinedButton(
        child: Text(
          "실관람평 등록하기",
          style: Theme.of(context).textTheme.titleMedium,
        ),
        style: OutlinedButton.styleFrom( // 스타일을 설정합니다.
          side: BorderSide(color: Colors.black87), // 테두리 색상을 검정색으로 설정합니다.
          shape: RoundedRectangleBorder(
            borderRadius: BorderRadius.circular(4.0), // 테두리 모서리를 둥글게 만듭니다.
          ),
        ),
        // 관람평 작성 화면으로 이동
        onPressed: () {
          Navigator.push(
            context,
            MaterialPageRoute(builder: (context) => ReviewScreen(item: thisMovie)),
          );
        },
      ),
```

```
      ),
    ],
  ), // ListView
  …생략…
```

이때 ReviewScreen()이 없기 때문에 오류가 발생합니다. 정상적으로 실행되도록 관람 평 작성 화면을 임시로 만들어 보겠습니다.

관람평 작성 임시 화면 만들기

관람평 작성 화면 만들기는 7.2.3절에서 자세히 다룰 예정입니다. 여기서는 영화 상세 화 면에서 [실관람평 등록하기] 버튼을 클릭했을 때 화면 이동이 정상적으로 되도록 만들어 보겠습니다.

관련평 작성 화면은 movie 폴더 아래에 review_screen.dart에 작성합니다. 영화 상세 화 면에서 화면 이동 시 전달한 영화 정보를 Movie 클래스의 객체인 item에 담아 놓는 부분 까지만 작성합니다.

lib/screens/movie/review_screen.dart

```
import 'package:cgv_clone/models/moives.dart';
import 'package:flutter/material.dart';

class ReviewScreen extends StatefulWidget {
  const ReviewScreen({super.key , required this.item});
  final Movie item;

  @override
  _ReviewScreenState createState() => _ReviewScreenState();
}

class _ReviewScreenState extends State<ReviewScreen> {
  @override
  Widget build(BuildContext context) {
    Movie thisMovie = widget.item; // 영화 정보를 전달받습니다.
```

```
    return Scaffold(
      appBar: AppBar(
        title: Text(
          "관람평 등록",
          style: Theme.of(context).textTheme.titleLarge,
        ),
        backgroundColor: Colors.white,
        iconTheme: IconThemeData(
          color: Colors.black87,
        ),
      ),
      body: Text("관람평 작성 임시 화면입니다."),
    );
  }
}
```

　　예제를 실행하여 영화 상세 화면의 '실관람평 등록하기' 버튼을 클릭해서 관람평 작성
화면으로 이동해봅니다.

그림 7-33 관람평 작성 화면 이동 적용 결과

영화 상세 화면 최종 소스 확인하기

영화 정보 영역을 만들고 관람평 작성 화면으로 이동하는 버튼 영역을 만들어 봤습니다. 영화 상세 화면의 전체 소스를 확인해 보고 적용한 후에, 소스 코드 구조와 각 기능이 정상적으로 작동하는지 확인해 봅니다.

lib/screens/movie/detail_screen.dart

```dart
import 'package:cgv_clone/models/moives.dart';
import 'package:cgv_clone/screens/movie/review_screen.dart';
import 'package:flutter/material.dart';

class DetailScreen extends StatelessWidget {
  const DetailScreen({super.key, required this. thisMovie });

  final Movie thisMovie;

  @override
  Widget build(BuildContext context) {
    Size appSize = MediaQuery.of(context).size;

    return Scaffold(
      appBar: AppBar(
        title: Text(
          thisMovie.title,
          style: Theme.of(context).textTheme.titleLarge, // 텍스트 테마를 적용합니다.
        ),
        backgroundColor: Colors.white, // 앱바의 배경색을 흰색으로 설정합니다.
        iconTheme: IconThemeData(
          color: Colors.black87, // 앱바 아이콘의 색을 검정색으로 설정합니다.
        ),
      ),
      body: ListView(
        children: [
          // 영화 상세 정보 영역
          Stack(
            children: [
              // 배경 이미지
```

```dart
      Image.asset(
        thisMovie.imageUrl,      // 이미지 파일 경로를 작성합니다.
        width: appSize.width,    // 너비를 화면의 너비로 설정합니다.
        height: 300,             // 높이를 300px로 설정합니다.
        fit: BoxFit.cover,       // 이미지를 크기에 꽉 채웁니다
      ),
      // 배경 이미지를 어둡게 처리
      Container(
        height: 300,
        decoration: BoxDecoration(
          gradient: LinearGradient(
            // 그라데이션을 적용합니다.
            begin: Alignment.topCenter,       // 위쪽 가운데에서 시작합니다.
            end: Alignment.bottomCenter,      // 아래쪽 가운데에서 종료합니다. `
            colors: [
              Colors.grey.withOpacity(0.4), // 시작 색상을 회색으로 설정합니다
              Colors.black,                  // 종료 색상을 검정색으로 설정합니다.
            ],
          ),
        ),
      ),
      // 영화 포스터, 영화 제목 및 내용
      Positioned( // 위치를 설정합니다.
        left: 10.0,
        bottom: 14.0,
        child: Row(
          crossAxisAlignment:
              CrossAxisAlignment.end, // 수직 방향 아래에 배치합니다.
          children: [
            Image.asset(
              thisMovie.imageUrl,             // 이미지 경로입니다.
              width: appSize.width * 0.25,    // 너비를 화면 크기의 1/4 설정합니다.
              fit: BoxFit.contain,            // 포스터를 원본 비율로 설정합니다.
            ),
            Padding( // 여백을 줍니다.
              padding: EdgeInsets.all(12.0),
              child: Column(
```

```
              crossAxisAlignment:
                CrossAxisAlignment.start, // 수평 방향 좌측 정렬합니다.
              children: [
                // 영화 제목
                Text(
                  thisMovie.title,
                  style: TextStyle(
                    color: Colors.white,
                    fontSize: 22,
                    fontWeight: FontWeight.bold,
                  ),
                ),
                Text(
                  thisMovie.subTitle, // 영화 부제목
                  style: TextStyle(color: Colors.white),
                ),
                Text(
                  thisMovie.runTime, // 영화 상영 시간
                  style: TextStyle(color: Colors.white),
                ),
              ],
            ),
          ),
        ],
      ),
    ),
  ],
),
// 관람평 작성 화면 이동 버튼
Padding( // 여백을 줍니다.
  padding: const EdgeInsets.all(4.0),
  child: OutlinedButton(
    child: Text(
      "실관람평 등록하기",
      style: Theme.of(context).textTheme.titleMedium,
    ),
    style: OutlinedButton.styleFrom( // 스타일을 설정합니다.
```

```dart
                side: BorderSide(color: Colors.black87), // 테두리 색상을 검정색으로
                                                            설정합니다.
                shape: RoundedRectangleBorder(
                  borderRadius: BorderRadius.circular(4.0), // 테두리 모서리를 둥글게
                                                              만듭니다.
                ),
              ),
              // 관람평 작성 화면으로 이동
              onPressed: () {
                Navigator.push(
                  context,
                  MaterialPageRoute(builder: (context) => ReviewScreen(item:
                                                            thisMovie)),
                );
              },
            ),
          ),
          // 데이터베이스 조회 데이터를 작성할 예정입니다.
        ],
      ),
    );
  }
}
```

이어서 관람평 작성 화면을 만들어 보겠습니다.

7.2.3 관람평 작성 화면 만들기

관람평 작성 화면은 영화 상세 화면에서 [실관람평 등록하기] 버튼을 눌러 이동한 화면
입니다. 관람평 작성 화면에서는 파이어베이스를 프로젝트와 연동하여 리뷰를 저장합니
다. 리뷰 저장 기능은 7.3.3 리뷰 데이터 저장하기'에서 다룰 예정입니다.

파이어베이스와 연동하기 전, 관람평 작성 화면을 만들어 보겠습니다. 관람평 작성 화면은 '평가 버튼 선택 영역'과 '리뷰 작성 영역'으로 나누어 작성하고 ListView 위젯으로 감싸서 구현합니다.

그림 7-34 관람평 작성 화면 확인하기

Step 1. 평가 버튼 선택 영역 만들기

평가 버튼 선택 영역은 사용자가 영화에 대한 평가를 위해 'GOOD' 또는 'BAD' 버튼으로 구현되어 있습니다. 버튼이 선택되면 선택된 버튼이 강조됩니다.

평가 버튼 선택 영역의 레이아웃을 분석해 보면 텍스트 아래에 버튼이 2개 배치되어 있습니다. 문구와 버튼들은

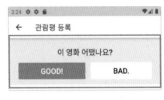

그림 7-35 평가 버튼 선택 영역 확인하기

수직으로 배치해야 하므로 Column 위젯을 사용하고, 하위 위젯으로 Text 위젯과 Row 위젯을 사용합니다. Row 위젯은 ChoiceChip 위젯으로 만든 'GOOD!' 버튼과 'BAD.' 버튼을 수평으로 배열합니다. ChoiceChip 위젯은 라디오 버튼과 같은 역할을 하는 위젯으로 여러 값 중 하나만 선택됩니다.

평가 버튼 선택 영역 만들기

"이 영화 어땠나요?" 문구와 평가 버튼 사이에 간격을 주기 위해 Padding 위젯을 사용하고 평가 버튼 2개를 수평으로 나열하기 위해서 Row 위젯으로 배치합니다. '이 영화 어땠나요?' 문구와 평가 버튼들을 수직으로 나열하기 위해 Column 위젯으로 감싸서 레이아웃을 완성합니다.

평가 버튼 선택 영역과 리뷰 작성 영역을 ListView 위젯으로 감싸서 전체적인 레이아웃을 작성합니다. 다음 예제를 참고하여 작성합니다.

lib/screens/movie/review_screen.dart

```dart
…생략…
body : ListView(
  children: [
  Column(
    children: [
      Padding(
        padding: EdgeInsets.all(10.0), // 제목에 여백을 줍니다.
        child: Text(
          "이 영화 어땠나요?",
          style: Theme.of(context).textTheme.titleLarge,
        ),
      ), // '이 영화 어땠나요?' 문구를 작성합니다.
      Row(),    // 버튼들이 나열됩니다.
    ],
  ), // Column
],
), // ListView
```

실행해 보면, 평가 버튼 선택 영역과 리뷰 작성 영역 구분이 잘 되지 않는 것을 알 수 있습니다.

평가 버튼 선택 영역과 리뷰 작성 영역을 구분하기 위해 평가 버튼 선택 영역에 배경색을 리뷰 작성 영역

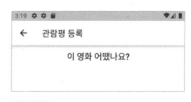

그림 7-36 평가 버튼 선택 영역 예제 실행결과

보다 어두운 색상으로 변경해 보겠습니다.

평가 버튼 선택 영역인 Column 위젯을 Container 위젯으로 감싸고 배경색과 padding 을 지정합니다.

```
Container(
  color: Colors.black12, // 어두운 배경 색을 설정합니다.
  padding: EdgeInsets.all(12.0), // 전체 여백을 줍니다.
  child: Column(
    children: [
      Padding(
        padding: EdgeInsets.all(10.0), // 제목에 여백을 줍니다.
        child: Text(
          "이 영화 어땠나요?",
          style: Theme.of(context).textTheme.titleLarge,
        ),
      ), // '이 영화 어땠나요?' 문구를 작성합니다.
      Row(), // 버튼들이 나열됩니다.
    ],
  ), // Column
), // Container
```

코드를 실행해 보면, Container 위젯에 배경색을 설정하여 평가 버튼 선택 영역이 리뷰 작성 영역과 분리되어 보이는 효과가 생기는 것을 확인할 수 있습니다.

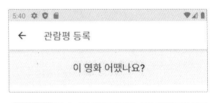

그림 7-37 평가 버튼 선택 영역에 배경색 적용한 결과

'GOOD!' 버튼과 'BAD.' 버튼 배열하기(ChoiceChip 위젯)

평가 버튼 2개를 만들기 위해, Row 위젯의 하위 위젯으로 동일한 형태의 ChoiceChip 위젯 2개를 'List<String> choices = []' 배열로 만들고, choice_index 변수에 선택된 버튼

의 배열 인덱스를 담아 놓습니다.

```
List<String> choices = ["GOOD!", "BAD."];
int choice_index = 0; // 배열 인덱스를 0번째로 초기화
```

ChoiceChip 위젯의 라벨 텍스트는 choices[index]에 저장된 텍스트로 index 값에 따라 화면에 보여주고 choice_index와 index 값이 같은 경우 선택된 버튼 인덱스로 지정하여 선택된 색상이 적용됩니다.

```
ChoiceChip(
    padding: EdgeInsets.all(10.0), // 여백을 표시합니다.
    label: Text(
      choices[index], // 버튼에 표시할 글자입니다.
      style: TextStyle(
        // 선택된 버튼의 색상을 설정합니다.
          color: (choice_index == index)
              ? Colors.white
              : Colors.black,
          fontSize: 20),
    ), // 버튼에 표시할 글자입니다.
    labelPadding: EdgeInsets.symmetric( horizontal: 50), // 라벨에 여백을 설정합니다.
    selected: choice_index == index,
    onSelected: (value) {
      setState(() {
        // 선택된 버튼의 인덱스를 저장합니다.
        choice_index = index;
      });
    },
    backgroundColor: Colors.white,          // 버튼 배경색입니다.
    selectedColor: Colors.red,              // 선택된 버튼의 색상입니다.
    shape: ContinuousRectangleBorder(       // 테두리를 둥글게 만듭니다.
      borderRadius: BorderRadius.circular(5.0),
    ),
);
```

Row 위젯의 자식 요소로 ChoiceChip 위젯을 List 형태로 만들어 나열하기 위해 다음과 같이 코드를 작성합니다.

```
Row( // 버튼을 가로로 나열합니다.
  mainAxisAlignment: MainAxisAlignment.spaceEvenly, // 간격을 일정하게 설정합니다.
  children: List<Widget>.generate(
    choices.length, // choices 길이 만큼 리스트를 만듭니다.
    (index) {
      return ChoiceChip( … );
    }).toList(),
),
```

버튼을 선택할 때 마다 setState()를 이용해 선택된 버튼의 index를 choice_index에 저장합니다. 다음 예제를 참고하여 평가 버튼 선택 영역을 완성해 봅니다.

lib/screens/movie/review_screen.dart

```
…생략…

class _ReviewScreenState extends State<ReviewScreen> {
  List<String> choices = ["GOOD!", "BAD."];
  int choice_index = 0;

  @override
  Widget build(BuildContext context) {
    Movie thisMovie = widget.item;
    return Scaffold(
      appBar: AppBar(
        title: Text(
          "관람평 등록",
          style: Theme.of(context).textTheme.titleLarge,
        ),
        backgroundColor: Colors.white,
        iconTheme: IconThemeData(
          color: Colors.black87,
        ),
      ),
```

```
body: ListView(
  children: [
    // 평가 버튼 영역
    Container(
      color: Colors.black12, // 어두운 배경 색을 설정합니다.
      padding: EdgeInsets.all(12.0), // 전체 여백을 줍니다.
      child: Column(
        children: [
          Padding(
            padding: EdgeInsets.all(10.0), // 제목에 여백을 줍니다.
            child: Text(
              "이 영화 어땠나요?",
              style: Theme.of(context).textTheme.titleLarge,
            ),
          ),
          Row( // 버튼을 가로로 나열합니다.
            mainAxisAlignment: MainAxisAlignment.spaceEvenly, // 하위 위젯의
                                                // 간격을 일정하게 설정합니다.
            children: List<Widget>.generate(
              choices.length, (index) { // choices 길이만큼 리스트를 만듭니다.
                return ChoiceChip(
                  padding: EdgeInsets.all(10.0),
                  label: Text(
                    choices[index], // 버튼에 표시할 글자입니다.
                    style: TextStyle( // 선택된 버튼의 색상을 설정합니다.
                      color: (choice_index== index)
                          ? Colors.white
                          : Colors.black,
                      fontSize: 20),
                  ),
                  labelPadding: EdgeInsets.symmetric(
                      horizontal: 50), // 라벨에 여백을 설정합니다.
                  selected: choice_index == index,
                  onSelected: (value) {
                    setState(() { // 선택된 버튼의 인덱스를 저장합니다.
                      choice_index = index;
                    });
```

```
                                },
                                backgroundColor: Colors.white,        // 버튼 배경색입니다.
                                selectedColor: Colors.red,            // 선택된 버튼의 색상입니다.
                                shape: ContinuousRectangleBorder (    // 테두리를 둥글게 만듭니다.
                                  borderRadius: BorderRadius.circular(5.0),
                                ),
                              );
                            },
                          ).toList(),  // CoiceChip 위젯을 리스트로 만듭니다.
                        ),  // Row
                      ],
                    ),  // Column
                  ),  // Container
                ],
              ),  // ListView
            );
          }
        }
```

예제를 실행하면 버튼 선택 시, 색상이 바뀌는 걸 확인할 수 있습니다.

그림 7-38 리뷰 버튼 영역 적용 결과

이제, 리뷰를 작성할 수 있는 영역을 만들어봅니다.

Step 2. 리뷰 작성 영역 만들기

리뷰 작성 영역은 영화에 대한 감상평을 작성하는 영역입니다. 작성자명과 내용을 사용자로부터 입력 받아서 파이어베이스에 저장합니다. 파이어베이스에 감상평을 저장하고, 저장된 리뷰를 화면에 보여주는 것은 7.3절에서 다룰 예정입니다. 여기서는 감상평을 사용자가 입력할 수 있도록 먼저 레이아웃을 그려봅니다.

'나의 감상평'이라는 제목과 영화 감상평을 위해 작성자

그림 7-39 리뷰 작성 영역 확인하기

와 내용을 입력하는 텍스트 필드 그리고 텍스트 버튼이 세로로 배치되어 있으므로 Column 위젯을 사용합니다. 다음 예제를 참고하여 리뷰 작성 영역을 만들어 보겠습니다.

lib/screens/movie/review_screen.dart

```
...생략...

// 리뷰 작성 영역
Padding( // 여백을 만듭니다.
  padding: const EdgeInsets.all(16.0),
  child: Column(
    crossAxisAlignment: CrossAxisAlignment.start, // 수평 방향으로 좌측 정렬 합니다.
    children: [
      // 제목
      Text(
        "나의 감상평",
        style: Theme.of(context).textTheme.titleMedium,
      ),
      SizedBox(height: 20), // 위아래 위젯 간의 간격을 띄웁니다.
      TextField( // 작성자를 입력하는 위젯입니다.
        decoration: InputDecoration(
          border: OutlineInputBorder(),
          labelText: '작성자',
        ),
      ),
```

```
        SizedBox(height: 10), // 위아래 위젯 간의 간격을 띄웁니다.
        TextField( // 내용을 입력하는 위젯입니다.
          minLines: 1, // 입력할 수 있는 최소 줄 길이를 지정합니다.
          maxLines: 5, // 입력할 수 있는 최대 줄 길이를 지정합니다.
          keyboardType: TextInputType.multiline, // 여러 줄 입력가능하게 합니다.
          decoration: InputDecoration( // TextField 스타일을 지정합니다.
            border: OutlineInputBorder(), // 테두리를 만듭니다.
            labelText: '내용', // 라벨 명을 작성합니다.
          ),
        ),
        Align(
          alignment: Alignment.centerRight, // 하위 위젯을 오른쪽 정렬합니다.
          child: TextButton( // '제출' 버튼을 만듭니다.
            style: TextButton.styleFrom(
              backgroundColor: Colors.red, // 버튼 배경을 빨간색으로 설정합니다.
            ),
            onPressed: () {
              // 유효값 체크 로직 등을 작성합니다.
            },
            child: Text(
              '제출',
              style: TextStyle(
                color: Colors.white,
                fontSize: 16,
              ),
            ),
          ),
        ),
      ],
    ),
  ),
),
```

그림 7-40 리뷰 작성 영역 결과

예제를 실행해서 작성자명과 감상평를 입력해 봅니다. [제출] 버튼을 클릭해보면 아무런 동작을 하지 않습니다. onPressed 이벤트에서 수행할 코드를 아직 작성하지 않았기 때문 입니다.

유효성 체크하여 경고 창 띄우기

리뷰를 작성할 수 있는 레이아웃은 만들었지만, '제출' 버튼을 눌렀을 때, 동작할 코드를 작성하지 않았습니다. '작성자'와 '내용'은 모두 빈값이 입력되지 않도록 유효성 체크를 합니다.

유효성 체크를 위해서 TextField 위젯의 controller 속성을 사용합니다. TextField 위젯의 controller 속성은 해당 TextField 위젯과 텍스트 입력값을 제어하는 데 사용됩니다. TextEditingController 객체를 생성하여 TextField의 값을 가져오거나 변경하도록 합니다.

사용자가 입력한 텍스트를 가져오기 위해서 TextEditingController로 reviewIdController와 reviewTextController 변수를 만들어 보겠습니다.

lib/screens/movie/review_screen.dart

```
...생략...
class _ReviewScreenState extends State<ReviewScreen> {
  TextEditingController reviewIdController = new TextEditingController();
  TextEditingController reviewTextController = new TextEditingController();
...생략...
```

TextField의 controller 속성에 TextEditingController로 생성한 변수를 할당합니다. 이제 해당 TextField에 작성된 값을 가져올 수 있습니다. 작성자를 입력한 TextField의 현재 값을 가져오려면 'reviewIdController.text'를 사용하면 됩니다.

lib/screens/movie/review_screen.dart

```
...생략...

TextField( // 작성자를 입력하는 위젯입니다.
  controller: reviewIdController,
  decoration: InputDecoration(
    border: OutlineInputBorder(),
    labelText: '작성자',
  ),
),
...생략...
TextField( // 내용을 입력하는 위젯입니다.
```

```
        minLines: 1, // 입력할 수 있는 최소 줄 길이를 지정합니다.
        maxLines: 5, // 입력할 수 있는 최대 줄 길이를 지정합니다.
        keyboardType: TextInputType.multiline, // 여러 줄 입력가능하게 합니다.
        controller: reviewTextController,
        decoration: InputDecoration( // TextField 스타일을 지정합니다.
          border: OutlineInputBorder(), // 테두리를 만듭니다.
          labelText: '내용', // 라벨 명을 작성합니다.
        ),
      ),
    ),
    ...생략...
```

'제출' 버튼이 클릭되었을 때, 각각의 TextEditingController를 사용하여 '작성자'와 '내용' 입력 값이 비어 있는지 확인하는 로직을 추가하고, 입력 값이 비어 있을 때 경고창을 띄워보겠습니다. 경고창으로는 AlertDialog 위젯을 사용하며, 다이얼로그에는 '리뷰를 입력하세요'라는 메시지와 [OK] 버튼만 표시됩니다. [OK] 버튼을 클릭하면 다이얼로그가 사라집니다.

lib/screens/movie/review_screen.dart

```
if (reviewIdController.text.isEmpty || reviewTextController.text.isEmpty) {
  // 체크에 검출되었을 때 다이얼로그를 띄웁니다.
  showDialog<String>(
    context: context,
    builder: (BuildContext context) => AlertDialog(
      content: Text('리뷰를 입력하세요.'),
      actions: <Widget>[
        TextButton(
          onPressed: () => Navigator.pop(context, 'OK'),
          child: const Text('OK'),
        ),
      ],
    ),
  );
}
```

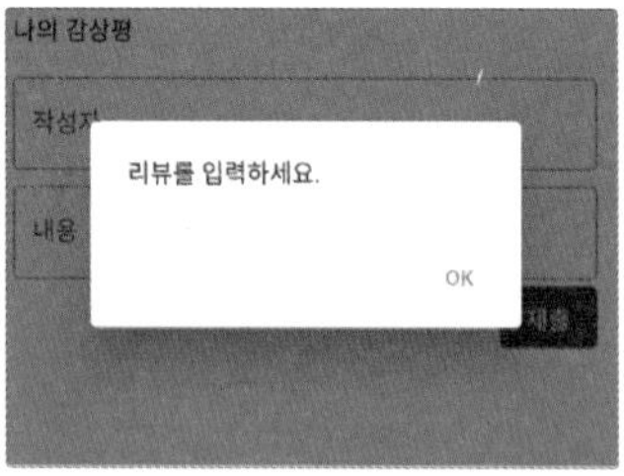

그림 7-41 **AlertDiaglog**() 실행 결과

다음 예제를 참고하여 유효성 체크 로직 코드를 수정합니다.

```
...생략...
TextButton( // '제출' 버튼을 만듭니다.
  style: TextButton.styleFrom(
    backgroundColor: Colors.red, // 버튼 배경을 빨간색으로 설정합니다.
  ),
  onPressed: () {
    // 유효값 체크 로직 등을 작성합니다.
    if (reviewIdController.text.isEmpty ||
        reviewTextController.text.isEmpty) {
      // 체크에 검출되었을 때 다이얼로그를 띄웁니다.
      showDialog<String>(
        context: context,
        builder: (BuildContext context) => AlertDialog(
          content: Text('리뷰를 입력하세요.'),
          actions: <Widget>[
            TextButton(
              onPressed: () => Navigator.pop(context, 'OK'),
              child: const Text('OK'),
            ),
          ],
        ),
      );
    }
  },
  child: Text(
    '제출',
    style: TextStyle(
      color: Colors.white,
      fontSize: 16,
    ),
  ),
),
```

작성자와 내용을 빈값으로 두고 [제출] 버튼을 클릭하면 리뷰를 입력하라는 문구의 다이얼로그가 나오는 것을 확인할 수 있습니다.

Step 3. 관람평 작성 화면 최종 소스 확인하기

평가 버튼 선택 영역과 리뷰 작성 영역의 전체 소스입니다. 전체 소스를 확인해 보고 적용한 후에, 소스 코드 구조와 각 기능이 정상적으로 작동하는지 확인해보세요.

lib/screens/movie/review_screen/dart

```dart
import 'package:cgv_clone/models/moives.dart';
import 'package:flutter/material.dart';

class ReviewScreen extends StatefulWidget {
  const ReviewScreen({super.key , required this.item});

  final Movie item;

  @override
  _ReviewScreenState createState() => _ReviewScreenState();
}

class _ReviewScreenState extends State<ReviewScreen> {

  List<String> choices = ["GOOD!", "BAD."];
  int choice_index = 1;
  TextEditingController reviewIdController = new TextEditingController();
  TextEditingController reviewTextController = new TextEditingController();

  @override
  Widget build(BuildContext context) {
    Movie thisMovie = widget.item;

    return Scaffold(
      appBar: AppBar(
        title: Text(
          "관람평 등록",
```

```dart
              style: Theme.of(context).textTheme.titleLarge,
            ),
            backgroundColor: Colors.white,
            iconTheme: IconThemeData(
              color: Colors.black87,
            ),
          ),
        ),
        body: ListView(
          children: [
            // 평가 버튼 영역
            Container(
              color: Colors.black12, // 어두운 배경 색을 설정합니다.
              padding: EdgeInsets.all(12.0), // 전체 여백을 줍니다.
              child: Column(
                children: [
                  Padding(
                    padding: EdgeInsets.all(10.0), // 제목에 여백을 줍니다.
                    child: Text(
                      "이 영화 어땠나요?",
                      style: Theme.of(context).textTheme.titleLarge,
                    ),
                  ),
                  Row(
                    // 버튼을 가로로 나열합니다.
                    mainAxisAlignment:
                    MainAxisAlignment.spaceEvenly, // 하위 위젯의 간격을 일정하게 설정합니다.
                    children: List<Widget>.generate(
                      choices.length,
                        (index) {
                        // choices 길이 만큼 리스트를 만듭니다.
                        return ChoiceChip(
                          padding: EdgeInsets.all(10.0),
                          label: Text(
                            choices[index], // 버튼에 표시할 글자입니다.
                            style: TextStyle(
                              // 선택된 버튼의 색상을 설정합니다.
                                color: (choice_index == index)
```

```dart
                          ? Colors.white
                            : Colors.black,
                      fontSize: 20),
                ),
                labelPadding: EdgeInsets.symmetric(
                    horizontal: 50), // 라벨에 여백을 설정합니다.
                selected: choice_index == index,
                onSelected: (value) {
                  setState(() {
                    // 선택된 버튼의 인덱스를 저장합니다.
                    choice_index = index;
                  });
                },
                backgroundColor: Colors.white,     // 버튼 배경색입니다.
                selectedColor: Colors.red,          // 선택된 버튼의 색상입니다.
                shape: ContinuousRectangleBorder(
                    // 테두리를 둥글게 만듭니다.
                    borderRadius: BorderRadius.circular(5.0),
                  ),
                );
              },
          ).toList(), // CoiceChip 위젯을 리스트로 만듭니다.
        ), // Row
      ],
    ), // Column
  ), // Container
  // 리뷰 작성 영역
  Padding( // 여백을 만듭니다.
    padding: const EdgeInsets.all(16.0),
    child: Column(
      crossAxisAlignment: CrossAxisAlignment.start, // 수평으로 좌측 정렬
      children: [
        // 제목
        Text(
          "나의 감상평",
          style: Theme.of(context).textTheme.titleMedium,
        ),
```

```dart
    SizedBox(height: 20),  // 위아래 위젯 간의 간격을 띄웁니다.
    TextField(              // 작성자를 입력하는 위젯입니다.
      controller: reviewIdController,
      decoration: InputDecoration(
        border: OutlineInputBorder(),
        labelText: '작성자',
      ),
    ),
SizedBox(height: 10),  // 위아래 위젯 간의 간격을 띄웁니다.
TextField(              // 내용을 입력하는 위젯입니다.
  minLines: 1,         // 입력할 수 있는 최소 줄 길이를 지정합니다.
  maxLines: 5,         // 입력할 수 있는 최대 줄 길이를 지정합니다.
  keyboardType: TextInputType.multiline,  // 여러 줄 입력가능하게 합니다.
 controller: reviewTextController,
  decoration: InputDecoration(       // TextField 스타일을 지정합니다.
    border: OutlineInputBorder(),    // 테두리를 만듭니다.
    labelText: '내용',               // 라벨 명을 작성합니다.
  ),
),
Align(
  alignment: Alignment.centerRight,   // 하위 위젯을 오른쪽 정렬합니다.
  child: TextButton(                  // '제출' 버튼을 만듭니다.
    style: TextButton.styleFrom(
      backgroundColor: Colors.red,    // 버튼 배경을 빨간색으로 설정합니다.
    ),
    onPressed: () {
      // 유효값 체크 로직 등을 작성합니다.
      if (reviewIdController.text.isEmpty ||
          reviewTextController.text.isEmpty) {
        // 체크에 검출되었을 때 다이얼로그를 띄웁니다.
        showDialog<String>(
          context: context,
          builder: (BuildContext context) => AlertDialog(
            content: Text('리뷰를 입력하세요.'),
            actions: <Widget>[
              TextButton(
                onPressed: () => Navigator.pop(context, 'OK'),
```

```
                    child: const Text('OK'),
                  ),
              ],
            ),
          );
        }
      },
      child: Text(
        '제출',
        style: TextStyle(
          color: Colors.white,
          fontSize: 16,
        ),
      ),
    ),
  ),
],
),
),
],
),
);
}
}
```

이제 파이어베이스를 이용해 데이터를 저장하고 영화 상세 화면에서 영화 리뷰 목록을 화면에 조회해 보도록 하겠습니다.

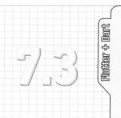

7.3 파이어베이스로 리뷰작성 하기

관람평 작성 화면에서 리뷰를 작성하고 영화 상세 화면에서 등록된 리뷰를 확인하려면 먼저 파이어베이스로 데이터베이스를 만들고 작성한 리뷰를 저장해야 합니다.

리뷰를 저장하고, 저장한 리뷰를 읽어오려면 플러터 앱과 파이어 베이스 연동이 선행되어야 합니다. 이제, 7.1.5절에서 만든 파이어베이스 프로젝트에 플러터 앱을 설정해 보겠습니다.

7.3.1. 파이어베이스 연동하기

파이어베이스 프로젝트에 플러터 앱을 설정하기 위해 먼저 파이어베이스 사이트에 접속합니다. 앞서 만든 'cgv-clone' 프로젝트를 선택합니다. 이 프로젝트를 플러터 프로젝트에 적용해 보도록 하겠습니다.

다음 그림과 같이 파이어베이스 'cgv-clone' 프로젝트 홈 화면에서 '앱에 Firebase를 추가하여 시작하기' 부분의 플러터 아이콘을 클릭합니다.

그림 7-42 'cgv-clone' 프로젝트 홈화면

Step 1. 플러터 앱에 파이어베이스 추가하기

플러터 아이콘을 누르면 'Flutter 앱에 Firebase 추가'라는 화면이 나옵니다.

1) 작업공간 준비

첫 번째 단계는 작업공간 준비입니다. 다음 그림과 같이 Firebase_CLI를 설치와 파이어베이스에 로그인하라는 메시지가 나타납니다.

그림 7-43 파이어베이스 추가하기 1

• Firebase_CLI 설치 및 로그인

안내에 따라 Firebase_ CLI를 클릭하여 Firebase_CLI를 설치합니다.

그림 7-44 Firebase CLI 설치 페이지

윈도우에서 [command] 창을 열어 다음과 같이 입력하면 Firebase CLI가 설치됩니다.

```
>npm install -g firebase-tools
```

```
C:\Users\Jasmin>npm install -g firebase-tools
npm WARN deprecated har-validator@5.1.3: this library is no longer
supported
npm WARN deprecated debug@4.1.1: Debug versions >=3.2.0 <3.2.7 || >=4
<4.3.1 have a low-severity ReDos regression when used in a Node.js
environment. It is recommended you upgrade to 3.2.7 or 4.3.1. (https://
github.com/visionmedia/debug/issues/797)
npm WARN deprecated uuid@3.4.0: Please upgrade  to version 7 or higher.
Older versions may use Math.random() in certain circumstances, which is
known to be problematic.  See https://v8.dev/blog/math-random for details.
npm WARN deprecated request@2.88.2: request has been deprecated, see
https://github.com/request/request/issues/3142

added 108 packages, removed 122 packages, changed 595 packages, and
audited 704 packages in 17s

added 108 packages, removed 122 packages, changed 595 packages, and
audited 704 packages in 17s

48 packages are looking for funding
  run `npm fund` for details

2 vulnerabilities (1 moderate, 1 critical)

To address issues that do not require attention, run:
  npm audit fix

Some issues need review, and may require choosing
a different dependency.

Run `npm audit` for details.
npm notice
```

```
npm notice New major version of npm available! 8.5.5 -> 9.6.5
npm notice Changelog: https://github.com/npm/cli/releases/tag/v9.6.5
npm notice Run npm install -g npm@9.6.5 to update!
npm notice
```

Firebase CLI 설치가 완료되었다면 이제 파이어베이스에 로그인합니다. 파이어베이스에 로그인이 정상적으로 완료되어야 플러터 앱에 파이어베이스 프로젝트를 연동할 수 있습니다.

```
>firebase login
```

이제 다시 파이어베이스 사이트로 돌아와 [다음] 버튼을 눌러 'Flutter 앱에 Firebase 추가'를 계속 진행합니다.

2) Flutterfire CLI설치 및 실행

다음은 FlutterFire CLI 설치 및 실행에 대한 내용입니다. 안드로이드 스튜디오의 [Terminal] 탭에 명령어를 하나씩 복사하여 실행합니다.

그림 7-45 파이어베이스 추가하기 2

- **Flutterfire CLI 설치**

안드로이드 스튜디오에서 다음 명령어를 수행하면 Flutterfire CLI를 설치하고 활성화합니다

```
>dart pub global activate flutterfire_cli
```

```
PS C:\flutter_book\Chapter07\cgv_clone> dart pub global activate
flutterfire_cli
Package flutterfire_cli is currently active at version 0.2.7.
Resolving dependencies...
The package flutterfire_cli is already activated at newest available
version.
To recompile executables, first run `dart pub global deactivate
flutterfire_cli`.
Installed executable flutterfire.
Activated flutterfire_cli 0.2.7.
```

- **플러터 앱을 파이어베이스에 등록**

이번에는 플러터 앱을 파이어베이스에 등록할 차례입니다. 안드로이드 스튜디오의 [Terminal] 탭에서 다음과 같은 명령어를 수행하여 프로젝트를 선택합니다.

```
> flutterfire configure
```

```
PS C:\flutter_book\Chapter07\cgv_clone> flutterfire configure
i Found 3 Firebase projects.
? Select a Firebase project to configure your Flutter application with ›
❯ cgv-clone-d17df (cgv-clone)
  fir-login-e06ec (firebase-google-login)
  my-first-app-89663 (my-first-app)
  <create a new project>
```

프로젝트 추가가 완료되면, 지원 플랫폼을 선택합니다. 안드로이드와 ios가 선택되어 있

으니 그대로 두고 엔터를 눌러 완료합니다.

```
PS C:\flutter_book\Chapter07\cgv_clone> flutterfire configure
i Found 3 Firebase projects.
√ Select a Firebase project to configure your Flutter application with · cgv-clone-d17df (cgv-clone)
? Which platforms should your configuration support (use arrow keys & space to select)? ›
 √ android
 √ ios
   macos
   web
```

그림 7-46 플랫폼 선택하기

모든 설정이 끝나면 lib/firebase_options.dart 파일이 생성되었다는 문구가 표시되고 그 아래에 Firebase App Id가 생성된 것을 확인할 수 있습니다.

```
D:\flutter_book\Chapter05\cgv_clone>flutterfire configure
i Found 1 Firebase projects.
√ Select a Firebase project to configure your Flutter application with · cgv-clone-edd39 (cgv-clone)
√ Which platforms should your configuration support (use arrow keys & space to select)? · android, ios
i Firebase android app com.example.cgv_clone is not registered on Firebase project cgv-clone-edd39.
i Registered a new Firebase android app on Firebase project cgv-clone-edd39.
i Firebase ios app com.example.cgvClone is not registered on Firebase project cgv-clone-edd39.
i Registered a new Firebase ios app on Firebase project cgv-clone-edd39.

Firebase configuration file lib\firebase_options.dart generated successfully with the following Firebase apps:

Platform  Firebase App Id
android   1:25878925
ios       1:25878925

Learn more about using this file and next steps from the documentation:
 > https://firebase.google.com/docs/flutter/setup
```

그림 7-47 파이어베이스 프로젝트 설정 완료 결과

안드로이드 스튜디오의 프로젝트 탐색기에서 firebase_options.dart 파일이 생성되었는지 확인합니다. firebase_options.dart 파일에는 안드로이드와 ios의 Firebase App Id가 저장되어 있습니다.

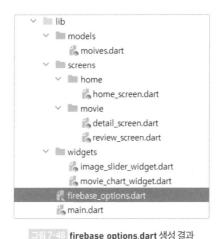

그림 7-48 **firebase_options.dart** 생성 결과

더 알아보기 flutterfire configure 실행 시 오류가 발생할 때

flutterfire configure 명령어를 실행했을 때 아래와 같은 오류가 발생한다면 파이어베이스에 로그인이 되어 있지 않아서 발생하는 오류입니다.

```
PS C:\flutter_book\Chapter07\cgv_clone> flutterfire configure
i Found 0 Firebase projects.
FirebaseCommandException: An error occured on the Firebase CLI when attempting
run a command.
COMMAND: firebase projects:list --json
ERROR: Failed to list Firebase projects. See firebase-debug.log for more info.
```

파이어베이스에 로그인을 합니다. 아래 명령어를 실행하여 파이어베이스에 로그인합니다.

> firebase login

3) 파이어베이스 초기화 및 플러그 추가

이제 다시 파이어베이스 사이트에서 'Flutter 앱에 Firebase 추가' 절차를 계속 진행합니다. 이번 단계는 파이어베이스 초기화 및 플러그 추가입니다.

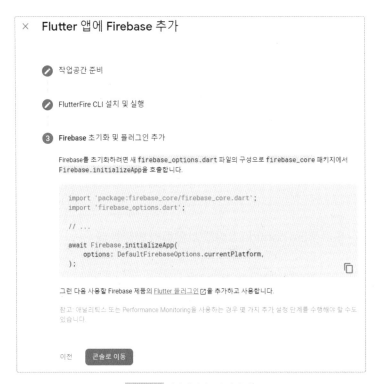

그림 7-49 파이어베이스 추가하기 3

• main.dart에서 파이어베이스 초기화하기

이제, 데이터베이스를 초기화하기 위해서 main.dart에 Firebase.initializeApp 호출 로직을 추가합니다. 데이터베이스에 데이터를 저장하고 조회하려면 데이터베이스를 초기화해야 합니다. 파이어베이스 연동을 위해 firebase_options.dart와 firebase_core.dart를 import합니다.

```dart
import 'package:cgv_clone/screens/home/home_screen.dart';
import 'package:flutter/material.dart';
import 'package:cgv_clone/firebase_options.dart';
import 'package:firebase_core/firebase_core.dart';

void main() {
  runApp(const MyApp());
}

class MyApp extends StatelessWidget {
  const MyApp({super.key});

  @override
  Widget build(BuildContext context) {
    return FutureBuilder( // 파이어베이스를 초기화합니다.
      future: Firebase.initializeApp(
        options: DefaultFirebaseOptions.currentPlatform,
      ),
      builder: (context, snapshot) {
        return MaterialApp(
          title: 'CGV Clone',
          debugShowCheckedModeBanner: false,
          home: MyHomePage(), // 홈 화면을 지정합니다.
        );
      },
    );
  }
}
```

안드로이드 스튜디오에서 main.dart 소스를 열어보면 firebase_core.dart를 import한
문장에서 빨간 줄로 오류가 표시되는 것을 확인할 수 있습니다.

```
import 'package:flutter/material.dart';
import 'package:cgv_clone/firebase_options.dart';
import 'package:firebase_core/firebase_core.dart';
```

pbspec.yaml에 아직 firebase_core 패키지가 추가되어 있지 않기 때문에 빨간 선으로 오류를 표시하고 있는 것입니다. 안드로이드 스튜디오의 터미널에서 다음과 같은 명령어를 수행하여 패키지를 추가합니다.

```
> flutter pub add firebase_core
```

플러터 앱에 파이어베이스 프로젝트 연동이 완료되었습니다.

Step 2. 데이터베이스 만들기

이제 데이터베이스를 만들 차례입니다. 파이어베이스에서는 Cloud Firestore를 데이터베이스로 사용합니다. 데이터 베이스를 생성하기 위해 파이어베이스 홈페이지에서 왼쪽 메뉴의 [빌드] − [Firebase Database] 페이지를 열고 Cloud Firestore 페이지에서 [데이터베이스 만들기]를 누릅니다.

그림 7-50 데이터베이스 만들기

데이터베이스는 테스트 모드와 프로덕션 모드 중 하나를 선택할 수 있는데 여기서는 [프로덕션 모드에서 시작]을 선택하고 [다음] 버튼을 누릅니다.

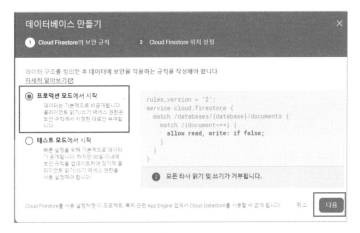

그림 7-51 데이터베이스 만들기 - **Cloud Firestore**의 보안규칙 설정

Cloud Firestore의 위치 설정을 변경하고자 합니다. Cloud Firestore의 위치는 데이터가 실제로 저장되는 리전을 말합니다. 기본적으로 'us-central'이 선택되어 있어서 데이터가 미국 중부지역에 저장됩니다. 하지만, 서울 리전으로 변경하고 싶다면 'asia-northeast3' 리전을 선택해야 합니다. 데이터 베이스의 지연 시간을 줄이기 위해서 데이터를 이용하는 서비스 및 사용자와 가까운 위치를 지정하는게 좋습니다.

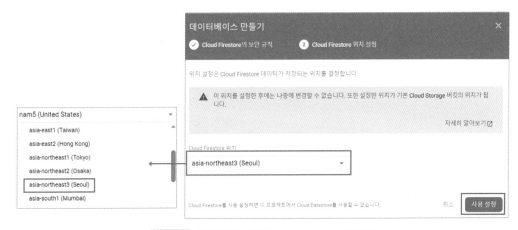

그림 7-52 데이터베이스 만들기 - **Cloud Firestore** 위치 설정

데이터베이스가 정상적으로 만들어졌는지 확인은 방법은 왼쪽 카테고리의 바로가기 메뉴에 [Firebase Database]를 확인합니다.

· **컬렉션 만들기**

이번에는 영화 리뷰를 저장할 컬렉션을 만들 차례입니다. 'Firebase Database'에서 새로고침 후 [+ 컬렉션 시작]을 눌러 컬렉션을 만들어 줍니다.

그림 7-53 Cloud Firestore 컬렉션 만들기

컬렉션 ID는 'review'로 작성하고 다음을 누릅니다.

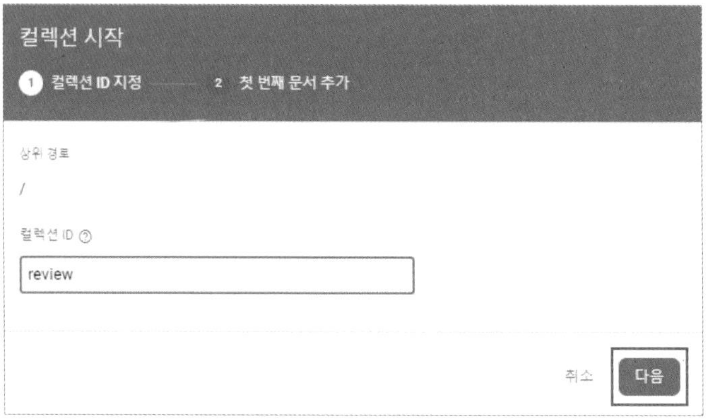

그림 7-54 review 컬렉션 만들기

• **문서 추가하기**

다음은 필드를 작성할 문서를 추가 합니다. 문서 ID는 [자동 ID] 버튼을 눌러 생성합니다.

그림 7-55 문서 **ID** 자동 생성하기

• **필드 추가하기**

리뷰를 저장할 때 필요한 필드를 추가하고 값에는 임시 데이터를 작성합니다. 필드는 다음과 같이 만듭니다.

movie_title	string	영화 제목 명
name	string	작성자 명
comment	string	리뷰 내용
evaluation	string	good, bad 평가 내용
registration_date	timestamp	등록 날짜

표 7-6 데이터베이스 필드 명세

다음 그림을 참고하여 필드 값도 임의로 만들어 줍니다.

그림 7-56 첫 번째 컬렉션 생성

플러터 앱에서 데이터베이스를 사용하려면 cloud_firestore 패키지를 추가해야 합니다. 터미널에서 다음의 명령어를 실행하여 cloud_firestore 패키지를 추가합니다.

```
> flutter pub add cloud_firestore
```

다음은 pubspec.yaml 파일입니다.

pubspec.yaml

```
...생략...
dependencies:
  flutter:
    sdk: flutter


  cupertino_icons: ^1.0.2
  carousel_slider: ^4.2.1
  firebase_core: ^2.10.0
  cloud_firestore: ^4.5.3
...생략...
```

이제 파이어베이스를 사용할 준비가 다 되었습니다.

7.3.2 데이터베이스 관리 파일 만들기

이제, 사용자가 작성한 리뷰를 저장하고 조회하는 로직을 만들어 봅니다. 데이터베이스에 데이터를 저장하고 조회하는 로직은 lib 폴더 아래 database_service.dart로 작성합니다.

컬렉션에 데이터 저장하기

플러터에서 Cloud Firestore에 신규 데이터를 저장하려면 add 메소드를 사용합니다. 다음 예제를 참고하여 작성래서 review 컬렉션에 데이터를 저장할 수 있습니다.

lib/database_service.dart

```
import 'package:cloud_firestore/cloud_firestore.dart';
final FirebaseFirestore firestore = FirebaseFirestore.instance;  //데이터베이스 인스
턴스

CollectionReference reviewsCollection = firestore.collection('review'); // 컬렉션

//리뷰컬렉션에 리뷰데이터를 저장합니다.
void addReview(String movieTitle, String name, String comment, String
evaluation) {
  reviewsCollection.add({
    'movie_title': movieTitle,              // 영화 제목을 저장합니다.
    'name': name,                           // 리뷰 작성자 이름을 저장합니다.
    'comment': comment,                     // 리뷰 내용을 저장합니다.
    'evaluation': evaluation,               // 평가 내용을 저장합니다 (GOOD! 또는 BAD.)
    'registration_date': DateTime.now(),  // 저장 시간을 현재 시간으로 설정합니다.
  }).then((value) => print('review added'));
}
```

컬렉션에서 데이터 조회하기

리뷰 컬렉션에 있는 데이터를 조회하기 위해서 .where 속성을 사용합니다. 데이터베이스에 저장된 리뷰 데이터 중 movieTitle에서 담고 있는 영화 제목과 일치하는 데이터를 조회하여 snapshot으로 만들어 반환합니다.

lib/database_service.dart

```
...생략...
Stream<QuerySnapshot> getReviews(String movieTitle) {
  return reviewsCollection.where("movie_title", isEqualTo: movieTitle).
snapshots(); // 검색조건
}
```

7.3.3 리뷰 데이터 저장하기

관람평 작성 화면에서 입력받은 작성자와 리뷰 내용을 저장하기 위해 database_service.dart에 작성한 addReview를 사용합니다. 관람평 작성 화면에서 [제출] 버튼을 눌렀을 때 입력된 데이터를 addReview() 함수의 파라미터로 전달합니다. 그럼 reviewsCollection.add()가 실행되어 리뷰 컬렉션에 데이터가 저장됩니다.

```
void addReview(String movieTitle, String name, String comment, String
evaluation) {
  reviewsCollection.add({
    'movie_title': movieTitle,          // 영화 제목을 저장합니다.
    'name': name,                       // 리뷰 작성자 이름을 저장합니다.
    'comment': comment,                 // 리뷰 내용을 저장합니다.
    'evaluation': evaluation,           // 평가 내용을 저장합니다 (GOOD! 또는 BAD.)
    'registration_date': DateTime.now(), // 저장 시간을 현재 시간으로 설정합니다.
  }).then((value) => print('review added'));
}
```

파이어베이스에 리뷰 저장

관람평 작성 화면에서 [제출] 버튼이 눌렸을 때 입력 데이터를 addReView() 메소드에 전달하여 리뷰 데이터를 데이터베이스에 저장합니다. addReview()를 사용하기 위해 database_serveice.dart를 import 합니다. 다음 예제를 참고하여 review_screen.dart를 수정합니다.

lib/screens/movie/review_screen.dart

```dart
import 'package:cgv_clone/database_service.dart';
…생략…
onPressed: () {
  // 유효값 체크 로직 등을 작성합니다.
  if (reviewIdController.text.isEmpty ||
      reviewTextController.text.isEmpty) {
    // 체크에 검출되었을 때 다이얼로그를 띄웁니다.
    showDialog<String>(
      context: context,
      builder: (BuildContext context) => AlertDialog(
        content: Text('리뷰를 입력하세요.'),
        actions: <Widget>[
          TextButton(
            onPressed: () => Navigator.pop(context, 'OK'),
            child: const Text('OK'),
          ),
        ],
      ),
    );
  } else {
    // Database에 저장해줍니다.
    addReview(thisMovie.title, reviewIdController.text,
reviewTextController.text, choices[choice_index]);
    // 이전 화면으로 나갑니다.
    Navigator.pop(context);
  }
},
```

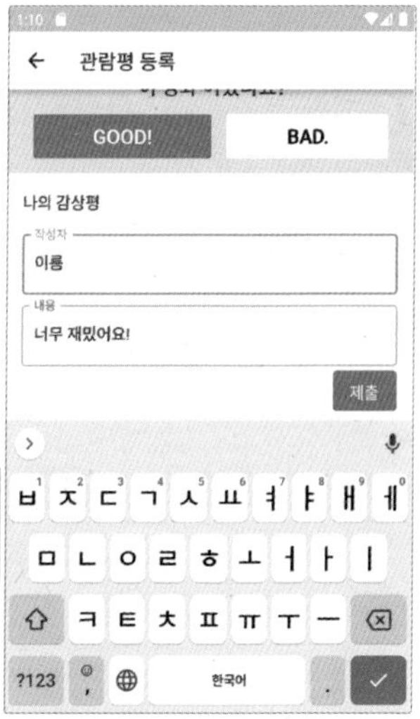

그림 7-57 리뷰 저장 테스트

예제를 실행하여 관람평을 등록한 후 파이어베이스에 접속하여 저장한 리뷰가 제대로 저장되었는지 확인합니다.

파이어베이스에서 저장된 리뷰 확인

리뷰가 정상적으로 파이어베이스에 저장되었는지 확인하기 위해 파이어베이스 사이트에 접속하고 리뷰 컬렉션을 선택한 후 저장된 리뷰를 확인할 수 있습니다.

그림 7-58 파이어베이스 사이트에서 등록된 리뷰 데이터 확인

 저장할 때 권한 오류가 날 때

관람평을 작성하고 제출했을 때 다음과 같은 'permission-denied' 오류가 난다면 파이어베이스의 write 작성 권한을 확인해 볼 필요가 있습니다.

파이어베이스 홈페이지에 접속하여 해당 프로젝트의 [Firebase Database]를 들어갑니다. 상단의 [규칙] 탭을 확인하면 기본적인 권한으로 설정되어 있을 것입니다.

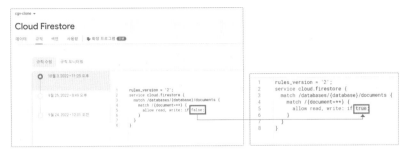

초기 규칙이 false로 되어있기 때문에 작성 시 오류가 납니다. 쓰기, 읽기 규칙을 true로 수정하고 반영하면 권한 오류가 해결됩니다.

파이어 베이스 규칙은 모든 사용자에게 또는 인증된 사용자에게 권한을 부여하여 다양한 규칙을 생성할 수 있습니다. 더 자세한 내용은 기본 보안 규칙 홈페이지 (https://firebase.google.com/docs/rules/basics? hl=ko)를 참고합니다.

7.3.4 영화 리뷰 목록에 관람평 나타내기

이제, 영화 상세 화면의 관람평 작성 화면에서 저장한 영화 리뷰를 화면에 나타나도록 합니다.

영화 상세 화면에서 해당 영화에 대한 리뷰 목록을 보여주기 위해 database_service.dart에 만든 getReviews()를 사용합니다. 해당 영화에 대한 리뷰 목록만 조회되도록 영화 제목을 전달합니다.

그림 7-59 영화 리뷰 조회 영역 확인

```
Stream<QuerySnapshot> getReviews(String movieTitle) {
  return reviewsCollection.where("movie_title", isEqualTo: movieTitle).
snapshots();
}
```

플러터에서는 조회한 데이터를 화면에 보여주기 위해 StreamBuilder 위젯을 사용하는데, getReviews()의 리턴값에 검색한 리뷰 데이터가 Stream<QuerySnapshot> 형태로 반환됩니다.

다음은 StreamBuilder의 주요 속성입니다.

stream	Stream<QuerySnapshot> 객체를 설정합니다.
builder	- 객체를 받아 레이아웃을 구성합니다. - BuildContext와 AsyncSnapshot<QuerySnapshot> 객체를 인자로 받습니다. - BuildContext는 현재 위젯 트리의 위치를 나타내는 객체이며, AsyncSnapshot 객체는 stream 객체의 현재 상태를 나타냅니다.

표 7-7 StreamBuilder 주요 속성 살펴보기

예제에서는 영화 제목을 사용하여 파이어베이스에서 리뷰 데이터를 조회하고, 그 결과를 쿼리 스냅샷으로 전달하기 위해 StreamBuilder를 사용합니다. 이후 DocumentSnapshot을 이용하여 화면에 해당 데이터를 표시합니다.

영화 리뷰 목록에 리뷰

리뷰 데이터를 화면에 표시하기 위해 StreamBuilder 위젯을 사용하겠습니다. **먼저, StreamBuilder의 stream 속성에서 getReviews(영화 제목) 메소드를 호출하여 Stream 객체를 설정합니다.** 이를 통해 영화 제목에 해당하는 리뷰 데이터를 스트림으로 받아올 수 있습니다. getReviews(영화 제목) 메소드를 호출하면 해당 영화의 리뷰 목록을 담은 Stream<QuerySnapshot>이 반환되고 해당 Stream<QuerySnapshot>을 사용하여 리뷰

목록을 화면에 표시할 수 있습니다.

이제 builder 속성을 사용하여 snapshot의 리뷰 데이터를 화면에 표시하겠습니다. 먼저, map 함수를 사용하여 각각의 리뷰를 DocumentSnapshot document 변수에 저장합니다. 그런 다음, 'document['필드명']' 형태로 데이터를 활용하여 화면에 표시합니다.

영화 상세 화면의 [실관람평 등록하기] 버튼 아래에 영화 제목과 리뷰가 표시되도록 Text 위젯에 담아 테스트해 보겠습니다. 필요한 패키지 파일을 import 하고 내용을 detail_screen.dart 파일에 작성해보겠습니다.

lib/screens/movie/detail_screen.dart

```dart
import 'package:cloud_firestore/cloud_firestore.dart';
import 'package:cgv_clone/database_service.dart';

...생략...
Padding(
  padding: const EdgeInsets.all(4.0),
  child: OutlinedButton(…), // 실관람평 작성하기 버튼
),
// 리뷰 목록을 만듭니다.
StreamBuilder<QuerySnapshot>(
  stream: getReviews(thisMovie.title), // 객체를 설정합니다.
  builder:
      (BuildContext context, AsyncSnapshot<QuerySnapshot> snapshot) {
    if (!snapshot.hasData) return const Text('Loading...'); // 데이터가 없을 때 로딩
                                                            // 상태 표시
    return Column(
      children: snapshot.data!.docs.
                  map((DocumentSnapshot document) {
        return Text("${document['name']} :
                    ${document['comment']}" );
      }).toList(),
    );
  },
),
...생략...
```

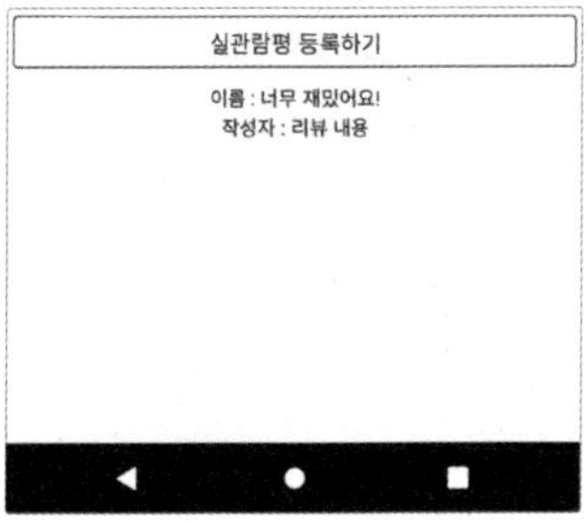

그림 7-60 **StreamBuilder** 작성 결과

리뷰 목록의 레이아웃을 ListTile을 사용하여 표현해 보겠습니다. builder 속성에서 Text 위젯을 제거하고 대신 ListTile을 활용하여 리뷰를 목록 형태로 수정하겠습니다.

lib/screens/movie/detail_screen.dart

```dart
...생략...
StreamBuilder<QuerySnapshot>(
  stream: getReviews(thisMovie.title), // 객체를 설정합니다.
  builder:
      (BuildContext context, AsyncSnapshot<QuerySnapshot> snapshot) {
    if (!snapshot.hasData)
      return const Text('Loading...'); // 데이터가 없을 때 로딩 상태 표시
    return Column(
      // 수직으로 위젯을 배치합니다.
      children: snapshot.data!.docs.map((DocumentSnapshot document) {
        return Text("${document['name']} : ${document['comment']}" );
        return ListTile(
          leading: CircleAvatar( // 아바타 로고를 만듭니다.
            backgroundColor: Colors.grey,
            child: Icon(Icons.person, color: Colors.black),
          ),
          title: Column(
            // 위젯을 수직으로 배치합니다.
            crossAxisAlignment:
                CrossAxisAlignment.start, // 수평 방향 좌측 정렬합니다.
            children: [
              Text(
                document['evaluation'], // 평가 내용을 보여줍니다.
                style: TextStyle(color: Colors.brown),
              ),
              Row(
                children: [
                  Text(
                    document['name'], // 작성자 명을 보여줍니다.
                    style: Theme.of(context).textTheme.titleLarge,
                  ),
                  Spacer(),
                  Text(
```

```
                    (document["registration_date"])
                        .toDate()
                        .toString(), // 작성 날짜를 보여줍니다.
                    style: TextStyle(color: Colors.grey),
                  ),
                ],
              ),
            ],
          ),
          // 리뷰 내용을 보여줍니다.
          subtitle: Text(document['comment']),
        );
      }).toList(),
    );
  },
),
...생략...
```

그림 7-61 리뷰 스타일 적용하기

CGV 클론 앱이 완성되었습니다. 홈 화면에서 포스터를 선택하면 해당 영화의 상세 정보와 리뷰 목록을 볼 수 있고, [실관람평 작성하기] 버튼을 누르면 리뷰 작성 화면으로 이동하여 리뷰를 작성할 수 있습니다. 작성된 리뷰는 파이어베이스에 저장되고 영화 상세 화면에서 저장된 리뷰 목록을 조회할 수 있습니다. 이번 장에서 학습한 기능을 응용하여 다양한 플러터 앱을 구현해보길 바랍니다.

8

01 오픈 API 인증키 발급받기

02 http 통신을 통한 오픈 API 사용하기

03 SQLite를 활용하여 주차장 정보 저장하기

04 구글 맵스 플랫폼에서 API 인증키 발급받기

05 구글 맵 띄우기

공영 주차장
위치 조회
앱 만들기

이번 장에서는 오픈 API와 구글 지도를 활용하여 공영 주차장 위치 정보를 조회하는 앱을 만들어 보겠습니다. 이 앱은 공공데이터로부터 공영 주차장 위치 정보를 가져와 모바일 기기에 저장하고, 사용자의 현재 위치와 가까운 공영 주차장을 찾아 구글 지도에 표시합니다.

이를 위해 공공데이터의 오픈 API를 활용하는 방법과 API를 통해 가져온 주차장 정보를 모바일 기기에 저장하는 방법을 알아보고, 사용자의 위치에 따라 주차장 정보를 구글 지도에 표시하는 방법을 차례대로 학습하겠습니다.

앱 소개하기

앱에서 내 현재 위치 근처 공영 주차장(이하, 주차장) 위치 정보를 구글 지도 위에 표시하는 기능을 만들어 보겠습니다. 이를 위해서는 오픈 API를 통해 필요한 주차장 정보를 가져오고 이를 디바이스 내의 데이터베이스에 저장해야 합니다. 디바이스의 데이터베이스에 저장된 주차장 위치 정보를 불러와 지도 위에 표시하고, 사용자의 현재 위치를 기준으로 주차장의 위치 정보를 표시하는 기능을 구현할 것입니다.

그림 8-1 주차장 위치 정보 조회 앱

구글 지도 위에 오픈된 공공데이터 API를 통해 불러온 주차장의 위치들을 표시하기 위한 핵심 위젯입니다.

- FutureBuilder : Future를 호출해 자체적으로 빌드하기 위해 사용합니다. http를 통해 API 호출을 하거나 DB에서 데이터를 읽어오는 등 비동기 프로그래밍을 위해 사용합니다.

- Stack : Stack 위젯은 여러 위젯들을 겹쳐서 보여줄 수 있습니다. 구글 지도 위에 버튼 위젯을 겹쳐서 배치합니다.

이번 프로젝트에서 사용하게 될 패키지는 다음과 같습니다.

패키지명	설명
http	오픈 API의 URL을 호출하기 위한 http 요청 라이브러리
sqflite	플러터용 SQLite 플러그인으로 DB 작업을 위한 라이브러리
path	DB 로컬 저장 시 경로 위치를 가져오는 라이브러리
google_maps_flutter	구글 지도 위젯을 제공하는 플러터 플러그인
geolocator	안드로이드 및 iOS의 위치 정보 서비스에 접근하기 위한 플러그인

표 8-1 필요 패키지

공영 주차장 위치 조회 앱 구현 순서입니다.

1) 먼저, 오픈 API 호출을 통해 주차장의 위치 정보를 가져옵니다.
공공데이터 오픈API사용을 위해 키 정보를 발급받고 앱에서 API를 호출해 주차장 위치 정보에 대한 위도/경도 값을 화면에 표시합니다.

2) SQLite를 통해 위치 정보를 디바이스 내의 데이터베이스에 저장하고 불러오기 기능을 추가합니다.

3) 구글 지도 위에 위치 정보를 표시합니다. 앞에서 완성된 기능에 구글 지도를 추가하고 데이터베이스에 저장된 정보를 불러와 지도상에 표시합니다. 구글 지도 사용을 위한 구글 클라우드 API 인증키 발급도 수행됩니다.

8.1.1 사전 준비

공영 주차장 위치 조회 앱을 만들기 위해 먼저 아래 항목이 준비되어있는지 확인합니다.

1. 서울 열린데이터 광장(https://data.seoul.go.kr/)에 가입
2. 오픈 API 인증키 발급
3. SQLite 설치(https://pub.dev/packages/sqflite)
4. Google Cloud(https://mapsplatform.google.com/)에서 API 키 발급

8.1.2 폴더 구조 만들기

주차장 위치 찾기 앱을 위한 폴더 구조는 다음과 같습니다. 공공 API 정보를 호출하여 주차장 정보를 가져오는 기능과 구글 지도에 위치를 표시하는 기능을 분리하여 'map' 폴더에 위치시키고, 오픈 API 인증키 정보는 'key.dart'로 별도로 관리합니다. 주차장 정보와 주차장 위치정보는 model 폴더에 위치하며 데이터베이스에 주차장 위치 정보를 저장하도록 합니다.

	프로젝트 폴더	소스파일	설명
	/	pubspec.yaml	공영 주차장 앱을 위한 패키지 추가
	/lib	main.dart	프로젝트의 메인 소스
	/lib/key	key.dart	오픈 API 인증키 정보
	/lib/map	mapsample.dart	구글 맵 위젯 정보를 사용하고 위치 표시
	/lib/models	park.dart	주차장 객체를 나타내기 위한 모델정보
	/lib/repositories	dbhelper.dart	DB에 저장, 수정, 삭제를 하거나 정보를 불러오는 조회 기능을 구현
	/lib/services	fetchpark.dart	http 호출을 통해 오픈 API 정보를 가져오는 기능 구현

표 8-2 프로젝트 구조

8.1.3 프로젝트 생성

안드로이드 스튜디오에서 [File] → [New] → [New Flutter Project]를 클릭해 프로젝트명을 'parking' 으로 생성합니다.

그림 8-2 프로젝트 생성

8.1.4 공공데이터 오픈 API 활용

오픈 API 발급 과정을 알아보고 우리가 사용할 서울시 공영 주차장 정보를 가져와 플러터에 적용해 보도록 하겠습니다.

서울 열린데이터 광장

서울 열린데이터 광장(https://data.seoul.go.kr/)은 열린시정 3.0에 의해 공공데이터를 민간에 개방하고 소통함으로써 공익성, 업무 효율성, 투명성을 높이고 시민의 자발적 참여로 새로운 서비스와 공공의 가치를 창출할 수 있도록 하는 서비스입니다. 회원가입 후 오픈 API 인증키를 신청해서 발급 받으면 열린데이터 광장에서 제공하는 다양한 오픈 API를 이용할 수 있습니다.

오픈 API 인증키 발급받기

우리가 만들 앱에서 주차장 정보를 사용하려면 서울 열린데이터 광장에서 제공하는 오픈 API 인증키를 발급받아야 합니다.

'서울 열린데이터 광장' 홈페이지에 회원가입

먼저, 서울 열린데이터 광장은 서울특별시 홈페이지의 통합회원으로 로그인되므로 가입 절차에 따라 진행하도록 합니다.

회원가입을 마친 후 서울 열린데이터 광장(https://data.seoul.go.kr/)에 로그인합니다.

그림 8-3 서울시 홈페이지 로그인 페이지

인증키 신청

서울 열린데이터 광장 홈페이지의 상단 메뉴 중 '인증키 신청'을 클릭하면 인증키를 받을 수 있는 페이지가 나타납니다. '일반 인증키 신청'을 선택해 인증키 발급 절차를 진행합니다.

다음 그림과 같이 열린데이터 광장 이용약관에 동의한 후 서비스(사용) 환경, 사용 URL, 대표 이메일, 활용용도 등의 내용을 입력한 후 '인증키 신청'을 누릅니다.

그림 8-4 인증키 신청 페이지

그림 8-5 인증키 신청정보

인증키 조회

인증키 신청 후 별도의 승인절차 없이 곧바로 인증키를 사용할 수 있으며 인증키 정보를 조회할 수 있습니다. 서울 열린데이터 광장 홈페이지의 오른쪽 상단 메뉴 중 [인증키 관리]를 클릭하면 인증키 정보가 조회됩니다. 인증키를 사용할 때는 해당 페이지에서 [인증키 복사]를 통해 인증키를 얻어와 사용할 수 있습니다.

그림 8-6 인증키 신청 내용

발급받은 인증키는 유출되지 않도록 철저히 관리해야 합니다. 실시간 지하철 오픈 API의 경우 하루 최대 1,000건을 요청할 수 있으며 만약 다른 사람이 유출된 인증키로 API를 호출한다면 우리는 발급받은 인증키를 더 이상 사용할 수 없게 됩니다. 인증키는 API 호출 시 사용되는 중요한 정보이므로 유출되지 않도록 주의해야 합니다.

오픈 API 검색 – 서울시 공영 주차장 안내 정보

이제, 공영 주차장 정보를 가지고 오는 방법을 살펴보겠습니다. 먼저, 서울 열린데이터 광장 메인 페이지에서 사용하고자 하는 오픈 API를 검색합니다. 공영 주차장 정보가 지역별로 다양할 수 있는데 이 장에서는 서울시 공영 주차장 정보를 사용합니다. 검색 창에서 "공영 주차장"을 입력하고 [검색]을 클릭합니다.

그림 8-7 서울 열린데이터 광장

검색된 결과를 보면, 다양한 공공데이터 정보가 나오는데 가장 상위에 조회된 '서울시 공영 주차장 안내 정보'를 선택합니다.

그림 8-8 서울 열린데이터 광장 API 통합 검색

'서울시 공영 주차장 안내 정보'의 상세 정보는 [데이터 정보]와 [미리보기]가 조회되는

데 [데이터 정보]를 보면 API가 공개된 일자, 제공기관, 저작권자, 라이선스 등의 정보를 알 수 있고, [미리보기]에는 API에서 제공하는 상세 데이터와 오픈 API 호출 방법 등이 설명되어 있습니다.

그림 8-9 서울 열린데이터 광장 **API** 통합 검색

[미리보기]의 Sheet와 Open API 탭을 살펴보겠습니다. 'Sheet' 탭에서는 검색한 API 의 데이터를 보여주고 엑셀로 내려받을 수 있는 기능을 제공하고, Open API 탭에서는 서울시 공영 주차장에 대한 상세한 정보들을 보여줍니다.

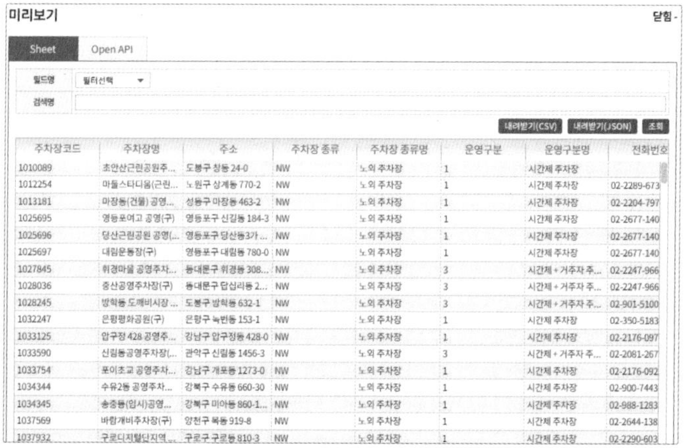

그림 8-10 미리보기-**Sheet** 탭

OpenAPI 탭을 클릭하면, 오픈 API를 사용하기 위한 샘플 URL 정보와 요청인자(Input), 출력값(Output)의 레이아웃과 에러코드에 대한 설명을 확인 할 수 있습니다.

그림 8-11 미리보기-**Open API**-샘플 URL, 요청인자

기관에 따라 API로 제공하는 출력값은 변경될 수 있습니다. 그러므로 앱에서 사용하는 API의 정보가 변경되는지 주기적으로 체크하는 것이 중요합니다. 만약 제공기관이 앱에서 사용하는 출력값을 더 이상 제공하지 않게 되면, 앱이 정상적으로 동작하지 않을 수 있습니다. 사용하는 API 정보를 정기적으로 체크하여 변경 여부를 확인하도록 합니다.

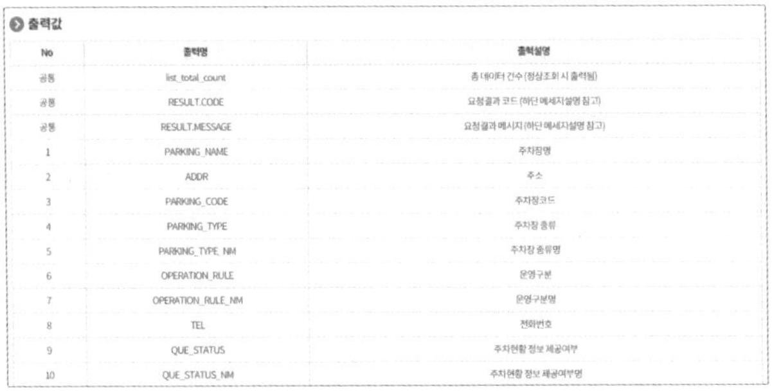

그림 8-12 미리보기-**Open API**-출력값

오픈 API 테스트하기

공영 주차장 정보를 API를 통해 가져오기 전 API를 검색하고 테스트해 보려면 https://
data.seoul.go.kr/together/mypage/actkeyMng_ss.do에 접속합니다. 오픈 API 테스트는
검색하려는 API 명을 검색창에 입력하여 검색합니다. 검색한 API 명을 콤보박스에서 선
택한 후 [출력] 버튼을 누릅니다.

그림 8-13 오픈 API 테스트하기

오픈 API 호출을 통해 주차장 정보를 가져오는 로직을 구현하기 전에, 먼저 main.dart
에 기본 코드를 작성하고 화면 중앙에 주차장 정보를 텍스트로 보여주는 화면을 만들어봅
니다.

lib\main.dart

```dart
import 'package:flutter/material.dart';

void main() => runApp(MyApp());

class MyApp extends StatefulWidget {
  const MyApp({Key? key}) : super(key: key);

  @override
  State<MyApp> createState() => _MyAppState();
}

class _MyAppState extends State<MyApp> {
  @override
  Widget build(BuildContext context) {
    return MaterialApp(
      title: '오픈API 활용하기',
      home: Scaffold(
        appBar: AppBar(title: Text('공영 주차장 조회'),),
        body: Center(
          child: Column(
            mainAxisAlignment: MainAxisAlignment.center,
            children: [
```

```
                    Text('주차장명'),
                    Text('주차코드'),
                    Text('위도위치'),
                    Text('경도위치'),
                ],
            )
          ),
        ),
      );
    }
  }
```

예제를 실행하면 화면 중앙에 주차장명, 주차코드, 주차장의 위도와 경도 위치를 텍스트로 표시합니다.

그림 8-14 **main.dart** 실행 결과

8.3 Flutter + Dart http 통신으로 오픈 API 사용하기

이제, 오픈 API 호출을 위한 로직을 구현할 차례입니다. 먼저, 주차장 정보의 사용을 위한 Park 클래스를 만들고 http 통신을 통해 오픈 API 호출하는 방법을 학습합니다. 오픈 API 호출을 하기 위해 필요한 인증키 정보는 key.dart에 저장하고, 주차장 정보를 담아둘 park.dart를 생성한 후, API 호출로 주차장 정보를 가져와 park 오브젝트에 담는 과정을 차례대로 구현해 보겠습니다.

step 1 pubspec.yaml – http 패키지 추가

API를 통해 디바이스에서 주차장 정보 데이터를 가져오기 위해 필요한 패키지를 추가합니다. API 호출을 위해서는 http 통신을 사용하므로 http 패키지가 필요합니다. 안드로이드 스튜디오 터미널에서 다음 명령어를 실행하여 pubspec.yaml 파일에 http 패키지를 추가합니다.

```
>flutter pub add http
```

pubspec.yaml

```
dependencies:
  flutter:
    sdk: flutter

  http: ^0.13.5
```

이제 http 패키지 사용을 위한 준비가 끝났습니다.

step 2 오픈 API 인증키 저장하기 - key.dart

오픈 API 호출을 하려면 인증키가 필요합니다. 서울 열린데이터 광장에서 발급받은 인증키를 key.dart에 저장합니다. 인증키는 API 호출할 때마다 사용됩니다. 파라메터 값에 포함하여 인증키와 사용하려는 데이터를 요청하는데 소스코드에서 인증키를 노출하지 않기 위해 별도 파일로 만듭니다. 인증키가 변경되는 경우 이 파일에서 인증키를 수정합니다.

lib\key\key.dart

```
String apiKey = '754f46██████████████████████'; //발급받은 오픈API 인증키를 넣습니다.
```

step 3 Park 클래스 만들기 - park.dart

오픈 API를 통해서 주차장 위치 정보를 가져오긴 전에, 먼저 주차장 정보를 담아 둘 클래스를 만듭니다. 주차장 정보를 담아 둘 클래스는 오픈 API에서 가져온 데이터를 저장할 때 사용되며, 오픈 API에서 제공하는 출력 레이아웃 중 필요한 정보가 무엇인지 확인하고 Park 클래스를 정의합니다.

오픈API 서울시 공영 주차장 안내 정보 출력 레이아웃

오픈 API를 통해 가져온 출력 레이아웃은 다음과 같습니다. 우리가 사용한 API 정보는 '서울시 공영 주차장 안내 정보'로 제공되는 출력값은 41개의 항목이 있습니다. 이 중, 구글 지도에 주차장 위치정보를 표시하기 위해 필요한 정보는 주차장명, 주차장코드, 주차장위치좌표위도, 주차장위치좌표경도입니다.

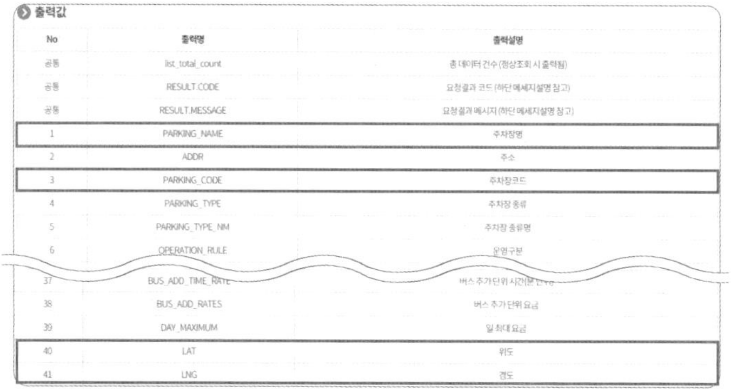

출력값

No	출력명	출력설명
공통	list_total_count	총 데이터 건수 (정상조회 시 출력됨)
공통	RESULT.CODE	요청결과 코드 (하단 메세지설명 참고)
공통	RESULT.MESSAGE	요청결과 메시지 (하단 메세지설명 참고)
1	PARKING_NAME	주차장명
2	ADDR	주소
3	PARKING_CODE	주차장코드
4	PARKING_TYPE	주차장 종류
5	PARKING_TYPE_NM	주차장 종류명
6	OPERATION_RULE	운영구분
37	BUS_ADD_TIME_RATE	버스 추가 단위 시간(분 단위)
38	BUS_ADD_RATES	버스 추가 단위 요금
39	DAY_MAXIMUM	일 최대 요금
40	LAT	위도
41	LNG	경도

그림 8-15 서울시 공영 주차장 안내 정보 출력값

오픈 API 서울시 공영 주차장 안내 정보 JSON 데이터

이 출력값을 API 호출을 통해서 가져오면 다음과 같이 JSON 형식으로 응답됩니다. 출력값의 [출력명]이 JSON 데이터의 key 값이 되는 부분을 주의해서 봅니다.

```
{
"GetParkInfo":
  {"list_total_count":16,
   "RESULT": {"CODE":"INFO-000", "MESSAGE":"정상 처리되었습니다"},
   "row":[
            { "PARKING_NAME":"역삼1문화센터 공영 주차장(구)",      // 주차장명
             …
             "PARKING_CODE":"1042402",                        // 주차장코드
             "ADDR":"강남구 역삼동 829-20",
             …
             "LAT":37.49534845,                              // 주차장 위치좌표 위도
             "LNG":127.03323757                              // 주차장 위치좌표 경도
            },
            …
         ]
   }
}
```

Park 클래스

Park 클래스는 오픈 API를 통해 가져온 데이터를 담기 위해 사용합니다. 오픈 API를 호출하여 응답되는 JSON 데이터의 출력값을 확인하여 앱에서 사용할 데이터를 분석하고 클래스를 생성합니다. 구글 지도에 표시하기 위해 필요한 데이터는 주차장명, 주차장코드, 주차장 위치좌표 위도 정보와 경도 정보이므로 Park 클래스에는 주차장명과 주차장코드를 담을 String 타입의 변수와 주차장위치 위도,경도 정보를 담을 double 타입의 변수 두 개를 선언합니다. 클래스의 생성자 함수도 만들어줍니다. Park 클래스는 models 폴더 아래에 park.dart를 생성합니다.

lib\models\park.dart

```
class Park {
  final String parking_name;        //주차장명
  final String parking_code;        //주차장코드
  final double lat;                 //주차장 좌표위치 위도
  final double lng;                 //주차장 좌표위치 경도
  Park({required this.parking_name, required this.parking_code, required this.
                                           lat, required this.lng});
}
```

JSON 형식 데이터를 Park 오브젝트로 변환하는 메소드 만들기

Park 타입의 변수에 데이터를 설정하기 위해서는 JSON 형식의 데이터를 Park 오브젝트로 변환하는 Park.fromJson 메소드를 생성해야 합니다. 오픈 API를 통해 가져오는 데이터는 JSON 형식으로 제공되므로 http를 통해 가져온 데이터를 사용하려면 JSON 형식의 데이터를 Park 오브젝트로 변환해야 합니다. Json['PARKING_NAME']의 'PARK-ING_NAME'은 JSON의 key 값을 의미합니다.

```
class Park {
…생략…
// JSON 형식을 Park 오브젝트로 변환
  Park.fromJson(Map<String, dynamic> json)
      : parking_name = json['PARKING_NAME'],
        parking_code = json['PARKING_CODE'],
        lat = json['LAT'],
        lng = json['LNG'];
}
```

Park 오브젝트를 JSON 형식 데이터로 변환하는 메소드 만들기

이번에는 Park 오브젝트를 JSON 형식으로 변환하는 메소드를 작성합니다. Map \<String, dynamic\> toJson() 메소드는 Park 오브젝트를 JSON 형식으로 변환해주는 역할을 수행합니다

```
class Park {
…생략…
// Park 오브젝트를 JSON 형식으로 변환
Map<String, dynamic> toJson() =>
{
  'PARKING_NAME': parking_name,
  'PARKING_CODE': parking_code,
  'LAT': lat,
  'LNG': lng
};
}
```

이렇게 Park.dart에서 정의된 Park 오브젝트와 JSON 형식 데이터와의 변환 로직은 API를 호출하여 받은 응답 값을 앱에서 사용하기 위해 사용됩니다.

step 4 http 통신을 통해 API 호출하기 – fetchpark.dart

이제, http 통신으로 API 호출을 하고, API를 통해 가져온 주차장 정보를 변환하여 Park 인스턴스를 생성합니다. http 통신을 사용하기 위한 http 패키지를 import하고, 앞서 만든 park.dart와 key.dart를 import합니다. 그리고 json 형식의 데이터를 디코딩하기 위한 dart:convert를 import합니다.

```
import 'package:http/http.dart' as http;
import 'package:parking/models/park.dart';
import 'package:parking/key/key.dart';
import 'dart:convert';
```

오픈 API 호출하기

오픈 API를 통해 주차장 정보를 가져오려면, 발급받은 API 인증키를 http 통신을 통해 호출해야 합니다. http 통신은 비동기 통신이기 때문에 async로 선언합니다 응답 데이터의 body 정보를 responseBody에 담기 위해 http.get 메소드를 사용합니다.

lib\services\fetchpark.dart

```
import 'package:http/http.dart' as http;
import 'package:parking/models/park.dart';
import 'package:parking/key/key.dart;
import 'dart:convert';

Future<List<Park>> fetchPark() async{
Late List<Park> parkingList; //반환할 주차장목록을 담을 변수
  String url = "http://openapi.seoul.go.kr:8088/"+apiKey+"/json/
GetParkInfo/1/5/역삼";
  final response = await http.get(Uri.parse(url));
  final responseBody = response.body;
}
```

API로 호출한 정보를 통해 Park 인스턴스 생성

API 호출로 가져온 응답 데이터를 Park 목록에 담으려면 먼저 응답 데이터를 JSON 형식으로 변환해야 합니다. json.decode를 통해 responseBody를 JSON 형식으로 변환하고 jsonMap 변수에 할당합니다.

lib\services\fetchpark.dart

```
Future<List<Park>> fetchPark() async{
...생략...
  //json.decode를 통해 json형식으로 변환하여 jsonMap 변수에 할당
  final jsonMap = json.decode(responseBody);

//jsonMap에 GetParkInfo 라는 키가 있을 경우 주차장 정보가 있음
  //주차장 정보가 있는경우 List<Park> 형태로 List생성
  //주차장 정보가 없는경우 empty List 생성
  parkingList = jsonMap.containsKey("GetParkInfo")
      ? (jsonMap['GetParkInfo']['row'] as List)
          .map((e) => Park.fromJson(e))
          .toList()
      : List.empty();

    //응답코드가 정상(200)인 경우 parkingList 리턴
  if(response.statusCode == 200) {
    return parkingList;
  }else{
    throw Exception('Failed to load park info');
  }
}
```

API를 호출하여 리턴되는 응답 데이터 유무를 확인하기 위해서는 jsonMap.contains-Key ('GetParkInfo')를 사용합니다. jsonMap.containsKey ('GetParkInfo')는 응답 데이터가 있는지 확인하고 있을 경우 Park.fromJson을 통해 jsonMap['GetParkInfo']['row']의 데이터를 List<Park> 타입의 리스트로 만들고, 응답 데이터가 없는 경우는 List.empty()

로 비어있는 리스트를 만들어 parkingList에 할당합니다.

다음 표는 데이터의 유무에 따른 응답 값 예시입니다.

응답 데이터가 있는 경우	응답 데이터가 없는 경우
{"GetParkInfo":{"list_total_count":16,**RESULT**:{"CODE":"INFO-000","MESSAGE":"정상 처리되었습니다"},**row**:[{"PARKING_NAME":"역삼1문화센터 공영 주차장(구)","ADDR":"강남구 역삼동 829-20","PARKING_CODE":"1042402","PARKING_TYPE":"NW","PARKING_TYPE_NM":"노외 주차장","OPERATION_RULE":"1","OPERATION_RULE_NM":"시간제 주차장","TEL":"02-2176-0922","QUE_STATUS":"1","QUE_STATUS_NM":"현재~20분이내 연계데이터 존재(현재 주차대수 표현)","CAPACITY":118.0,"PAY_YN":"Y","PAY_NM":"유료","NIGHT_FREE_OPEN":"N","NIGHT_FREE_OPEN_NM":"야간 미개방","WEEKDAY_BEGIN_TIME":"0000","WEEKDAY_END_TIME":"2400","WEEKEND_BEGIN_TIME":"0000","WEEKEND_END_TIME":"2400","HOLIDAY_BEGIN_TIME":"0000","HOLIDAY_END_TIME":"2400","SYNC_TIME":"2020-07-07 18:15:30","SATURDAY_PAY_YN":"N","SATURDAY_PAY_NM":"무료","HOLIDAY_PAY_YN":"N","HOLIDAY_PAY_NM":"무료","FULLTIME_MONTHLY":"280000","GRP_PARKNM":"","RATES":400.0,"TIME_RATE":5.0,"ADD_RATES":400.0,"ADD_TIME_RATE":5.0,"BUS_RATES":0.0,"BUS_TIME_RATE":0.0,"BUS_ADD_TIME_RATE":0.0,"BUS_ADD_RATES":0.0,"DAY_MAXIMUM":0.0,"LAT":37.49534845,"LNG":127.03323757}]}}	{"RESULT":{"CODE":"INFO-200","MESSAGE":"해당하는 데이터가 없습니다."}}

표 8-3 주차장 정보를 List 형태로 변환하기

다음은 GetParkInfo의 레이아웃입니다. 데이터가 있는 경우에는 list_total_count에 조회된 데이터의 건수가 표시되고 row키 값에 16개의 주차장 정보가 리턴됩니다. 데이터가 없는 경우를 RESULT 키에 메시지만 리턴됩니다.

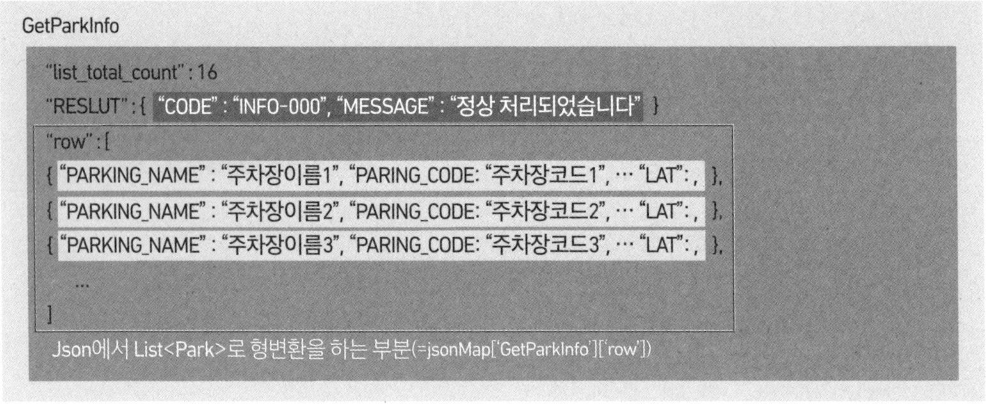

```
GetParkInfo
  "list_total_count" : 16
  "RESLUT" : { "CODE" : "INFO-000", "MESSAGE" : "정상 처리되었습니다" }
  "row" : [
    { "PARKING_NAME" : "주차장이름1", "PARING_CODE: "주차장코드1", … "LAT": , },
    { "PARKING_NAME" : "주차장이름2", "PARING_CODE: "주차장코드2", … "LAT": , },
    { "PARKING_NAME" : "주차장이름3", "PARING_CODE: "주차장코드3", … "LAT": , },
    …
  ]
  Json에서 List<Park>로 형변환을 하는 부분(=jsonMap['GetParkInfo']['row'])
```

그림 8-16 **GetParkInfo**의 내부 구조와 사용할 정보의 형태

API 호출 정상유무 체크하기

http 통신을 통해 API를 호출할 때, 정상으로 호출되었는지를 확인하려면 http.get()의 응답값의 statusCode가 200으로 리턴되는지를 확인합니다. statusCode가 200이면 정상이라는 의미입니다.

lib\services\fetchpark.dart

```dart
Future<List<Park>> fetchPark() async{
…생략…
if(response.statusCode == 200) {
    return parkingList;
  }else{
    throw Exception('Failed to load park info');
  }
}
```

step 5 main.dart 수정하기

이제, main.dart에 오픈 API 호출이 되도록 로직을 추가해 보겠습니다.

오픈 API 호출하기

오픈 API를 통해 주차장 정보를 가져오는 로직을 구현하려면 main.dart에 park.dart와 fetchpark.dart를 먼저 import합니다.

```
import 'models/park.dart';
import 'services/fetchpark.dart';
import 'dart:async';
```

API 호출을 통해 응답되는 주차장 정보는 리스트 형태입니다. 이를 담을 Park 오브젝트도 리스트 형태로 담아야하므로 Future<List<Park>>로 변수를 선언합니다. 앱이 처음 실행될 때 호출되는 initState() 메소드에서는 fetchPark() 메소드를 호출하여 주차장 정보를 가져오는 API를 호출합니다. parks 변수에 fetchPark()를 통해 가져온 주차장 정보를 담습니다.

예제 8-9 initState()   lib\main.dart

```
class _MyAppState extends State<MyApp> {
  late Future<List<Park>> parks;

  @override
  void initState(){
    super.initState();
    parks = fetchPark();
  }
}
```

주차장 정보를 화면에 표시하기

이제 가져온 주차장 정보를 화면에 보여줄 차례입니다. 주차장 정보를 API를 통해 호출한 후, 이를 확인하기 위해 화면에 출력하는 용도로 사용하겠습니다. FutureBuilder 위젯으로 future 파라미터에 parks 변수를 인자로 넣으면 builder 파라미터의 snapshot에서 호출된 데이터를 사용할 수 있습니다. snapshot은 AsyncSnapShot<T> 타입의 클래스로 플러터 내부에서 생성되며 호출 상태인 ConnectionState, async(비동기)로 수신된 데이터인 'data', 발생한 오류 정보인 'error', 로그 정보인 'stackTrace'로 이루어져 있습니다. 앱이 실행되고 initState()에서 가져온 parks의 데이터가 shapshot에 할당되어 snapshot.data를 통해 해당 사용할 수 있습니다.

위도와 경도 정보는 double 타입이므로 화면에 출력하기 toString()을 사용하여 string 타입으로 변환합니다. 주차장 목록 중 snapshot.data의 첫 번째 데이터인 snapshot.data![0]의 주차장명, 주차장코드, 주차장 좌표위치 위도와 경도 정보를 화면에 보여줍니다.

lib\main.dart

```
class _MyAppState extends State<MyApp> {
    … 생략 …
  @override
  Widget build(BuildContext context) {
    return MaterialApp(
      … 생략 …
      body: Center(
            // 앞서 main.dart 기본코드로 작성한 부분은 아래 FutureBuilder로 대체됩니다.
            // child: Column(
            //   mainAxisAlignment: MainAxisAlignment.center,
            //   children: [
            //     Text('주차장명'),
            //     Text('주차코드'),
            //     Text('위도위치'),
            //     Text('경도위치'),
            //   ],
            // )
          child: FutureBuilder<List<Park>>(
            future: parks,
            builder: (context, snapshot) {
              if (snapshot.hasData) {
                return Column(
                  mainAxisAlignment: MainAxisAlignment.center,
```

```
                    // snapshot 데이터가 있으면 호출한 정보를 출력한다
                    // snapshot 데이터가 없으면 "없음"을 출력한다
                    children: [
                      Text(snapshot.data?.length != 0
                          ? snapshot.data![0].parking_name
                          : "없음"),
                      Text(snapshot.data?.length != 0
                          ? snapshot.data![0].parking_code
                          : "없음"),
                      Text(snapshot.data?.length != 0
                          ? snapshot.data![0].lat.toString()
                          : "없음"),
                      Text(snapshot.data?.length != 0
                          ? snapshot.data![0].lng.toString()
                          : "없음"),
                    ],
                  ); //Column
                } else if (snapshot.hasError) {
                  return Text("${snapshot.error}");
                }
                //FutureBuilder 위젯이 아직 Listening 이면 진행상태 위젯을 표시한다
                return CircularProgressIndicator();
              },
            ), // FutureBuilder
          ),
        ),
      );
    }
  }
```

그림 8-17 현재까지의 진행 결과

현재까지 진행한 main.dart 함수를 실행했을 때 에뮬레
이터에 나타나는 모습은 다음 그림과 같습니다. Scaffold
의 body 부분에서 FutureBuilder 위젯이 리턴한 park-
ing_name, parking_code, lat.toString(), lng.toString()

정보가 화면에 나타나는 것을 확인할 수 있습니다.

API 호출하여 주차장 정보를 가져오는 동안 사용자에게 진행 중임을 보여주기 위한 화면을 구성합니다. 주차장목록을 다 받아올 때까지 시간이 걸릴 수 있으므로 앱에서 주차장 정보를 가져오는 중임을 인지할 수 있도록 CircularProgressIndicator() 위젯을 사용합니다.

이제, API를 호출하여 주차장목록을 정상적으로 가지고 왔다면 모바일 기기에 저장해보도록 하겠습니다. 사용자의 위치가 바뀔 때마다 API를 호출하여 주차장 목록을 가져오게 되면 네트워크 상태가 좋지 않은 경우 데이터를 수신받지 못하는 상황이 발생할 수 있습니다. 앱을 실행했을 때 주차장 정보를 모바일 기기의 데이터베이스에 저장하여 지도에 주차장 정보를 원활하게 표시할 수 있도록 합니다.

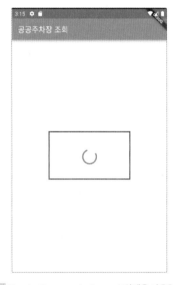

그림 8-18 **CircularProgressIndicator()** 위젯을 사용한 로딩 화면

SQLite로 주차장 정보 저장하기

SQLite는 데이터베이스를 관리할 수 있는 오픈소스 소프트웨어 입니다. 안드로이드 OS에 기본적으로 포함되어 있으며 이름처럼 가벼운(Light) 데이터베이스로 주로 휴대폰이나 기타 임베디드 시스템에서 널리 사용되고 있습니다. 우리는 기기 내부에 데이터베이스를 구축하고 데이터를 저장하기 위해 SQLite를 사용합니다.

step 1 pubspec.yaml – sqflite 패키지 추가

SQLite를 플러터 앱에서 사용하려면 sqflite 패키지를 추가해야 합니다. sqflite는 플러터에서 SQLite를 사용할 수 있도록 지원해주는 패키지 입니다. sqflite를 통해 로컬에 저장한 데이터베이스의 위치를 가져올 수 있도록 path 패키지도 pubspec.yaml에 함께 추가합니다.

다음 명령어를 실행하면 sqflite 패키지와 path 패키지를 pubspec.yaml에 추가할 수 있습니다.

```
>flutter pub add sqflite path
```

pubspec.yaml

```
dependencies:
  flutter:
    sdk: flutter

  http: ^0.13.5
  sqflite: ^2.2.8
  path: ^1.8.2
```

pubspec.yaml에 추가한 패키지를 내려받기 위해 다음 명령어를 수행합니다.

```
> flutter pub get
> flutter pub upgrade
```

step 2 데이터베이스 생성하기 – dbhelper.dart

이제, API를 통해 가지고 온 주차장 정보를 데이터베이스에 저장하고 조회할 수 있도록 기능을 구현합니다. repositories 폴더 아래 dbhelper.dart에 테이블을 생성하고 테이블에 데이터를 입력, 수정, 조회 또는 삭제가 되도록 기능(CRUD)을 만들어 봅니다.

필요한 패키지 import 하기

플러터 앱에서 SQLite를 사용하려면 먼저, sqflite.dart를 import 합니다. 로컬에 저장한 데이터베이스의 위치를 가져올 수 있도록 path.dart도 함께 import 합니다. 또한 Park 오브젝트 사용을 위한 park.dart도 import합니다.

```
import 'package:sqflite/sqflite.dart';
import 'package:path/path.dart';
import '../models/park.dart';
```

데이터베이스 초기화하기

Sqlite를 사용해서 데이터베이스 활용하기 위해 데이터베이스를 초기화하는 부분입니다. 사용할 데이터베이스를 선언하고 경로를 지정하며, 최초 사용 시에는 데이터베이스 초기화를 위해 테이블을 생성하는 create까지 진행합니다.

```dart
import 'package:sqflite/sqflite.dart';
import 'package:path/path.dart';
import '../models/park.dart';

//주차장 위치정보를 저장할 테이블명
final String tableName = 'parks';

class DBHelper {
//DBHelper 클래스의 인스턴스 사용을 위한 private 변수 선언
  static final DBHelper _instance = DBHelper._internal();
  //싱글턴패턴으로 인스턴스를 사용하기 위해 factory로 선언한다.
  factory DBHelper() {
    return _instance;  }

  //DBHelper 클래스의 내부생성자
  DBHelper._internal();

    //SQLite에 정의된 Database 클래스를 통해 database를 변수로 선언한다.
  static Database? _database;
  Future<Database> get database async {
    if (_database != null) return _database!;

    _database = await _initDatabase();
    return _database!;  }
  Future<Database> _initDatabase() async {
    final database = openDatabase(
        // 데이터베이스 경로를 지정합니다.
        join(await getDatabasesPath(), 'parks.db'),
        onCreate: (db, version) async {
      await db.execute(
        //parks 테이블은 주차장코드를 key로 가지며 주차장명, 위도, 경도를 가지고 있습니다.
        "CREATE TABLE $tableName(parking_code TEXT PRIMARY KEY, parking_name
                                        TEXT, lat REAL, lng REAL)",
      );
    }, version: 1);
    return database;
 }
```

데이터베이스 인스턴스는 앱 실행 중에 오직 한 개만 필요하므로 싱글톤 패턴을 위해 factory로 선언되었습니다. 싱글톤 패턴은 객체지향 프로그래밍 개념이므로 이 책에서 자세한 설명은 다루지 않습니다. 다만, 여기서는 불필요하게 여러 데이터베이스 인스턴스가 생성되어 메모리를 낭비하는 것을 방지하기 위해 factory를 사용한다는 오직 한 개의 인스턴스만 생성되도록 한다는 점을 기억하도록 합니다.

join(await getDatabasesPath(), 'parks.db')을 통해 데이터베이스의 경로를 지정하고 onCreate 메소드에서 해당 데이터베이스에 테이블을 생성합니다. Parking_code는 TEXT 타입이며 테이블의 고유 식별값인 기본키(PrimaryKey)입니다. Parking_name은 TEXT로 생성하고 lat과 lng를 REAL 타입으로 생성합니다. lat와 lng는 주차장의 위치를 나타내는 위도와 경도 정보로 소수점을 포함하고 있습니다. Version을 설정하면 onCreate 메소드에서 실행되며 앱 실행 시 데이터베이스의 업그레이드나 다운그레이드를 수행할 수 있습니다.

테이블은 Park 오브젝트와 동일한 구조로 생성하며 다음과 같은 구조로 소스에서 테이블을 만들고 데이터를 입력, 수정, 삭제, 조회하는 로직을 구현합니다.

Parking_code	Parking_name	lat	lng

그림 8-19 테이블 구조

step 3 CRUD 구현하기

parks 테이블에 데이터를 저장하고 조회할 수 있는 메소드를 만들어볼 차례입니다. 한 건씩 데이터를 저장하고 수정, 삭제하는 기능과 여러 건의 데이터를 조회하고 전체 데이터를 삭제하는 기능을 하나씩 구현해 보겠습니다.

주차장 정보 입력하기(db.insert)

parks 테이블에 데이터를 등록하는 insertPark()를 작성합니다. Park 오브젝트를 파라 미터로 전달하고 park에 가지고 있는 주차장코드, 주차장명, 위도, 경도 데이터를 JSON 형식으로 변환하여 DB에 insert 합니다. db.insert는 테이블명, 입력할 데이터, conflic-tAlgorithm을 인자로 받습니다.

여기서 conflictAlgorithm은 기존 테이블에 존재하는 데이터와 동일한 키의 데이터가 입력되었을 경우에 어떻게 처리할지에 설정할 수 있습니다. ConflictAlgorithm.replace는 마지막으로 입력된 데이터로 기존 데이터를 대체합니다.

lib\repositories \dbhelper.dart

```
... 생략 ...
//주차장 정보를 테이블에 등록합니다
//park 클래스를 인자로 받아 해당 정보를 등록합니다.
  Future<void> insertPark(Park park) async {
    final db = await database;

    await db.insert(
      tableName,
      park.toJson(),
      conflictAlgorithm: ConflictAlgorithm.replace,
    );
  }
```

주차장 정보 단건조회하기(db.query)

주차장 정보를 조회하는 getPark() 메소드를 작성합니다. 이 메소드는 int 타입의 park-ing_code를 인자로 받아 해당 주차장 코드에 해당하는 주차장 정보를 1건 가져옵니다. 조회된 데이터는 Park 클래스 형태로 변환하여 리턴합니다. Columns에는 테이블에서 SE-LECT하여 가져올 열들을 명시하며, Where에는 SQL의 WHERE 조건에 해당하는 조건을 넣습니다. ?에는 whereArgs에서 명시된 parking_code가 인자로 들어가게 됩니다.

```dart
// 주차장 코드를 인자로 받아 테이블에서 코드에 해당하는 주차장 정보를 가져옵니다. (단건조회)
Future<Park> getPark(int parking_code) async {
  final db = await database;
  // 주차장 정보를 단건으로 조회합니다
  List<Map<String, dynamic>> maps = await db.query(
    tableName,
    columns: ["parking_code","parking_name","lat","lng"], // 조회할 컬럼명
    where: "parking_code = ?",                             // 조회조건
    whereArgs: [parking_code]);                            // 조회조건에 ?에 바인딩될 변수정의

  return Park.fromJson(maps.first);
}
```

주차장 정보 다건조회하기(db.query)

다건의 주차장 정보를 조회하는 Parks 메소드를 작성합니다. db.query('parks')를 통해 parks 테이블의 모든 데이터를 조회하여 maps 변수에 담습니다. List.generate를 사용하여 maps에 담긴 주차장 정보를 하나씩 Park 클래스로 만들고, List<Park> 타입으로 반환합니다.

```dart
//주차장 정보를 조회합니다.
//park테이블 내 전체 주차장 정보를 조회해 리턴합니다. (다건조회)
Future<List<Park>> parks() async {
  final db = await database;

  // 모든 parks를 얻기 위해 테이블에 질의합니다.
  final List<Map<String, dynamic>> maps = await db.query('parks');

  // List<Map<String, dynamic>>를 List<Park>으로 변환합니다.
  return List.generate(maps.length, (i) {
    return Park(
      parking_code: maps[i]['parking_code'],
```

```
      parking_name: maps[i]['parking_name'],
      lat: maps[i]['lat'],
      lng: maps[i]['lng'],
    );
  });
}
```

주차장 정보 수정하기(db.update)

주차장 정보를 수정하는 updatePark() 메소드를 작성합니다. 이 메소드는 Park 타입의 인자로 주차장 정보를 받아와서, park 오브젝트의 parking_code를 기준(key)으로 주차장 정보를 DB에서 찾아 parking_name, lat, lng 속성을 변경합니다. 조회와 마찬가지로 where에는 SQL의 WHERE 조건에 해당하는 조건이 들어가며, ?에는 whereArgs에서 명시된 park.parking_code가 인자로 들어가게 됩니다.

<code>lib\db.dart</code>

```
//주차장 정보를 수정합니다.
Future<void> updatePark(Park park) async {
  final db = await database;

  // 주어진 park를 수정합니다.
  await db.update(
    tableName,
    park.toJson(),
    // Park의 id가 일치하는 지 확인합니다.
    where: "parking_code = ?",
    // Park의 parking_code를 whereArg로 넘겨 SQL injection을 방지합니다.
    whereArgs: [park.parking_code],
  );}
```

주차장 정보 삭제하기(db.delete)

주차장 정보를 삭제하는 deletePark() 메소드를 작성합니다. 이 메소드는 삭제하려는 주차장 코드로 데이터를 찾아 DB에서 delete 작업을 수행합니다. 이를 위해 where에는 SQL의 WHERE 조건에 해당하는 조건이 들어가며, ?에는 whereArgs에서 명시된 parking_code가 인자로 들어가게 됩니다.

lib\db.dart

```dart
//주차장 정보를 삭제합니다.
Future<void> deletePark(int parkingCode) async {
  final db = await database;

  // 데이터베이스에서 park를 삭제합니다.
  await db.delete(
    tableName,
    // 특정 Park를 제거하기 위해 `where` 절을 사용하세요
    where: "parking_code = ?",
    // Park의 parking_code를 where의 인자로 넘겨 SQL injection을 방지합니다.
    whereArgs: [parkingCode],
  );
}
```

주차장 정보 전체 삭제하기(db.rawDelete)

테이블 데이터 전체를 삭제하는 truncateParks 메소드를 만들어보겠습니다. deletePark 메소드와 다른점은 truncateParks는 전달받는 인자없이 모든 데이터를 삭제한다는 점입니다. 테이블 안에 있는 모든 데이터를 삭제할 때 사용합니다

lib\db.dart

```dart
//parks 테이블을 truncate 합니다.
Future<void> truncateParks() async {
  final db = await database;

  //테이블에서 모든 Park를 삭제합니다.
```

```
    await db.rawDelete('DELETE FROM $tableName');
 }
```

main.dart에 API를 통해 가져온 주차장 정보를 로컬 데이터베이스에 저장하는 로직을
추가하고, 플로팅 액션 버튼 클릭 시 저장된 정보를 콘솔에 출력하는 기능을 구현합니다.
이를 위해 'db.dart'를 import하여 SQLite에서 테이블을 생성하고 데이터를 저장 및 조회
할 수 있도록 합니다.

```
import 'repositories/dbhelper.dart';
```

initState() 수정하기

Parks에 담긴 주차장 목록 정보를 DB에 저장합니다. forEach를 이용하여 한 건씩 tmp-
Park에 담고, 이를 반복하여 DB에 모두 저장합니다.

lib\main.dart
```
@override
void initState() {
  // TODO: implement initState
  super.initState();
  parks = fetchPark();
  parks.then((value) => value.forEach((element) {
    print(element.parking_name);
    print(element.parking_code);
    print(element.lat);
    print(element.lng);
    var tmpPark = Park(parking_name:element.parking_name, parking_
                code:element.parking_code, lat:element.lat, lng:element.lng);
    DBHelper().insertPark(tmpPark); //테이블에 insert
  }));
}
```

floatingActionButton 클릭 시 DB에서 조회하기

DB 조회 기능이 정상적으로 동작하는지 확인을 위해 메인 화면에 floatingActionButton을 만든 후 버튼 클릭했을 때 이벤트가 발생하면 DB를 조회하여 콘솔창에 출력하는 기능을 만듭니다.

그림 8-20 플로팅 액션 버튼이 클릭 시 실행결과

P라고 적혀있는 FloatingActionButton을 클릭하면 앞서 작성한 dbhelper.dart의 parks() 함수를 사용하여 park 테이블에 등록된 전체 주차장 정보를 SELECT합니다. SELECT를 통해 가져온 데이터를 print('parking_code: ${element.parking_code}, parking_name: ${element.parking_name}');를 사용하여 주차장코드와 주차장명을 콘솔에 출력합니다.

lib\main.dart

```
floatingActionButton: Column(
    mainAxisSize: MainAxisSize.min,
    children: <Widget>[
      FloatingActionButton(
        child: Icon(Icons.local_parking),
```

```
        onPressed: (){
          DBHelper dbHelper = DBHelper();
          //parks()를 통해 가져온 주차장 정보들을 forEach를 통해 반복하며 콘솔창에 print 한다.
          dbHelper.parks().then((value) => value.forEach((element) {
            print('parking_code: ${element.parking_code}, parking_name:
                                            ${element.parking_name}');
          }));
        },
      )
    ]
```

main.dart에서 구현된 소스와 실행한 결과를 함께 보면서 구현된 코드가 어떻게 실행되는지를 확인합니다.

```
child: FutureBuilder<List<Park>>(
  future: parks,
  builder: (context, snapshot) {
    if (snapshot.hasData) {
      return Column(
        mainAxisAlignment: MainAxisAlignment.center,

        children: [
          Text(snapshot.data?.length != 0
              ? snapshot.data![0].parking_name
              : "없음"),
          Text(snapshot.data?.length != 0
              ? snapshot.data![0].parking_code
              : "-"),
          Text(snapshot.data?.length != 0
              ? snapshot.data![0].lat.toString()
              : "-"),
          Text(snapshot.data?.length != 0
              ? snapshot.data![0].lng.toString()
                    : "-"),
              ],
```

```
        ); //Column
      } else if (snapshot.hasError) {
        return Text("${snapshot.error}");
      }
      return CircularProgressIndicator();
    },
  ), // FutureBuilder
),
floatingActionButton: Column(
  mainAxisSize: MainAxisSize.min,
  children: <Widget>[
    FloatingActionButton(
      child: Icon(Icons.local_parking),
      onPressed: () {
        DBHelper dbHelper = DBHelper();
        dbHelper.parks().then((value) =>
          value.forEach((element) {
            print('parking_code:
${element.parking_code}, parking_name:
          ${element.parking_name}');
          }));
      },
    )
  ]
),
),
);
  }
}
```

step 5 안드로이드 스튜디오에서 데이터베이스 조회하기

SQLite에 저장된 데이터를 안드로이드 스튜디오에서 확인하려면 안드로이드 스튜디오 상단 메뉴에서 [View] → [Tool Windows] → [App Inspection]을 클릭하여 저장된 데이터베이스 정보를 조회합니다.

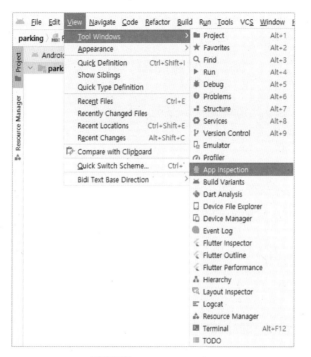

그림 8-21 **App Inspection** 메뉴

왼쪽 탐색기에는 데이터베이스와 테이블 구조를 조회되고 오른쪽 Query 창에서 쿼리를 실행하여 데이터를 확인합니다. 여기서는 앞에서 생성한 데이터베이스인 parks.db을 클릭하고 parks 테이블을 선택하여 테이블 구조를 확인합니다. 오른쪽 Query 창에서 SQL 문을 그림과 같이 실행하면 아래에 조회 결과가 나옵니다.

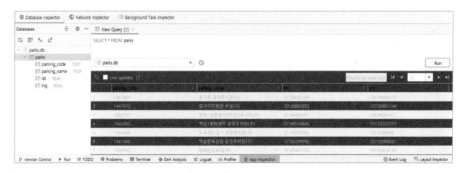

그림 8-22 **DB** 조회 결과

이제, 구글 지도에 주차장 위치를 표시해볼 차례입니다. 모바일 기기에서 지도를 보여주기 위해서는 지도 정보를 제공하는 플랫폼 업체(구글, 네이버, 카카오)의 API를 사용해야 합니다. 이 장에서는 구글 클라우드에서 제공하는 구글 맵스 플랫폼을 활용하여 화면에 지도를 그려봅니다

step 1 구글 맵스 플랫폼에서 API 인증키 발급받기

플러터에서 구글 맵을 사용하기 위해서는 먼저 구글 맵스 플랫폼 개발자 사이트 (https://developers.google.com/maps?hl=ko) 또는 구글 맵스 플랫폼 사이트 (https://mapsplatform.google.com/)에서 API 키를 발급받아야 합니다.

그림 8-23 구글 맵스 플랫폼 사이트

구글 맵스 플랫폼 사이트에서 [Get Started]를 클릭하면 영문 페이지로 이동하므로 여기서는 구글 맵스 플랫폼 개발자 사이트(https://developers.google.com/maps?hl=ko)에서 API 발급을 진행하겠습니다.

그림 8-24 구글 맵스 플랫폼 개발자 사이트

구글 맵스 플랫폼 개발자 페이지에서 [시작하기]를 클릭하고 구글 클라우드 플랫폼 서비스 약관에 동의하고 나머지 절차도 안내에 따라 진행합니다.

결제 정보 확인과 휴대 전화를 통한 본인 확인 후, 결제 옵션으로 이동합니다. 구글 맵스 플랫폼의 무료 평가판을 시작하려면 결제 수단에서 카드 번호를 인증해야 무료 평가판을

사용할 수 있습니다.

구글 맵스를 테스트용으로 사용하려는 경우, 결제가 되지 않을까 하는 부담감이 생길 수 있습니다. 그러나 자동 결제는 실제 비용이 발생하는 유료 계정일 때 서비스 요금이 자동으로 청구되는 옵션입니다. 유료 계정으로 업그레이드하기 전까지는 요금이 청구되지 않으므로 구글 맵스 플랫폼 사용을 위해 카드 인증 절차를 진행합니다. 카드 인증은 카드 번호, 비밀번호 앞 2자리, 유효 기간이 일치하는지를 확인합니다.

카드 인증이 정상적으로 완료되면 이제 [무료 평가판 시작하기]를 클릭합니다.

마지막으로 설문 작성 팝업이 나타나면 설문 답변을 완료합니다.

이제 구글 맵스 플랫폼 사용을 위한 절차가 거의 완료되었습니다.

그림 8-25 구글 맵스 플랫폼 결제 정보-결제 수단

그림 8-26 구글 맵스 플랫폼 설문 팝업

구글 맵스 플랫폼 API 키 확인 후 시작하기

'Google Maps Platform 시작하기' 팝업에 API 키가 나타나면 구글 맵스 플랫폼을 사용할 수 있다는 의미입니다. 플러터 앱에서 사용하기 위해 API 키를 복사하여 보관합니다. 이제, [GOOGLE MAPS PLATFORM으로 이동] 버튼을 클릭하여 구글 맵스 플랫폼을 시작합니다.

그림 8-27 구글 맵스 플랫폼 API 키 발급 확인

API 키의 악의적인 사용으로 부터 계정을 보호하기 위해 API 키를 제한하는 팝업이 나타나면 제한 타입을 선택한 후 [키 제한]을 설정합니다.

API 키 발급이 완료되었습니다. 이 API 키를 사용하려면 구글 클라우드에서 API 사용이 활성화되어 있어야 합니다. API 사용 활성화는 구글 클라우드 메뉴에서 [API 및 서비스] → [라이브러리] 메뉴를 선택합니다.

그림 8-28 API 키 보호

그림 8-29 API 라이브러리 활성화

[Maps SDK for Android]를 선택해서 설정 화면으로 들어갑니다.

그림 8-30 Maps SDK for Android 선택

Maps SDK Androild의 세부정보에서 'API 사용이 설정됨'으로 나타나는 지 확인합니다.

모든 인증키 발급과 사용을 위한 준비가 완료되었습니다.

그림 8-31 API 사용 설정 확인

플러터에서 구글 맵스 API 사용을 위한 환경설정

플러터에서 구글 맵스 API를 사용하기 위해 환경 설정을
해야합니다. 구글 맵스 API 사용을 위한 설정은 안드로이드
와 iOS에 따라 다르므로, 각각에 맞게 설정하는 방법을 설명
하겠습니다.

플러터에서 안드로이드 설정

안드로이드에서 구글 맵스 API를 사용하려면 android\
app 폴더에 위치한 build.gradle 파일과 Android\app\src\
main 폴더에 위치한 AndroidManifest.xml 파일을 수정해야
합니다.

그림 8-32 build.gradle

- **build.gradle**

build.gradle 파일에 설정된 최소 SDK 버전 정보와 컴파일 SDK 버전을 수정합니다.

build.gradle 파일 내에 defaultConfig {}를 찾아서 minSdkVersion flutter.minSdkVer-
sion으로 설정되어 있는 부분을 minSdkVersion 20으로 변경하고 compileSdkVersion은
33으로 설정합니다.

Android\app\build.gradle

```
android {
 defaultConfig {
    ...생략...
    minSdkVersion 20 //flutter.minSdkVersion -> 20으로 설정
    compileSdkVersion 33
 }
    ...
}
```

- **AndroidManifest.xml**

```
<meta-data
    android:name="com.google.android.geo.API_KEY"
    android:value="AizaS███████████████████"
/>
```

안드로이드에서 현재 위치를 가져오기 위해 디바이스의 위치 서비스 권한이 활성화되도록 AndroidManifest.xml 파일에 다음 두 줄을 삽입해야 합니다. ACCESS_FINE_LOCATION과 ACCESS_COARSE_LOCATION 권한 옵션은 각각 정밀 위치와 표준 위치를 의미합니다. 백그라운드에서 위치를 받아야 한다면 ACCESS_BACKGROUND_LOCATION 옵션도 추가해야 합니다. 또한, meta-data 태그의 android:value "인증키" 부분에는 앞에서 발급받은 구글 맵스 API 인증키를 넣습니다.

Android\app\src\main\AndroidManifest.xml

```
<manifest xmlns:android="http://schemas.android.com/apk/res/android"
    package="com.cherrybook.parking">
    <uses-permission android:name="android.permission.ACCESS_FINE_LOCATION" />
                                                                    // 정밀위치
    <uses-permission android:name="android.permission.ACCESS_COARSE_LOCATION"
                                                                    /> // 표준위치

    <application
        android:label="parking"
        android:name="${applicationName}"
        android:icon="@mipmap/ic_launcher">
        <meta-data
            android:name="com.google.anroid.geo.API_KEY"
            android:value="인증키"
        />
    ...생략...
```

플러터에서 iOS 설정

iOS에서 구글 맵스 API를 사용하려면 ios\Runner 폴더에
위치한 AppDelegate.swift 파일을 수정해야 합니다.

AppDelegate.swift

· **AppDelegate.swift**

ios\Runner 폴더에 위치한 AppDelegate.swift 파일의
Bool {} 내부에 GMSServices.provideAPIKey ("인증키")를
삽입합니다. "인증키" 부분에는 앞에서 발급받은 구글 맵스 API 인증키를 넣습니다.

ios\Runner\AppDelegate.swift

```swift
import UIKit
import Flutter


@UIApplicationMain
@objc class AppDelegate: FlutterAppDelegate {
  override func application(
    _ application: UIApplication,
    didFinishLaunchingWithOptions launchOptions: [UIApplication.
                                                LaunchOptionsKey: Any]?
  ) -> Bool {
    GMSServices.provideAPIKey("인증키")
    GeneratedPluginRegistrant.register(with: self)
    return super.application(application, didFinishLaunchingWithOptions:
                                                launchOptions)
  }
}
```

· **info.plist**

info.plist 파일은 애플리케이션 실행 패키지를 위한 필수
구성 정보를 포함하는 파일로 앱 사용에 필요한 권한 설정을
포함하여 번들 이름, 실행 파일명, 번들을 식별하는 값, 번들
의 버전 등을 포함합니다.

Info.plist

디바이스 위치정보에 접근하기 위해 info.plist 파일 안에 디바이스 위치정보 서비스 접근을 위한 허용권한 설정을 추가해야 합니다. 다음과 같이 작성하면 앱 사용 중일 때만 정보를 수집하거나 항상 정보를 수집하게 됩니다.

ios/Runner/info.plist

```
…
<key>NSLocationWhenInUseUsageDescription</key> //앱 사용중일 때만 정보 수집
<string>This app needs access to location when open.</string>
<key>NSLocationAlwaysUsageDescription</key> // 항상 정보 수집
<string>This app needs access to location when in the background.</string>
…
```

step 2 google_maps_flutter, geolocator 패키지 추가하기

이제, 플러터 앱에 모바일 디바이스의 현재 위치를 가지고 와서 구글 지도에 표시하기 위해 geolocator 패키지와 google_maps_flutter 패키지를 pubspec.yaml에 추가합니다.

```
>flutter pub add google_maps_flutter
>flutter pub add geolocator
```

geolocator 패키지는 GPS를 이용하여 디바이스의 현재 위치를 가져올 수 있으며 디바이스의 위치 서비스 권한이 활성화되어 있는지 확인할 수 있습니다.

pubspec.yaml

```
dependencies:
  flutter:
    sdk: flutter

  google_maps_flutter: ^2.2.6
  geolocator: ^9.0.2
```

이제 구글 맵을 띄우기 위한 사전 준비가 완료되었습니다.

608 8장 · 공영 주차장 위치 조회앱 만들기

step 3 **구글 맵 띄우기**

이제, 플러터 앱에서 구글 지도에 주차장 위치를 표시하기 위하여 먼저 구글 맵을 화면에 띄워보겠습니다. 구글 맵을 호출하기 위해 mapsample.dart 파일을 신규로 만들고 main.dart에서 mapsample.dart를 호출하여 구글 맵을 보여줍니다.

그림 8-35 구글 맵 실행 화면 예시

mapsample.dart 기본 코드

lib/map 폴더에 mapsample.dart 파일을 만들고 다음 예제를 참고하여 코드를 작성합니다.

lib\map\mapsample.dart

```dart
import 'package:flutter/material.dart';
import 'package:google_maps_flutter/google_maps_flutter.dart';
import 'dart:async';
import 'package:parking/repositories/dbhelper.dart';

class MapSample extends StatefulWidget {
  const MapSample({Key? key}) : super(key: key);

  @override
  State<MapSample> createState() => _MapSampleState();
}

class _MapSampleState extends State<MapSample> {
  @override
  Widget build(BuildContext context) {
    return Scaffold();
  }

}
```

구글 맵 플러그인 호출을 위한 google_maps_flutter.dart, 비동기 호출을 위한 dart:async 그리고 구글 맵에 SQLite 데이터베이스에 저장한 주차장 위치정보를 사용하기 위하여 dbhelper.dart를 import 합니다.

```dart
import 'package:google_maps_flutter/google_maps_flutter.dart';
import 'dart:async';
import 'package:parking/repositories/dbhelper.dart';
```

구글 맵 호출 - GoogleMap 위젯

_MapSampleState 클래스에서 구글 맵을 호출합니다. 구글 맵 패키지를 사용하기 위해 컨트롤러를 선언하고 앱 실행 시 구글 맵의 초기 위치를 설정합니다. 초기 위치는 CameraPosion 위젯의 위도과 경도 값을 사용하여 지정하며, zoom 속성을 사용하여 보여줄 지도의 범위를 조정합니다. zoom 속성의 값은 1에 가까워질수록 넓은 범위가 표시되고 값이 커질수록 zoom이 확대되어 좁은 범위가 상세하게 나오게 됩니다. 이 장에서는 원활한 예제 구성을 위해 초기 위치를 역삼역으로 설정하고 zoom 속성을 15로 설정하겠습니다.

lib\map\mapsample.dart

```dart
…생략…
class _MapSampleState extends State<MapSample> {

  // 구글맵 패키지 사용을 위한 컨트롤러 선언
  Completer<GoogleMapController> _controller = Completer();

  //앱실행시 초기 화면이 위치할 지점 세팅
  final CameraPosition position = CameraPosition(
    target: LatLng(37.500784, 127.0368148), //역삼역의 위/경도 값
    zoom: 15, //숫자가 작을수록 넓은 면적이 조회됨
  );

  @override
  Widget build(BuildContext context){
```

```
      return Scaffold(
        body: Stack(
          children: <Widget>[
            GoogleMap(
              mapType: MapType.terrain,          // 표시할 지도의 유형
              initialCameraPosition: position, //최초 카메라 위치
              markers: markers.toSet(),          // 마커정보
              onMapCreated: (GoogleMapController controller){//구글맵 제어를 위한 콜백 정보
                _controller.complete(controller);
              },
            ),
          ],
        ),
      );
    }
}
```

main.dart 수정하기

이제, main.dart 파일에서는 mapsample.dart 파일을 import하여 구글 맵을 구현합니다. build 함수에서는 앞서 테스트 확인을 위해 사용한 scaffold 위젯을 주석처리 하고 mapsample.dart 파일의 MapSample 클래스를 home으로 지정합니다. 앱을 실행하면 MapSample이 화면에 나타날 것입니다. Scaffold 위젯은 지금까지의 진행 과정을 확인하기 위한 위젯이므로 삭제합니다.

lib\main.dart

```
import 'package:flutter/material.dart';
import 'repositories/dbhelper.dart';
import 'models/park.dart';
import 'services/fetchpark.dart';
import 'map/mapsample.dart';
void main() => runApp(MyApp());

class MyApp extends StatefulWidget {
```

```dart
  const MyApp({Key? key}) : super(key: key);

  @override
  State<MyApp> createState() => _MyAppState();
}

class _MyAppState extends State<MyApp> {
  late Future<List<Park>> parks;

  @override
  void initState() {
    // TODO: implement initState
    super.initState();
    parks = fetchPark();
    parks.then((value) => value.forEach((element) {
      print(element.parking_name);
      print(element.parking_code);
      print(element.lat);
      print(element.lng);
      var tmpPark = Park(parking_name:element.parking_name, parking_
                code:element.parking_code, lat:element.lat, lng:element.lng);
      DBHelper().insertPark(tmpPark); //테이블에 insert
    }));
  }
  @override
  Widget build(BuildContext context) {
    return MaterialApp(
      title: '오픈API 활용하기',
      home: MapSample() /* Scaffold(
        appBar: AppBar(title: Text('공영 주차장 조회'),),
        body: Center(
          // child: Column(
          //   mainAxisAlignment: MainAxisAlignment.center,
          //   children: [
          //     Text('주차장명'),
          //     Text('주차코드'),
          //     Text('위도위치'),
```

```
//      Text('경도위치'),
//    ],
//  )
child: FutureBuilder<List<Park>>(
  future: parks,
  builder: (context, snapshot) {
    if (snapshot.hasData) {
      return Column(
        mainAxisAlignment: MainAxisAlignment.center,
        children: [
          Text(snapshot.data?.length != 0
              ? snapshot.data![0].parking_name
              : "없음"),
          Text(snapshot.data?.length != 0
              ? snapshot.data![0].parking_code
              : "-"),
          Text(snapshot.data?.length != 0
              ? snapshot.data![0].lat.toString()
              : "-"),
          Text(snapshot.data?.length != 0
              ? snapshot.data![0].lng.toString()
              : "-"),
        ],
      ); //Column
    } else if (snapshot.hasError) {
      return Text("${snapshot.error}");
    }
    return CircularProgressIndicator();
  },
), // FutureBuilder

),
floatingActionButton: Column(
  mainAxisSize: MainAxisSize.min,
  children: <Widget>[
    FloatingActionButton(
      child: Icon(Icons.local_parking),
```

```
                onPressed: () {
                  DBHelper dbHelper = DBHelper();
                  dbHelper.parks().then((value) =>
                      value.forEach((element) {
                        print('parking_code: ${element.parking_code}, parking_name:
                                                ${element.parking_name}');
                      }));
                },
              )
            ]
          ),
        ),
        */
      );
    }
}
```

구글 맵 디자인 mapType

화면에 보여지는 구글 맵 디자인은 GoogleMap 위젯의 mapType에 설정되는 값에 따라 다르게 표시됩니다.

- **none 타입**

none 타입은 지도의 빈 화면만 표시합니다.

그림 8-36 **none** 타입 구글 맵 디자인

• normal 타입

normal 타입의 구글 맵은 일반적인 2D 모양의 지도로 화면에 표시됩니다.

그림 8-37 **normal** 타입 구글 맵 디자인

• Hybrid 타입

Hybrid 타입의 구글 맵은 위성지도 모습 위에 normal 타입의 지도가 겹친 모습으로 화면에 표시됩니다.

그림 8-38 **hybrid** 타입 구글맵 디자인

- **Satellite 타입**

Satellite 타입의 구글 맵은 위성지도 모습의 지도로 화면에 표시됩니다.

그림 8-39 satellite 타입 구글맵 디자인

- **Terrain 타입**

Terrain 타입의 구글 맵은 지형의 높낮이가 음영 형태로 화면에 표시됩니다.

그림 8-40 terrain 타입 구글맵 디자인

구글 맵에 마커 표시하기

이번에는 구글 맵에 주차장 위치를 마커로 표시되도록 하겠습니다. 사용자가 화면에서 주차장 위치 버튼을 누르면 구글 지도 위에 주차장 위치가 마커로 표시됩니다.

먼저, 주차장 위치정보를 마커로 표시하기 위해 Final List<Marker> markers 리스트와 주차장 위치 버튼을 눌렀을 때 마커를 보였다 숨겼다 할 때 체크 용도로 사용하기 위해 isMarkerShow 변수를 선언합니다.

그림 8-41 위치정보 마커 표시

```
bool _isMarkerShow = false;
```

지도상에 마커를 표시하기 위해 markers 변수에 add 함수를 사용할 수 있습니다. addMarker 함수를 만들어서 마커들을 표시하기 위한 정보를 전달받습니다. addMarker() 는 주차장의 위치정보, 주차장코드, 주차장명을 인자로 전달받아 markers.add에서 마커를 추가하고 setState()를 통해 지도에서 변경된 마커 정보를 바로 표시합니다.

```
addMarker(cordinate, marker_id, marker_name) {
    markers.add(Marker(
        position: cordinate,           // LatLng 위젯을 사용해 위도, 경도 정보 전달
        markerId: MarkerId(marker_id),   // marker의 id로 사용할 값 전달
        infoWindow: InfoWindow(title: marker_name))); // 화면에 표시될 정보 전달
    }
```

DB에 저장된 주차장 위치정보 추가하기

_add_marker() 함수는 앞서 DB에 저장한 주차장의 위치정보를 불러와 마커로 표시합니다. DBHelper 클래스에서 전체 주차장 목록 정보를 가져오기 위한 parks() 메소드를 호출 후

가져온 주차장 정보만큼 addMarker 함수를 호출합니다. DB에서 가져온 주차장코드와 주차장명의 확인을 위해 print('parking_code: ${element.parking_code}, parking_name: ${element.parking_name}');로 콘솔창에 표시를 합니다.

```
void _add_marker() {
  setState(() {
    //_isMarkerShow 토글 스위치의 on/off를 반대로 만들어준다.
    _isMarkerShow = !_isMarkerShow;
    DBHelper dbHelper = DBHelper();
    dbHelper.parks().then((value) => value.forEach((element) {
      //로그 확인을 위한 콘솔 출력
      print('parking_code: ${element.parking_code}, parking_name: ${element.
                                                        parking_name}');

      //addMarker를 호출하여 마커를 표시한다.
      addMarker(LatLng(element.lat, element.lng), element.parking_
                                          code,element.parking_name);
    }));
  });
}
```

구글 맵에 마커 표시하기

Scaffold 위젯에서는 Stack 위젯을 통해 구글 맵과 버튼을 추가합니다. 버튼을 눌렀을 때 구글 맵상에 마커가 표시되도록 onPressed에 _add_marker 메소드를 지정합니다.

```
@override
  Widget build(BuildContext context){
    return Scaffold(
      body: Stack(
        children: <Widget>[
          GoogleMap(
            mapType: MapType.terrain,          // 표시할 지도의 유형
            initialCameraPosition: position,   // 최초 카메라 위치
```

```
            markers: markers.toSet(),        // 마커정보
            onMapCreated: (GoogleMapController controller){ //구글맵 제어를 위한 콜백 정보
              _controller.complete(controller);
            },
          ),
        Container(
          margin: EdgeInsets.only(top: 60, right: 10),
          alignment: Alignment.topRight,
          child: Column(
            children: <Widget>[
              FloatingActionButton.extended(
                label: Text('주차장위치'),
                icon: Icon(Icons.local_parking),
                backgroundColor: Colors.deepPurpleAccent[400],
                //_isMarkerShow 에 의해 마커표시를 할지 삭제를 할지 체크한다
                onPressed: _isMarkerShow ? _remove_marker : _add_marker,
              )
            ],
          ),
        ),
      ],
    ),
  );
}
```

구글 맵에서 마커 지우기

_remove_marker() 함수는 markers 리스트를 clear() 메소드를 사용하여 마커들의 정보를 초기화 합니다. makers 리스트를 초기화한 후 setState을 호출하여 지도에서 표시된 마커들을 모두 지워줍니다.

_add_marker와 _remove_marker에는 각각 isMarkerShow = !isMarkerShow가 선언되어 주차장 위치 버튼을 누를 때마다 마커가 표시되거나 지워지도록 상태를 반대로 변경합니다.

```
void _remove_marker(){
  setState(() {
    //_isMarkerShow 토글 스위치의 on/off를 반대로 만들어준다.
    _isMarkerShow = !_isMarkerShow;
    //markers 리스트를 초기화 하여 마커 정보를 삭제한다.
    markers.clear();
  });
}
```

주차장 위치 버튼 클릭 시 메소드 호출 순서

다음은 화면에서 [P 주차장위치] 버튼을 클릭했을 때 메소드가 호출되는 순서와 지도에 표시된 결과입니다.

❶ [P 주차장위치] 버튼을 클릭했을 때, 화면에 마커 표시가 없다면 _add_marker를 호출합니다

```
FloatingActionButton.extended(
  label: Text('주차장위치'),
  icon: Icon(Icons.local_parking),
  backgroundColor: Colors.deepPurpleAccent[400],
  //_isMarkerShow 에 의해 마커표시를 할지 삭제를 할지 체크한다
  onPressed: _isMarkerShow ? _remove_marker : ❶_add_marker,
,
```

❷ DB에서 주차장 위치를 조회하여 구글 맵에 마커를 표시하기 위해 addMarker() 메소드를 호출합니다.

```
//db에서 조회해와서 마킹추가
void _add_marker() {
```

```
  setState(() {
    //_isMarkerShow 토글 스위치를 반대로 만들어준다.
    _isMarkerShow = !_isMarkerShow;
    DBHelper dbHelper = DBHelper();
    dbHelper.parks().then((value) => value.forEach((element) {
      //로그 확인을 위한 콘솔 출력
      print('parking_code: ${element.parking_code}, parking_name: ${element.
                                                        parking_name}');

      //addMarker를 호출하여 마커를 표시한다.
      ❷addMarker(LatLng(element.lat, element.lng), element.parking_
                                        code,element.parking_name);

    }));
  });
}
```

❸ DB에서 조회한 주차장 위치를 구글 지도에 표시합니다.

```
addMarker(cordinate, marker_id, marker_name) {
  ❸ markers.add(Marker(
      position: cordinate,
      markerId: MarkerId(marker_id),
      infoWindow: InfoWindow(title: marker_name)));
}
```

❹ 화면에 표시된 주차장 위치입니다.

step 6 구글 맵에서 현재 위치 찾기

화면에서 [현재위치] 버튼을 클릭하면 구글 맵에서 현재 위
치를 찾고, 현재 위치 근처에 있는 주차장을 지도에 표시하는
작업을 진행하려고 합니다.

'현재위치' 버튼을 눌렀을 때 호출되는 _moveToCurrentLo-
cation() 메소드를 생성합니다. build 위젯에서 FloationgAction-
Button을 추가하여 버튼을 만들고, onPress 속성에 앞서 생성한
_moveToCurrentLocation() 메소드를 호출합니다.

그림 8-43 '현재위치' 버튼 추가

lib\mapsample.dart

```
class _MapSampleState extends State<MapSample> {
  ...생략...

  void _moveToCurrentLocation() async{
  }

  @override
  Widget build(BuildContext context){
    return Scaffold(
      body: Stack(
        children: <Widget>[
          GoogleMap(
            mapType: MapType.terrain,
            initialCameraPosition: position,
            markers: markers.toSet(),
            onMapCreated: (GoogleMapController controller){
              _controller.complete(controller);
            },
```

```
          ),
          Container(
            margin: EdgeInsets.only(top: 60, right: 10),
            alignment: Alignment.topRight,
            child: Column(
              children: <Widget>[
                FloatingActionButton.extended(
                  label: Text('주차장위치'),
                  icon: Icon(Icons.local_parking),
                  backgroundColor: Colors.deepPurpleAccent[400],
                  //_isMarkerShow 에 의해 마커표시를 할지 삭제를 할지 체크한다
                  onPressed: _isMarkerShow ? _remove_marker : _add_marker,
                ),
                SizedBox(height: 10),
                FloatingActionButton.extended(
                  label: Text('현재위치'),
                  icon: Icon(Icons.gps_fixed),
                  backgroundColor: Colors.green[400],
                  onPressed: (){
                    _moveToCurrentLocation();
                  },
                ),
              ],
            ),
          ),
        ],
      ),
    );
  }
}
```

현재 위치로 구글 맵에 표시하기

_moveToCurrentLocation() 메소드는 현재 위치 정보를 받아와서 구글 맵 화면의 표시

위치를 이동시키는 역할을 하는 메소드입니다. 사용지기 화면에서 [현재위치] 버튼을 눌렀을 때 호출되며, Geolocator.getCurrentPosition을 통해 현재 위치에 대한 정보를 받아오고 Controller.animateCamera를 통해 구글 맵의 화면 표시 위치를 이동시킵니다.

```dart
void _moveToCurrentLocation() async{
    final GoogleMapController controller = await _controller.future;
    LocationPermission permission = await Geolocator.requestPermission();
    Position position =
        await Geolocator.getCurrentPosition( desiredAccuracy: LocationAccuracy.low);
    controller.animateCamera(CameraUpdate.newCameraPosition(
      CameraPosition(
          bearing: 0, //카메라가 바라보는 방향
          target: LatLng(position.latitude, position.longitude), //화면에 표시할 지도
                                                                의 중심 위치

          zoom: 17 // 지도의 확대수준
      ),
    ));
  }
```

사용자에게 위치 권한 허용 요청하기

구글 맵의 컨트롤을 위한 변수를 선언하고 앱에서 사용자의 위치를 가져오기 위해서 사용자가 위치 권한을 허용했는지를 확인하기 위해 Geolocator.requestPermission()를 위한 변수도 선언합니다.

```dart
final GoogleMapController controller = await _controller.future;
LocationPermission permission = await Geolocator.requestPermission();
```

Geolocator.requestPermission() 메소드는 사용자에게 위치 권한 허용을 요청하여 디바이스 사용자로부터 정보를 입력받는 역할을 합니다. 위치 권한 허용 요청 시 사용자는 '앱을 사용하는 동안', '실행할 때마다', '거부' 3가지 중 하나를 선택할 수 있습니다.

디바이스의 현재 위치 가져오기

디바이스의 현재 위치를 가져오기 위해 Geolocator.getCurrentPosition()을 사용합니다. 이를 위해 다음과 같이 변수 선언입니다.

```
Position position = await Geolocator.getCurrentPosition( desiredAccuracy:
LocationAccuracy.low);
```

desiredAccuracy는 위치 정확도에 대한 요구 수준을 설정하는 파라미터입니다. LocationAccuracy 인자를 통해 정확도 수준을 선택할 수 있으며, 더 정확한 위치정보를 요구할수록 시간과 배터리 소모가 더 많아집니다. High, medium, low와 같이 세 가지 옵션을 선택할 수 있으며, 기본값은 medium으로 선택되어 있습니다

구글 맵에서 특정 위치로 이동하기

구글 지도를 특정 위치로 이동하기 위해서는 controller.animateCamera() 메소드를

사용합니다. 구글 지도에서 맵 카메라의 위치를 특정 위치로 부드럽게 이동시켜 줍니다. CameraUpdate.newCameraPosition에는 구글 맵이 이동할 위치 정보를 CameraPosition 위젯을 통해 전달합니다

```
controller.animateCamera(CameraUpdate.newCameraPosition(
  CameraPosition(
      bearing: 0, // 카메라가 바라보는 방향.
                         // 기본값은 0, 지도가 북쪽을 바라보게 됩니다. 0에서 360의 값을 가집니다.
      target: LatLng(position.latitude, position.longitude), // 화면에 표시할 지도의
                                              중심 위치 위/경도 정보를 담은 LatLng 위젯사용
      zoom: 17    // 지도의 확대수준, 0에서 20의 값을 가지며 값이 클수록 상세한 정보표시
),
));
```

mapsample.dart 전체소스

다음은 mapdample.dart의 전체 소스입니다.

lib\mapsample.dart

```
import 'package:flutter/material.dart';
import 'package:google_maps_flutter/google_maps_flutter.dart';
import 'dart:async';
import 'package:parking/repositories/dbhelper.dart';
import 'package:geolocator/geolocator.dart';

class MapSample extends StatefulWidget {
  const MapSample({Key? key}) : super(key: key);

  @override
  State<MapSample> createState() => _MapSampleState();
}

class _MapSampleState extends State<MapSample> {
```

```dart
// 구글맵 패키지 사용을 위한 컨트롤러 선언
Completer<GoogleMapController> _controller = Completer();

// 지도 클릭 시 표시할 장소에 대한 마커 목록
final List<Marker> markers = [];

//마커의 표시유무를 위한 토글스위치 용도 변수
bool _isMarkerShow = false;

// 마커가 추가될때 구글맵 위에 마커표시를 하기위해 setState를 통해 위젯을 다시 그려주는 메소드
// Marker() 위젯은 google_maps_flutter 패키지에서 제공되는 위젯으로
// position : LatLng 위젯을 사용해 위도,경도 정보를 전달한다.
// markerId : marker의 id로 사용할 값을 전달한다.
// infoWindow : 화면에 표시될 정보를 전달한다.
addMarker(cordinate, marker_id, marker_name) {
  markers.add(Marker(
      position: cordinate,
      markerId: MarkerId(marker_id),
      infoWindow: InfoWindow(title: marker_name)));
}

//앱실행시 초기위치
final CameraPosition position = CameraPosition(
  target: LatLng(37.500784, 127.0368148), //역삼역
  zoom: 15, //숫자가 작을수록 넓은 면적이 조회됨
);

//db에서 조회해와서 마킹추가
void _add_marker() {
  setState(() {
    //_isMarkerShow 토글 스위치를 반대로 만들어준다.
    _isMarkerShow = !_isMarkerShow;
    DBHelper dbHelper = DBHelper();
    dbHelper.parks().then((value) => value.forEach((element) {
      //로그 확인을 위한 콘솔 출력
      //print('parking_code: ${element.parking_code}, parking_name: ${element.parking_
                                                                          name}');
```

```dart
        //addMarker를 호출하여 마커를 표시한다.
        addMarker(LatLng(element.lat, element.lng), element.parking_
                                      code,element.parking_name);
    }));
  });
}


//지도에 표시된 마커 지우기
void _remove_marker(){
  setState(() {
    //_isMarkerShow 토글 스위치를 반대로 만들어준다.
    _isMarkerShow = !_isMarkerShow;
    //markers 리스트를 초기화 하여 마커 정보를 삭제한다.
    markers.clear();
  });
}
void _moveToCurrentLocation() async{
  final GoogleMapController controller = await _controller.future;
  LocationPermission permission = await Geolocator.requestPermission();
  Position position =
      await Geolocator.getCurrentPosition( desiredAccuracy: LocationAccuracy.low);
  controller.animateCamera(CameraUpdate.newCameraPosition(
    CameraPosition(
        bearing: 0, // 카메라가 바라보는 방향.
        target: LatLng(position.latitude, position.longitude), // 화면에 표시할
                                              지도의 중심 위치

        zoom: 17      // 지도의 확대수준
    ),
  ));
}


@override
Widget build(BuildContext context){
  return Scaffold(
    body: Stack(
      children: <Widget>[
        GoogleMap(
```

```dart
          mapType: MapType.terrain,
          initialCameraPosition: position,
          markers: markers.toSet(),
          onMapCreated: (GoogleMapController controller){
            _controller.complete(controller);
          },
        ),
        Container(
          margin: EdgeInsets.only(top: 60, right: 10),
          alignment: Alignment.topRight,
          child: Column(
            children: <Widget>[
              FloatingActionButton.extended(
                label: Text('주차장위치'),
                icon: Icon(Icons.local_parking),
                backgroundColor: Colors.deepPurpleAccent[400],
                //_isMarkerShow 에 의해 마커표시를 할지 삭제를 할지 체크한다
                onPressed: _isMarkerShow ? _remove_marker : _add_marker,
              ),

              SizedBox(height: 10),
              FloatingActionButton.extended(
                label: Text('현재위치'),
                icon: Icon(Icons.gps_fixed),
                backgroundColor: Colors.green[400],
                onPressed: (){
                  _moveToCurrentLocation();
                },
              ),
            ],
          ),
        ),
      ],
    ),
  );
 }
}
```

더 알아보기 **현재 위치가 잘못 표시되는 문제 해결하기**

현재 위치로 이동하게 코딩했는데 구글 맵에서 내 현재 위치가 아닌 다른 위치로 이동할 때는 에뮬레이터에서 현재 위치 설정을 변경해야 합니다. 에뮬레이터로 실행할 때는 모바일 디바이스처럼 GPS 정보를 받아올 수 없기 때문에 이에 대한 세팅이 필요합니다. 에뮬레이터 상단 오른쪽 끝 말줄임표 아이콘(⋯)을 클릭하면 제어 정보를 확인할 수 있습니다.

Location 메뉴를 클릭해서 지도상에 위치를 클릭하고 원하는 위치로 이동하거나 검색창에서 설정하고싶은 위치를 입력한하거나 검색한 후 [SetLocation]하면 에뮬레이터상에 현재 위치로 선택한 지역이 위치됩니다.

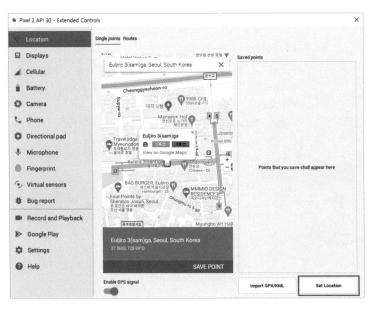

Geolocator 호출 시 geolocator가 동작하지 않는 경우

```
flutter: geolocator isnt working. Make sure at least ACCESS_FINE_LOCATION or
ACCESS_COARSE_LOCATION are defined in the manifest

> flutter clean
> flutter pub get
> flutter run
```

이런 경우 flutter clean으로 flutter에 설치된 패키지들을 초기화하고 flutter pub get을 통해 다시 설치한 후
flutter run을 실행하면 정상적으로 동작합니다.

9

01 카카오 로그인 연동을 위한 설정하기

02 Provider 패턴 적용하기

03 카카오 SDK로 로그인 구현하기

04 AWS Amplify 설정하기

05 AWS Amplify와 연동하여 로그인 구현하기

로그인
구현하기

이번 장에서는 플러터 앱에서 사용자 인증을 위해 로그인 방법을 알아보겠습니다. 로그인 방법은 다양한데, 여기서는 카카오 SDK를 이용한 카카오 로그인 연동과 AWS Amplify Authentication UI를 이용한 로그인 방법을 학습하겠습니다.

카카오 로그인 하기

카카오톡 또는 카카오 계정을 사용하여 로그인하면 사용자를 간편하게 인증할 수 있습니다. 사용자 인증을 위한 화면 구성에는 카카오에서 제공하는 UI 화면을 사용합니다. 카카오 로그인 연동을 위해 플러터 앱을 카카오 개발자 사이트의 '내 애플리케이션'에 등록해야 합니다. 카카오 로그인을 위한 Flutter SDK를 사용한 구현 순서는 다음과 같습니다.

- 플러터 프로젝트 생성하기
- 카카오 개발자 사이트에 플러터 앱 등록하기
- 플러터에서 카카오 로그인 연동 설정하기
- 로그인과 로그아웃 화면 만들기
- Provider 패턴 적용하기
- 카카오 SDK를 연동하여 로그인, 로그아웃 기능 구현하기

9.1.1 앱 소개하기

초기 화면에서 로그인 버튼을 누르면 카카오 로그인 화면으로 연동되고 로그인이 성공하면 'Welcome' 버튼이 화면이 나타납니다. 이미 카카오 로그인이 되어있다면, 화면에 'Welcome' 버튼이 표시되고 클릭하면 로그아웃 화면으로 이동합니다. 로그아웃 화면에 로그인된 사용자명을 보여주고 로그아웃 버튼 클릭 시 다시 로그인 화면으로 돌아갑니다.

초기화면	카카오 로그인 화면	로그인 성공
카카오 로그인이 되어 있는 경우	카카오 로그인 연동 화면	로그아웃 화면

그림 9-1 카카오 로그인 연동 앱 화면 소개

처음 로그인할 때 카카오 계정에 등록된 이메일과 비번을 입력하고 인증이 성공되면 그 이후에는 이전에 로그인했던 로그인 정보를 보여줍니다.

9.1.2 사전 준비

Kakao SDK for Flutter(이하 Flutter SDK)를 이용한 카카오 로그인을 구현하기 전에
먼저 아래 항목이 준비되어있는지 확인합니다

- 카카오 개발자 사이트((https://developers.kakao.com) 가입
- OpenSSL 설치
- OpenSSL은 https://code.google.com/archive/p/openssl-for-windows/downloads에 접속하여 내려받아 설치합니다.

9.1.3 프로젝트 폴더 구조

카카오 로그인 연동을 위한 플러터 프로젝트 폴더의 구조는 다음과 같습니다. 카카오
로그인 기능 구현은 Provider 패턴을 적용하여 UI와 로그인/로그아웃 기능을 분리했고
main.dart에서 화면이 이동되도록 구현합니다.

프로젝트 폴더	소스파일	설명
/	pubspec.yaml	카카오 SDK 패키지 추가
/lib	main.dart	프로젝트의 메인 소스 로그인/로그아웃 화면 분기
/lib/screens	login_page.dart	로그인 페이지 UI 구현, 로그인 로직 호출
	logout_page.dart	로그아웃 페이지 UI 구현, 로그아웃 로직 호출
lib/provider	user_provider.dart	카카오 SDK를 이용한 로그인, 로그아웃 로직 구현 및 사용자 정보, 로그인 정보 등 상태 데이터 보유

표 9-1 프로젝트 구조

9.1.4 카카오 로그인 연동을 위한 설정

카카오 로그인을 구현하기 위해서는 플러터 앱에서 카카오 SDK를 호출할 수 있도록 카카오 개발자 사이트와 플러터 앱 각각에서 설정을 해야 합니다. 먼저 로그인과 로그아웃 화면을 만들어서 화면 간 이동이 올바르게 작동하는지 확인하고 카카오 로그인 연동을 위한 환경 설정을 진행합니다.

Step 1. 플러터 프로젝트 생성하기

안드로이드 스튜디오에서 [File] → [New] → [New Flutter Project]를 클릭해 프로젝트명을 'kakao_login_sample'로 생성합니다.

그림 9-2 카카오 로그인 샘플 프로젝트 생성

Organization에 작성된 패키지명은 카카오 연동 시와 앱을 출시할 때 중복이 발생되면 안 되는 정보입니다. 테스트용이 아닌 앱을 출시할 목적으로 프로젝트를 생성한다면 Organization의 패키지명을 유일한 값으로 정의합니다.

Step 2. 카카오 개발자 사이트에 플러터 앱 등록하기

생성한 플러터 앱에서 카카오 SDK에 있는 API를 사용하려면 플랫폼 정보를 카카오 개발자 사이트에 등록해야 합니다. 카카오 API는 개발자 웹사이트에 등록된 정보를 기반으로 동작하므로 앱을 등록해 주어야 합니다. 카카오 개발자 사이트에 회원가입이 되어 있지 않다면 회원가입을 먼저 진행합니다.

▶카카오 개발자 사이트: https://developers.kakao.com

애플리케이션 추가하기

카카오 개발자 사이트에서 카카오 로그인을 플러터 앱과 연동하기 위해 애플리케이션명을 등록해야 합니다. 메뉴에서 [내 애플리케이션] → [+ 애플리케이션 추가하기]를 클릭하면 '애플리케이션 추가하기' 팝업이 나타납니다. 이 팝업에서 앱 이름과 사업자명을 입력합니다. 앱 이름은 영문, 한글 상관없이 유일하면 됩니다. 단, 앱 이름에 '카카오'가 포함되어 있으면 생성되지 않으므로 주의합니다. 로그인 테스트를 위해서 임시로 앱을 만드는 경우는 다음과 같이 임의의 사업자명을 입력해도 됩니다.

그림 9-3 카카오 개발자 사이트에 앱 등록하기

등록한 앱의 기본 정보를 확인하고 앱 아이콘을 추가해 보겠습니다. [내 애플리케이션 설정] → [앱 설정] → [일반]을 클릭하면 앱 정보가 나타나고 [수정] 버튼을 클릭하면 앱 기본 정보를 수정할 수 있습니다.

그림 9-4 앱 기본 정보

앱 아이콘을 추가하고 앱 이름을 '로그인샘플테스트'로 수정해 봅니다. 앱 정보에 등록된 앱 아이콘, 앱 이름, 사용자명은 플러터 앱에서 카카오 로그인 연동 시 카카오 로그인 화면 상단에 보여지게 됩니다.

그림 9-5 카카오 개발자 사이트에서 애플리케이션 추가하기

앱 키 확인하기

카카오 개발자 사이트에 앱을 등록하면 해당 앱에 대한 플랫폼별 앱 키가 발급됩니다. 플러터 앱에서 카카오 SDK를 사용하여 API를 사용할 때, 카카오에서는 등록된 앱의 앱 키 값을 확인하여 올바른 API 요청인지를 검증합니다. 먼저, 앱 키를 조회하는 방법은 [내 애플리케이션] → [앱 설정] → [앱 키]를 클릭하면 앱 키가 조회됩니다.

그림 9-6 앱 키 조회하기

플랫폼 설정하기

이제, 앱 키를 '내 애플리케이션'에 등록한 플러터 앱의 main.dart.와 AndroidManifest.xml에 설정해야 합니다. [내 애플리케이션] → [앱 정보] → [플랫폼]을 클릭하여 [Android 플랫폼] 버튼을 눌러 등록해 봅니다.

그림 9-7 Android 플랫폼 등록

패키지명, 마켓 URL 입력하기

패키지명은 AndroidManifest.xml의 패키지명을 입력합니다. AndroidManifest.xml은 'Android\app\src\main' 폴더 아래에 있습니다. AndroidManifest.xml에서 'package=패키지명'을 찾아 Android 플랫폼의 패키지명에 복사하여 붙여넣습니다. 패키지를 입력하면 마켓 URL은 자동으로 설정됩니다.

android/app/src/main/AndroidManifest.xml

```
<manifest xmlns:android="http://schemas.android.com/apk/res/android"
    package="com.cherrybook.kakao_login_sample">
  <application
      android:label="kakao_login_sample"
      android:name="${applicationName}"
      android:icon="@mipmap/ic_launcher">
```

Android 플랫폼 등록

패키지명 [필수]
Android앱의 고유 값입니다. AndroidManifest.xml의 package= 어트리뷰트를 참조하세요

com.cherrybook.kakao_login_sample

마켓 URL

구글 플레이 ▾   market://details?id=com.cherrybook.kakao_login_sample

키 해시
키 해시가 등록된 앱인 SDK를 이용해 API를 호출할 수 있습니다.
여러 개의 키 해시는 줄바꿈으로 추가하세요.

Eld77HdYutoQptdE6CicsqnCXPnVA6TY
hRZRO9ATyMccelb4HgH9QQTCQyrn9f8mi

취소   저장

그림 9-8 플랫폼 등록하기

키 해시 등록하기

키 해시를 등록할 차례입니다. 카카오에서 제공한 SDK를 이용하여 API를 호출하려면 키 해시를 등록해야 합니다. 키 해시를 등록하기 위해 먼저 실습 중인 데스크탑 운영체제에 해당하는 OpenSSL을 설치합니다. OpenSSL은 다음 URL의 구글 코드 아카이브 사이트에서 내려받아 압축을 풀어줍니다.

▶ **구글 코드 아카이브**: https://code.google.com/archive/p/openssl-for-windows/downloads

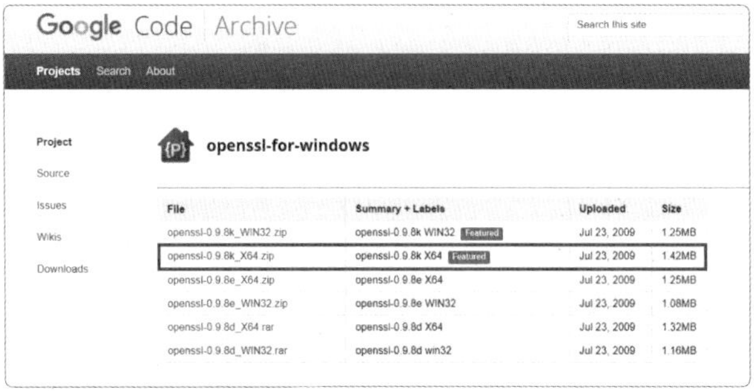

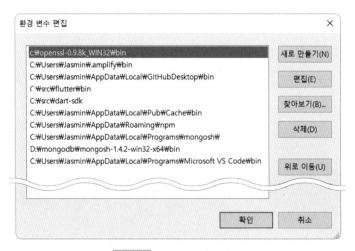

그림 9-9 **openssl** 내려받기

Openssl 설치가 완료되었다면, 환경변수 path에 openssl 설치 경로(C:₩openssl-0.9.8e_WIN32₩bin)를 추가합니다.

그림 9-10 **openssl**을 **Path**에 추가

[Windows용] 키 해시는 콘솔에서 다음과 같은 명령어를 수행합니다.

```
[디버그 키 해시]
> keytool -exportcert -alias androiddebugkey -keystore  사용자폴
더₩.android₩debug.keystore -storepass android -keypass android |
openssl sha1 -binary | openssl base64
```

```
[릴리즈 키 해시]
> keytool -exportcert -alias <RELEASE_KEY_ALIAS> -keystore <RELEASE_
KEY_PATH> | openssl sha1 -binary | PATH_TO_OPENSSL_LIBRARY₩bin₩
openssl base64
```

사용자 폴더는 "C:₩사용자₩컴퓨터 계정"입니다(예시: C:₩Users₩Jasmin). 생성된
키 해시를 입력하고 [저장] 버튼을 눌러 키 해시를 등록합니다.

Android 플랫폼 수정

패키지명 [필수]
Android앱의 고유 값입니다. AndroidManifest.xml의 package= 어트리뷰트를 참조하세요

com.cherrybook.kakao_login_sample

마켓 URL

구글 플레이 ▾   market://details?id=com.cherrybook.kakao_login_sample

키 해시
키 해시가 등록된 앱만 SDK를 이용해 API를 호출할 수 있습니다.
여러 개의 키 해시는 줄바꿈으로 추가하세요.

9GUXL9S7799w36IxeSUFR4Ta5+c=

취소   저장

그림 9-11 키 해시 등록

키 해시가 정상적으로 등록되었다면 이제 플로터 앱에서 카카오 API 호출할 수 있습
니다.

 **알아보기** **키 해시 관련 오류 해결하기**

```
AUTHORIZATION_FAILED: invalid android_key_hash or ios_bundle_id or web_site_url
```

또는,

```
I/flutter ( 5566): 카카오계정으로 로그인 실패 {error: misconfigured, error_descriptio
  invalid android_key_hash or ios_bundle_id or web_site_url}
```

카카오 로그인을 구현하고 실습하는 중에 해당 오류가 발생한다면, 키 해시 등록이 되지 않았거나 잘못된 키 해시값이 사용된 것일 수 있습니다. 먼저 내려받은 OpenSSL 버전을 확인하고, 버전이 올바르게 설치되어 있는지 확인해야 합니다. 만약 올바른 버전의 OpenSSL이 설치되어 있다면, 디버그 내용을 확인합니다.

```
[log] [4]  KA: sdk/1.2.2 sdk_type/flutter os/android-30 lang/en-US
  origin/79XUQbQQv/mlkZaiDfuZWtnu5k0= device/SDK_GPHONE_X86 android_pkg/com.flutter_book
  .kakao_login_sample.kakao_login_sample app_ver/1.0.0
[log] [4] data:
[log] [4] {code: rxgsaninL9C2cSjyW82ak0Yh-1aup_zWJK7mZstNVzV_
  -BM1IiLygR8q2FgSRfxOfRFa8Qo9dVwAAAGDdaCwGg, grant_type: authorization_code, client_id:
  63c163399768dddefa6293308875e969, redirect_uri:
  kakao63c163399768dddefa6293308875e969://oauth, code_verifier:
  WJetGtkiBmS0s+9jagePre35AmnqeWkpDKfsHdsXTRmtXyxASQ79vJanQtF8ApUaGZakdOp5TQgFXYscPLgi8g
  ==, android_key_hash: 79XUQbQQv/mlkZaiDfuZWtnu5k0=}
[log] [4]
[log] [4] *** DioError ***:
[log] [4] uri: https://kauth.kakao.com/oauth/token
[log] [4] DioError [DioErrorType.response]: Http status error [401]
[log] [4] uri: https://kauth.kakao.com/oauth/token
[log] [4] statusCode: 401
[log] [4] headers:
[log] [4]  connection: keep-alive
[log] [4]  cache-control: no-store
I/flutter ( 8423): 카카오계정으로 로그인 실패 {error: misconfigured, error_description:
  invalid android_key_hash or ios_bundle_id or web_site_url}
[log] [4]  transfer-encoding: chunked
[log] [4]  date: Sun, 25 Sep 2022 17:10:09 GMT
[log] [4]  access-control-allow-origin: *
[log] [4]  pragma: no-cache
```

등록한 키 해시값과 디버그 창에 표시되는 키 해시값을 확인하여 동일한지 확인한 후, 디버그 창에서 조회된 키 해시값을 등록하고 다시 실행하면 정상적으로 작동하는 것을 확인할 수 있습니다.

카카오 로그인 활성화하기

등록한 플러터 앱이 카카오 로그인 시 정상적으로 작동하려면 카카오 로그인을 활성화해야 합니다. 카카오 로그인이 활성화되어 있지 않으면 로그인이 되지 않습니다. 카카오 로그인과 OpenID Connect를 활성화합니다.

그림 9-12 카카오 로그인 활성화하기

 KOE004 오류 발생되었다면 카카오 로그인을 활성화하지 않아서 입니다.

카카오 로그인 동의항목 설정하기

이제 카카오 로그인 동의항목을 설정해야 합니다. 실습을 위해 닉네임 동의항목을 필수로 설정합니다. 설정한 카카오 동의항목은 카카오 로그인 화면에 표시되며, 사용자는 카카오 로그인 시 서비스 이용에 필요한 동의를 입력해야 합니다. 동의항목을 추가하거나 변경하고 싶다면 이곳에서 동의항목 설정을 변경할 수 있습니다.

그림 9-13 동의항목 설정하기

Step 3. 플러터에서 카카오 로그인 연동 설정하기

이제 플러터 프로젝트에서 카카오 SDK를 사용하여 카카오 로그인 API를 호출하기 위해, 카카오 로그인 패키지를 추가하고 앱 등록 시 발급된 앱 키를 플러터 앱에 설정해야 합니다. 차례대로 설정해 보겠습니다.

pubspec.yaml - 카카오 SDK 패키지 추가

카카오 로그인 연동을 위해서는 pubspec.yaml의 dependencies 아래에 kakao_flutter_sdk_user 패키지를 추가해야 합니다. 카카오에서 제공하는 SDK는 여러 가지가 있는데 우리는 카카오 로그인만 구현할 것이므로 kakao_flutter_sdk_user 패키지만 추가합니다. 또한 구글 폰트 사용을 위해 google_fonts 패키지도 추가합니다.

```
> flutter pub add kakao_flutter_sdk_user
```

```
environment:
  sdk: ">=2.18.0 <3.0.0"

dependencies:
  flutter:
    sdk: flutter

  google_fonts:^4.0.3
  kakao_flutter_sdk_user: ^1.4.2
```

pubspec.yaml에 추가한 패키지를 내려받기 위하여 다음 명령어를 수행합니다.

```
> flutter pub get
> flutter pub upgrade
```

카카오 Flutter SDK 패키지

카카오에서 제공하는 Flutter SDK는 카카오 로그인 이외에도 카카오톡, 카카오스토리, 카카오내비 등 여러 가지가 있습니다. 아래는 카카오 Flutter SDK입니다(참조: https://developers.kakao.com/docs/latest/ko/getting-started/sdk-flutter#apply-sdk).

```
dependencies:
  kakao_flutter_sdk: ^1.4.2          # 전체 추가
  kakao_flutter_sdk_user: ^1.4.2     # 카카오 로그인
  kakao_flutter_sdk_talk: ^1.4.2     # 카카오톡(소셜, 메시지)
  kakao_flutter_sdk_story: ^1.4.2    # 카카오스토리
  kakao_flutter_sdk_share: ^1.4.2    # 카카오톡 공유
kakao_flutter_sdk_navi: ^1.4.2       # 카카오내비
```

카카오 SDK 패키지를 설치할 때는 의존하는 패키지들도 자동으로 설치됩니다. 카카오 로그인 패키지는 사용자 인증(Auth) 패키지에 의존하고 있으므로 카카오 로그인 패키지를 설치하면 자동으로 사용자 인증 패키지도 함께 설치됩니다.

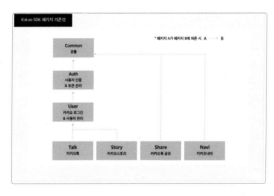

(https://developers.kakao.com/docs/latest/ko/getting-started/sdk-flutter#apply-sdk 참조)

AndroidManifest.xml에 카카오 로그인 Redirect URL 설정하기

플러터 프로젝트에 카카오 로그인을 사용하려면 프로젝트 루트 디렉토리에서 android/ app/src/AndroidManifest.xml에 카카오 로그인 RedirectURL을 추가합니다. 네이티브 앱 키를 복사하여 AndroidManufest.xml에서 <application>하위에 <activity … /activity> 코드를 추가하고 'android:schema'에 앱 키를 붙여넣습니다.

```
<application
    android:label="kakao_login_sample"
    android:name="${applicationName}"
    android:icon="@mipmap/ic_launcher">
    <activity
        android:name="com.kakao.sdk.flutter.AuthCodeCustomTabsActivity"
        android:exported="true">
        <intent-filter android:label="flutter_web_auth">
            <action android:name="android.intent.action.VIEW" />
            <category android:name="android.intent.category.DEFAULT" />
            <category android:name="android.intent.category.BROWSABLE" />

            <!-- "kakao${YOUR_NATIVE_APP_KEY}://oauth" 형식의 앱 실행 스킴 설정 -->
            <!-- 카카오 로그인 Redirect URI -->
            <data android:scheme="kakao${YOUR_NATIVE_APP_KEY}"
android:host="oauth"/>
        </intent-filter>
    </activity>
    …생략…
</application>
```

"${YOUR_NATIVE_APP_KEY}"를 네이티브 앱 키로 변경합니다. 네이티브 앱 키는 [내 애플리케이션] → [앱 설정] → [요약정보]에서 확인할 수 있습니다.

```
<data android:scheme="kakao63c163399768dddefa6293308875████"
android:host="oauth"/>
```

그림 9-14 **AndroidManifest.xml** 설정하기

main.dart에 네이티브 앱 키 설정하기

이제 main.dart에 네이티브 앱 키를 설정할 차례입니다. Main.dart에서 runapp()을 실행하기 전에 카카오 SDK를 초기화합니다. 카카오 SDK 초기화 시, 앱 등록할 때 발급된 네이티브 앱 키와 JavaScript 키를 설정합니다. 네이티브 앱 키가 다를 경우 카카오 로그인이 정상으로 동작하지 않을 수 있습니다. 카카오 로그인을 위해 kakao_flutter_sdk_user.dart 파일도 import 합니다.

```dart
import 'package:flutter/material.dart';
import 'package:kakao_flutter_sdk_user/kakao_flutter_sdk_user.dart';

void main() {
  // 웹 환경에서 카카오 로그인을 정상적으로 완료하려면 runApp() 호출 전 아래 메서드 호출 필요
  WidgetsFlutterBinding.ensureInitialized();

  // runApp() 호출 전 Flutter SDK 초기화
  KakaoSdk.init(
    nativeAppKey: '63c163399768dddefa6293308875    ',
    javaScriptAppKey: '147bc7c579b1d37b8a59f004b562    ',
  );
  runApp(const MyApp());
}
```

build.gradle에서 compileSdkVerson과 Android SDK 버전 수정하기

이제, 프로젝트 루트 디렉토리에서 android/app/build.gradle을 열어서 compileSd-kVersion을 33으로 변경하고 AndroidSDK **버전을 21이상으로 수정**합니다. 카카오 SDK API를 정상적으로 수행하려면 플러터의 compileSdkVersion을 33으로, minSdkVersion을 강제로 21이상으로 설정해야 합니다. compileSdkVersion은 기본값으로 flutter.compileSdkVersion으로 생성되어 있고 minSdkVersion의 기본값은 flutter.minSdkVersion으로 설정되어 있습니다.

Android/app/build.gradle

```
android {
    compileSdkVersion 33
    ndkVersion flutter.ndkVersion

    …생략…

    defaultConfig {
        applicationId "com.cherrybook.kakao_login_sample"
        minSdkVersion 21
        targetSdkVersion flutter.targetSdkVersion
        versionCode flutterVersionCode.toInteger()
        versionName flutterVersionName
    }
    …생략…
}
```

플러터 프로젝트에 카카오 로그인을 위한 앱 키 설정과 build.gradle 설정이 완료되었다면 카카오 로그인을 구현하기 위한 기본적인 설정이 완료된 것입니다.

9.1.5 로그인/로그아웃 화면 만들기

카카오 SDK API와 연동하기 전에 먼저 로그인, 로그아웃 화면을 만들어 보겠습니다.

main.dart

main.dart에서는 카카오 로그인을 위한 앱 키를 설정하고 사용자 정보와 Provider를 생성합니다. 로그인과 로그아웃 화면은 login_page.dart와 logout_page.dart에서 구현되고 main.dart에서는 로그인 페이지와 로그아웃 페이지로 이동할 수 있도록 라우팅을 합니다. 초기화면은 로그인 페이지입니다. 로그인 페이지와 로그아웃 페이지로 라우팅하기 위해 login_page.dart와 logout_page.dart를 import 합니다. 아직 로그인과 로그아웃 페이지를 만들기 전이므로 import 문장에서 오류가 표시될 것 입니다. 로그인과 로그아웃 페이지를 만든 후 실행하도록 합니다.

Android/app/build.gradle

```
import 'package:flutter/material.dart';
import 'package:kakao_login_sample/screens/login_page.dart';
import 'package:kakao_login_sample/screens/logout_page.dart';
import 'package:kakao_flutter_sdk_user/kakao_flutter_sdk_user.dart'; // 카카오 로그인 SDK
void main() {
  // 웹 환경에서 카카오 로그인을 정상적으로 완료하려면 runApp() 호출 전 아래 메서드 호출 필요
  WidgetsFlutterBinding.ensureInitialized();

// KakaoSdk 초기화
  KakaoSdk.init(
    nativeAppKey: '63c163399768dddefa6293308875████',   // 앱 키 설정
    javaScriptAppKey: '147bc7c579b1d37b8a59f004b562████', // 자바스크립트 앱 키 설정
  );
  runApp(MyApp());
}
```

```
class MyApp extends StatelessWidget {
  const MyApp({Key? key}) : super(key: key);

  @override
  Widget build(BuildContext context) {
    return MaterialApp(
      debugShowCheckedModeBanner: false,
      home: LoginPage(),
      initialRoute: '/login',        // 초기화면
      routes: {
        '/login': (context) => LoginPage(),
        '/logout': (context) => LogoutPage(),
      },
    );
  }
}
```

로그인 화면

로그인 화면을 만들어 봅니다. 로그인 페이지에는 로그인을 위한 버튼만 중앙에 있습니다. 로그인 버튼을 클릭하면 로그아웃 화면으로 이동합니다.

Android/app/build.gradle

```
import 'package:flutter/material.dart';
import 'package:google_fonts/google_fonts.dart';

class LoginPage extends StatefulWidget {
    const LoginPage({Key? key}) : super(key: key);

    @override
    State<LoginPage> createState() => _LoginPageState();
}
// 로그인 페이스 상태 위젯
```

```
class _LoginPageState extends State<LoginPage> {
  // 로그인 화면 그리기

  @override
  Widget build(BuildContext context) {
    // ❶ ElevatedButton을 재사용메소드 buttonArea로 정의
    Widget buttonArea = Center(
      child: ElevatedButton (
        child:Text('Kakao Login',
          style: GoogleFonts.acme (fontSize: 30, color: Colors.black87)),

        style: ElevatedButton.styleFrom(
          backgroundColor: Colors.amberAccent,     // 버튼 배경색
          foregroundColor: Colors.black87,         // 버튼 글자색
          shape: RoundedRectangleBorder(           // 둥근 모서리
            borderRadius: BorderRadius.circular(9)),
          elevation: 5                             // 버튼 입체감
        ), // buttonArea

        autofocus: true,     // 화면 실행시 버튼에 포커스
        onPressed: ()  {
          // ❷ 버튼 클릭 시, 로그아웃 페이지로 이동
          Navigator.pushReplacementNamed(context, '/
                                      logout');
        },
      ),
    );

    return Scaffold(
      backgroundColor: Colors.yellow[50],// 화면 배경색
      // ❸ 앱바 꾸미기
      appBar: AppBar(
        title: const Text('Login Page'),
        backgroundColor: Colors.orangeAccent,      // 앱바 배경색
        titleTextStyle:  GoogleFonts.zcoolXiaoWei( // 앱바 텍스트 스타일
          fontSize: 30,                            // 글자 크기
```

그림 9-15 로그인 화면 실행 결과

```
                    fontWeight:FontWeight.bold,              // 글자 굵기
                    color: Colors.black,                     // 글자색
                )
            ),
//      ❹ 재사용메소드 buttonArea 호출
            body:  buttonArea,
        );
    }
}
```

로그아웃 화면

이제, 로그아웃 화면을 만들어볼 차례입니다. 로그아웃 화면은 아웃라인 버튼으로 '로그아웃' 버튼을 만들고 클릭하면 이전 로그인 화면으로 이동합니다.

/lib/screens/logout_page.dart

```
import 'package:flutter/material.dart';
import 'package:google_fonts/google_fonts.dart';


class LogoutPage extends StatefulWidget {
const LogoutPage({Key? key}) : super(key: key);


@override
State<LogoutPage> createState() => _
LogoutPageState();
}


class _LogoutPageState extends State<LogoutPage> {
  @override
  Widget build(BuildContext context) {
    return Scaffold(
      backgroundColor: Colors.yellow[50],      // 화면 배경색
//  ❶ 앱바 스타일
      appBar: AppBar(
        title: const Text('Logout Page'),
```

그림 9-16 로그인 화면 실행 결과

```dart
        backgroundColor: Colors.orangeAccent, // 앱바 바탕색
    ),
    body: Center(
        child: Column(
            mainAxisAlignment: MainAxisAlignment.center, // 수직방향 가운데 정렬
            children: [
                // ❷ 아웃라인버튼 꾸미기
                OutlinedButton(
                    child: Text('Kakao Logout',
                            style: GoogleFonts.acme(fontSize: 24, color:
                                                    Colors.white)),
                    // 버튼 스타일 설정
                    style: OutlinedButton.styleFrom(
                        backgroundColor: Colors.green,      // 배경색
                        shadowColor: Colors.blueGrey,       // 그림자 색상
                        elevation: 10,                      // 입체감
                        side: BorderSide(
                            color:Colors.black12,               // 테두리 색상
                            style: BorderStyle.solid,           // 테두리 스타일
                            width: 2,                           // 테두리 두께
                            strokeAlign: StrokeAlign.inside //테두리 안쪽선
                        )
                    ),
                    // ❸ 버튼 클릭 시 로그인화면으로 이동하기
                    onPressed: () {
                        Navigator.pushReplacementNamed (context, '/login');
                    },
                ),
                const SizedBox(height: 5),
                // ❹ 사용자 로그인 정보 display
                Text('홍길동 Loggined',
                    style: GoogleFonts.roboto(
                        fontSize: 20,                       // 글자크기
                        fontStyle: FontStyle.italic,        // 글자스타일
                        fontWeight: FontWeight.bold,        // 글자굵기
                        color: Colors.black38)              // 글자색
                ),
```

```
        ], // children
      ),
    ),
  );
  }
}
```

9.1.6 Provider 패턴 적용하기

이제 화면이 완성되었다면, 카카오 로그인 SDK와 연동을 해보겠습니다. 카카오 로그인 API는 카카오에서 제공하며, 카카오 개발자 사이트에는 카카오 로그인을 비롯한 다양한 카카오 API 연동 방법에 대한 설명이 있습니다. 카카오맵을 사용하거나 카카오톡 API를 사용하려면 카카오 개발자 사이트를 방문하여 해당 기능을 적용해볼 수도 있습니다.

예제에서는 카카오 로그인을 위해 main.dart, login_page.dart, logout_page.dart의 세 개의 페이지가 구현되어 있습니다. 페이지 간 로그인 데이터 공유를 위해 Provider 패턴을 사용합니다. 페이지 간 상태 데이터 공유를 위해 보통 BloC, Provider 등과 같은 패턴이 사용되는데, 여기서는 쉽게 구현할 수 있는 Provider를 사용합니다. BloC 패턴은 대규모 프로젝트에서 사용하는 것을 권장하며, 중소규모 프로젝트에는 Provider를 사용하는 것을 추천합니다.

Step 1. pubspect.yaml – Provider 패키지 추가

provider 패키지를 추가해서 적용합니다.

```
> flutter pub add provider
```

```
dependencies:
  flutter:
    sdk: flutter
  provider: ^6.0.5
```

pubspec.yaml에 추가한 패키지를 내려받기 위하여 다음 명령어를 수행합니다.

```
> flutter pub get
> flutter pub upgrade
```

Step 2. Provider 패턴 적용하기

Provider 패턴은 UI와 비즈니스 로직을 분리하고 데이터 공유를 위해 주로 사용됩니다. Provider 패턴은 Provider 생성과 데이터 소비 부분으로 나누어 집니다. Provider는 공유할 데이터를 제공하고 Consumer는 Provider에서 제공한 데이터를 사용합니다. 먼저 Provider 생성부터 알아보겠습니다.

Provider 생성하기

Provider 생성은 다음의 과정에 따라 동작됩니다,

1) ChangeNotifierProvider에서 Provider로 사용할 ChangeNotifier 클래스를 생성합니다.

2) ChangeNotifier 클래스에서 notifyListeners()를 호출될 때까지 기다립니다.

3) notifyListeners()가 호출되면 ChangeNotifierProvier가 있는 노드의 하위 모든 child를 다시 빌드하여 화면을 업데이트합니다.

여기에서 ChangeNotifierProvider의 생성 위치가 중요합니다. ❶ ChangeNotifierProvider가 위젯트리 상 특정 child 하위에 위치하면 상태 데이터가 변경을 인지하더라도 위젯트리의 상위 위젯들은 다시 그리지 못하므로 보통 main.dart에서 생성합니다.

❷ ChangeNotifier 클래스를 상속하여 만드는 클래스에서 상태 데이터가 변경되면

변경된 상태를 notifyListeners()를 통해 ChangeNotifierProvider에 알려줍니다. 만약, ChangeNotifier 클래스에서 notiftListeners()를 호출하지 않으면 상태 데이터가 변경되어도 ChangeNotifierProvider가 인지하지 못하게 됩니다. 예제에서는 UserProvider 클래스가 ChangeNotifier 클래스를 상속하여 페이지 간에 데이터를 공유하기 위한 데이터와 메소드를 구현하고 있습니다. UserProvider 클래스에서 가지고 있는 상태 데이터가 변경되면 notifyListners()를 통해 ChangeNotifierProvider에게 상태 데이터가 변경되었음을 알려줍니다.

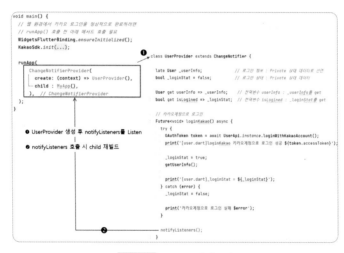

그림9-17 **Provider** 생성 순서

Provider에서 사용할 UserProvider 클래스 정의하기(ChangeNotifier)

먼저, Provider 제공을 위한 데이터 관리 클래스를 만들어 줍니다. 카카오 로그인 API를 호출하고 사용자 정보, 로그인 상태정보를 관리하기 위한 클래스로 user_provider. dart 파일을 생성합니다

Provider에서 사용할 클래스를 정의할 때는 'class 클래스명 extends ChangeNotifier'로 작성합니다

여기서는 ChangerNotifier로 UserProvider 클래스를 만들고 상태를 관리할 데이터도

정의합니다. UserProvider클래스에서 '_'로 시작하지 않는 변수는 전역변수로 외부에서 접근이 가능합니다. 전역변수로 선언된 userInfo, isLogined 변수는 Consumer에서 User.userInfo, user.isLogined와 같이 쉽게 값을 읽을 수 있도록 해 줍니다.

```
class UserProvider extends ChangeNotifier {

  late User _userInfo;          ┐ 상태데이터 (Private로 선언)
  bool _loginStat = false;      ┘

  User get userInfo => _userInfo;       ┐ 외부에서 접근할 수 있도록 public 변수로
  bool get isLogined => _loginStat;     ┘ 선언하고 get으로 private 데이터 read


  ...생략...
}
```

UserProvider 클래스에서 notifyListerners() 함수 호출

UserProvider 클래스 내에서 카카오 SDK API를 호출하여 카카오 계정을 이용한 로그인, 로그아웃, 사용자 정보 가져오기등을 구현합니다. 여기서 신경써야하는 부분은 각 메소드마다 상태 데이터가 변경되었을 경우 notifyListeners()를 호출하여 ChangeNotifier-Provider에게 상태가 변경되었음을 알려주는 것입니다.

lib/provider/user_provider.dart

```
class UserProvider extends ChangeNotifier {
  ...생략...

  // 카카오 계정으로 로그인
  Future<void> loginKakao() async {
    try {
      OAuthToken token = await UserApi.instance.loginWithKakaoAccount();
      print('[user.dart]loginKakao 카카오계정으로 로그인 성공 ${token.accessToken}');

      _loginStat = true;        // 카카오 계정으로 로그인성공 시 로그인 상태를 true로 변경
      getUserInfo();            // 사용자 정보 가져오기
```

```dart
      print('[user.dart]_loginStat = ${_loginStat}');
    } catch (error) {
      _loginStat = false;     // 카카오 계정으로 로그인실패 시 로그인 상태를 false로 변경
      print('카카오계정으로 로그인 실패 $error');
    }

    notifyListeners();
  }

  // 카카오 로그인 토큰 존재여부 체크
  Future<void> loginCheck() async {
    if (!_loginStat) {
      return;
    }

    if (await AuthApi.instance.hasToken()) {
      try {
        // 토큰 유효성 체크
        AccessTokenInfo tokenInfo = await UserApi.instance.accessTokenInfo();
        print('토큰 유효성 체크 성공 ${tokenInfo.id} ${tokenInfo.expiresIn}');
        _loginStat = true;     // 토큰 유효성 성공 시 로그인 상태를 true로 변경

      } catch (error) {
        if (error is KakaoException && error.isInvalidTokenError()) {
          print('토큰 만료 $error');
        } else {
          print('토큰 정보 조회 실패 $error');
        }
        _loginStat = false;     // 토큰 정보 조회가 실패된 경우 로그인 상태를 false로 변경
      }
    } else {
      print('발급된 토큰 없음');
      _loginStat = false;     // 발급된 토큰이 없으므로 로그인 상태를 false로 변경
    }

    notifyListeners();
  }
```

```dart
// 사용자 정보 가져오기
Future<void> getUserInfo() async {
  try {
    _userInfo = await UserApi.instance.me();
    print('[user.dart] 사용자 정보 요청 성공'
        '\n회원번호: ${_userInfo.id}'
        '\n닉네임: ${_userInfo.kakaoAccount?.profile?.nickname}'
        '\n네임: ${_userInfo.kakaoAccount?.name}'
        '\n이메일: ${_userInfo.kakaoAccount?.email.toString()}');

  } catch (error) {
    print('사용자 정보 요청 실패 $error');
  }
  notifyListeners();
}

// 카카오톡으로 로그인
Future<void> loginTalk() async {
  try {
    await UserApi.instance.loginWithKakaoTalk();
    print('[user.dart]카카오톡으로 로그인 성공');

    getUserInfo();
    _loginStat = true;

  } catch (error) {

    print('[user.dart]카카오톡으로 로그인 실패 $error');
    _loginStat = false;
  }
  notifyListeners();
}

// 카카오 로그아웃
Future<void> logoutKakao() async {
  try {
    await UserApi.instance.logout();     // 로그아웃
```

```
        print('로그아웃 성공, SDK에서 토큰 삭제');


        _loginStat = false;                    // 로그인 상태를 false로 변경

    } catch (error) {
      print('로그아웃 실패, SDK에서 토큰 삭제 $error');
    }
    notifyListeners();
  }
}
```

main.dart에서 ChangeNotifierProvider에 UserProvider 생성

main.dart에서 runApp() 함수의 ChangeNotifierProvider에 UserProvider()를 생성하여 전달합니다.

lib/main.dart

```
runApp(MyApp());
runApp(
    ChangeNotifierProvider(
      create: (context) => UserProvider(),
      child : const MyApp(),
    ),
  );
```

Consumer로 Provider 소비하기

Provider가 생성되었으니 Provider 클래스에 정의되어 있는 메소드를 호출하여 데이터를 변경하거나 데이터를 읽어서 화면에 보여줄 차례입니다. 로그인 페이지와 로그아웃 페이지에서 Consumer를 사용하여 Provider의 데이터를 읽고 카카오 로그인, 로그아웃

662 9장 ▾ 로그인 구현하기

기능을 호출해야 하므로 login_in.dart와 logout.dart에 user_provider.dart와 provider.dart를 import 합니다.

```
import 'package:kakao_login_sample/provider/user_provider.dart';
import 'package:provider/provider.dart';
```

Provider에서 제공한 UserProvider를 사용하려면 다음과 같이 코드를 작성합니다.

```
Consumer<UserProvider>(builder: (context,user,child) => Widget
```

예제에서는 UserProvider의 isLogined 변수의 값에 따라 다른 텍스트를 표시하는데, 이를 위해 Consumer를 Text 위젯 앞에 사용합니다. Consumer는 Provider에서 제공하는 UserProvider의 상태 데이터를 참조할수 있도록 합니다. 여기서는 UserProvider의 객체변수를 user로 선언했으므로 UserProvider의 isLogined 변수 내용을 읽으려면 user.isLogined와 같이 적어주면 됩니다.

lib/screens/login_page.dart

```
class _LoginPageState extends State<LoginPage> {
  @override
  Widget build(BuildContext context) {
    …
    Widget buttonArea = Center(
      child: ElevatedButton (
        child: Consumer<UserProvider>(builder: (context, user, child) =>
            Text (!user.isLogined ? 'Kakao Login' : 'Welcome',
            style: GoogleFonts.acme (fontSize: 30, color: Colors.black87))
          ), // Consumer
        …생략…
```

로그인 화면에서 카카오 로그인 연동하기

이제, 로그인 버튼을 클릭했을 때, 카카오 로그인 페이지로 연동되도록 코드를 작성합니다. 카카오 로그인과 로그아웃 기능은 UserProvider 클래스에 함수로 구현되어 있으므로 UserProvider를 읽을 수 있도록 다음과 같이 선언합니다.

```
var user = context.read<UserProvider>();
```

UserProvider에서 구현된 카카오 계정으로 로그인을 호출하려면 user.loginKakao();와 같이 작성합니다. 예제에서는 카카오 로그인이 이미 되었는지 확인하기 위해 loginCheck()를 호출하고, 로그인이 되어 있지 않은 경우 카카오톡 설치 여부를 체크합니다. 만약 카카오톡이 설치되어 있으면 user.loginTalk()을 호출하여 카카오톡 로그인과 연동하고, 카카오톡이 설치되어 있지않다면 user.loginKakao()를 호출하여 카카오 계정으로 로그인하도록 합니다.

user.loginKakao()에서 카카오 로그인이 성공하면 notifyListeners()를 호출되고 ChangeNotifierProvider에서는 상태 데이터가 변경되었음을 감지하면 UI를 다시 업데이트하여 로그인 화면을 다시 그립니다.

lib/screens/login_page.dart

```dart
Widget build(BuildContext context) {
    // buttonArea 재사용 메소드 정의
    Widget buttonArea = Center(
      child: ElevatedButton (
        …생략…
        autofocus: true,
        onPressed: () async {
          var user = context.read<UserProvider>();
          user.loginCheck();          // 로그인 여부 체크
          if (!await user.isLogined) { // 카카오에 아직 로그인되지 않은 경우
            // 카카오톡이 설치되어 있으면 카카오톡 로그인, 설치되어있지 않는 경우 카카오계정 로그인
            await isKakaoTalkInstalled() ? user.loginTalk() : user.loginKakao();
```

```
            } else {
                Navigator.pushReplacementNamed(context, '/logout'); // 로그아웃 화면으로 이동
            }
    …생략…
        },
      ),
    );
});
```

UserProvider 클래스의 **isLogined**는 카카오 계정 또는 카카오톡으로 **로그인이 성공**되면 true로 설정되는데 _LoginPageState 클래스에서 user.isLogined가 true, 즉 로그인이 성 공적으로 실행되었다면 ElevatedButton 버튼 **텍스트**를 'Welcome'으로 보여주고, 카카오 로그인 수행 전이거나 로그아웃이 된 경우는 'Kakao Login' 텍스트를 화면에 출력합니다. 처음에 카카오 로그인 앱을 실행할 때는 로그인이 되어있지 않은 상태이므로 버튼 텍스트 는 'Kakao Login'이 화면에 보여집니다.

lib/screens/login_page.dart

```
Widget buttonArea = Center
  child: ElevatedButton (
    //처음 로그인 시는 'Kakao Login' 버튼으로, 카카오 로그인 된 경우 'Welcome'으로 수정
    child: Consumer<UserProvider>(builder: (context, user, child) =>
        Text (!user.isLogined ? 'Kakao Login' : 'Welcome',
        style: GoogleFonts.acme (fontSize: 30, color: Colors.black87))
      ),
    …생략…
)
);
```

로그아웃 화면에서 카카오 로그아웃 연동하기

로그아웃 화면에서는 Provider에서 제공한 UserProvider의 상태 데이터를 읽고 카카오

로그아웃 기능을 호출하기 위해 Consumer를 사용합니다. logout_page.dart에 user_provider.dart와 provider.dart를 import하여 Consumer와 UserProvider를 사용할 수 있도록 합니다.

```
import 'package:kakao_login_sample/provider/user_provider.dart';
import 'package:provider/provider.dart';
```

로그아웃 화면에서는 사용자 이름을 화면에 보여주고, 'Kakao Logout' 버튼을 클릭하면 UserProvider에 구현된 카카오 로그아웃 함수를 호출합니다. 카카오 로그인 정보를 읽어 사용자 이름을 가져오고 로그아웃 함수를 호출하기 위해 다음과 같이 코드를 추가합니다.

lib/screens/logout_page.dart

```
…생략…
body: Center(
  child: Column(
    children: [
      // 아웃라인 버튼
      OutlinedButton(
        child: Text('Kakao Logout',
                    style: GoogleFonts.acme(fontSize: 24, color: Colors.
white)),          …생략…

        onPressed: () async {
          var user = context.read<UserProvider>();
          if (user.isLogined) {
            user.logoutKakao();
            print('카카오계정로그아웃완료');
          }
          Navigator.pushReplacementNamed(context, '/login');
        },
      ),
```

```
      const SizedBox(height: 5),
      // 사용자 로그인 정보 display
      Consumer<UserProvider>(builder: (context, user, child) =>
       Text('${user.userInfo.kakaoAccount?.profile?.nickname} Loggined',
         style: GoogleFonts.roboto(
           fontSize: 20,                     // 글자크기
           fontStyle: FontStyle.italic,      // 글자스타일
           fontWeight: FontWeight.bold,      // 글자굵기
           color: Colors.black38)            // 글자색
       ), // Text
     ), // Consumer
   ], // children
 ),
),
```

지금까지 Provider 패턴을 이용하여 카카오 로그인 로직과 UI 간에 데이터를 어떻게 변경하고 공유해서 화면을 다시 빌드하는지 알아보았습니다. Provider 패턴을 사용하면 화면과 로직이 분리되어 프로그램이 구조화되고 데이터와 함수를 접근할 수 있다는 점을 기억합니다.

9.1.7 카카오 SDK로 로그인/로그아웃 기능 구현하기

이제 카카오에서 제공하는 API를 호출해서 카카오 로그인, 로그아웃하는 로직을 하나씩 살펴보겠습니다.

카카오 SDK API 패키지 import

카카오 SDK를 사용하려면 먼저 kakao_flutter_sdk_user를 import 합니다.

```
import 'package:kakao_flutter_sdk_user/kakao_flutter_sdk_user.dart';
```

카카오 로그인은 로그인 페이지에서 '카카오 로그인' 버튼 클릭 시 호출되므로 버튼이 클릭되었을 때 수행하는 과정을 알아봅니다. 로그인 페이지의 '카카오 로그인' 버튼은 카카오 로그인 전이거나 로그아웃 된 상태인 경우 표시되고, 클릭 시 카카오톡 설치 유무에 따라 카카오톡 로그인 또는 카카오 계정 로그인으로 연동됩니다. 카카오 로그인이 이미 되어있다면, 화면의 버튼 텍스트는 'Welcome'으로 표시되고, 클릭 시 로그아웃 페이지로 이동합니다.

lib/screens/login_page.dart

```
child: ElevatedButton (
  ...생략...
  onPressed: () async {
    var user = context.read<UserProvider>();

    user.loginCheck();    // 로그인 여부 체크
    if (!await user.isLogined) {
      // 카카오톡이 설치되어있으면 카카오톡 로그인, 설치되어있지 않는 경우 카카오계정 로그인

      await isKakaoTalkInstalled() ? user.loginTalk() : user.loginKakao();
    } else {
      Navigator.pushReplacementNamed(context, '/logout'); // 로그아웃 페이지로 이동
    }
  },
),
...생략...
```

카카오 로그인 토큰 존재 여부 체크

카카오 로그인 API를 호출하기 전에 AuthApi.instance.hasToken()을 사용하여 기존에 발급받은 액세스 토큰 또는 리프레시 토큰이 존재 여부를 확인합니다. 이벤트가 발생할 때

실행되어야 하므로 async로 정의합니다.

```dart
// 카카오 로그인 토큰 존재 여부 체크
Future<void> loginCheck() async {
  if (!_loginStat) {
    return;
  }

  if (await AuthApi.instance.hasToken()) {
    try {
      AccessTokenInfo tokenInfo = await UserApi.instance.accessTokenInfo();
      print('토큰 유효성 체크 성공 ${tokenInfo.id} ${tokenInfo.expiresIn}');
      _loginStat = true;
    } catch (error) {
      if (error is KakaoException && error.isInvalidTokenError()) {
        print('토큰 만료 $error');
      } else {
        print('토큰 정보 조회 실패 $error');
      }
      _loginStat = false;
    }
  } else {
    print('발급된 토큰 없음');
    _loginStat = false;
  }
  notifyListeners();
}
```

카카오톡 설치 여부에 따라 카카오톡 또는 카카오 계정으로 로그인

카카오톡이 설치되어 실행할 수 있는 경우 카카오톡으로 로그인하고, 카카오톡이 설치되어 있지 않으면 카카오톡에 연결된 카카오 계정으로 로그인합니다. 카카오 API가 호출되는 함수는 모두 async로 구현되어 있으므로 이벤트가 발생할 때까지 await로 대기합니다.

```
await isKakaoTalkInstalled() ?  user.loginTalk() : user.loginKakao();
```

다음은 user_provider.dart에 있는 loginKakako()와 loginTalk() 소스입니다.

/lib/provider/user_provider.dart

```
// 카카오 계정으로 로그인
Future<void> loginKakao() async {
  try {
    OAuthToken token = await UserApi.instance.loginWithKakaoAccount();
    print('[user.dart]loginKakao 카카오계정으로 로그인 성공 ${token.accessToken}');

    _loginStat = true;       // 카카오 계정으로 로그인 성공 시 로그인 상태를 true로 변경
    getUserInfo();           // 사용자 정보 가져오기

    print('[user.dart]_loginStat = ${_loginStat}');
  } catch (error) {

    _loginStat = false;    // 카카오 계정으로 로그인실패 시 로그 인상태를 false로 변경

    print('카카오계정으로 로그인 실패 $error');
  }

  notifyListeners();
}
// 카카오톡으로 로그인
Future<void> loginTalk() async {
  try {
    await UserApi.instance.loginWithKakaoTalk();
    print('[user.dart]카카오톡으로 로그인 성공');

    getUserInfo();
    _loginStat = true;
```

```
  } catch (error) {

    print('[user.dart]카카오톡으로 로그인 실패 $error');
    _loginStat = false;
  }
  notifyListeners();
}
```

기존 로그인과 상관없이 사용자에게 로그인 재인증을
요청하려면 'prompt.login'을 지정해 카카오 계정으로
로그인을 요청합니다.

그림 9-18 로그인 시 **Prompt.login** 옵션을
지정하지 않는 경우

```
OAuthToken token = await UserApi.instance.loginW
ithKakaoAccount(prompts:Prompt.login);
```

다음 그림은 Prompt.login 옵션을 지정하지 않은 경
우의 모습입니다.

Prompt.login 옵션을 지정하여 수행한 모습은 다음
그림과 같습니다.

그림 9-19 로그인 시 **Prompt.login** 옵션을
지정한 경우

사용자 정보 가져오기

현재 로그인한 사용자의 정보를 불러옵니다. UserApi의 me()를 호출해서 사용자 정보가 담긴 객체를 반환합니다.

lib/provider/user_provider.dart

```
// 사용자 정보 가져오기
Future<void> getUserInfo() async {
  try {
    _userInfo = await UserApi.instance.me();
    print('[user.dart] 사용자 정보 요청 성공'
        '\n회원번호: ${_userInfo.id}'
        '\n닉네임: ${_userInfo.kakaoAccount?.profile?.nickname}'
        '\n네임: ${_userInfo.kakaoAccount?.name}'
        '\n이메일: ${_userInfo.kakaoAccount?.email.toString()}');
  } catch (error) {
    print('사용자 정보 요청 실패 $error');
  }
  notifyListeners();
}
```

로그아웃 하기

저장된 토큰을 삭제하고 사용자를 로그아웃합니다. 토큰 삭제 시 해당 토큰값을 사용하여 카카오 API를 더 이상 호출할 수 없습니다.

lib/provider/user_provider.dart

```
// 카카오 로그아웃
Future<void> logoutKakao() async {
  try {
    await UserApi.instance.logout();      // 로그아웃
    print('로그아웃 성공, SDK에서 토큰 삭제');
    _loginStat = false;
```

```
    } catch (error) {
      print('로그아웃 실패, SDK에서 토큰 삭제 $error');
    }
    notifyListeners();
}
```

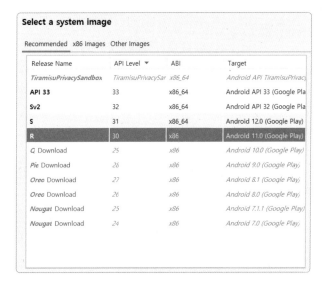

더 알아보기   에뮬레이터에서 카카오 로그인 페이지 진행 중에 멈추는 경우

```
Launching lib\main.dart on sdk gphone x86 in debug mode...
Running Gradle task 'assembleDebug'...
√  Built build\app\outputs\flutter-apk\app-debug.apk.
Installing build\app\outputs\flutter-apk\app.apk...
Debug service listening on ws://127.0.0.1:51603/FO2jHx3TkcM=/ws
Syncing files to device sdk gphone x86..
```

에뮬레이터 Pixel3 API30 Android 11.0 Google Play 86으로 연결해서 실행해 보시기 바랍니다.

Step 4. 전체 소스

다음은 카카오 로그인과 로그아웃을 위한 전체 소스입니다.

main.dart

main.dart에서 UserProvider 생성하는 부분을 눈여겨 봅니다.

lib/main.dart

```dart
import 'package:flutter/material.dart';
import 'package:kakao_login_sample/screens/login_page.dart';
import 'package:kakao_login_sample/screens/logout_page.dart';
import 'package:kakao_flutter_sdk_user/kakao_flutter_sdk_user.dart';

import 'package:kakao_login_sample/provider/user_provider.dart';
import 'package:provider/provider.dart';
void main() {
  // 웹 환경에서 카카오 로그인을 정상적으로 완료하려면 runApp() 호출 전 아래 메서드 호출 필요
  WidgetsFlutterBinding.ensureInitialized();

 // runApp() 호출 전 Flutter SDK 초기화
  KakaoSdk.init(
    nativeAppKey: '63c163399768dddefa629330887      ',      // 앱 키 설정
    javaScriptAppKey: '147bc7c579b1d37b8a59f004b562a051',// 자바스크립트 앱 키 설정
  );
  runApp(
    ChangeNotifierProvider(
      create: (context) => UserProvider(),
      child : const MyApp(),
    ),
  );
}

class MyApp extends StatelessWidget {
  const MyApp({super.key});

  // This widget is the root of your application.
  @override
```

```
  Widget build(BuildContext context) {
    return MaterialApp(
      debugShowCheckedModeBanner: false,
      home: const LoginPage(),
      initialRoute: '/login',
      routes: {
        '/login': (context) => const LoginPage(),
        '/logout': (context) => const LogoutPage(),
      },
    );
  }
}
```

user_provder.dart

ChangeNotifier를 상속한 UserProvider 클래스의 소스 코드는 다음과 같습니다. 상태 데이터와 카카오 로그인, 로그아웃, 사용자 정보 가져오기 함수를 가지고 있습니다. 상태 데이터가 변경될 마다 notifyListeners()를 호출해야 하는 것을 잊지 맙시다

/lib/Provider/user_provder.dart

```
import 'package:flutter/foundation.dart';
import 'package:flutter/material.dart';
import 'package:kakao_flutter_sdk_user/kakao_flutter_sdk_user.dart';

class UserProvider extends ChangeNotifier {

  late User _userInfo;              // 로그인 정보 : Private 상태 데이터로 선언
  bool _loginStat = false;          // 로그인 상태 : Private 상태 데이터

  User get userInfo => _userInfo;   // 전역변수 userInfo : _userInfo를 get
  bool get isLogined => _loginStat; // 전역변수 isLogined : _loginStat를 get

  // 카카오 계정으로 로그인
  Future<void> loginKakao() async {
```

```
  try {
    OAuthToken token = await UserApi.instance.loginWithKakaoAccount();
    print('[user.dart]loginKakao 카카오계정으로 로그인 성공 ${token.accessToken}');

    _loginStat = true;      // 카카오 계정으로 로그인 성공 시 로그인 상태를 true로 변경
    getUserInfo();          // 사용자 정보 가져오기

    print('[user.dart]_loginStat = ${_loginStat}');
  } catch (error) {
    _loginStat = false;     // 카카오 계정으로 로그인 실패 시 로그인 상태를 false로 변경
    print('카카오계정으로 로그인 실패 $error');
  }

  notifyListeners();
}
// 카카오톡으로 로그인
Future<void> loginTalk() async {
  try {
    await UserApi.instance.loginWithKakaoTalk();
    print('[user.dart]카카오톡으로 로그인 성공');

    getUserInfo();
    _loginStat = true;

  } catch (error) {

    print('[user.dart]카카오톡으로 로그인 실패 $error');
    _loginStat = false;
  }
  notifyListeners();
}

// 카카오 로그인 토큰 존재 여부 체크
Future<void> loginCheck() async {
  if (!_loginStat) {
    return;
  }
```

```dart
  if (await AuthApi.instance.hasToken()) {
    try {
      // 토큰 유효성 체크
      AccessTokenInfo tokenInfo = await UserApi.instance.accessTokenInfo();
      print('토큰 유효성 체크 성공 ${tokenInfo.id} ${tokenInfo.expiresIn}');
      _loginStat = true;       // 토큰유효성성공 시 로그인상태를 true로 변경

    } catch (error) {
      if (error is KakaoException && error.isInvalidTokenError()) {
        print('토큰 만료 $error');
      } else {
        print('토큰 정보 조회 실패 $error');
      }
      _loginStat = false;      // 토큰정보조회가 실패된 경우 로그인상태를 false로 변경
    }
  } else {
    print('발급된 토큰 없음');
    _loginStat = false;        // 발급된 토큰이 없으므로 로그인상태를 false로 변경
  }

  notifyListeners();
}

// 사용자 정보 가져오기
Future<void> getUserInfo() async {
  try {
    _userInfo = await UserApi.instance.me();
    print('[user.dart] 사용자 정보 요청 성공'
        '\n회원번호: ${_userInfo.id}'
        '\n닉네임: ${_userInfo.kakaoAccount?.profile?.nickname}'
        '\n네임: ${_userInfo.kakaoAccount?.name}'
        '\n이메일: ${_userInfo.kakaoAccount?.email.toString()}');

  } catch (error) {
    print('사용자 정보 요청 실패 $error');
  }
  notifyListeners();
```

```
    }


    // 카카오 로그아웃
    Future<void> logoutKakao() async  {
      try {
        await UserApi.instance.logout();       // 로그아웃
        print('로그아웃 성공, SDK에서 토큰 삭제');

        _loginStat = false;                     // 로그인상태를 false로 변경

      } catch (error) {
        print('로그아웃 실패, SDK에서 토큰 삭제 $error');
      }
      notifyListeners();
    }
}
```

login_page.dart

앱이 처음 실행될 때 보여지는 로그인 화면의 소스 코드는 다음과 같습니다. 화면 내에 로그인 버튼이 표시되고 클릭 시 카카오 로그인 화면으로 연동됩니다. 이미 로그인된 상태라면 사용자 정보를 보여줍니다. 로그인 후 버튼을 클릭하면 로그아웃 화면으로 이동합니다.

/lib/screens/login_page.dart

```
import 'package:flutter/material.dart';
import 'package:google_fonts/google_fonts.dart';
import 'package:kakao_flutter_sdk_user/kakao_flutter_sdk_user.dart';
import 'package:kakao_login_sample/provider/user_provider.dart';
import 'package:provider/provider.dart';

class LoginPage extends StatefulWidget {
    const LoginPage({Key? key}) : super(key: key);
```

```dart
    @override
    State<LoginPage> createState() => _LoginPageState();
}

// 로그인 페이지 상태 위젯
class _LoginPageState extends State<LoginPage> {
  // 로그인 화면 그리기
  @override
  Widget build(BuildContext context) {
    // buttonArea 재사용 메소드 정의
    Widget buttonArea = Center(
      child: ElevatedButton (
        //처음 로그인 시는 'Kakao Login' 버튼으로, 카카오 로그인 된 경우 'Welcome'으로 수정
        child: Consumer<UserProvider>(builder: (context, user, child) =>
            Text (!user.isLogined ? 'Kakao Login' : 'Welcome',
              style: GoogleFonts.acme (fontSize: 30, color: Colors.black87))
          ),

        style: ElevatedButton.styleFrom(
            backgroundColor: Colors.amberAccent,
            foregroundColor: Colors.black87,
            shape: RoundedRectangleBorder(
                borderRadius: BorderRadius.circular(9)),
            elevation: 5
        ),
        autofocus: true,
        onPressed: () async {
          var user = context.read<UserProvider>();

          user.loginCheck();      // UserProvider의 loginCheck() 호출
          print('[login.dart] after logincheck ${user.isLogined}');

          if (!await user.isLogined) {
            // 카카오톡이 설치되어 있으면 카카오톡 로그인, 설치되어있지 않는 경우 카카오 계정 로그인
            await isKakaoTalkInstalled() ? user.loginTalk() : user.
                                                    loginKakao();
          } else {
```

```
              Navigator.pushReplacementNamed(context, '/logout'); // 로그아웃 페이지로
                                                                              이동
          }
        },
      ),
    );

    return Scaffold(
      backgroundColor: Colors.yellow[50],
      appBar: AppBar(
        title: const Text('Login Page'),
        backgroundColor: Colors.orangeAccent,
        titleTextStyle:  GoogleFonts.zcoolXiaoWei(
          fontSize: 30,
          fontWeight:FontWeight.bold,
          color: Colors.black,
        )
      ),
      body:  buttonArea,
    );
  }
}
```

logout_page.dart

로그아웃 화면에서는 로그인된 사용자명을 보여주고 로그아웃 버튼 클릭 시 로그인 화면으로 이동합니다.

lib/screens/logout_page.dart

```
import 'package:flutter/material.dart';
import 'package:google_fonts/google_fonts.dart';
import 'package:kakao_flutter_sdk_user/kakao_flutter_sdk_user.dart';
import 'package:kakao_login_sample/provider/user_provider.dart';
import 'package:provider/provider.dart';
```

```dart
class LogoutPage extends StatefulWidget {
const LogoutPage({Key? key}) : super(key: key);

@override
State<LogoutPage> createState() => _LogoutPageState();
}

class _LogoutPageState extends State<LogoutPage> {
  @override
  Widget build(BuildContext context) {
    return Scaffold(
      backgroundColor: Colors.yellow[50],      // 화면 배경색
      appBar: AppBar(
        title: const Text('Logout Page'),
        backgroundColor: Colors.orangeAccent, // 앱바 바탕색
      ),
      body: Center(
        child: Column(
          mainAxisAlignment: MainAxisAlignment.center, // 수직 방향 가운데 정렬
          children: [
            // 아웃라인 버튼
            OutlinedButton(
              child: Text('Kakao Logout',
                      style: GoogleFonts.acme(fontSize: 24, color:
                                                Colors.white)),

              // 버튼 스타일 설정
              style: OutlinedButton.styleFrom(
                backgroundColor: Colors.green,      // 배경색
                shadowColor: Colors.blueGrey,       // 그림자 색상
                elevation: 10,                      // 입체감
                side: BorderSide(
                    color:Colors.black12,            // 테두리 색상
                    style: BorderStyle.solid,        // 테두리 스타일
                    width: 2,                        // 테두리 두께
                    strokeAlign: StrokeAlign.inside //테두리 안쪽선
                )
              ),
```

```dart
            // 버튼 클릭 시 로그인 화면으로 돌아가기
            onPressed: () async {
              var user = context.read<UserProvider>();
              if (user.isLogined) {
                user.logoutKakao();
                print('카카오계정로그아웃완료');
              }
              Navigator.pushReplacementNamed(context, '/login');
            },
          ),
          const SizedBox(height: 5),
          // 사용자 로그인 정보 display
          Consumer<UserProvider>(builder: (context, user, child) =>
           Text('${user.userInfo.kakaoAccount?.profile?.nickname} Loggined',
             style: GoogleFonts.roboto(
               fontSize: 20,                    // 글자크기
               fontStyle: FontStyle.italic, // 글자스타일
               fontWeight: FontWeight.bold, // 글자굵기
               color: Colors.black38)       // 글자색
             ),
           ),
         ], // children
        ),
      ),
    );
  }
}
```

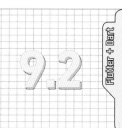

AWS Amplify 로그인하기

AWS Amplify를 사용하여 플러터 앱의 사용자 인증을 구현하는 방법에 대해 소개합니다. AWS Amplify는 AWS 기반의 풀스택 애플리케이션을 빠르게 개발할 수 있도록 도와주는 서비스입니다. 프론트엔드 개발자가 백엔드에 대한 지식 없이도 AWS의 서비스를 활용하여 서버 기능을 구축할 수 있도록 지원합니다. 유사한 서비스로서 Google이 제공하는 백엔드 서비스 Firebase가 있습니다.

AWS Amplify 기반의 인증을 구현하기 위해 먼저 AWS Amplify에 대한 개념을 살펴보고 설정 과정과 플러터 앱과의 연동 방법을 알아봅니다.

- AWS Amplify 개념과 설정 방법
- 플러터 앱에 Amplify 초기화
- 인증 기능 추가
- AWS Authentication UI 라이브러리 사용한 로그인 기능 구현

9.2.1 AWS Amplify란?

AWS Amplify는 웹과 모바일 애플리케이션에 대한 서버리스 백엔드의 생성, 관리, 통합 및 배포를 위한 Git 기반 워크플로우입니다. AWS Amplify에서는 AWS Amplify CLI를 통해서 애플리케이션 백엔드를 프로비저닝하고 관리할 수 있는 단순한 텍스트 기반 사용자 인터페이스를 제공합니다. AWS Amplify를 사용하면 몇 분만에 웹 또는 모바일 앱

백엔드를 구성하고 앱을 연결하며, 웹 프론트엔드 UI를 시각적으로 구축하여 AWS 콘솔에서 외부 앱 콘텐츠를 쉽게 관리할 수 있습니다. 단, AWS Amplify에서 호스팅 서비스를 사용한다면 이에 따른 비용이 발생할 수 있으니 꼼꼼이 체크해야 합니다.

AWS Amplify에서 제공하는 대표 서비스

- 소셜 미디어 로그인, OAuth 등을 위한 AWS Cognito
- 비디오, 오디오, 이미지 등의 스토리지 미디어 파일용 AWS S3
- 앱에 대한 분석 데이터를 수집하는 AWS Analytics

AWS Amplify 요금

Amplify의 오픈 소스 프레임워크(라이브러리, UI 구성 요소, CLI) 또는 Amplify Studio를 사용하는 경우, 사용 중인 기본 AWS 서비스에 대해서만 비용을 지불합니다. 이러한 도구의 사용에 따르는 추가 비용은 발생하지 않습니다. 단, AWS Amplify는 Hosting 서비스를 제공하며, 웹 호스팅 관련 기능에는 요금이 책정됩니다. 빌드/배포 기능은 빌드당 분당 요금이 0.01 USD이며, 웹 호스팅이라는 2가지 기능에 대한 요금을 책정합니다. 빌드 및 배포 기능의 경우 빌드 분당 요금은 0.01 USD을 지불하고 호스팅 기능은 제공된 GB당 요금이 0.15 USD이고, 저장된 GB당 요금이 0.023 USD입니다.

Amplify의 프리 티어(Free Tier)에서는 월별 1,000 빌드 분, 월별 15GB의 호스팅 용량 및 5GB의 데이터 스토리지를 무료로 사용할 수 있습니다. 이 무료 제공 용량은 초보자가 연습이나 학습을 위해 사용하는 데 충분하며, 추가 요금을 걱정할 필요가 없습니다. 따라서 초기 학습이나 개발 단계에서는 무료로 제공되는 용량을 활용하여 비용 부담 없이 Amplify를 사용할 수 있습니다.

하지만 웹 호스팅 관련 기능을 사용할 경우, 사용량에 따라 요금이 발생할 수 있으니 주의하셔야 합니다. 사용량이 무료 제공 용량을 초과하는 경우에는 해당 기능에 대한 요금이 적용됩니다. 따라서 웹 호스팅 기능을 사용할 때는 사용량을 주시하고 필요에 따라 추가 비용을 고려해야 합니다.

Amplify의 기본 기능 및 AWS의 기본 서비스에 대한 비용은 따로 청구되지 않지만, 웹 호스팅 관련 기능을 사용하는 경우에는 해당 요금을 고려해야 한다는 점을 명심하시기 바랍니다.

사전준비

AWS Amplify를 시작하기 전에 먼저 다음과 같은 항목이 준비되어 있는지 확인합니다.

- npm v6.14.4 or later
- git v2.14.1 or later
- AWS 계정 가입

AWS 계정을 아직 생성하기 전이라면 AWS 프리티어로 가입해서 계정을 만들어야합니다. AWS 프리티어는 1년간 무료로 사용할 수 있으므로 가입할 때 이 부분을 잘 확인합니다.

9.2.2 AWS Amplify 설정

AWS Amplify설정을 위해서는 다음과 같은 순서로 실행합니다.

1) AWS Amlify CLI 설치

2) AWS Amplify 구성

3) 플러터 프로젝트 생성하기

4) Amplify 초기화하기

5) 플러터 프로젝트와 Amplify 연동하기

6) yaml 파일과 main.dart 수정하기

7) 플러터 프로젝트 실행하기

AWS Amplify CLI 설치하기

먼저, AWS Amplify 서비스를 사용하려면 AWS Amplify CLI를 설치해야 합니다.
Amplify CLI(명령줄 인터페이스: Command Line Interface)는 앱용 AWS 클라우드 서비
스를 생성하기 위한 통합 도구 체인으로 터미널에서 명령어를 수행하여 플로터 앱을 AWS
클라우드 서비스와 연동되도록 합니다. Window 사용자라면 Power Shell에서 명령어를
수행하면 됩니다.

```
> npm install -g @aws-amplify/cli

changed 26 packages, and audited 27 packages in 5s

7 packages are looking for funding
  run `npm fund` for details

found 0 vulnerabilities
```

Amplify CLI가 정상적으로 설치되었다면 이제, 안드로이드 스튜디오에서도 amplify
명령어를 수행할 수 있습니다.

AWS Amplify 구성하기

AWS에 사용자 추가

플러터 프로젝트와 AWS Amplify 구성을 위해서는 AWS에 로그인하여 사용자를 추가

합니다. 사용자 추가 작업을 위해서 AWS IAM 서비스를 사용합니다. AWS IAM 서비스를 사용하려면, AWS 콘솔에 로그인해야 합니다. AWS 홈페이지에서 [콘솔로 로그인]을 클릭해서 로그인하면 다음과 같은 화면이 나타날 것입니다.

그림 9-20 AWS 콘솔에 로그인한 화면

IAM 서비스 메뉴에서 [사용자]를 클릭하면 현재 등록되어 있는 사용자가 목록으로 확인됩니다.

그림 9-21 IAM에서 사용자 선택

이제, 플러터에서 프로그램을 통해 Amplify와 연동하여 로그인하기 위해 'flutter-amplify-user'를 다음의 절차에 따라 생성해 보겠습니다. 사용자명은 자유롭게 생성해도 되지만 amplify 로그인 실습을 위해서 'flutter-amplify-user'로 만들어 보도록 하겠습니다.

1) 다음 그림과 같이 [사용자 추가] 버튼을 클릭합니다.

그림 9-22 **IAM**에서 사용자 추가하기

2) 사용자 이름를 입력하고 AWS 액세스 유형을 [액세스 키-프로그래밍 방식 액세스]를
선택합니다.

그림 9-23 사용자 세부 정보와 **AWS** 액세스 유형 선택하기

3) 추가하는 사용자에 직무 기반인 'Administrator Access' 정책을 부여합니다

그림 9-24 권한 설정하기

4) 태그 추가없이 다음으로 넘어갑니다.

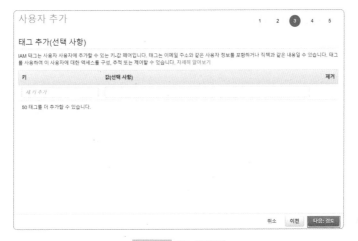

그림 9-25 태그 추가하기

5) 사용자 세부 정보 및 권한을 확인한 후 [사용자 만들기] 버튼을 클릭하여 사용자를 생성합니다.

6) 사용자 액세스 키 ID와 비밀 액세스 키를 복사하여 별도로 보관합니다.

사용자가 정상적으로 생성되면 flutter-amplify-user에게 부여된 액세스 키 ID와 비밀 액세스 키가 조회됩니다. 이 정보는 플러터 프로젝트에서 Amplify와의 연동을 위해 설정해야 하므로 액세스 키 ID와 비밀 액세스 키를 복사하여 별도로 보관합니다.

액세스 키 ID와 비밀 액세스 키는 AWS 서비스 및 리소스에 액세스할 수 있는 권한을 가지므로, 이 정보가 다른 사람에게 노출되거나 부적절하게 사용되지 않도록 주의해야 합니다. 다른 사람이 해당 정보를 이용하여 AWS 서비스를 사용하면 비용이 발생할 수 있으므로, 안전하게 보관하고 관리하는 것이 중요합니다.

비밀 액세스 키는 생성 시에만 볼 수 있으므로 다음 절차대로 해서 복사하여 보관합니다. 만약, 비밀 액세스 키를 잘못 보관했을 경우 새로운 액세스 키를 생성해야 합니다.

비밀 액세스 키는 '표시'를 클릭하면 영문 스트링이 보입니다. 이 영문 스트링을 복사하여 보관하도록 합니다. 비밀 액세스 키를 보관하지 못했다고 해서 당황하지 않아도 됩니다. 조금 번거롭지만, 다시 비밀 액세스 키를 생성하고 Amplify를 구성하면 됩니다.

그림 9-27 사용자 액세스 키 **ID**와 비밀 액세스 키 복사해놓기

7) 사용자에 'flutter-amplify-user'가 정상적으로 생성되어 있는지 확인합니다. 다음과 같이 목록에 사용자가 추가한 'flutter-amplify-user'가 나타나면 성공적으로 사용자를 생성한 것입니다.

그림 9-28 사용자 조회

다음은 AWS Amplify 연동을 위해 AWS 사용자와 개발 및 클라우드 환경을 설정합니다.

AWS Amplify 설정하기

AWS Amplify에 연결하기 위하여 AWS amplify를 설정합니다. 플러터 프로젝트를 먼저 생성했다면 안드로이드 스튜디오 [터미널] 탭에서 수행해도 됩니다.

플러터 프로젝트 생성 전이라면 Power shell에서 실행합니다.

1) amplify configure 수행

'amplify configure'가 수행되면 웹 브라우저가 실행되면서 AWS 콘솔에 접속하게 되고 아직 로그인 전이라면 로그인합니다. 그 다음 터미널 또는 Power shell에서 [Enter]를 칩니다.

```
> amplify configure
```

```
Follow these steps to set up access to your AWS account:

Sign in to your AWS administrator account:
https://console.aws.amazon.com/
Press Enter to continue
```

그림 9-29 amplify configure

2) AWS 리전 선택과 사용자 이름을 입력

이제 배포할 AWS 리전과 사용자 이름을 입력하여 AWS Amplify 서비스 가능한 사용자를 연동합니다. 리전은 마우스를 상하로 이동하면서 선택하면 됩니다. '서울' 리전은 ap-northeast-2에 위치하므로 해당 리전으로 이동하여 [Enter]를 누릅니다.

```
PS D:\flutter_book\Chapter07\flutter_amplify_login> amplify configure
Follow these steps to set up access to your AWS account:

Sign in to your AWS administrator account:
https://console.aws.amazon.com/
Press Enter to continue

Specify the AWS Region
? region:
  eu-west-3
  eu-central-1
  ap-northeast-1
> ap-northeast-2
  ap-southeast-1
  ap-southeast-2
  ap-south-1
(Move up and down to reveal more choices)
```

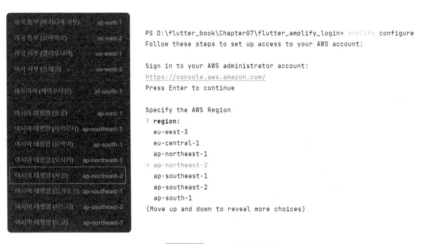

그림 9-30 AWS 리전 선택하기

'user name'은 flutter-amplify-user를 입력하고 Enter를 누릅니다.

```
PS D:\flutter_book\Chapter07\flutter_amplify_login> amplify configure
Follow these steps to set up access to your AWS account:

Sign in to your AWS administrator account:
https://console.aws.amazon.com/
Press Enter to continue


Specify the AWS Region
? region: ap-northeast-2
Specify the username of the new IAM user:
? user name: flutter-amplify-user
Complete the user creation using the AWS console
https://console.aws.amazon.com/iam/home?region=ap-northeast-2#/users$new?s
AdministratorAccess-Amplify
Press Enter to continue
```

그림 9-31 사용자 선택하기

user name을 입력하면 웹 브라우저가 실행되면서 다음과 같은 화면이 보입니다. 터미널에서 입력한 user name이 사용자 이름에 나타납니다.

그림 9-32 사용자 추가하기

이미 사용자를 추가한 경우는 다시 터미널 또는 Power Shell로 돌아와서 [Enter]를 누릅니다

3) 사용자의 액세스 키 **ID**와 비밀 액세스 키 입력

입력한 사용자의 키 정보를 입력합니다. 사용자 키 정보를 입력하면 숨김 처리되어 '*'로 마스킹 되어 보입니다. 액세스 키 ID와 비밀 액세스 키는 AWS IAM에서 사용자 추가 시 만들어진 정보입니다.

그림 9-33 액세스 키 **ID**, 비밀 액세스 키 입력하기

flutter-amplify-user의 액세스 키 ID는 AWS 콘솔에서 사용자 메뉴의 [보안 자격 증명] 탭을 클릭하면 선택한 사용자의 액세스 키 ID를 복사할 수 있습니다. 여기서 주의해야 할 것은 비밀 액세스 키는 생성할 때만 볼 수 있으므로 만약 보관하지 않았다면 새로 액세스 키 ID를 생성해야 합니다.

그림 9-34 액세스 키를 모를 경우 액세스 키 만들기

4) 사용자 설정 완료

입력한 리전, 사용자명, 액세스 키 ID, 비밀 액세스 키 정보는 모두 프로파일에 기록됩니다. 프로파일명을 입력하지 않고 [Enter]를 누르면 default로 정의한 프로파일에 업데이트됩니다.

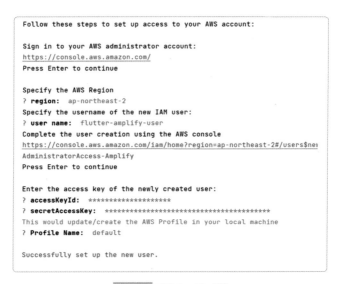

```
Follow these steps to set up access to your AWS account:

Sign in to your AWS administrator account:
https://console.aws.amazon.com/
Press Enter to continue

Specify the AWS Region
? region:  ap-northeast-2
Specify the username of the new IAM user:
? user name:  flutter-amplify-user
Complete the user creation using the AWS console
https://console.aws.amazon.com/iam/home?region=ap-northeast-2#/users$new
AdministratorAccess-Amplify
Press Enter to continue

Enter the access key of the newly created user:
? accessKeyId:  ********************
? secretAccessKey:  ****************************************
This would update/create the AWS Profile in your local machine
? Profile Name:  default

Successfully set up the new user.
```

그림 9-35 AWS Amplify 설정

앞서와 같은 메시지가 나타나면 정상적으로 AWS Amplify 구성이 완료된 것입니다.

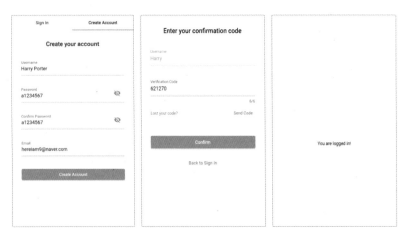

더 알아보기   AWS IAM(AWS Identity and Access Management) 서비스란?

AWS 리소스에 대한 액세스를 안전하게 제어할 수 있는 웹 서비스입니다. IAM을 사용하여 리소스를 사용하도록 인증(로그인) 및 권한 부여(권한 있음)된 대상을 제어합니다.

처음 AWS 계정을 생성하게 되면 본인의 이메일을 기반으로 기본적으로 AWS 루트 사용자를 생성하게 됩니다. 이 루트 사용자는 최상위 권한을 가지는 사용자입니다. 보안을 위해 루트 사용자의 액세스 키를 안전하게 보관하고 루트 사용자 계정을 사용하여 작업을 수행하는 것은 권장되지 않습니다. 대신 IAM 서비스를 사용하여 필요한 사용자를 생성하고, 역할 기반 권한 설정을 통해 적절한 권한을 할당하는 것이 보안과 리소스 관리에 좋습니다.

9.2.3 앱 소개하기

AWS Amplify를 연동하여 사용자 인증을 하는 방법은 다양합니다. 이번 절에서는 로그인 화면 구현없이 AWS Authentication UI 라이브러리에서 제공하는 화면을 이용하여 간단하게 로그인을 구현해 보겠습니다. AWS Amplif Authentication에서 제공하는 UI를 사용하면 로그인을 쉽게 구현할 수 있습니다.

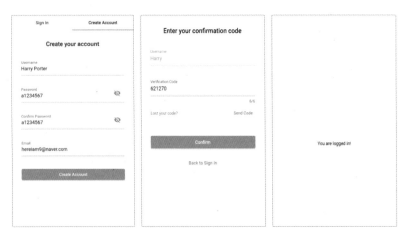

그림 9-36 AWS Amplify Authentication 회원 가입과 로그인 화면

9.2.4 플러터 앱 만들기(Amplify Authenticator UI 사용)

이제 Amplify와 연동할 플러터 앱을 만들어볼 차례입니다. 여기서는 Amplify Authenticator UI 라이브러리를 이용하여 로그인을 구현합니다.

1) 플러터 프로젝트 생성

2) pubspec.yaml 파일에 Amplify 플러터 라이브러리 추가

3) main.dart 수정

Step 1. 플러터 프로젝트 생성하 기

안드로이드 스튜디오에서 flutter_amplify_auth01 프로젝트를 생성합니다. 여기서 주의할 점은 반드시 C 드라이브에서 생성해야 한다는 점입니다. amplify 패키지를 프로젝트에서 빌드할 때 프로젝트가 C 드라이브에 생성되어 있어야 빌드 오류가 발생하지 않습니다.

그림 9-37 **AWS Amplify Auth** 프로젝트 생성

만약, 명령어를 수행하여 프로젝트를 생성하려면 C 드라이브에서 프로젝트를 생성할 루트 디렉토리로 이동하여 다음의 명령어를 수행합니다. 프로젝트를 생성할 루트 디렉토리는 여기서는 c:₩flutter_book₩Chapter09가 됩니다.

```
> flutter create flutter_amplify_auth01
```

해당 작업이 정상적으로 수행되면, 'flutter_amplify_auth01' 프로젝트가 생성된 것을 확인할 수 있습니다.

```
Creating project flutter_amplify_auth01...
Running "flutter pub get" in flutter_amplify_auth01...          1,847ms
Wrote 127 files.

All done!
In order to run your application, type:

  $ cd flutter_amplify_auth01
  $ flutter run

Your application code is in flutter_amplify_auth01\lib\main.dart.
```

이제, 플러터 프로젝트 뼈대가 준비가 되었습니다. 다음은 amplify 플러터 라이브러리를 추가합니다.

pubspect.yaml - Amplify 플러터 패키지 추가

플러터 앱에서 amplify 서비스를 사용하려면 amplify 플러터 패키지를 추가해야 하는데, 안드로이드 스튜디오에서 pubspec.yaml 파일을 열어 depencencies에 추가합니다.

플러터에서 지원하는 amplify 패키지는 다음과 같습니다.

패키지명	설명
amplify_authenticator	Amplify Auth를 위해 사전에 빌드된 로그인 환경 및 가입 환경 제공(UI포함)
Amplify_core	Amplify Flutter 패키지에서 공유되는 공통 유형 및 유틸리티를 포함하는 기본 패키지
amplify_flutter	AWS Amplify 라이브러리를 위한 최상위 Flutter 패키지
amplify_auth_cognito	AWS Cognito 공급자를 사용하는 Amplify Flutter Auth 카테고리 플러그인
amplify_analutics_pinpoint	AWS Pinpoint 공급자를 사용하는 Amplify Flutter Analytics 카테고리 플러그인
Amplify_api	Amplify Flutter API 카테고리 플러그인은 GraphQL 및 REST 작업을 지원
Amplify_datastore	AAmplify Flutter DataStore 카테고리 플러그인은 쿼리 가능한 온디바이스 데이터 저장소를 제공
Aws_signature_v4	AWS 서비스와의 통신을 위한 AWS 서명 버전 4 알고리즘의 다트 구현
Amplify_datastore_plugin_interface	Amplify Flutter의 DataStore 모듈을 위한 플랫폼 인터페이스

표 9-2 **AWS Amplify Auth** 프로젝트 구조

이번 실습에서는 Amplify Authenticator UI 라이브러리를 사용하여 로그인을 구현합니다. 이를 위해 'amplify_flutter', 'amplify_auth_cognitor', 'amplify_authenticator' 패키지를 dependencies에 추가합니다. 여러 패키지를 추가할 때 패키지명 사이에 공백으로 구분하여 한 번에 추가할 수 있습니다.

```
> flutter pub add amplify_flutter amplify_auth_cognito amplify_
authenticator
```

pubspec.yaml

```
environment:
  sdk: '>=2.18.2 <3.0.0'
```

```
dependencies:
  flutter:
    sdk: flutter

  amplify_auth_cognito: ^1.0.1
  amplify_flutter: ^1.0.1
  amplify_authenticator: ^1.0.1
```

pubspec.yaml에 추가한 패키지를 내려받기 위하여 다음과 같은 명령어를 수행합니다.

```
> flutter pub get
> flutter pub upgrade
> flutter pub outdated
```

 안드로이드 스튜디오의 [터미널]에서 다음 명령어를 통해 패키지를 추가할 수 있습니다. 이를 통해 패키지를 내려받고 pubspec.yaml 파일에 자동으로 추가되며, 최신 버전을 자동으로 설정해 줍니다.

```
> flutter pub add 패키지명
```

또한, pubspec.yaml 파일에서 종속성을 추가할 패키지명의 일부를 입력하면 자동완성 기능이 수행되어 등록할 패키지를 쉽게 추가할 수 있습니다.

Build.gradle에서 Android SDK 버전 수정하기

이제, 프로젝트 루트 디렉토리에서 android/app/build.gradle을 열어서 AndroidSDK **버전을 21이상으로 수정**합니다. amplify_auth_cognito 패키지와 amplify_analytics_pinpoint 패키지을 사용할 경우에는 수동으로 minSdkVersion을 21이상으로 변경해 주어야 정상적으로 빌드됩니다.

```
android {
defaultConfig {
    minSdkVersion 21}
}
```

알아두기 amplify_analytics_pinpoint 패키지를 빌드할 때 root 디렉토리가 다르다는 오류가 발생하는 경우 해결 방법

오류가 발생할 경우, 프로젝트를 C 드라이브로 변경하여 생성하고, 소스 코드, 리소스, 그리고 pubspec. yaml 파일에 변경된 구성 정보를 작성해야 합니다. Amplify 관련 패키지를 빌드할 때 C 드라이브에 빌드되며, 프로젝트의 루트 디렉토리에 포함된 패키지와 비교되는 플러터 자체의 오류로 인해 발생하는 문제입니다.

```
Launching lib\main.dart on sdk gphone x86 in debug mode...
Running Gradle task 'assembleDebug'...

FAILURE: Build failed with an exception.

* What went wrong:
A problem occurred configuring project ':amplify_analytics_pinpoint_android'.
> this and base files have different roots:
D:\my\login_sample\amplify_flutter_main\build\amplify_analytics_pinpoint_android and
C:\src\flutter\.pub-cache\hosted\pub.dartlang.org\amplify_analytics_pinpoint_android-
0.6.7\android.

* Try:
> Run with --stacktrace option to get the stack trace.
> Run with --info or --debug option to get more log output.
> Run with --scan to get full insights.

* Get more help at https://help.gradle.org

BUILD FAILED in 3s
Exception: Gradle task assembleDebug failed with exit code 1
```

Step 2. main.dart 수정하기

main.dart를 다음 예제를 참고하여 작성합니다. amplify_authenticator를 사용하는 장점은 로그인 UI가 이미 포함되어 있어 별도의 UI 작성 없이 빠르게 인증 흐름을 구현할 수 있다는 점입니다. _MyAppState.build()에서 MaterialApp을 Authenticator 위젯으로 래핑하여 MaterialApp 설정 전에 **builder: Authenticator.**builder()를 추가하여 인증자를 구성합니다.

```dart
import 'package:amplify_auth_cognito/amplify_auth_cognito.dart';
import 'package:amplify_authenticator/amplify_authenticator.dart';
import 'package:amplify_flutter/amplify_flutter.dart';
import 'package:flutter/material.dart';

import 'amplifyconfiguration.dart';    // ❶ amplify configure설정한 구성 파일을 저장한
                                       //                              dart파일

void main() {
  runApp(const MyApp());
}

class MyApp extends StatefulWidget {
  const MyApp({Key? key}) : super(key: key);

  @override
  State<MyApp> createState() => _MyAppState();
}

class _MyAppState extends State<MyApp> {
  @override
  void initState() {
    super.initState();
    _configureAmplify();
  }
// ❷ AmplifyAuthCognito를 플러그인 하고 amplify config 정보를 연동
  void _configureAmplify() async {
    try {
      await Amplify.addPlugin(AmplifyAuthCognito());
      await Amplify.configure(amplifyconfig);
      print('Successfully configured');
    } on Exception catch (e) {
      print('Error configuring Amplify: $e');
    }
  }
```

```
// ❸ Amplify Authenticator UI라이브러리 빌드 시 연동, Authenticator 반환
   @override
   Widget build(BuildContext context) {
     return Authenticator(
       child: MaterialApp(
// ❹ builder: Authenticator.builder(),를 호출하면 Authenticator UI 라이브러리에서 구현된
                                                              로그인 화면이 나타납니다

         builder: Authenticator.builder(),

         home: const Scaffold(
           body: Center(
             child: Text('You are logged in!'),
           ),
         ),
       ),
     );
   }
}
```

이제 프로젝트를 수행해 봅니다.

```
>  flutter run
```

```
 Using hardware rendering with device sdk gphone x86. If you notice
graphics artifacts, consider enabling software rendering with "--enable-
software-rendering".
Launching lib\main.dart on sdk gphone x86 in debug mode...
lib/main.dart:6:8: Error: Error when reading 'lib/amplifyconfiguration.
dart':
import 'amplifyconfiguration.dart';
       ^
lib/main.dart:29:31: Error: The getter 'amplifyconfig' isn't defined for
the class '_MyAppState'.
 - '_MyAppState' is from 'package:flutter_amplify_auth01/main.dart' ('lib/
main.dart').
```

```
Try correcting the name to the name of an existing getter, or defining a
getter or field named 'amplifyconfig'.
      await Amplify.configure(amplifyconfig);
                             ^^^^^^^^^^^^
FAILURE: Build failed with an exception
```

빌드 오류로 정상적으로 앱이 실행되지 못하고 있는 것을 확인할 수 있습니다. lib/ am-
plifyconfiguration.dart 파일을 찾을 수 없다는 오류 메시지와 amplifyconfig 변수가 정
의되지 않았다는 오류입니다.

pubspec.yaml에 amplify 플러터 라이브러리를 플러그인하고 main.dart를 수정하는 것
만으로는 amplify 서비스와의 연동이 정상적으로 이루어지지 않는 것을 알 수 있습니다.
Amplify 설정을 생성한 플러터 앱에 연결하고 amplify 서비스와 연동하는 작업을 해야합
니다. 이 오류를 정상적으로 만들기 위해 다음 단계를 따라 진행해 보겠습니다.

Step 3. 플러터 앱에 Amplify 초기화하기

플러터 앱에 Amplify와 연동하기 위한 초기화 작업을 수행합니다. 안드로이드 스튜디오
터미널에서 플러터 프로젝트의 루트 디렉토리에서 다음의 명령어를 실행합니다.

```
> amplify init
```

```
Note: It is recommended to run this command from the root of your app directory
? Enter a name for the project flutteramplifyauth01
The following configuration will be applied:
```
프로젝트명은 문자와 숫자로 구성되어야 하며 3~20자 이내로 입력해야 합니다.
프로젝트명은 자동으로 생성된 flutteramplifyauth01으로 그대로 생성합니다.

프로젝트명을 입력하면 프로젝트 정보가 화면에 보이는 데 정보를 확인하고 맞으면 'Y'
수정하고자 하면 'N'를 입력합니다.

```
Project information
| Name: flutteramplifyauth01
| Environment: dev
| Default editor: Visual Studio Code
| App type: flutter
| Configuration file location: ./lib/

? Initialize the project with the above configuration? (Y/n)
```

그림 9-38 amplify init 실행 화면

default editor를 안드로이드 스튜디오로 설정해야 하므로 'N'을 입력하여 프로젝트 정보를 재설정합니다. 설정 정보는 프로젝트 환경, 기본 에디터, 프로파일명, 설정된 Configuration 파일의 위치 등입니다. 환경은 dev로 유지하고 안드로이드 스튜디오를 기본 에디터로 설정하도록 변경합니다. 프로파일은 amplify configure에서 저장한 프로파일명을 입력합니다. default로 저장했으므로 Enter를 눌러 계속 진행합니다.

```
? Initialize the project with the above configuration? No
? Enter a name for the environment dev
? Choose your default editor: Android Studio
? Choose the type of app that you're building flutter
Please tell us about your project
? Where do you want to store your configuration file? ./lib/
Using default provider  awscloudformation
? Select the authentication method you want to use: AWS profile

For more information on AWS Profiles, see:
https://docs.aws.amazon.com/cli/latest/userguide/cli-configure-profiles.html

? Please choose the profile you want to use default
Adding backend environment dev to AWS Amplify app: d37wau2v6nlurb

Deployment completed.
Deployed root stack flutteramplifyauth01 [ ============================== ] 4/4
     UnauthRole                 AWS::IAM::Role              CREATE_COMPLETE
     DeploymentBucket           AWS::S3::Bucket            CREATE_COMPLETE
     AuthRole                   AWS::IAM::Role              CREATE_COMPLETE
     amplify-flutteramplifyauth01-…  AWS::CloudFormation::Stack    CREATE_COMPLETE

∨ Help improve Amplify CLI by sharing non sensitive configurations on failures (y/N) · no
Deployment bucket fetched.
∨ Initialized provider successfully.
✓ Initialized your environment successfully.

Your project has been successfully initialized and connected to the cloud!
```

그림 9-39 amplify 초기화 정상 완료 화면

앞선 그림과 같은 메시지가 터미널에 보여지면
플러터 앱에 Amplify 초기화가 정상적으로 완료된
것입니다. 안드로이드 스튜디오의 프로젝트 폴더를
살펴보시면, amplify 폴더가 생성되어 있는 것을
확인할 수 있습니다.

그림 9-40 amplify 폴더 자동 생성 확인

AWS 콘솔에 로그인하여 AWS Amplify 서비스를 클릭해 보면 flutteramplifyauth01
이 연동된 것을 확인할 수 있습니다.

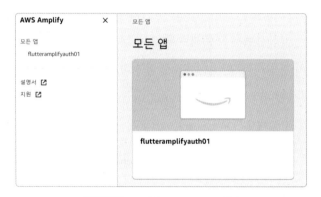

그림 9-41 AWS 콘솔-AWS Amplify 화면

Amplify 초기화는 완료되었지만 플러터 앱과 Amplify 서비스는 연동되지 않습니다. 아
직 amplifyconfiguration.dart 파일이 생성되지 않습니다. 다시 프로젝트를 실행하면 다
음과 같은 오류를 볼 수 있습니다.

```
Launching lib\main.dart on sdk gphone x86 in debug mode...
Running Gradle task 'assembleDebug'...
√ Built build\app\outputs\flutter-apk\app-debug.apk.
Installing build\app\outputs\flutter-apk\app.apk...
Debug service listening on ws://127.0.0.1:60433/UiOwttue6Ek=/ws Syncing
files to device sdk gphone x86...
I/amplify:flutter:auth_cognito( 3970): Added Auth plugin
```

```
D/AWSMobileClient( 3970): Using the SignInProviderConfig from
`awsconfiguration.json`.
I/flutter ( 3970): Error configuring Amplify: AmplifyException(message:
Failed to instantiate AWSMobileClient, recoverySuggestion:
See attached exception for more details, underlyingException: java.lang.
RuntimeException: Neither Cognito Identity or Cognito UserPool was used.
At least one must be present to use AWSMobileClient.)
```

이제, Amplify 인증 서비스를 플러터 앱에 연동해 보겠습니다.

Step 4. 플러터 앱과 Amplify 서비스 연동하기

플러터 앱에서 사용한 Amplify 서비스는 사용자 인증을 위해 사용되었습니다. Amplify 사용자 인증을 실행하기 위해서는 amplify auth 서비스를 추가해야 합니다. 이를 위해서는 생성한 프로젝트의 루트 디렉토리에서 다음 명령어를 실행합니다. 이 명령어는 AWS 인증을 위한 auth 서비스를 구성 정보에 추가하는 명령어입니다.

Amplify auth 서비스 추가

Amplify에서 auth 서비스를 추가하기 위해 다음과 같이 입력합니다.

```
> amplify add auth
```

```
Using service: Cognito, provided by: awscloudformation

 The current configured provider is Amazon Cognito.

 ? Do you want to use the default authentication and security configuration?
   Default configuration
 ? How do you want users to be able to sign in? Username
 ? Do you want to configure advanced settings? No, I am done.
```

그림 9-42 amplify auth 추가

Auth 서비스는 Amplify의 Cognito 서비스를 사용하여 AWS Cloudformation을 통해 정의된 리소스를 프로비저닝합니다. 클라우드 구성에 필요한 리소스를 템플릿에 정의하면 AWS CloudFormation이 이 템플릿에 따라 리소스를 구성하고 프로비저닝합니다. AWS CloudFormation 서비스를 사용하면 AWS 클라우드 구성을 쉽게 추가하고 변경할 수 있습니다. 그러나 amplify auth를 실행하는 것만으로는 실제 클라우드에 변경사항이 반영되는 것은 아닙니다. AWS Amplify에 반영하려면 amplify push를 해야합니다.

Amplify 구성 상태 확인

Amplify 서비스가 추가 또는 변경된 정보가 있는지 확인합니다.

```
> amplify status
```

```
   Current Environment: dev

  | Category | Resource name                  | Operation | Provider plugin    |
  | -------- | ------------------------------ | --------- | ------------------ |
  | Auth     | flutteramplifyauth0146f369b8   | Create    | awscloudformation  |
```

그림 9-43 **amplify** 구성 상태 확인

현재 상태는 auth 서비스가 추가되도록 정의되어 있습니다. Amplify 상태를 조회하면 Auth 서비스의 리소스명, 수행할 작업 및 제공자 플러그인을 확인할 수 있습니다. amplify auth가 생성될 예정이고 awscloudformation 플러그인을 통해서 작업이 진행될 거란 것을 알수 있습니다.

amplify에서 특정 서비스를 제거하나 변경하려면 다음 명령어를 수행합니다.

```
# amplify에서 특정 서비스를 삭제하고자 할 때
```

```
amplify remove 서비스

#amplify의 특정서비스의 구성을 변경하고자 할 때
amplify update 서비스
```

Amplify의 변경된 구성 정보를 클라우드에 반영

이제, amplify에 반영해 보겠습니다. 변경된 구성 정보를 클라우드에 반영합니다.

```
> amplify push
```

```
  ∨ Successfully pulled backend environment dev from the cloud.

     Current Environment: dev

  ┌──────────┬─────────────────────────────┬───────────┬───────────────────┐
  │ Category │ Resource name               │ Operation │ Provider plugin   │
  ├──────────┼─────────────────────────────┼───────────┼───────────────────┤
  │ Auth     │ flutteramplifyauth0146f369b8│ Create    │ awscloudformation │
  └──────────┴─────────────────────────────┴───────────┴───────────────────┘

  ? Are you sure you want to continue? Yes

. Deployment completed.
  Deployed root stack flutteramplifyauth01 [ ================================= ] 2/2
          amplify-flutteramplifyauth01-…  AWS::CloudFormation::Stack    UPDATE_COMPLETE
          authflutteramplifyauth0146f36… AWS::CloudFormation::Stack    CREATE_COMPLETE
  Deployed auth flutteramplifyauth0146f369b8 [ ==================================== ] 10/10
          UserPool                        AWS::Cognito::UserPool        CREATE_COMPLETE
          UserPoolClientWeb               AWS::Cognito::UserPoolClient  CREATE_COMPLETE
          UserPoolClient                  AWS::Cognito::UserPoolClient  CREATE_COMPLETE
          UserPoolClientRole              AWS::IAM::Role                CREATE_COMPLETE
          UserPoolClientLambda            AWS::Lambda::Function         CREATE_COMPLETE
          UserPoolClientLambdaPolicy      AWS::IAM::Policy              CREATE_COMPLETE
          UserPoolClientLogPolicy         AWS::IAM::Policy              CREATE_COMPLETE
          UserPoolClientInputs            Custom::LambdaCallout         CREATE_COMPLETE
          IdentityPool                    AWS::Cognito::IdentityPool    CREATE_COMPLETE
          IdentityPoolRoleMap             AWS::Cognito::IdentityPoolRol… CREATE_COMPLETE
```

그림 9-44 **amplify push** 수행 중인 화면

Amplify push를 실행하면 먼저, 클라우드에 적용할 서비스와 작업 목록을 보여줍니다. 구성 정보가 모두 맞다면 'Yes'를 선택하여 클라우드에 해당 서비스를 적용합니다.

AWS 콘솔에서 AWS Amplify 서비스 확인

AWS Amplify에 Auth가 백엔드 환경에 적용되었는지 AWS 콘솔에 로그인하여 확인합니다. flutteramplifyauth01 서비스에 '인증' 범주가 추가되어 있습니다.

그림 9-45 **AWS Amplify**의 백엔드 환경 정보

AWS Amplify 백엔드 환경 정보에서 [인증]을 클릭하여 Amplify 서비스를 확인합니다

그림 9-46 **AWS**콘솔에서 **amplify** 서비스 확인

플러터 프로젝트의 lib 폴더에 amplifyconfiguration.dart 파일이 생성되었는지 확인합니다. 만약, 생성되지 않았다면 안드로이드 스튜디오 터미널 또는 Power shell에서 amplify pull 명령어를 수행합니다. amplify pull은 auth에 대한 AWS Amplify의 최신 백엔드 구성으로 amplifyconfiguration.json을 업데이트합니다.

즉, amplify push는 플러터 앱에서 클라우드로 구성 정보를 반영하고 pull은 클라우드의 구성 정보를 플러터 앱으로 가지고 옵니다.

```
> amplify pull
```

플러터 프로젝트에 Amplify 구성 파일 자동 생성 확인

이제, 안드로이드 스튜디오의 프로젝트를 살펴보면, lib 폴더 아래에 amplifyconfiguration.dart 파일이 생성되어 있는 것을 확인할 수 있습니다. amplifyconfiguration.dart 파일을 열어보면 amplfy_config에 auth에 대한 구성 정보가 저장되어 있음을 확인할 수 있습니다.

lib/amplifyconfiguration.dart

```
const amplifyconfig = ''' {
    "UserAgent": "aws-amplify-cli/2.0",
    "Version": "1.0",
    "analytics": {
        "plugins": {
            "awsPinpointAnalyticsPlugin": {
                "pinpointAnalytics": {
                    "appId": "21420ea362684179ad                ",
                    "region": "ap-northeast-2"
                },
                "pinpointTargeting": {
                    "region": "ap-northeast-2"
                }
            }
        }
    },
    "auth": {
        "plugins": {
            "awsCognitoAuthPlugin": {
                "UserAgent": "aws-amplify-cli/0.1.0",
                "Version": "0.1.0",
```

```
            "IdentityManager": {
                "Default": {}
            }
        }
    }
}''';
```

이제, Amplify 서비스 구성과 플러터 앱 연동이 완료되었습니다.

Step 5. 플러터에서 실행하기

AWS Amplify Authenticaton UI 라이브러리를 이용하여 로그인을 구현한 플러터 앱이 완성되었습니다. 이제 안드로이드 스튜디오에서 플러터 앱을 실행해 보겠습니다.

Sign In 탭 클릭 시   **Create Account** 탭 클릭 시

그림 9-47 **AWS Amplify Authenticaton UI** 실행 화면

로그인 기능이 매우 쉽게 구현되는 것을 확인할 수 있습니다. 사용자를 생성하고 [Create Account] 버튼을 클릭하면 다음 화면으로 이동합니다. 사용자를 생성할 때 입력한 이

메일로 확인 코드가 전송됩니다. 다시 전송하려면 [Send Code]를 클릭합니다 메일로 수신된 확인 코드를 입력하고 [Confirm] 버튼을 클릭하면 정상적으로 로그인이 되는 것을 확인합니다.

1) 이메일로 수신된 확인 코드

2) 이메일로 수신된 확인 코드를 플러터 앱에 입력

그림 9-48 로그인이 정상 실행 된 화면

AWS Authenticator를 이용하여 사용자를 생성한 정보는 AWS Amplify에서 사용자 pool에 저장되어 있는 것을 확인할 수 있습니다.

AWS Amplify에서 사용자 인증 정보 확인

AWS 콘솔에서 AWS Amplify 서비스를 선택하고 백엔드 환경 탭에서 [인증]을 클릭합니다.

그림 9-49 AWS Amplify의 백엔드 환경 정보에서 '인증' 클릭

다음은, [Cognito 보기] 버튼을 클릭합니다.

그림 9-50 'Cognito에서 보기' 클릭

사용자 풀에서 [사용자] 탭을 클릭해서 회원가입한 사용자 정보를 확인합니다. 플러터 앱에서 AWS Amplify Authentication UI을 통해 등록한 사용자 정보가 사용자 풀에 저장된 것을 확인할 수 있습니다.

그림 9-51 사용자 풀에서 앱에 등록한 사용자 정보 확인

AWS Amplify Authenticator UI 라이브러리를 이용해서 로그인 화면 구현을 실습해 보았습니다. AWS Amplify는 무료로 사용할 수 있는 한계가 있습니다. AWS Amplify와 연계하여 서비스를 제공하려고 한다면 AWS 비용 정책을 꼭 확인해서 사용하시기 바랍니다.

A

add ··· 435
addAll ·· 435
Align ·· 225
analysis_options.yaml ································· 80
Android ·· 79
AssetImage ·· 203
Authentication UI ··· 696
autoPlay ··· 319
AVD ··· 54
backgroundColor ··· 356
BloC 패턴 ·· 656

B

bool ··· 381
border ··· 191
borderRadius ·· 191
BoxDecoration ··· 190
BoxFit ··· 205
boxShadow ··· 193
break ·· 401
build ·· 79, 158
BuildContext ·· 146
builder ·· 558

C

CarouselSlider ··· 315
Center ·· 224
child ··· 202
children ·· 202
ChoiceChip ··· 355
CircularProgressIndicator ····························· 588
clear* ·· 435

ClipRRect

ClipRRect ·· 354
compute ··· 452
const ·· 388
constructor ··· 411
contains ··· 435
continue ·· 402
createState ·· 158
CrossAxisAlignment ··· 217
CRUD ··· 592
CupertinoApp ·· 113
CupertinoButton ·· 116
CupertinoNavigationBar ··································· 114
CupertinoPageScaffold ····································· 114

D

deactivate ··· 158
debug 배너 ·· 177
decoration ··· 198
DefaultTabController ·· 309
Dependencies ·· 158
didChange ··· 158
didUpdateWidget ··· 158
dispose ·· 158
Divider ·· 353
double ··· 381
drawer ··· 143
dynamic ·· 381

E

EdgeInsets ··· 187
ElevatedButton ·· 236
Expanded ··· 219
Extract Method ·· 120

F

final ··· 388
first ··· 435
flex ··· 221
FloatingActionButton ························· 238
Flutter Inspector ······························ 149
forEach* ·· 435

G

geolocator ································· 565, 608
GestureDetector ······························· 344
getter ··· 411
.gitignore ·· 80
Google Fonts ·· 93
google_maps_flutter ························ 565
gradient ·· 192
gridDelegate ······································ 329

H

height ··· 319
http ·· 565

I

IAM 서비스 ·· 687
.idea ··· 79
image.network ··································· 203
indexOf ··· 435
initialPage ··· 319
initState ·· 158
int ·· 381
ios ·· 79
isEmpty* ·· 435
isNotEmpty* ······································ 435
itemBuilder ································· 316, 329
itemCount ··································· 316, 329

J

join ··· 592

L

label ··· 356
last ··· 435
length ··· 338
length* ·· 435
letterspacing ······································ 196
lib ·· 79
linux ··· 79
List ··· 381

M

macos ·· 79
MainAxisAlignment ····························· 214
Map ··· 381
margin ·· 188
MaterialApp ································· 91, 140
MediaQuery ······································· 289
.metadata ·· 80

N

null safety ··· 387
num ·· 381

O

obscureText ······································· 233
onSelected ··· 356
OpenSSL ·· 642
options ·· 316
OutlinedButton ··································· 237
Overflow ·· 200

P

.package ······················· 80
padding ··············· 189, 228
path ···························· 565
primarySwatch ········· 92, 134
Prompt.login ················ 671
Provider 패턴 ··············· 656
pub downgrade ·············· 86
pub get ······················· 84
pub global ···················· 86
pub outdated ················· 85
pub publicsh ················· 86
pub run ······················ 86
pub upgrade ················· 85
pubsec.lock ·················· 80
pubspec.yaml ················ 80

R

README.md ··················· 80
Refactor ····················· 121
Release Name ················ 69
remove* ····················· 435
removeAt ···················· 435
reversed ····················· 435

S

Scaffold ················ 92, 141
selected ····················· 356
selectedColor ··············· 356
Set ··························· 381
setState ····················· 158
setter ························ 411
shadows ····················· 197
shape ························ 356
Shifting ····················· 253

showDialog ·················· 366
SizedBox ················ 172, 227
sort ·························· 435
Spacer ························ 172
sqflite ······················· 565
SRP ·························· 157
Stack ························ 223
StatelessWidget ·············· 90
stream ······················ 558
String ························ 381
Structure ···················· 138

T

Text.rich ···················· 201
TextButton ··················· 234
TextDirection ················ 199
TextStyle ···················· 195
textTheme ··················· 198

V

var ··························· 381
Version ······················ 592
viewportFraction ············ 319

W

wordspacing ················· 196
worker isolate ··············· 450

ㄱ

개발자 모드 ·················· 76
기본 생성자 ················· 418

ㄴ

널 안전성 ···················· 387
네이티브 플랫폼 ············· 377

ㄷ

단일 책임의 원칙·······················157

ㄹ

렌더 트리·······························143

ㅁ

멤버변수·······························409
멤버함수·······························409
문자형·································381

ㅂ

반복문·································397
불리언·································381
비동기 제네레이터 함수···············446
비밀 액세스 키·······················690

ㅅ

상속···································420
상태객체·······························158
생명주기·······························157
숫자형·································381

ㅇ

엘리먼트 트리·························143
오버플로우·····························292
웹 플랫폼·······························377
위젯 트리·······························143
유효성 체크·····························531
이름없는 생성자·······················413
이름있는 생성자·······················415
이벤트 큐·······························446
인증키 신청·····························568
인증키 조회·····························569

ㅈ

재사용 메소드·························272
재전송 생성자·························417
제어문·································397
조건문·································397

ㅊ

추론형·································381

ㅋ

커스텀 위젯·····························272
컬렉션·································381